2020 中国大连国际海事论坛论文集

主　编　王　良
副主编　吴　术

哈尔滨工程大学出版社
Harbin Engineering University Press

内 容 简 介

本书以2020中国大连国际海事论坛为主线,以专业学术论文为基础,设计了高端论坛、特约文稿、专题研究、技术交流四个板块。编者本着精选、精编、精品的原则从多个高端论坛中精选论文,从数十个专题报告中遴选精论,从上百篇征文中甄选精品汇成本书。

本书是船舶与海洋工程行业及其配套产业科技工作者、行业技术专家、学者结合生产实践撰写的关于设计、建造、工艺、设备、生产各个环节的最新学术研究成果,具有交流研究的学术价值,值得推广和借鉴。

图书在版编目(CIP)数据

2020中国大连国际海事论坛论文集／王良主编. ——
哈尔滨:哈尔滨工程大学出版社,2021.4
ISBN 978 – 7 – 5661 – 3044 – 0

Ⅰ.①2… Ⅱ.①王… Ⅲ.①船舶工程 – 国际学术
会议 – 文集②海洋工程 – 国际学术会议 – 文集 Ⅳ.
①U66 – 53②P75 – 53

中国版本图书馆CIP数据核字(2021)第073045号

2020中国大连国际海事论坛论文集
2020 ZHONGGUO DALIAN GUOJI HAISHI LUNTAN LUNWENJI

选题策划　薛　力
责任编辑　张　曦
封面设计　李海波

出版发行　哈尔滨工程大学出版社
社　　址　哈尔滨市南岗区南通大街145号
邮政编码　150001
发行电话　0451 – 82519328
传　　真　0451 – 82519699
经　　销　新华书店
印　　刷　哈尔滨市石桥印务有限公司
开　　本　880 mm×1 230 mm　1/16
印　　张　19
字　　数　688千字
版　　次　2021年4月第1版
印　　次　2021年4月第1次印刷
定　　价　158.00元
http://www.hrbeupress.com
E-mail:heupress@ hrbeu.edu.cn

目　录

高端论坛

特约文稿

专题研究

技术交流

智能船舶技术探索与实践

王刚毅

（上海船舶研究设计院）

CSSC 上海船舶研究设计院

智能船舶技术探索与实践

王刚毅

CUSTOMIZED DESIGN, INNOVATIVE TECHNOLOGY

智能船舶内涵

智能船舶具备复杂环境及自身感知、智能决策、多等级自动控制能力，比传统船舶更加安全、经济、环保、高效。

智能船舶的分级

智能化等级	等级名称	等级定义	控制	监视	失效应对	监管地点
L1 (DA)	辅助决策	系统提供决策建议，人做决策并操作。	人	人与系统	人	船
L2 (PA)	部分自主	系统提供决策建议，人做决策并实施主要操作，系统自主完成其他操作。	人与系统	人与系统	人	船
L3 (CA)	有条件自主	在给定场景中，系统自主决策并完成操作，其他场景时人需要干预。	系统	人与系统	人	船
L4 (HA)	高度自主	系统自主决策并完成所有操作，特殊场景下系统会向人提出响应请求，人可选择干预。	系统	系统	人	岸
L5 (FA)	完全自主	全场景下系统自主决策并完成操作，不需要人介入。	系统	系统	系统	岸

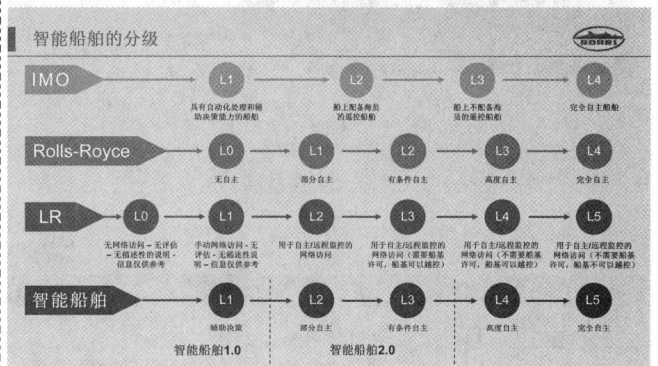

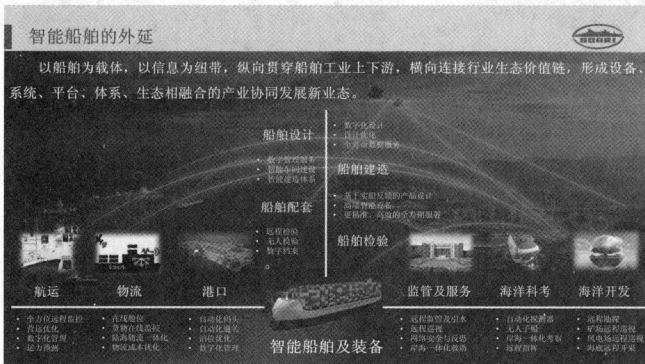

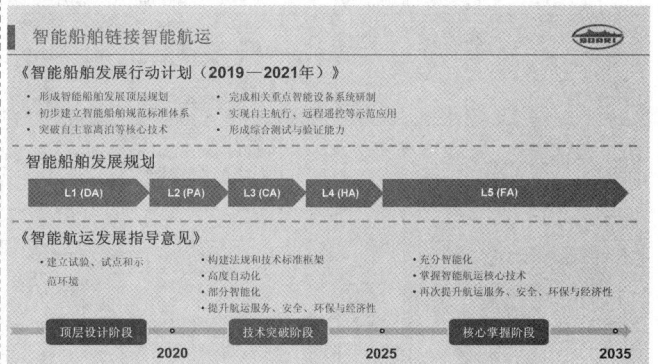

智能船舶的分级

IMO：L1 → L2 → L3 → L4
- L1 具有自动化处理和辅助决策能力的船舶
- L2 船上配备海员、岸遥控控制船舶
- L3 船上不配备海员的遥控控制船舶
- L4 完全自主船舶

Rolls-Royce：L0 → L1 → L2 → L3 → L4
- L0 无自主
- L1 部分自主
- L2 有条件自主
- L3 高度自主
- L4 完全自主

LR：L0 → L1 → L2 → L3 → L4 → L5
- L0 无网络访问－无评估－无模拟性的说明，信息仅供参考
- L1 手动网络访问－无评估－无模拟送货明－信息仅供参考
- L2 用于自主远程监控的网络访问
- L3 用于自主远程监控的网络访问（源影船）
- L4 用于自主远程监控的网络访问（不需要船舶许可，船舶可以随控）
- L5 用于自主远程监控的网络访问（不需要基许可，船舶不可以随控）

智能船舶：L1 → L2 → L3 → L4 → L5
- L1 辅助决策
- L2 部分自主
- L3 有条件自主
- L4 高度自主
- L5 完全自主

智能船舶1.0　智能船舶2.0

智能船舶的外延

以船舶为载体，以信息为纽带，纵向贯穿船舶工业上下游，横向连接行业生态价值链，形成设备、系统、平台、体系、生态相融合的产业协同发展新业态。

船舶设计 · 船舶建造 · 船舶配套 · 船舶检验

航运　物流　港口　智能船舶及装备　监管及服务　海洋科考　海洋开发

智能船舶链接智能航运

《智能船舶发展行动计划（2019—2021年）》
- 形成智能船舶顶层规划
- 初步建立智能船舶规范标准体系
- 突破自主靠离泊等核心技术
- 完成相关重点智能设备系统研制
- 实现自主航行、远程遥控等示范应用
- 形成综合测试与验证能力

智能船舶发展规划

L1 (DA) → L2 (PA) → L3 (CA) → L4 (HA) → L5 (FA)

《智能航运发展指导意见》
- 建立试验、试点和示范环境
- 构建法规和技术标准框架
- 高度自动化
- 部分智能化
- 提升航运服务、安全、环保与经济性
- 充分智能化
- 掌握智能航运核心技术
- 再次提升航运服务、安全、环保与经济性

顶层设计阶段　2020　技术突破阶段　2025　核心掌握阶段　2035

国内外发展现状：国外现状

国家/项目	技术路线	研究内容及主要成果
韩国	研制全船自动化程度达90%的Level4级智能船舶，建设普运服务体系	• 研制全船自动化程度达90%的Level4级智能船舶，开发自航船舶试航中心、港内自航船远程航行控制中心，研究应用服务和制度 • 2024年在1700TEU上实现应用（定员4人不干预航行操作）
日本	研究船-岸、航运业数据的标准化，打造无人运输船队	• 智能船舶应用平台研究（SSAP1/SSAP2），建立数据中心 • 2017年5月，海上自主运洋运输系统技术研发成，于2020年实现具备自主避碰和自主靠港功能的自主操纵系统的实船试验
欧盟	研发以无人自主控制技术及远程控制技术为核心的控制系统	• MUNIN计划，2034年前完成无人船研制和自主航行的可能性 • Rolls Royce的AAWA项目，于2035年实现完全无人自主驾驶航行 • 2017年6月，Svitzer拖轮完成了全球首次海船远程操作 • 2018年12月，罗罗联手Finferries实现全球首艘全自动渡船 • 挪威Kongsberg研发全球首艘全电推、零排放、自主航行的120TEU集装箱船"YARA BIRKELAND"号，预计2020年交付使用 • 2017年7月，Kongsberg与两家船企合作打造全球首艘无人驾驶海工支援船 • 2018年11月，瓦锡兰完成了"Folgefonn"号渡轮在无人干涉的情况下自动航行并自动靠岸的到岸测试
规范法规		• 英国劳氏船级社"智能船入级指导文件" • 挪威船级社"智能船舶入级指导文件" • IMO有关海上自主水面船舶（MASS）立法工作

国内外发展现状：国外现状

罗罗全球首艘无人驾驶渡轮试航   **瓦锡兰无人船完成岸到岸无人航行+靠泊测试**

"Falco"号渡轮载有80名乘客，配备了大量传感器，并与人工智能软件连接，实现自主避碰；通过进入港口时调节航速及航向，实现自动停泊。了自动航行。

在挪威海事局的现场监督下顺利完成"Folgefonn"号渡轮（拥有混合推进系统hybrid propulsion、无线通岸接头wireless shore connection以及全电动等技术）在无人干涉的情况下自动航行并自动靠泊的DOCK TO DOCK（岸到岸）测试。

国内外发展现状：国外现状

ABB无人驾驶客船通过远程海试   **国际海事组织 IMO MSC 会议**

MARITIME SAFETY COMMITTEE — 100th session — Agenda item 5 — MSC 100/5 — 28 September 2018 — Original: ENGLISH

REGULATORY SCOPING EXERCISE FOR THE USE OF MARITIME AUTONOMOUS SURFACE SHIPS (MASS) — Report of the Correspondence Group on MASS

2018年12月，在无人驾驶状态下，"Suomenlinna II"号冰级客渡轮成功地穿越了赫尔辛基港附近的测试区域，通过了远程海试。对于客渡轮而言，这次的远程无人驾驶的海上航行测试还是世界首次。

在IMO MSC第99次和第100次会议上，公布了对MASS（海上自主水面船舶）自主化的4个临时性分级，并且启动了关于MASS法规梳理工作，预计于2020年完成。

国内外发展现状：国外现状

商船三井与三井造船合作研发的海上自主运输系统概念技术项目

2018	系统装备实船，实现开阔水域调整	2020
基于数值模拟构建自主操纵程序	2019	实船海上测试

国内外发展现状：国外现状

2019年9月，日本邮船完成了全球航运史上首次大型船只自主（AI）驾驶航行。这是全球首次基于国际法则下进行的演示实践，此次完成了国际海事组织（IMO）就2019年6月最新发布的《自主驾驶船舶试验暂行指南》(MASS)的各种试验项目

国内外发展现状：国外现状

韩国现代重工集团
- 集成智能船舶解决方案（ISS）
- 现代智能导航辅助系统（HiNAS）
- 现代智能靠泊辅助系统（HiBAS）

国内外发展现状：国内现状

组织/项目	技术路线	研究内容及主要成果
iDolphin 38 800吨智能散货船 智能船1.0研发专项	以顶层规划、总体设计为牵引，构建船舶基础数据平台，研制满足水能需求的智能设备及系统开发，实现智能船体系化协同发展	• 首艘获海英国劳氏船级社和中国船级社智能船舶附加符号的智能船舶交付使用 • 完成网络信息平台及5项智能功能应用的研制、实现船岸一体的通信，开发2型4艘示范船上实现示范应用 • 2018年11月，全球首艘40万吨超大型矿砂船交付
中国船级社、珠海市政府、武汉理工大学、云洲智能公司	研制无人运输船，推动以无人船舶为核心的综合性海上测试	• 珠海云洲启动500吨级无人货物运输船开发项目，计划于2019年交付使用 • 云洲智能应用自主航行、智能避障等技术，相继研发"领航者""听风者""瞭望者II"等无人艇 • 2018年11月30日，全球最大、亚洲首个无人船舶海上测试场——万山无人船海上测试场正式启用
CCS船级社		• 2015年颁布我国首部《智能船舶规范》 • 船舶智能机舱检验指南2017 • 智能集成平台检验指南2018 • 船舶网络系统要求及安全评估指南2017

智能船舶设计

常规船舶设计：船体、舾装、轮机、电气

智能系统设计：智能功能选定、系统架构设计、硬件设计、软件设计、接口设计

感知布局设计：传感器选型、传感器布局、感知信息确定

智能船舶设计

智能功能设计

船型	功能应用	功能应用场景说明
散货船 集装箱船 油船 其他船型	智能集成平台	适合各类船型
	综合能效管理	主要适合各类运输船
	设备健康管理	适合各类船型
	智能航行	适合有航线优化、自主避碰需求的船型
	船体健康管理	适合大型运输船
	智能货物管理	适合货物管理需求显著的货船（例如：集装箱、液货）
	人员安全管理	适合各类船型
	视频远程管理	适合各类船型
	特殊任务管控	适合各类特殊用途船型

智能船舶规范

功能	CCS 中国船级社	DNV·GL	ABS	Lloyd's Register	BV
智能集成平台	智能平台（I）	Reliability and Security Enhancements(RSE)	Crew Assistance& Augmentation(CAA)	Digital SAFE	VERISTAR SYSTEM
综合能效管理	智能能效（E）	Performance Enhancements(PE)	Asset Efficiency Monitoring(AEM)	Digital PERFORM	STAR-REGAS
设备健康管理	智能机舱（M）	Basic enhancements(BE)	Machinery Health Monitoring(MHM)	Digital MAINTAIN	STAR-MACH
智能航行	智能航行（N）	Operational Enhancements(OE)	Operational Performance Management(OPM)	Cyber SECURITY	VERISTAR SYSTEM
智能货物管理	智能货物（C）	Novel technology Enhancements(NE)			STAR-CARGO
船体健康管理	智能船体（H）	Condition monitoring Enhancements(CME)	Structural Health Monitoring（SHM）		STAR-HULL
人员安全管理		Reliability and Security Enhancements(RSE)	Crew Assistance& Augmentation(CAA)	Cyber SECURITY	
视频监控		Reliability and Security Enhancements(RSE)		Digital SAFE	

智能船舶规范

船级社	相关说明
CCS 中国船级社	发布《船舶网络系统要求与安全评估指南》，于2017年7月20日生效。
DNV·GL	RSE（Reliability and Security Enhancements），提出ESV（Enhanced System Verification）以及Cyber Security和Cyber Secure两个船级社符号。
ABS	Cyber Security，提出硬件和软件系统及其中包含的信息均受到保护，以及从未经授权的使用或修改中免受损坏（The hardware and software systems and the information contained therein are protected from and/or defended against damage, unauthorized use or modification, or exploitation）。
Lloyd's Register	Cyber Security，提出在设计验证中需要软件完整性测试和网络安全审核的详细信息（provide details of software integrity testing and cyber-security audits）。
(BV)	提出CYBER SECURE的船级社符号，在此基础上提出SYS-COM（Safety and Security of Communication System）的附加符号。

智能船舶设计

iDolphin 38 800 吨智能散货船

2017年12月5日成功交付

CCS: i-Ship(N, M, E, I)
N: 智能航行
M: 智能机舱
E: 智能能效管理
I: 智能集成平台

LR:
Cyber AL2 SAFE(NAVIGATION, PROPULSION, STEERING)
Cyber AL2 PERFORM(ENERGY MANAGEMENT)
Cyber AL2 MAINTAIN(M/E, A/E, BOILER, SHAFT)

AL-SAFE: 智能安全
AL-PERFORM: 智能性能
AL-MAINTAIN: 智能维护

智能船舶设计

40万吨超大型智能矿砂船

- 全球首艘获DNV GL 智能船符号 SmartShip description notation
  - OE —— 辅助避碰
  - PE —— 综合能效
  - CME —— 设备运维
- 通过DNV GL 的FMEA测试
- 通过DNV GL的网络风暴安全测试
- 获CCS智能船符号 i-Ship
  - I —— 网络平台及信息平台
  - N —— 辅助自动驾驶
  - M —— 设备运维
  - E —— 综合能效
- 通过CCS网络安全风险评估测试

智能船舶设计

30.8万吨超大型智能原油船

CCS 中国船级社

- 获CCS智能船符号 i-Ship
  - I —— 网络平台及信息平台
  - N —— 辅助自动驾驶
  - M —— 设备运维
  - Et —— 综合能效（纵倾优化）
  - C —— 智能货物
- 通过CCS网络安全风险评估测试

智能船舶设计

700TEU 自主航行船舶

SMART SHIP HYBRID

自主航行 Auto sailing
自主离泊 Auto Berthing
自主靠泊 Auto Mooring
自主锚泊 Auto Anchoring
自主系泊 Auto Mooring
自主货物操作 Auto Cargo Handling

具备完全自主能力
Completely Autonomous
通过集装箱模块实现多种能源形式的拓展
Achieve the expansion of a variety of energy by container module

控制集成 Integrated control
设备集成 Integrated equipment
安全可靠 Safe and Reliable
环保高效 ECO and efficient

智能船舶系统研发

数字化营运支持系统
Digital Operation Support System

基于"平台+应用"的设计理念，上海船舶研究设计院研发出基于船岸一体化的数字化营运支持系统（DOSS），为船东提供一套全新的船舶数字化解决方案。
Based on the design concept of "Platform + Application", SDARI has developed a digital operational support system (DOSS) through ship-shore communication to provide ship owners with a new set of digital solutions.

智能船舶系统研发

服务层 SERVICE
- 数据监控、定制化数据分析、性能分析
- Data monitoring, Customized data analysis, Performance analysis

应用层 APPLICATION
- 可视化、辅助决策、第三方应用
- Visualization, Decision assistance, Third-party applications

数据层 DATA
- 数据治理、数据主题模型、元数据管理、主数据管理
- Data governance, Data topic model, Metadata management, Master data management

物理层 PHYSICAL
- 服务器、数据采集模块、船岸通信模块
- Server, Data acquisition module, Ship-shore communication module

船队管理 Fleet Management
营运支持 Operation Support
第三方应用 Third Party App.

智能船舶系统研发

DOSS-E: 提供综合能效管理的轻量级应用

DOSS-I: 提供平台级解决方案，注重"一个平台+N个应用"的设计理念，灵活配载，智能集成

DOSS-E —— DOSS-E船基
DOSS_岸基
DOSS_移动端
DOSS —— DOSS-I —— DOSS-I船基

数字化营运支持系统单机版DOSS-E

实时/历史数据显示 纵倾优化 航线优化
性能监控 能耗能效管理 报表管理

数字化营运支持系统平台版DOSS-I

DOSS-I，船基的基础数据管理平台架构

- 数据采集
- 数据存储管理
- 数据智能交互
- 船岸数据同步
- 应用集成
- 系统冗余
- 网络安全防护
- 结构化数据压缩率0.5%(秒级)

DOSS-I 面向工业控制场景，软件系统安全技术已达到《工控网络与系统信息安全标准》中4个信息安全保证等级的次高级SAL3

数字化营运支持系统DOSS岸基功能

- 船队信息概览
- 船队信息管理
- 实时数据显示
- 报警信息显示
- 历史数据分析
- 船端数据复现
- 系统、网关管理

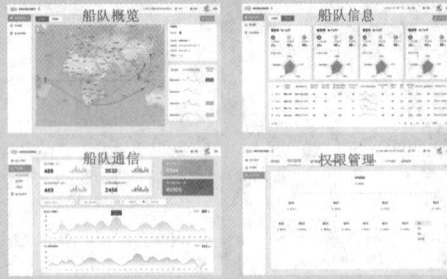

数字化营运支持系统DOSS移动端效果展示

移动端服务：船位显示、实时数据显示、历史数据显示、趋势图……

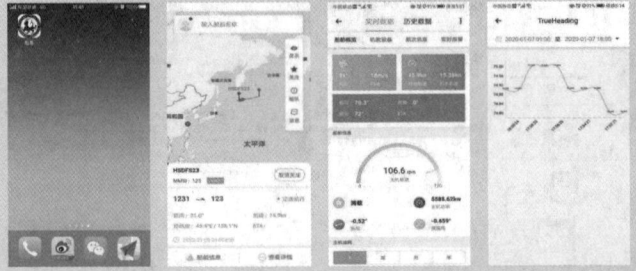

纵倾优化

纵倾优化

以模型试验为基础，结合数值仿真计算以及实船营运情况，提供纵倾优化的决策建议。

模型试验

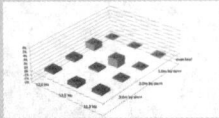

数值计算

营运数据

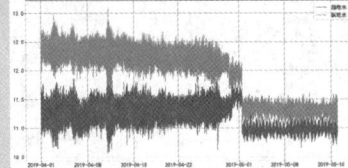

航速优化

航速优化

基于船舶性能分析，将机理和数理相结合，建立相应的船舶性能模型，提供航速优化决策建议。

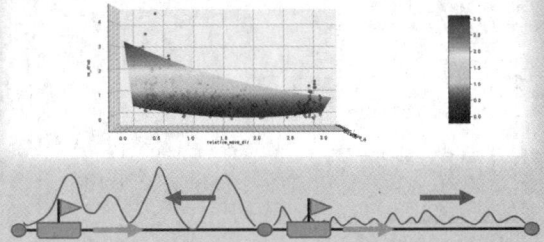

船舶性能状态监测与评估

船舶性能监控

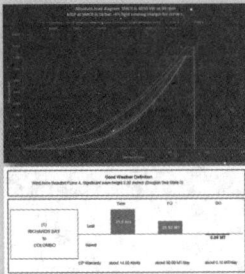

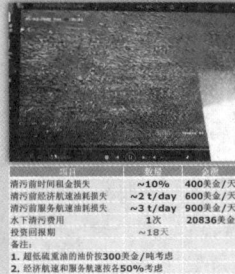

主机性能监测与评估

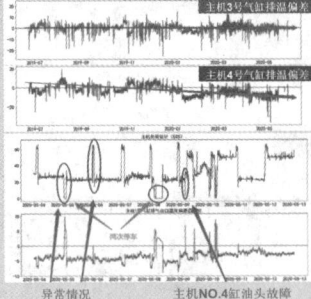

主机气缸油头故障

- 通过分析主机长期的性能情况以及故障时刻的异常表现综合捕捉并诊断故障。
- 准确捕捉主机4号气缸油头故障，并帮助岸端船管人员全面了解船舶设备运行状态，发现易被忽略的异常情况。
- 定期推送船舶设备异常情况，帮助船东全面、及时了解船舶营运状态。
- 将故障的典型特征形成相应的算法模型，通过软件程序的形式，让机器来实现对于典型故障的实时监测。

异常情况　　　主机NO.4缸油头故障

智能船舶技术发展方向探讨

林洪山

（中船黄埔文冲船舶有限公司）

智能船舶技术发展方向探讨

林洪山

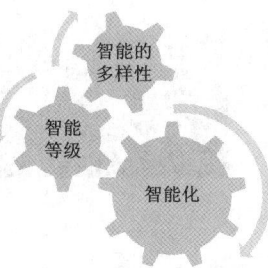

黄埔文冲 一、智能船舶发展阶段

↘ 智能船舶技术发展现在也存在一些问题：

◆ 第一，就是指标问题，人都有智慧，但是人与人不一样，如何评估就是一个智能问题，这个问题是目前业内主要研究的问题；

◆ 第二，就是分级问题，智能等级是人类社会的基本分级，也是能力评价的基础标准；

◆ 第三，就是针对性问题，因为船舶行业的多样性决定了船舶具有多样性，也决定了智能方案的多样性。

- 3 -

黄埔文冲 一、智能船舶发展阶段

↘ 关键技术

智能船舶的七大关键技术是信息感知技术、通信导航技术、能效控制技术、航线规划技术、状态监测与故障诊断技术、遇险预警救助技术、驾机一体化与自主航行技术。

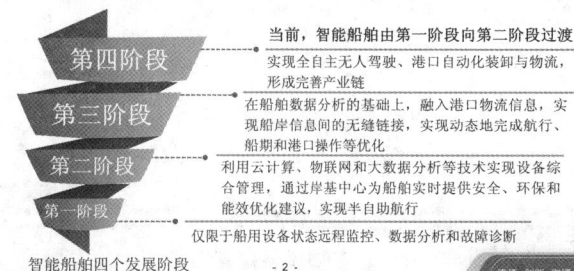

当前，智能船舶由第一阶段向第二阶段过渡

第四阶段 —— 实现全自主无人驾驶、港口自动化装卸与物流，形成完善产业链

第三阶段 —— 在船舶数据分析的基础上，融入港口物流信息，实现船岸信息间的无缝链接，实现动态地完成航行、船期和港口操作等优化

第二阶段 —— 利用云计算、物联网和大数据分析等技术实现设备综合管理，通过岸基中心为船舶实时提供安全、环保和能效优化建议，实现半自助航行

第一阶段 —— 仅限于船用设备状态远程监控、数据分析和故障诊断

智能船舶四个发展阶段

- 2 -

责任 创新 沟通 品质

黄埔文冲 二、船舶智能航行

↘ 智能航行

✓ 航行环境智能观测
✓ 集中驾驶综合导航
✓ 自主避障航行控制
✓ 高速无线网络
✓ 船岸网络连接

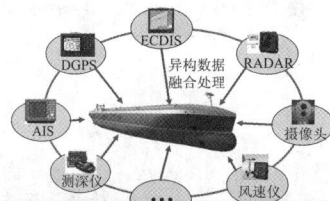

CSSC 黄埔文冲 · 二、船舶智能航行

➡ 待解决的问题

　1.航线气象、洋流数据更新的及时性

　2.规划航线上人工构筑物的信息传达

　3.航行自主避障算法的协调性

　4.船岸基数据传递的能力及低延时问题

　5.航线船舶数据共享问题

　4.确定航线后航行过程的节能控制，短期解决

- 5 -

CSSC 黄埔文冲 · 三、船舶健康运维管理

➡ 智能船舶信息中心

船舶设备智能

设备智能

设备集中控制

船舶设备减法优化

船舶综合数据服务

船舶设备通信标准化

内网数据传输高性能

数据分析服务平台

高速通信网络

智能船舶信息服务中心

船舶健康管理

船舶设备状态保持

设备全生命周期管理

船体全生命周期管理

排放监测与实时报送

- 6 -

CSSC 黄埔文冲 · 三、船舶健康运维管理

➡ 待解决的问题

　1.数据量大：智能数据清洗、关联数据重构、智能数据分析问题，

　2.人没减少：在哪些环节可以减少人，配员

　3.智能船投入成本高：能否做减法？

　4.传感器又多又不足：

　5.智能船体如何变为现实：应力变化，厚度变化

- 7 -

CSSC 黄埔文冲 · 三、船舶健康运维管理

➡ 案例

实现疏浚装备潜在问题的预判，对设备的无故障维护。

- 泥泵封水系统
- 泥泵驳运系统
- 泥泵驱动系统

大数据处理

- 智能数据清洗
- 数据关联重构
- 智能数据分析

- 泥泵维护计划
- 泥泵备件订购
- 泥泵辅助系统风险评估

船舶数据系统采集

泥泵运行维护预警策略

- 8 -

CSSC 黄埔文冲 · 三、船舶健康运维管理

➡ 案例：绞吸挖泥船智能技术

　　绞吸挖泥船是一种专业性极强的工程船舶，有造岛神器之称，同时也是港口建设的重要装备。但是因为海底作业岩石强度和海底地貌的千差万别，绞吸挖泥船的工作参数和专业效率也千差万别，因此疏浚作业控制策略对疏浚效率影响极大。黄埔文冲针对这种高难度工程船进行智能技术的开发和应用，以突破行业技术瓶颈，助力行业智能技术的完善和提升。

- 9 -

CSSC 黄埔文冲 · 三、船舶健康运维管理

➡ 案例：绞吸挖泥船智能技术

◆ 通过疏浚机理和绞吸挖泥船作业机理的深度分析，构建了疏浚绞吸挖泥船疏浚作业模型，抽取工程敏感变量，建立了智能作业控制模型（岩石强度决定了疏浚策略，管线内二相体防沉淀扰动模型指导了泥泵驳运智能控制模型，实现疏浚系统能耗优化或效率的优化控制）。

- 10 -

CSSC 黄埔文冲 · 三、船舶健康运维管理

➡ 案例：绞吸挖泥船智能技术

　　通过数据重构技术建立关键疏浚设备的磨曲线，可以指导疏浚作业参数修正和疏浚装备的运营维护（如泥泵叶轮和衬板的磨损评估以及泥泵的作业转速修正）。

- 11 -

CSSC 黄埔文冲 · 三、船舶健康运维管理

➡ 案例：绞吸挖泥船智能技术

◆ 通过数据清洗技术实现了设备有效运行数据的提取，指导设备运维的有效预判和计划管理（如基于滑油在线监测对相关设备的运维诊断及滑油的有效更换）

◆ 基于具体疏浚作业工程数据的经验优化控制和基于工程公式优化

- 12 -

黄埔文冲　三、船舶健康运维管理

↘ 案例：绞吸挖泥船智能技术

实现疏浚装备潜在问题的预判，对设备的无故障维护。

- 泥泵封水系统
- 泥泵驳运系统
- 泥泵驱动系统

大数据处理
- 智能数据清洗
- 数据关联重构
- 智能数据分析

船舶数据系统采集

泥泵维护计划
泥泵备件订购
泥泵辅助系统风险评估

泥泵运行维护预警策略

- 13 -

黄埔文冲　三、船舶健康运维管理

↘ 案例：绞吸挖泥船智能技术

实现疏浚系统作业能耗或作业效率的优化。

- 14 -

黄埔文冲　三、船舶健康运维管理

↘ 案例：绞吸挖泥船智能技术

发现绞吸挖泥船设计中存在的匹配性缺陷，为行业的设计方案提升提供数据支持。

- 15 -

黄埔文冲　三、船舶健康运维管理

↘ 案例：绞吸挖泥船智能技术

通过智能技术解决传统绞吸挖泥船在施工作业中存在的问题，实现软硬件的相互弥补和优化。

- 16 -

黄埔文冲　三、船舶健康运维管理

↘ 案例：绞吸挖泥船智能技术

◆ 为船舶智能方案提供可行的验证方法，为系统的智能化进行评估。

◆ 对工程船舶的智能化提供一个可行的和可持续发展方向供业内参考。

智能疏浚效率能效优化测试表（匹配性优化测试表）

序号	设备名称	累计工作时间	传统工作模式功率（KW）（流电流A）	管系浓度/流速	累计工作时间	智能优化后电机功率（KW）或工作电流（A）	管系浓度/流速	系统工作电流差	备注
1	绞刀电机								
	水下泵机								
	舱内泵机								
	1#舱内泵								
	2#舱内泵								
	系统能耗			系统能耗					
	系统工作能耗优化								
2	绞刀电机								
	水下泵机								
	舱内泵机								
	1#舱内泵								
	2#舱内泵								
	系统能耗			系统能耗					
	系统工作能耗优化								

- 17 -

黄埔文冲　三、船舶健康运维管理

↘ 高速通信网络

船配设备综合管理的高性能通信网络，让更多船配设备实现无缝管理。

- 18 -

黄埔文冲　三、船舶健康运维管理

↘ 船配设备综合管理

智能控制管理和系统综合智能控制管理相结合，提高船配设备及船舶管理水平。

设备综合管理系统

- 19 -

黄埔文冲　三、船舶健康运维管理

↘ 实时健康状态评价

- □ 数据实时采集
- □ 信息融合处理
- □ 健康状态诊断
- □ 智能控制管理

船管技术　　船管信息分析　　滑油在线监测系统

黄埔文冲　三、船舶健康运维管理

船舶能效监测系统

功能更为完善的船舶能效监测系统，有助于进行船舶航行油耗监测、排放管理，在安全经济运行环境下，保护绿色地球。

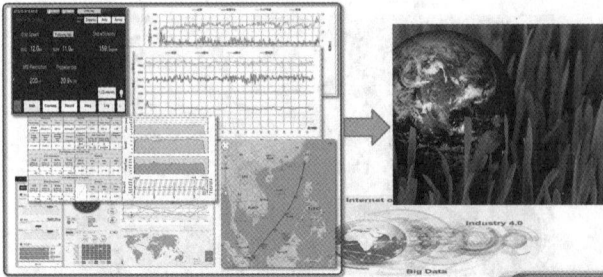

- 21 -

责任 创新 沟通 品质

黄埔文冲　三、船舶健康运维管理

智能船舶平台框架

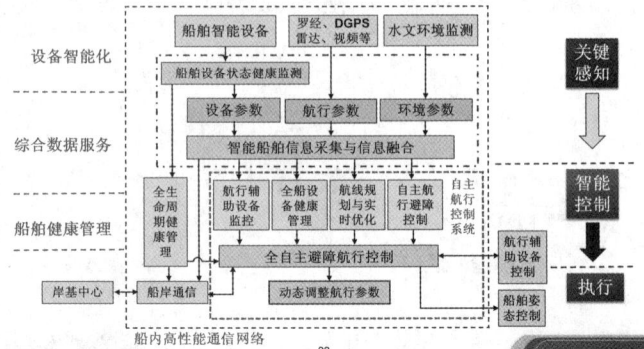

- 22 -

责任 创新 沟通 品质

黄埔文冲　四、船舶运营数据云共享

船舶运营数据云共享

- ✓ 全球化运营数据云共享
- ✓ 船舶营运生态产业链
- ✓ 船舶航运区块链

- □ 船岸立体数据空间
- □ 无缝覆盖航行区域
- □ 保持船岸数据同步

责任 创新 沟通 品质

黄埔文冲　五、救援机制与标准规范

智能船舶标准规范

- □ 智能船舶设备国际标准规范
- □ 智能船配设备数据标准规范
- □ 智能船舶数据通信标准规范
- □ 智能船舶船岸数据标准规范

Safer
Smarter
Greener

责任 创新 沟通 品质

船舶智能化技术现状及发展趋势

姜福茂

（大连船舶重工集团有限公司）

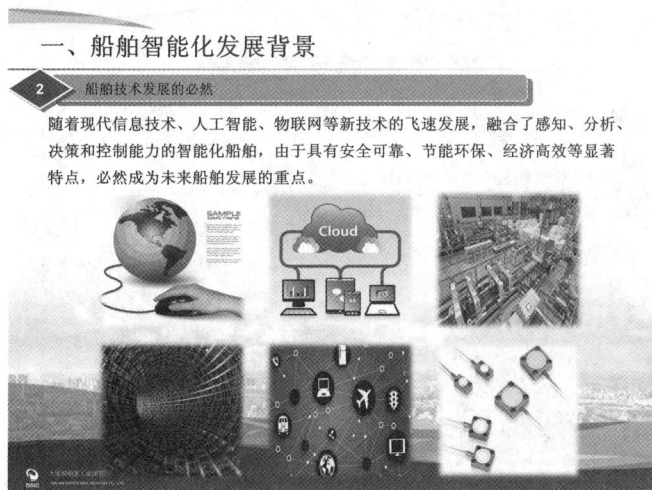

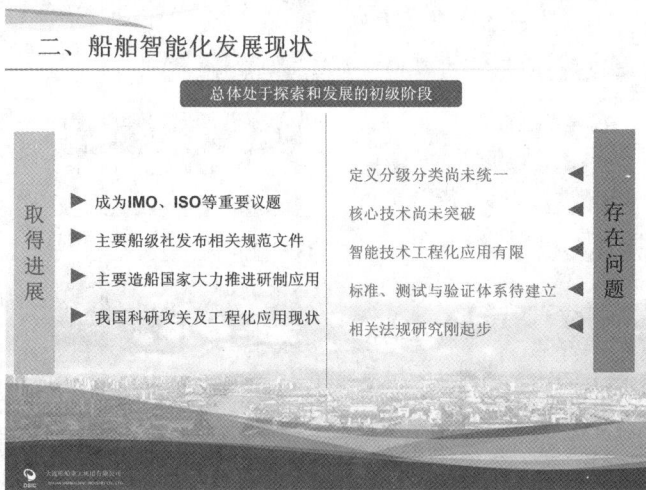

二、船舶智能化发展现状

1 成为IMO、ISO等重要议题

- 2017年，MSC98会议上提出海上水面自主航行船舶概念（Maritime Autonomous Surface Ships，简称MASS），MSC99、100会议上提出并初步确定以下分级：

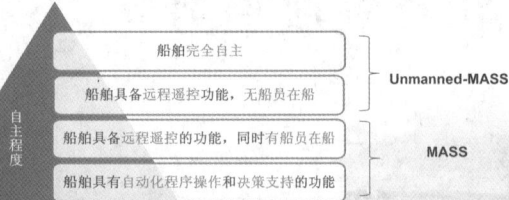

	船舶完全自主	Unmanned-MASS
自主程度	船舶具备远程遥控功能，无船员在船	
	船舶具备远程遥控的功能，同时有船员在船	MASS
	船舶具有自动化程序操作和决策支持的功能	

MASS被定义为能在不同程度上可以独立于与人类交互作用独立运行的船舶。

二、船舶智能化发展现状

2 主要船级社发布相关规范文件

组织	DNV GL	CCS	LR	BV	ABS
规范和指南	Smartship – descriptive notation: DNVGL-CG-0508 Autonomous and remotely operated ships: DNVGL-CG-0264	· 智能船舶规范；· 船舶网络系统要求与安全评估指南；· 自主货物运输船舶指南；等7项	Procedure for assignment of digital descriptive note for autonomous and remote access ships	Guidelines for Smart Shipping	SMART FUNCTIONS FOR MARINE VESSELS AND OFFSHORE UNITS
目前状态	已发布 2018.11	已发布 2015—2020	已发布 2016	已发布 2019	已发布 2019
船级符号	OE，PE，RSE，CME，Cyber secure	i-Ship(Ai, Ri, Nx, Hx, Mx, Ex, Cx, I)	Digital, Cyber SECURITY;	Automation GAx; Direct control GDCy; Remote control GRCz; Navigation notation	SMART(INF),(SHM),(MHM)

二、船舶智能化发展现状

3 主要造船国家大力推进研制应用

EFFICIENSEA
DANISH MARITIME AUTHORITY
MUNIN

EUROPE

NWSA
Rolls-Royce
DELTAMARIN
inmarsat
DNV-GL
YARA
KONGSBERG

二、船舶智能化发展现状

3 主要造船国家大力推进研制应用

SSAP
JSMEA 日本船用工业会

2017未来投资战略白皮书
2025年，约200艘无人驾驶商用船队投入使用
日本政府

JAPAN

ISSS
HYUNDAI

Maritime 2050
Department for Transport

South Korea

UK

二、船舶智能化发展现状

4 我国科研攻关及工程化应用现状

中船黄埔文冲
大智号-全球首艘通过LR和CCS认证的智能船舶-38 800吨智能散货船

外高桥
明远号-全球首艘40万吨智能VLOC；明卓号

CHINA

沪东
中远海运荷花轮-全球首艘大型智能集装箱船

大连船舶重工
凯征号-全球首艘30万吨智能VLCC；新海辽号

二、船舶智能化发展现状

总体处于探索和发展的初级阶段

取得进展
- ▶ 成为IMO、ISO等重要议题
- ▶ 主要船级社发布相关规范文件
- ▶ 主要造船国家大力推进研制应用
- ▶ 我国科研攻关及工程化应用现状

存在问题
- ◀ 定义分级分类尚未统一
- ◀ 核心技术尚未突破
- ◀ 智能技术工程化应用有限
- ◀ 标准、测试与验证体系待建立
- ◀ 相关法规研究刚起步

二、船舶智能化发展现状

1 定义分级分类尚未统一

组织	MASS-Industry vision	LR	BV
分类/分级	• Remote support, operation of certain functions • Remote and autonomous local vessels • Remote and autonomous short sea vessels • Remote and autonomous ocean going vessels	Level 0: No cyber access – no assessment – no description note – included for information only. Level 1: Manual cyber access – no assessment – no description note – included for information only. Level 2: Cyber access for autonomous/remote monitoring and control (onboard permission is required, onboard override is possible). Level 3: Cyber access for autonomous/remote monitoring and control (onboard permission is not required, onboard override is possible). Level 4: Cyber access for autonomous/remote monitoring and control (onboard permission is not required, onboard override is not possible).	Level 0: Human operated Level 1: Human directed Level 2: Human delegated Level 3: Human supervised Level 4: Fully autonomous

组织	Rolls-Royce	UK Marine Industries Alliance	Norwegian Forum for Autonomous Ships (NFAS)
分类/分级	Level 0 No autonomy Level 1 Partial autonomy Level 2 Conditional autonomy Level 3 High autonomy Level 4 Full autonomy	Level 0 Manned Level 1 Operated Level 2 Directed Level 3 Delegated Level 4 Monitored Level 5 Autonomous	• Decision support • Automatic bridge • Remote control • Automatic ship • Constrained autonomous • Fully autonomous

> 智能船定义分类分级尚未统一，相关法规研究工作刚起步。

二、船舶智能化发展现状

2 核心技术尚未突破

核心技术	必要性	国内水平	阶段突破目标
总体设计技术	是开展顶层规划、研发智能船舶的基础	船舶自主化上的进展较为缓慢，这是由国内船配套领域，特别是涉及控制、自动化的设备以及传感器等基础元器件的技术薄弱所致	基于概念船型的研发，突破面向智能船舶的总体设计技术，并通过示范应用进行成果验证
自主驾驶技术	智能船发展到具备高等级自能力的技术基础	实现了一些小型试验船在试验场的自主航行和自主避碰演示	实现远洋商船开阔水域自主航行，狭窄航道有条件自主航行
自主靠离泊技术	智能船发展到具备全程自主能力的技术基础	空白	实现有条件下的自主靠泊

二、船舶智能化发展现状

2 核心技术尚未突破

核心技术	必要性	国内水平	阶段突破目标
信息安全技术	是智能船舶营运阶段的关键技术	目前均处于初级阶段	面向自主航行船舶和船队，进一步开展网络与链路安全、系统软硬件安全、数据安全等方面的研究
远程遥控技术	是智能船舶无人化的关键技术	在无人艇等小型船上已进行远程遥控航行试验验证	开发满足法规要求，安全可靠的远洋商船远程遥控技术
试验验证技术	是智能船舶由研发走向工程应用的关键	2018年11月30日，全球最大、亚洲首个无人船海上测试场——万山无人船海上测试场正式启用	构建海上测试及验证的软硬件基础设施，测试及验证方法、流程及评价体系

二、船舶智能化发展现状

3 智能技术工程化应用有限

- 欧洲等国在电力推进的小型渡船、小型集装箱船上对自主航行、远程遥控、自动靠离泊等关键技术进行了工程化应用，但在远洋商船的工程化应用有限。
- 中国在散货船、集装箱船、油船等远洋商船船型上进行了辅助决策、船岸互联等初级智能技术的工程应用，但对自主航行、远程遥控、自动靠离泊等关键技术还缺乏应用。

需要从核心技术和船舶类型两个维度推动智能技术工程化应用：

- 以重点项目为牵引，加强自主航行、远程遥控、自动靠离泊等关键共性技术和重点系统设备研发，加快成熟智能技术工程化应用，补齐技术链与产业链短板；
- 根据远洋运输船舶、沿海运输船舶、内河运输船舶、工程船舶、公务船舶等各类船舶特点，制定有针对性的智能化发展策略，推动各类智能船舶的工程应用有序发展。

二、船舶智能化发展现状

4 标准、测试与验证体系待建立

- 在智能船设计、建造、测试与验证、运营等方面的标准体系存在缺失
- 在智能船舶的综合测试方面，流程与验证项目尚未梳理清楚、测试与验证标准体系尚未建立、关键测试与验证方法尚未实现突破

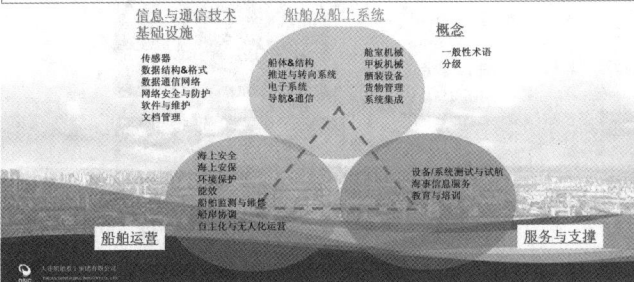

二、船舶智能化发展现状

5 相关法规研究刚起步

IMO正在组织梳理不适用于MASS的强制性法规，计划2020年完成梳理工作。

- 第一、二阶段MASS现行公约、规则框架尚能适用或需少量修改，第三、四阶段无人船U-MASS现行公约、规则框架无法满足要求；
- 在未来10年内，MASS应用将成为主流。

Regulatory framework

三、智能船1.0智能系统技术应用

1 超大型智能原油船示范应用

为提高超大型原油船（VLCC）智能化水平，由大船集团牵头，联合招商局能源运输股份有限公司、CCS、第七〇四研究所等单位进行合作研究与开发，开展超大型原油船智能系统应用研究及专有智能系统的开发。

示范船：在招商两条VLCC项目（T300K-82/83）上实施

T300K-82"凯征"轮于**2019年6月22日**成功交付

T300K-83"新海辽"轮于**2019年8月**底交船。

三、智能船1.0智能系统技术应用

1 超大型智能原油船示范应用

示范应用船满足：
◆ 满足CCS《智能船舶规范2015》
◆ 取得CCS智能船附加标志i-Ship（N，M，Et，C，I）
◆ CCS一人桥楼船级符号（OMBO）规范

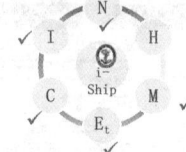

智能船附加标志
Nx --智能航行功能标志
Hx --智能船体功能标志
Mx --智能机舱功能标志
Ex --智能能效管理功能标志
Cx --智能货物管理功能标志
Ix -- 智能集成平台功能标志
x 为可选功能补充标志

三、智能船1.0智能系统技术应用

2 总体技术框架

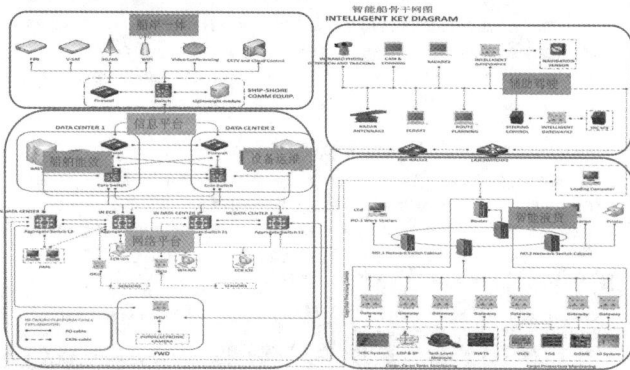

三、智能船1.0智能系统技术应用

3 网络平台应用

网络平台采用万兆级以太网技术，以先进的网络结构为其他智能应用提供一个高性能、可扩展的平台，具有网络数据的高交换性能，可提供多媒体的数据支持能力。

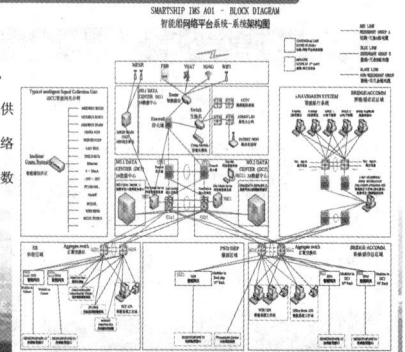

三、智能船1.0智能系统技术应用

4 信息平台应用

信息平台作为满足各个智能系统应用兼容性、开放性和安全性要求的基础，解决了全船信息的集成与融合、智能思维搭建问题。主要完成了后台服务端的数据计算与分发，前台应用集成与数据显示的功能和工作。

三、智能船1.0智能系统技术应用

5 智能航行技术应用

船舶辅助自动驾驶系统

在船舶航线海区的气象海况信息的基础上，结合船舶油耗、航速、时间等要求，在保证船舶、人员和货物安全的条件下，设计和优化航路、航速；并通过信息采集，对航行避碰提供辅助决策建议。

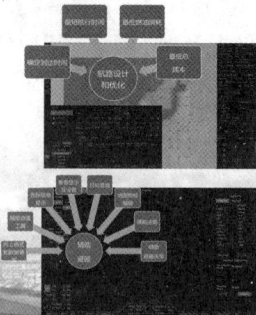

三、智能船1.0智能系统技术应用

6 智能能效技术应用

能效管理和优化系统

可实现船舶能效智能监测、能效/能耗实时分析与智能评估、围绕节能减排为目的的航行优化辅助决策和辅助能效管理等功能。

为船舶提供航行总览、分析、节能、报告等服务。

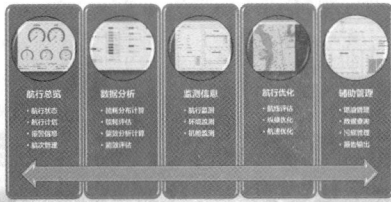

三、智能船1.0智能系统技术应用

7 智能机舱技术应用

设备运行与维护系统

具有对主要设备（主机、发电机、锅炉、推进轴、部分重要风机、泵组等）运行过程的健康状态评估、健康状态分析、健康事件处理、健康档案与管理等功能，并为船舶操作者提供辅助决策建议。

三、智能船1.0智能系统技术应用

8 船岸一体通信技术应用

船岸一体通信系统

在原有FBB/VSAT配置的基础上增加了3G/4G/WIFI等通信设备，建立了船岸、船船的间接和直接通信链路，具备安全防护及数据加密处理能力，并对智能平台上传的数据具有轻量化处理和压缩功能。

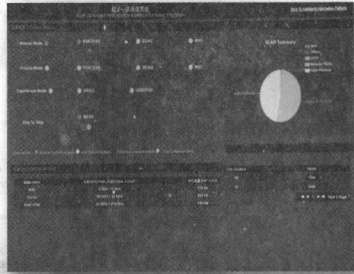

三、智能船1.0智能系统技术应用

9 智能货物管理技术应用

液货智能系统

将液货系统与相关辅助系统集成化，通过监测、计算、分析，为货舱和货物保护提供辅助决策建议，指导整个系统的有效运行。

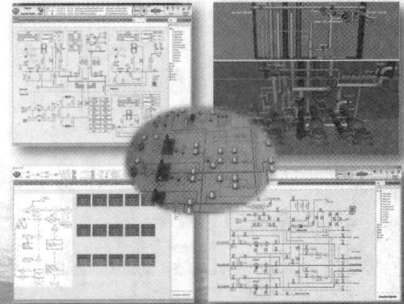

三、智能船1.0智能系统技术应用

经济
- 能效管理、航路优化、纵倾优化
- 实现综合营运节能5%

环保
- 符合国际船舶监控—报告—验证（MRV）规则要求

安全
- 辅助决策
- 符合CCS网络安全指南要求

全球首艘超大型智能原油船

四、船舶智能化发展趋势

1 智能船发展方向

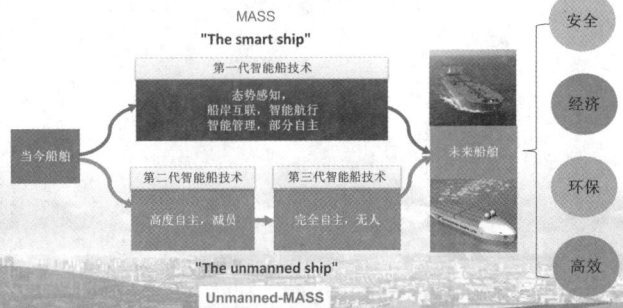

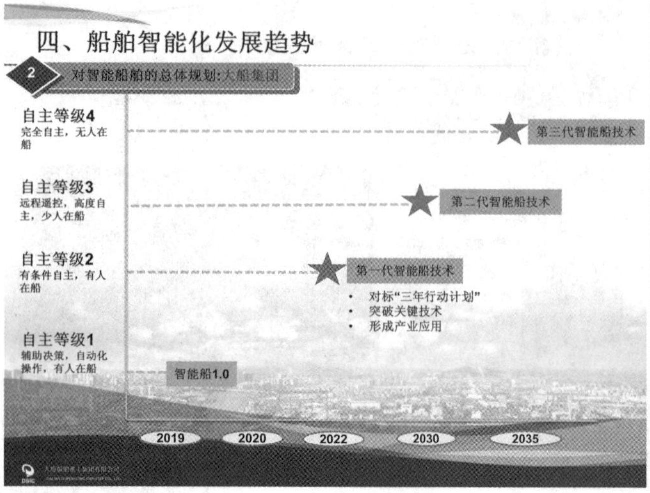

四、船舶智能化发展趋势
2 对智能船舶的总体规划:大船集团
自主等级4
完全自主，无人在船
自主等级3
远程遥控，高度自主，少人在船
自主等级2
有条件自主，有人在船
自主等级1
辅助决策，自动化操作，有人在船
第三代智能船技术
第二代智能船技术
第一代智能船技术
对标"三年行动计划"
突破关键技术
形成产业应用
智能船1.0
2019
2020
2022
2030
2035

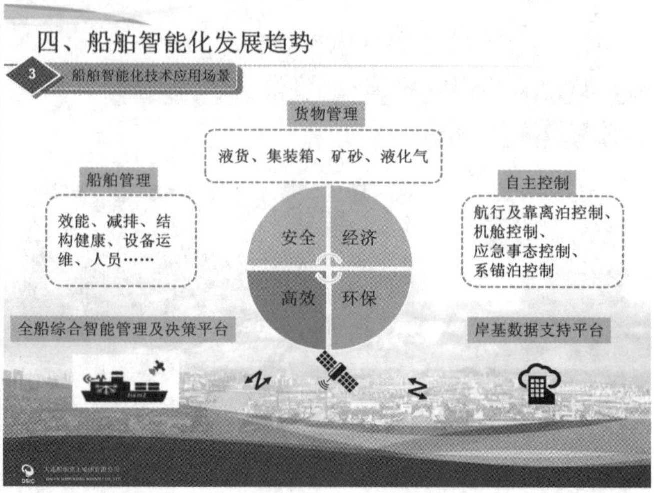

四、船舶智能化发展趋势
3 船舶智能化技术应用场景
货物管理
液货、集装箱、矿砂、液化气
船舶管理
效能、减排、结构健康、设备运维、人员……
自主控制
航行及靠离泊控制、机舱控制、应急事态控制、系锚泊控制
安全
经济
高效
环保
全船综合智能管理及决策平台
岸基数据支持平台

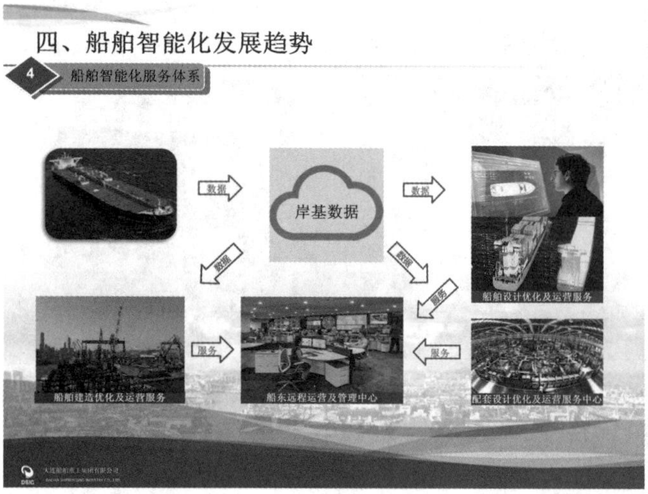

四、船舶智能化发展趋势
4 船舶智能化服务体系
数据
岸基数据
数据
数据
数据
服务
服务
服务
船舶设计优化及运营服务
船舶建造优化及运营服务
船东远程运营及管理中心
配套设计优化及运营服务

DALIAN SHIP
谢 谢！

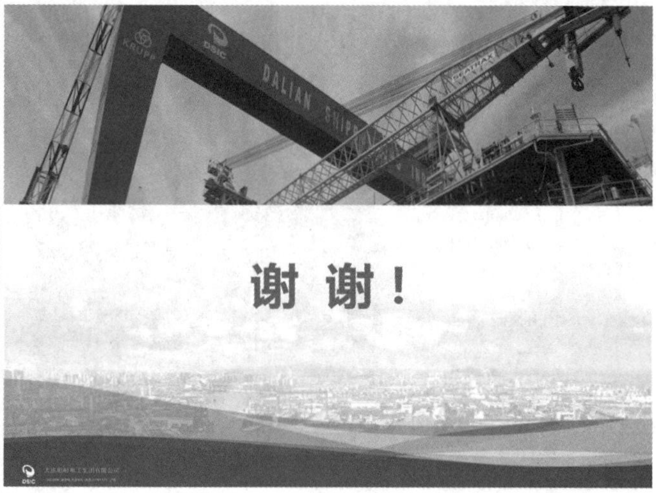

智能船舶标准及发展趋势

陈 实

（中国船级社）

CCS 中国船级社

智能船舶标准及发展趋势

中国船级社

2020-09

安全，环保，为客户和社会创造价值

目录　**CCS** 中国船级社

一、中国船级社智能船舶标准

二、智能船舶国际标准的发展

三、智能船舶发展趋势

四、面临的挑战

安全，环保，为客户和社会创造价值

一、中国船级社智能船舶标准

2015年，CCS发布了世界上首部《智能船舶规范》（2015），提出了"1平台+N个应用"的架构、概念和发展途径。2018年制定了《自主货运输船指南》，于2019年底对规范进行了修改，出版了《智能船舶规范》（2020）

概念：智能船舶即是智能化在船舶上的应用，目的是使船舶更加安全、更环保、更经济和更高效。

安全，环保，为客户和社会创造价值

《智能船舶规范》的基本构架

一个平台+多个应用；从面向设计向面向船舶设计、操作和维护延伸　**4G/5G**

I -- Integrated digital Platform　prediction　Shore center

Perception　Analysis　Communication

安全，环保，为客户和社会创造价值

《智能船舶规范》所描绘的船舶智能化发展路径

船舶智能化的路径：船舶智能系统逐步代替人的过程
应用范围：

单个系统 → 个别场景 → 部分系统 → …… → 全船

技术路径：

船端数字化　　　船岸信息交换/协同　　　部分自主　　　完全自主

信息整合与集成　　辅助决策　　半自主（监视与遥控）

安全，环保，为客户和社会创造价值

《智能船舶规范》（2020）对船舶智能的功能描述

功能标志
i-Ship (Ai,Ri,Nx, Hx, Mx, Ex, Cx, I)
A——自主操作标志；
R——远程控制操作标志；
N——智能航行功能标志；
H——智能船体功能标志；
M——智能机舱功能标志；
E——智能能效管理功能标志；
C——智能货物控制功能标志；
I——智能集成系统功能标志；

i——数字1，2，3，表示远程控制操作和自主操作的范围和程度。根据船舶的具体功能，只能选择一个较大的数字。

x——可选功能补充标志，一个小写字母表示一个功能补充标志，一个功能标志可有多个功能补充标志。

如果一个功能标志已涵盖另一个标志的功能，则不重复授予。功能标志可按下述原则组合：
N、H、M、E、C、I可根据船舶实际具有的功能授予；
A和R之间，根据船舶实际情况只选一个；
R1可以和Nx、Hx、Mm,a,p、Ex、Cx同时授予；
R2可以和Hx、Mm,a,p、Ex、Cx同时授予；
A可以和Hx、Mm,a,p、Ex、Cx同时授予。

原则：有一个就可授予一个，随着技术的发展，可以增加。

安全，环保，为客户和社会创造价值

配套指南

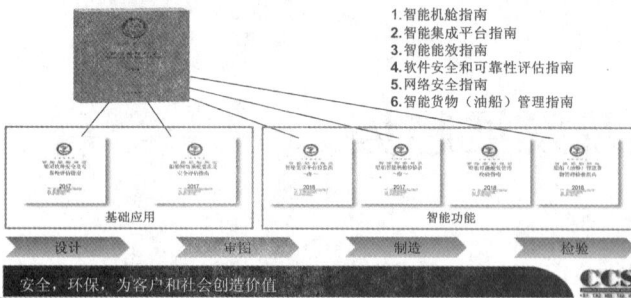

1.智能机舱指南
2.智能集成平台指南
3.智能能效指南
4.软件安全和可靠性评估指南
5.网络安全指南
6.智能货物（油船）管理指南

基础应用 — 智能功能

设计 — 审图 — 制造 — 检验

安全，环保，为客户和社会创造价值   CCS

二、智能船舶国际标准的发展-IMO

1. 2017年5月，MSC98决定开展MASS法规范围界定工作，通过4届会议（MSC99-MSC102，2018-2019）完成法规梳理。目标：审议现有IMO法规，识别哪些法规适用MASS，哪些法规不适用MASS，找出差距及消除差距的方法。

2. 2018年5月，MSC99次会议，制定了MASS梳理框架性文件（草案），为方便法规梳理，并将MASS定义为："a ship which, to a varying degree, can operate independent of human interaction". 并分为4个degree.
   (1)Ship with automated processes and decision support
   (2)Remotely controlled ship with seafarers on board
   (3)Remotely controlled ship without seafarers on board
   (4)Fully autonomous ship.
   同时制定了法规梳理框架性文件草案，成立通信工作组开展法规试梳理，以便完善法规梳理框架性文件。

安全，环保，为客户和社会创造价值   CCS

二、 智能船舶国际标准的发展——IMO

3. MSC101(2019年5月)，讨论MASS的术语定义，制定了MASS临时试航导则，导则规定了MASS试验的安全操作要求。

4. IMO MSC有关法规梳理工作已完成，待MSC102（计划11月份以网络形式召开）审议后确定进一步的工作。

5.IMO LEG开始对法律文件进行梳理。

6.CCS代表中国IMO牵头完成了SOALS第V章法规梳理工作，并向IMO MSC100、MSC101、MSC ISWG-MASS、MSC102提交了提案。

安全，环保，为客户和社会创造价值   CCS

二、 智能船舶国际标准的发展——其他国际组织

1. ISO 2017年在ISO/TC8成立WG10 Smart Shipping，开展MASS技术标准研究，制定相关标准。

2. IACS 2019成立MASS Task Force，2020年升级为 EG-MASS(Expert Group)，开展标准研究工作。

3. LR 2016年7月发布Cyber-enabled ships-自主船入级程序。

4. DNV GL 2018年9月发布Autonomous and remotely operated ships指南。

5. BV、NK、ABS于2019年发布了相应的自主船导则。

6. EU 2019年成立EG/MASS，制定MASS试航操作指南。

安全，环保，为客户和社会创造价值   CCS

三、 智能船舶发展趋势和现状

➢ 最终目标：自主航行船（无人船）
➢ 发展动力：降低航运成本，提高安全和环保水平
➢ 发展进程：→
  ◆ 辅助决策：
    ✓ 船舶的智能化、数字化
    ✓ 各类感知系统的船上应用、针对应用场景，开发船上功能和系统，提供船舶操作的辅助决策
  ◆ 遥控有人：
    ✓ 基于岸基中心的建设与使用；实现部分远程操作、设备健康管理、基于物流信息的智能调度等
    ✓ 通过智能技术系统化的应用和岸基遥控，逐步减少船员配备，实现开阔水域自主航行
  ◆ 遥控无人：
    ✓ 实现部分遥控与自主控制相结的无人船应用：环境监测、科学考查、公务巡逻、定航线船舶、沿海运输船、军事应用等
  ◆ 实现完全自主航行（无人）

安全，环保，为客户和社会创造价值   CCS

三、 智能船舶发展趋势和现状

主要项目：
➢ 筋斗云0号 限制区域的试验（珠海云洲） 13.2 mx3.8 mx2 m 30 t
➢ 远程控制的南京板桥汽车渡船（武汉理工）
➢ 青岛智慧航海 300箱 "智飞"，完成小比例船舶海上验证试验
➢ 南方海洋实验室支持母船、海大实训船……

➢ 挪威无人船公司Masterly（whilhemsen,Konsberg），Yara Birkeland
➢ 芬兰渡船 Falco 无人驾驶试验（罗罗，2018.12）
➢ 日本NYK SSAP，实施开阔水域自主航行试验"Iris Leader"(car and truck carrier, 70,826 gross tons，2019.9)
➢ 俄罗斯开展现有三艘商船的自主航行试验（2019—2020）

安全，环保，为客户和社会创造价值   CCS

四、 面临的挑战

智能船舶的发展，是一个机器逐步代替人的过程，岸上人员代替船上人员，船上人员逐步减少至无配员。带来挑战主要有两个方面：
1、技术成面
➢ 智能技术处于婴儿期
➢ 通信技术（带宽，覆盖面）
➢ 网络安全
➢ 设备和系统的可靠性、韧性、易恢复性（Resilience）
➢ 感智技术及融合技术
➢ 验证技术
➢ 衡准（criteria)确定：如何做到与有人操作的同等安全水平？

安全，环保，为客户和社会创造价值   CCS

四、 面临的挑战

2、法规法律成面（主要针对远程控制、自主航行、无人船）

对整个海事界，包括船舶营运方式、监管、检验、保险等都将带来重大影响。
IMO正在牵头着手解决：
➢ 避碰：尤其是有人船与无人船的避碰
➢ 公约的适用性
➢ 最小配员要望
➢ 船长或责任人
➢ 海员职责、岸基操作人员资质
➢ 合同一责任/保险
➢ 船舶建造和设计
➢ 对他船和人员的救助
➢ 船舶检查（PSC）
➢ 滞留、扣押船舶
➢ 航海和轮机日志
➢ 产品责任
➢ ……

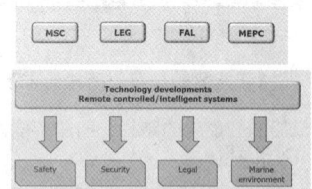

MSC | LEG | FAL | MEPC

Technology developments
Remote controlled/Intelligent systems

Safety | Security | Legal | Marine environment

安全，环保，为客户和社会创造价值   CCS

对辽宁船舶与海工装备制造产业创新发展的建议

王　良

（辽宁省科协副主席　辽宁省造船工程学会理事长）

按照《中共中央关于制定国民经济和社会发展第十四个五年规划和二〇三五年远景目标的建议》总基调精神，根据对我国特别是辽宁船舶与海工装备制造产业（以下简称"船海产业"）的分析研究，结合辽宁船海产业创新发展的方向与举措，特提出我个人的一些想法和建议。

一、辽宁船海产业简述

船海产业是劳动、资金、技术密集型产业，在国民经济 116 个产业部门中，船海产业链牵引和带动其中 97 个部门的发展，关联面达 84%。其对机电、钢铁、化工、航运、旅游、海洋资源勘探开采等上、下游产业发展具有较强带动作用。

目前辽宁省规模以上船海制造企业 27 家，有大连湾、大连旅顺、大连长兴岛、葫芦岛、辽河入海口（盘锦、营口）五大造船集聚区以及 200 余家专业化的船海配套企业。据不完全统计，主体从业人数大约 7.5 万，已基本形成集船舶建造、修理、配套、技术研发及试验设施等为一体的结构较为合理、门类日趋齐全、互补性逐渐增强的船舶工业体系，年造船能力 1 200 万载重吨。

环渤海湾与长三角、珠三角共同构成中国内陆地区三大主要船海产业基地。环渤海湾船海产业以辽宁沿海经济带为主线，以辽宁船企为主体，以大连船舶重工集团有限公司（以下简称"大船集团"）和渤海船舶重工有限责任公司（以下简称"渤船集团"）为旗舰，为我国改革开放、国防与海军建设、地方经济发展做出了重要贡献。

大船集团建造交付了我国第一艘航空母舰"辽宁舰"、第一艘国产航空母舰"山东舰"，新中国成立以来建造了 800 多艘水面舰艇，是为中国海军建造舰艇最多的船厂，被誉为中国海军舰艇建造的摇篮。

辽宁船海产业在民船与海工研发、设计、建造中，自升式平台已覆盖全系列，自主知识产权的大型自升式钻井平台实现产业化，开发建造大型集装箱船、大型浮式生产储油装置、超大型油船、超大型矿砂船等，创造了近百项全国第一。

辽宁船海产业发展已被纳入国家振兴东北老工业基地、辽宁沿海经济带以及国家"一带一路"等发展规划。

辽宁船海产业集聚了大连船舶重工集团设计研究院有限公司、渤海造船厂集团有限公司船舶设计研究院、大连理工大学船舶学院、大连海事大学、大连海洋大学、渤海船舶职业学院等高等学府，以及大船集团、渤船集团、大连中远海运重工有限公司、大连中远川崎船舶工程有限公司、大连辽南船厂等，特别是具有船舶双一流学科、国家级技术中心、国家级重点实验室等人才与技术优势，在船舶与海洋工程装备科研、产品开发、建造领域，形成了具有自身特色的研发体系。同时，辽宁船海产业具备自主开发、设计和建造具有国际先进水平的各类船舶、海洋工程产品的能力，在国内船海产业三大主力船型、海工装备、水面水下舰艇方面处于领先地位。

世界经济的中心正从欧美转向亚太地区，而东北亚地区又是亚太经济的中心。辽宁以沿海经济带口岸为枢纽，环渤海湾区域正处于亚太经济中心的海运通道上。作为战略性资源、战略性产业和战略性通道的集聚区，环渤海湾区将引领辽宁区域船舶产业，辐射带动环渤海湾区沿海经济带乃至东北亚经济的发展。

然而,辽宁船海产业在从做大到做强的转型升级方面尚存在不足,在高端产品研发上,在高技术、高附加值船舶如液化天然气(LNG)船、豪华邮轮、特种船舶方面未形成产品,在船海配套产业的布局与配套能力、配套比例上与主业不匹配,有较大差距。辽宁三大主流船型中,散货船的本土化设备装船率平均达到36.7%,油船为32.5%,集装箱船仅为15%。在其他船型中,多用途船的本土化设备装船率达到27.1%,化学品船为15.7%。本土化设备装船率与日韩相比明显落后,与国内的上海、江苏、广东等地相比,也是落后的。

二、对辽宁省"十四五"期间船舶与海工装备创新发展的建议

1. 从顶层规划,统筹协调滚动发展

国家"一带一路"政策中明确指出,辽宁省与江苏省对标,大连市与上海市对标。上海市、江苏省在船海产业创新发展中有许多好的做法值得我们学习。日韩造船业亦是我们追赶的目标。

一是加强顶层规划,在谋划船海产业"十四五"发展时,加大对船海配套企业的培育发展,把海洋养殖装备、渔船修造业发展与船海产业发展相结合;把沿海旅游业装备发展与船海产业发展相结合;把海上石油产业发展与船海产业发展相结合;把航运业发展与船海产业发展相结合。通过系统谋划,重点支持发展,把辽宁船海产业打造成千亿级以上的重要支柱产业,为辽宁省地方经济发展,为东北振兴做出积极贡献。到2025年,建成集研发设计、高端制造、配套于一体的船舶与海工装备制造基地,为构建世界一流船海产业奠定坚实基础,并使辽宁省船海产业发挥独特优势,在中国船海产业中起到引领作用,争创世界一流。

二是将船海产业作为辽宁省传统优势支柱产业,而不仅仅是作为装备制造业的一部分。江苏省工信厅专门设有船舶处,辽宁省也应单独设立船舶处,主抓船舶管理与发展。

三是重视中央企业对地方产业链的拉动作用,由船舶处全面协调,让中央企业与地方企业深度融合,促进地方经济发展。

四是出台支持船海产业的发展政策,针对发展重点、发展目标等提出具体实施方案,并对承接订单、配套产品、技术创新给予资金扶持等全方位支持。

五是发挥政府相关职能部门多方管理协调支持船海产业的作用,发挥辽宁省科学技术协会的科技社团引领作用与智库作用,选取科技攻关课题并制定可行的推进方案和计划,制定相关的资金支持等优惠政策。

由船舶处牵头,科学技术协会参加,组织科技社团专家编制以市场为导向,双循环为动因,符合辽宁船海产业未来发展方向的中长期发展规划与分步实施计划。

把握供给侧结构性改革这条主线,汇聚发展优势,健全推动科技研发的体制机制,增强发展动力,推动传统制造业优化升级,加快发展新兴船海产业高科技装备。

以大船集团、渤船集团等大型企业为"旗舰",以高等院校、研究院所为"引擎",以辽宁船海产业科技工作者为主体组建专家研究团队,对标世界一流船海产业,破除发展瓶颈,加强前沿高端技术的探索和前瞻布局;把握牵引性项目,突破标志性课题,加大关键核心技术攻坚力度,建设与实现三个一体化:

以总体布局为引领,研究、规划、决策一体化;

以产业集群为基地,造船、海工、配套一体化;

以科技创新为枢纽,企业、高校、院所一体化。

2. 不断创新推进船海产业高质量发展

抓住企业这个创新主体,以市场为导向,以产品为龙头,突破观念创新、机制与体制创新、制度创新、技术创新、文化创新等方面的障碍,为船海产业高质量发展提供源源不断的动力。特别要营造容忍创新失败的氛围,鼓励科技人员敢吃"螃蟹",突破"禁区",直捣"黄龙",为船舶和配套产业转型升级做出贡献。重点在船舶与海工设计软件上形成自主知识产权;在产品开发上由跟随型向引领型转变;在建造技术上真正实现从劳动密集型向技术密集型转变;在生产管理上越来越接近现代化造船模式。

3. 打造辽宁沿海经济带三大板块造船基地

构建以国内大循环为主体、国内国际双循环相互促进的新发展格局。

着力固根基、扬优势、补短板、强弱项,推进辽宁省船舶工业产业集群化建设。构筑大基地应立足和发挥现有船舶产业布局的优势,推动重点领域项目、基地、人才和资金优化配置。改进科技项目组织管理方式,依据区域特色产业特点,统筹规划,避免重复建设和同质化竞争。

(1)建设大连造船基地。以大船集团(一总部四基地,即以大连为总部,拥有大连、葫芦岛、山海关及天津四个生产建造基地)为核心,以辽宁船海经济带为主线,发挥大连中远川崎船舶有限公司、大连中远海运重工有限公司和大连辽南船厂的作用,激发区位优势,辐射、引领整个辽宁区域船舶产业上一个新台阶。

(2)建设葫芦岛造船基地。重点研发建造战略型高科技水下舰船,服务海军国防建设,成为国家战略保障。

(3)建设一个中型船舶产业基地。从产业集群全局发展的思路考虑,形成以营口和盘锦为中心的中型船舶产业基地和若干个小型船舶配套基地。

此外还要在若干个工业基础好、技术相对发达的地区形成中小型船舶分段、部件制造产业基地,以及船舶设备产业基地和船舶设备零部件产业基地。

4.造船企业之间错位发展

造船企业应该注重培育、形成特色、错位发展,以国内三大基地错位各省优势区位。辽宁省造船企业主要为两大阵营。

以中央企业的"国家主力部队"为主体,由大船集团和渤船集团等大型船厂构成,其技术力量雄厚,人才聚集,具有较强的设计、开发和应用能力。辽宁船厂在三大主力船型——大型油船、集装箱船、散货船的常规船型上已形成系列化自主产品,将部分产品打造成具有国际竞争力的自主品牌产品:自升式平台已覆盖全系列,自主知识产权的大型自升式钻井平台实现产业化。要在保留传统优势基础上寻求发展,确保三大主力船型、海工装备与水面水下舰船的优势,重点建造特大型船舶和高附加值船舶。利用先进的技术优势在建造高附加值、高技术船舶方面实现突破。

大力支持发展"地方部队"。"地方部队"是指近几年快速发展起来的地方中小型船厂,如盘锦的宏冠船业有限公司、大连旅顺滨海船舶修造有限公司。这些企业具有一定的规模和技术条件、一定的生产设计能力,在中小型油船、散货船、普通油船、集装箱船方面发挥了自身的特点和优势。

配套方面,辽宁船海产业的大功率低速柴油机、船用曲轴、船用螺旋桨、船用阀门、船用钢板等产品的技术和质量已经达到国际先进水平,要在这些高投入、高技术配套产品方面继续保持优势。

5.大力发展军地结合技术

军地结合已上升为国家战略。技术基本同源、设施基本通用、工艺基本相似、流程基本相同的关联性产业,是实施军地结合最适合的产业。辽宁省的大型船厂一直在探索军地结合发展路径,结合发展的步伐不断加快,民船模块化建造工艺、国际先进造船标准等船舶领域先进技术促进了军船工艺技术水平的提升。

船舶与海洋工程装备制造产业面向深海和极地,不断拓展军地结合新领域、新范围,以适应国家海洋强国战略的要求。加快形成全要素、多领域、高效益的军地结合深度发展格局,促进军地技术双向转移转化,提升结合层次。在"统"字上下功夫;在"融"字上做文章;在"新"字上求突破;在"深"字上见实效。建议如下:

(1)努力形成统一部署、军地协调、顺畅高效的组织管理体系,政府主导、需求牵引、市场运作相统一的工作运行体系,着力解决制约军地结合发展的体制性障碍、结构性矛盾和政策性问题,有序打通"民参军"的有效通道,在企业保密资质与军工认证方面加强鼓励措施,吸引"地方部队"加入,形成专业化配套,本地化生产。

(2)优化军地结合发展的制度环境,提高"民参军"和"军转民"比率。目前,我国高新技术企业突破10万家,只有数千家进入军工行业;发达国家国防科研成果转化率达到50%～60%,而我国仅在15%左右。这两组数字说明,高新技术企业的参与度有相当大的拓展空间;技术成果转化应用率有相当大的开发潜力。要拆壁垒、去门槛,加快调整、完善市场准入制度,从政策导向上鼓励更多符合条件的企业、人才、技术、资本、服务等在军地结合发展上有更大作为。

(3)以创新为引领,发挥辽宁省军工企业传统优势,深度加速科研成果的双向应用。我国首制"辽宁舰"带动了全国20多个省市自治区高校、中科院和500多家配套单位参与,其中非军工企业400多家,辽宁只有70多家参与,说明军地结合的空间拓展还很大,而未来10年至15年是我国海军建设的成长期,把军工技术成果"军转民",将民船高科技成果"民参军"是当务之急。

6.重点发展战略性新兴产业

我国造船企业基本上是"总装厂",辽宁作为传统的船舶工业强省,曾在我国船舶工业中占据"半壁江山"的巨大优势。但是,近年来无论是造船业还是配套业,不要说与世界先进国家比,就是在国内也已无优势可言。

因此要重振雄风,加大高端新型船舶的研发力度,突破关键共性技术、前沿引领技术、现代工程技术,创新高端海洋装备,为早日成为世界一流船海产业打下坚实基础。

(1)推进产学研一体化,支持企业牵头组建创新联合体,承担国家重大科技项目。发挥行业专家在技术创新中的重要作用,构建一批各具特色、优势互补、结构合理的战略性新兴产业增长引擎,加强基础及前沿技术研究,面向绿色环保主流船舶、高新技术船舶、海洋工程装备及核心配套设备等重点领域,加强水动力技术、结构轻量化设计技术、船用发动机和工程设计技术等基础共性技术研发。

(2)重点发展大型 LNG 船、豪华邮轮、大型冷藏集装箱船、远洋捕捞渔船、破冰船、挖泥船、医疗船、科学考察船、智能船舶与无人船等。在海洋油气开发装备方面,加快突破大型高端深海钻井装备关键技术,突破低端藩篱的桎梏,打入全球价值链的中高端,尽快增强海工装备设计制造总承包能力。

(3)加大政府部门对渔船、帆船、旅游船、游艇等产业支持力度,为开发利用海洋提供新装备。开发与能源相关的工程船、安装船、运输船、生活保障船。研究大型海洋牧场、高品质鱼类智能化养殖场、高附加值海洋生物培养基地的装备装置;研发海洋旅游业需要的海上机场和港口枢纽的大型浮体,休闲度假生活岛礁的建设和配套的客滚船、邮轮、游艇、帆船、潜水器;建设海面、海底通道;建设覆盖海洋的数据网络,同时在贯穿海洋港口的物流运输大通道以及特种船舶等研究方面迈开步伐。

(4)以北极航线为突破口,建设辽宁"北极航线母港",实现我国北极航线的常态化运营,并依据北极航线的特殊性对船只提出更高要求,组织相关船企、研究院所深入研发、培育新的经济增长点。

7.培育具有国际竞争力的船舶配套产业

打好关键核心技术攻坚战,补齐短板,推动船舶配套产业本地化、高端化、智能化、绿色化。

(1)突出重点。国产化、配套化率低一直是辽宁省乃至我国制造业的短板,而产品配套装备的生产商又主要集中在南方,即使是有百年历史的大船集团的配套也依赖于进口与埠外配套,包括焚烧炉、锅炉、发电机、舵机、风雨密门、减摇装置、遥控系统、海水淡化装置等,因此加大本地化配套是我们的主攻方向。

(2)抓住难点。集中力量优先将我国已具有基础和优势的且单位价值高、市场容量大的船用设备产品做大做强,牢固占领国内市场并打入国际市场,优先发展与三大主力船型配套的设备产品,大幅度提升主力船型的本土化设备装船率。

(3)分类指导。针对辽宁省船用设备的现状,对处在不同水平的船用设备产品,采取不同的发展对策。对制造技术已达到国际先进水平、能顺利为出口船和内销远洋船配套的产品,重点是加大技术改造投入,扩大生产能力。对产品质量性能已接近国际先进水平,能够为内销远洋船配套,但不能为出口船配套的自主研发的船用设备产品,重点是加大研发投入,创造具有自主知识产权的世界品牌产品,开展新一轮技术引进、技术合作和技术改造,提升产品技术档次和质量。对于我国基础薄弱、技术难度大的设备产品以及空白、弱项的产品,重点是吸引外商投资,联合开展本土化生产和研发。

(4)资金支持。建议政府管理部门每年安排一定比例的专项资金扶持船舶配套业的发展。一是用于鼓励具有生产船用设备能力的企业获得更多船级社认证和船厂采购差价补贴;二是支持科技含量高的重点船舶配套企业实施技术改造贴息、科技专项、人才引进、人才培养等措施;三是加大税收优惠政策倾斜支持力度,鼓励并支持船舶配套企业进行高新技术企业认定,取得船级社和国际机构的各种认证,使其享受更多税收优惠;四是强化知识产权保护和运用,设立专项基金支持重大技术装备、重点新材料等具有自主知识产权的科研成果市场化运营,与企业对接落地生根。

(5)滚动发展。企业与政府共同努力,有计划地推进优势设备产品,选准突破口,组织攻关,各个击破,同时寻求与国外联合设计开发,最终形成主要船用设备和关键部件的自主设计研发能力,使辽宁省真正成为中国乃至世界船用设备制造中心。

(6)全球服务。建立现代制造业与服务业有机结合的体系,建成辽宁省内配套企业互补的全球售后服务支持系统。

8.加快培养各层次人才

(1)吸引高端人才。政府要帮助企业吸引高端人才,围绕辽宁省船海产业的核心技术,引进海内外高层次技术、管理人才。例如,针对海洋工程改装领域的技术瓶颈,可以通过聘用新加坡专家来实现提升和突破。

(2)优化实施已有的人才计划。为高校毕业生出台有效的落户补贴政策,从源头上为船舶产业发展、人才培养预留"绿色通道"。通过院士工作站、专家工作站、学会服务站、创新方法基地等平台,既为企业创新服务,又培养创新人才队伍。

（3）培养高技能人才。政府与企业联手培养高技能人才队伍,健全人才培养机制和人才激励机制。职业技能竞赛是提高劳动者技能和加快选拔培养高技能人才的途径,应给予在技能竞赛中取得好名次的人才优惠的政策。

（4）鼓励高校自主培养或与国外知名高校和船舶工业企业联合培养船海产业专业人才。辽宁省内高校如中国大连高级经理学院、大连理工大学等,可以通过结合造船行业特点和造船厂不同岗位的干部管理知识需求,策划一个为期5年,覆盖2 000人的大型培训活动,提高各级管理干部的综合素质。

（5）船海产业工程技术人员任职资格评审放权给船舶科技社团,解决不具备评审资格的成员单位中,科技人员职称评审途径不畅通,甚至困难的问题。

9. 发挥科学技术协会及所属学会的平台优势

科学技术协会及所属学会是辽宁省党委与政府联系广大科技工作者的重要纽带,是区域科技创新体系的重要组成部分,是社会治理体系和治理能力现代化的重要支撑协同力量。近年来,辽宁省科学技术协会开展了"引会入辽"、海智专家站、创新驱动助力示范县等创新性活动,得到了省委省政府的认可与重视。辽宁省初步形成了会员凝聚力、学术影响力、社会公信力和创新发展力强的一流示范性学会集群,把学会建设成了服务创新驱动发展的重要引擎,激发科技创新的重要源头,助力科技经济融合发展的重要渠道,在科技创新与经济发展的重要领域发挥骨干作用,为辽宁全面振兴做出新的贡献。如辽宁省造船学会借力中国造船工程学会的人才优势、大连理工大学等高校的智力资源、大连船舶重工集团设计研究院的科研实力,聚集了船舶与海洋工程行业创新要素,首创船舶界品牌学术论坛"辽沪粤总工程师论坛",加强我国主要造船基地——环渤海湾、长三角和珠三角地区的学术交流;发挥高端人才"蓄水池"功能,汇聚众智打造有较高权威性的科技创新智库项目;逐步建立起梯型的学会服务站、科技经济融合的科技服务社团,初步形成科技对接服务体系,推动了辽宁省船舶与海洋工程科技创新发展。

科学技术协会及所属学会紧密围绕"四个服务"职责定位,发挥平台优势,推动了船舶与海洋工程等制造业发展。学会是服务型的科技社团,人才资源丰富,为现代制造业提供智力支持和相关服务理所应当。

（1）出台加强科学技术协会及所属学会科技服务职能的指导意见,进一步明确科技社团的法律地位、职能范围、管理方式,明晰责权边界,完善科技社团参与科技服务的各项法规,从政策层面、法律层面对科技社团参与科技服务进行扶持和保障。

（2）建立健全科学技术协会及所属学会承接政府职能的能力评价体系,加大承接政府购买服务支持力度,增强平等参与承接政府购买公共服务的能力,有序引导社会力量参与服务供给,形成改善公共服务的合力。

（3）设立创新驱动发展基金,专门支持科学技术协会及所属学会组织开展大众创业、万众创新等科技活动,拓展科技服务领域和渠道,促进科技成果转移转化和科技与经济深度融合。

参考文献

［1］中国共产党第十九届中央委员会.中共中央关于制定国民经济和社会发展第十四个五年规划和二〇三五年远景目标的建议［M］.北京:人民出版社,2020.

［2］中国共产党中央委员会,中华人民共和国国务院.中共中央国务院关于全面振兴东北地区等老工业基地的若干意见［N］.人民日报,2016－04－27(1).

聚乙烯渔业船舶及其安全性研究

沈 烈 隋江华 金计柱

（大连海洋大学航海与船舶工程学院）

大连海洋大学科研团队近年来在聚乙烯渔业船舶的安全研究方面积累了大量的工作经验,先后完成了农业农村部和交通运输部委托项目"聚乙烯渔船安全评价""渔船船体应用聚乙烯材料安全研究"等课题,并牵头制定了国内首部高密度聚乙烯船舶建造标准《高密度聚乙烯渔业船舶建造标准》(DB 21/T 3090—2018)。

截至 2019 年底,我国的渔船数量超过 100 万艘,约占世界渔船总量的 1/4,是世界上拥有渔船数量最多的国家。但我国渔船的技术及装备水平十分落后,目前仍以木质渔船和小型钢质、水泥渔船为主,这些船只普遍存在能耗大、维修费用高、安全性低的问题。图 1 为 2019 年我国各地区钢质、玻璃钢(两钢)和木质渔船的数量比。其中小型木质渔船数量达到 90 多万艘,每年用于维修与建造木质渔船的优质木材消耗量高达 200 万立方米,给我国森林资源的可持续发展带来很大压力。

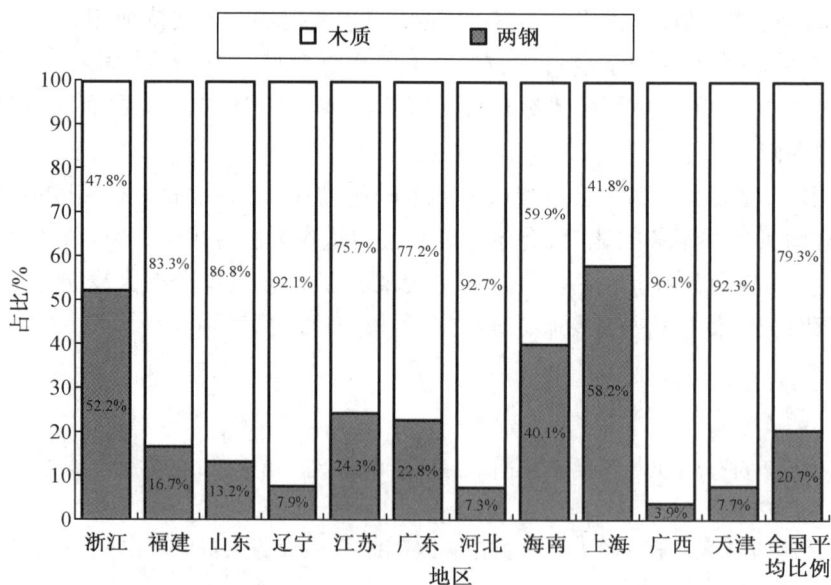

图1 各地区两钢渔船与木质渔船的占比情况

多年来,我国渔业管理部门和各渔船研发生产单位在渔船升级改造过程中一直试图使用玻璃钢材料来代替木材生产小型渔船,主要是借鉴美国、日本等发达国家及地区木质渔船玻璃钢化的成功经验。但历经 40 多年,玻璃钢渔船在我国依旧"水土不服",发展十分迟缓,其主要原因是玻璃钢渔船价格偏高、技术要求高、质量不稳定。针对我国渔船建造业实际技术水平和渔船实用性要求,采用聚乙烯材料代替木材建造小型渔船是一种非常经济可行的方法。聚乙烯渔船成本低,建造工艺简单,对加工环境及技术要求较低;渔船质量易于控制,便于实现标准化生产管理,且性能稳定可靠;材料强度高,自重轻,能源消耗率低;材料无毒性,符合绿色、可持续发展新型渔业的要求。

美国在船舶塑料化发展中处于领先地位,并且塑料材料还广泛用于军用小型船舶的建造,其材料中塑料的比例由1980年的6.1%上升到2005年的32%,日本由1976年的5.3%上升到2005年的28%。小型船舶塑料化当前的应用趋势是由普通的装饰件和软垫转向结构件和功能件。换言之,由船舶内部装饰扩展到船舶外部结构及船体的整体结构。

我国"十三五"规划中提到,新材料是"十三五"期间重点发展的项目,这也成为渔业、渔船可持续发展的好契机。聚乙烯不仅具有经济优势,还符合船舶行业低排放、高性能、绿色环保的发展要求,作为替代木质渔船的新型渔船材料很有发展前景。

一、聚乙烯船舶的概念

以高分子聚乙烯作为原材料,应用焊接或者滚塑工艺,制造出聚乙烯船体,并在船上安装相应设备,进行必要的舾装后,能够适应各种用途的船舶,就是本文中所说的聚乙烯船舶。为了确保聚乙烯船舶的强度、使用安全和耐老化性能,生产企业还要对聚乙烯原材料进行抗氧化、抗紫外线、阻燃等各种改性,使用于制造船舶的聚乙烯材料能满足相关船舶的技术标准和要求。

所谓聚乙烯船舶技术,是指所有涉及聚乙烯船舶设计、材料、装备、制造、工艺等环节的一系列技术的总称,包括原料的筛选与改性、船型与船体的设计、设备的设计与制造、焊接或滚塑工艺的设计与应用、船体的成型与加工、船体结构的加强与优化、成型船舶的舾装等。其中最核心的技术部分是材料的改性、工艺的设计和模具设备的制造。

二、关于聚乙烯

聚乙烯(简称PE)在物理性能上有密度小(0.930~0.972 g/cm^3)、无毒无味、无磁性、不导电的特点;化学性能上有稳定性高、耐各种腐蚀、分解温度高的特点;加工性能上有流动性好、加工温度低、黏度适中的特点;力学性能上有良好的冲击强度(≥15 J/mm)和耐环境应力开裂性能,是建造船舶的理想材料。聚乙烯材料按密度的不同又分为低密度聚乙烯(LDPE)、中密度聚乙烯(MDPE)、高密度聚乙烯(HDPE)、线性低密度聚乙烯(LLDPE)等。

三、聚乙烯船舶加工工艺

聚乙烯船舶目前主要有两种加工成型工艺:一是直接滚塑成型,二是先加工成聚乙烯板材后通过焊接形成船体结构。通过调研发现,这两种加工成型方式国内聚乙烯船企都有采用,并各有优缺点,下面具体加以介绍。

1. 滚塑成型聚乙烯船体

(1)滚塑成型最显著的特点就是原料的加热、成型和冷却过程都是在无压的模具内进行的。这样的特点使得滚塑制品具有以下优点。

①滚塑成型可以生产制造出大型复杂的中空制品。

②滚塑制品整体一次成型,无接缝,无内应力,不易变形,强度较高。

(2)滚塑工艺对于滚塑成型原材料的限制条件有以下几项。

①树脂的熔体流动速率:熔体流动速率过大,树脂流动性较高,制品的内表面易出现凹凸不平的流迹线,致使制品强度降低;若熔体流动速率过小,则树脂流动性差,成型困难。聚乙烯滚塑专用树脂的熔体流动速率一般要求为0.2~1 g/min。

②树脂密度:密度大时,材料刚性大,抗冲击性能差;密度小时,抗冲击性能好,耐环境应力开裂性好,但强度和刚性较差。聚乙烯滚塑专用树脂的密度一般为0.924~0.940 g/cm^3。

③树脂的热稳定性:聚乙烯滚塑专用树脂必须具有良好的热稳定性以承受一定时间的高温作用。

（3）滚塑成型聚乙烯船体的生产方式。

为了满足滚塑成型工艺特点要求，滚塑成型的聚乙烯船体原材料大都采用流动性较好的 LLDPE 材料，该原材料目前 90% 以上都要依靠进口。但由于 LLDPE 强度、刚度较低，用其生产船体时为了保障船舶的安全性，需要对 LLDPE 船体进行增强处理。经调研，目前聚乙烯船体生产企业普遍采用的技术手段有三种。

①采用双层中空技术来加强聚乙烯船体的总强度。这种技术对滚塑工艺温度、旋转速度、投料时间、发泡时间等参数的控制有较高的要求，要保障双层中空船体厚度均匀、性能一致难度较大，且无损检测难度也较大。

②先制造出单层聚乙烯船体，再仿照木船的内部结构在聚乙烯船体内部焊接横向舱壁、加强筋等结构进行加固。仿照木质船舶焊接内部加强结构的方法操作简单，但焊缝强度和疲劳性能仍需做进一步的测试来进行验证，如悬臂梁缺口冲击强度和简支梁缺口冲击强度测试。

③采用三层结构新工艺一次成型制作。这种结构由两片硬质面层和芯层组成，硬质面层为聚乙烯材料，芯层采用低密度聚乙烯发泡材料，经过挤压、压延定型后的三层结构板材具有质量轻、强度高的优点。

2. 焊接成型聚乙烯船体

仿照钢质船舶的制造工艺，采用 HDPE 板材直接焊接成型船体结构。该工艺简单，投资少，成本低，船型设计灵活，且船体强度要高于普通滚塑材料，如图 2 所示。

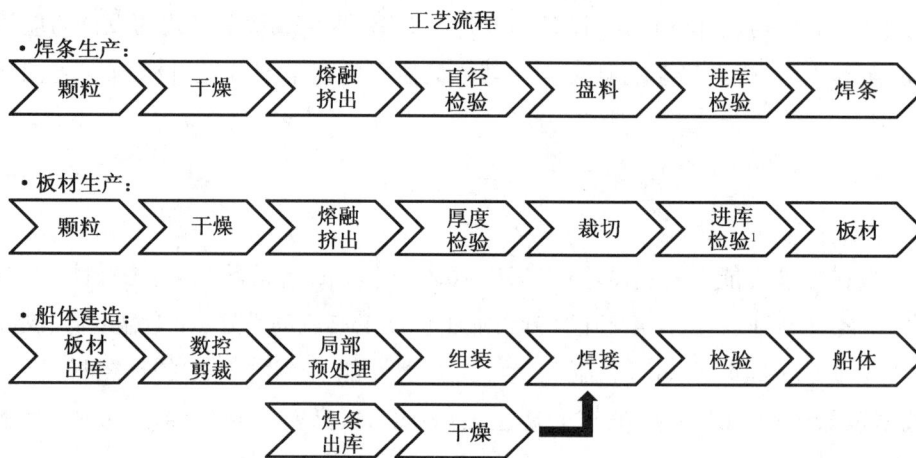

工艺流程

- 焊条生产：
颗粒 ▷ 干燥 ▷ 熔融挤出 ▷ 直径检验 ▷ 盘料 ▷ 进库检验 ▷ 焊条

- 板材生产：
颗粒 ▷ 干燥 ▷ 熔融挤出 ▷ 厚度检验 ▷ 裁切 ▷ 进库检验[1] ▷ 板材

- 船体建造：
板材出库 ▷ 数控剪裁 ▷ 局部预处理 ▷ 组装 ▷ 焊接 ▷ 检验 ▷ 船体
焊条出库 ▷ 干燥

图 2 HDPE 船舶建造流程图

注[1]：来料加工起始。

采用高密度聚乙烯材料建造的船舶与用其他材料建造的船舶相比具有如下优势。

（1）安全性能进一步提高。船体采用高压挤出型材，经进口焊接设备焊接成型，焊缝强度接近本体强度，其强度是常压条件下成型的滚塑制品无法比拟的。材料本身比水轻，尤其是低温条件下抗冲击强度大，不易破损，结构强度大，载重量大。

（2）养护成本大幅下降。HDPE 船体不受海水腐蚀，密度较高，相对分子质量较大，孔隙小，材料表面自润滑性高，难以附着海洋生物，不被虫蛀，不用除锈、涂油漆，不存在玻璃钢应力分层、冬季发脆现象，破损修补容易，是真正意义上的船体免维护船舶。

（3）使用寿命长。HDPE 船舶理论寿命达 30 年。

四、聚乙烯船舶的优点

与木船、铁船和玻璃钢船等传统材质的小型船舶相比，聚乙烯船舶究竟有哪些优势呢？如图 3 所示。

1. 安全性好

这是作为船舶首先考虑的问题，安全性好主要体现在抗沉性、抗风性和耐碰撞性这三个方面。

（1）抗沉性：聚乙烯的密度只有 0.930 ~ 0.972 g/cm^3，比水小，大约只有铁密度的 1/7，玻璃钢密度的 1/2。

因此聚乙烯的浮力很大,与水接触时始终会浮在水面上,因此用聚乙烯材料制造的船舶抗沉性好,船舶本身即使灌满水也不会沉没,反而还可以成为救生的物体。即使装上机器设备后质量增加,但因为船体水密舱的存在,船舶也不易沉没。

(2)抗风性:聚乙烯船舶的压载重心低、稳性好、抗风能力强,与同类钢质船相比,在其他参数不变的情况下,聚乙烯船的横摇周期可缩短 2~3 s,在风浪中起伏性好,回复能力强,相对而言抗风能力增强。

图3　聚乙烯船舶优势

(3)耐碰撞性:聚乙烯船舶由于采用有韧性、回弹性好、抗冲击的聚乙烯材料,碰撞力易于被吸收,所以耐碰撞性能较好,船体不易出现裂纹、凹陷等。

2. 节能降耗

由于聚乙烯材料密度较小,所以聚乙烯船舶自重更轻、燃料消耗更少、能效比更高,比木船、铁船和玻璃钢船等更节能,使用成本更低。以内河(湖泊)聚乙烯船舶为例,根据估算,其自重只有同船型木船自重的 2/3、铁船自重的 1/2。按载荷比计算,耗油量一般可以节省 15%~25%,以内河渔船年燃料费 1.5 万元计算,使用聚乙烯船舶每艘船每年可以节省燃料费用 0.3 万元以上。

3. 绿色环保

在环保特性上,聚乙烯船舶的优势主要体现在船舶原料的环保,制造、使用和维护过程中的环保,以及船舶报废后可再利用的环保这三个方面。

(1)原料的环保:保护森林资源、防止水土流失、保护生态环境等环保要求,都迫使我们减少对森林的砍伐,木材资源日益短缺,越来越难以获得。玻璃钢船舶原料中含有大量石棉、纤维、树脂和稀释剂等,具有较大的毒性。而聚乙烯材料无毒无味,不会对人体健康或大气水域环境产生有害的影响。

(2)制造、使用和维护过程中的环保:木船、铁船在制造和每年的维修保养过程中,锈铁、油灰、油漆等都对水体和空气有较大的污染与破坏。玻璃钢船在制造过程中会释放材料中的有毒有害物质以及大量的粉尘,对周围环境及人体健康有较大的影响。而聚乙烯船舶由于材料本身的稳定性,无毒无味,耐腐免漆,不需要对船体外表进行维修保养,对水体和空气不会产生污染和破坏。

(3)报废后可再利用的环保:报废的木船和铁船,其船体已基本腐烂,一般情况下都将船体废弃在水面或近岸,对周边的水体和环境造成污染及破坏。而废弃的玻璃钢船无法腐烂降解,大多随意丢弃,成为永远的垃圾,对环境造成二次污染和破坏。而聚乙烯船舶在到了使用年限后,还可以全部回收再利用,不会对环境造成污染。

4. 维护简便省费用

木船每年都要上排维修一次,更换捻缝油灰,更换部分腐烂损坏的骨架和船板。沿海木船 5 年到 8 年整船的船板和骨架就都已更换一次。铁船至少每年上排维修一次,进行除锈油漆,更换锈蚀损坏变形的骨架和船板。玻璃钢船舶碰撞后容易破损,维修也十分麻烦,清理原有的船体,要在一定的温度和气候下才能维修。以上几种船体的维护一般最少也要数天时间。而聚乙烯是耐腐蚀材料,所以船体不用每年上坞涂漆维护,这就节约了大量的材料费用和工时。即便需要修补,只要裁剪一块与破损处同样大小的聚乙烯板材,然后通过塑焊修补即可,简易快捷,时间以小时计。所以聚乙烯船舶的维护费用和维护时间比木船、铁船和玻璃钢船减少了大约90%。

5. 使用成本更低

正是由于聚乙烯船舶更耐腐蚀、更节能、更少维修、更耐碰撞,而且报废的聚乙烯船舶可以回收,获得一笔残值资金,使得聚乙烯船舶的综合使用成本更低,投资更省,使用寿命也相对较长。聚乙烯材料可以实现真正的船舶"全寿命环保"。

通过上述对比,可见聚乙烯船舶是一种安全、环保、节能的新型产品,大力推广这种新一代船舶,不但符合国家"以塑代木""以塑代钢"的产业发展政策,也符合"保护森林、保护生态、节能环保"的可持续发展理念,经济意义和社会效益非常显著。

参考文献

[1] 杨烨,沈烈,隋江华,等.小型聚乙烯材料渔业船舶应用分析[J].渔业信息与战略,2017,32(4):281－284.

[2] 袁聪慧,王仕峰,张勇,等.回收高密度聚乙烯结构与性能的研究[J].中国塑料,2011,25(10):81－85.

[3] 张斌.小型高密度聚乙烯渔船疲劳寿命研究[D].大连:大连海洋大学,2017.

[4] 何跃龙.游艇滚塑成型工艺研究[D].北京:北京化工大学,2009.

[5] 郭骏骏,晏华,代军,等.基于主成分分析的高密度聚乙烯热氧老化特性研究[J].后勤工程学院学报,2015,31(3):81－86.

[6] 张斌,张维英,张光发,等.小型高密度聚乙烯(HDPE)船艇设计与研究[J].中国水运,2017,17(2):5－7,10.

[7] 任永华,陈建华,张兆德.滚塑成型在小型节能船艇中的应用[J].浙江海洋学院学报,2013,32(4):352－356.

[8] 张维英,魏文,张斌,等.高密度聚乙烯(HDPE)敞开艇结构强度分析研究[J].中国水运,2017,17(2):1－4,34.

新能源在小型船舶上的应用

尹大和

（展翔海事(大连)有限责任公司）

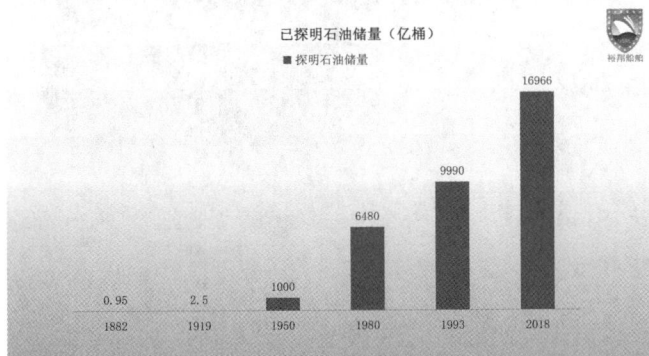

新能源产业和技术完全自主可控

以电、氢为代表的新能源动力，无论是电动机还是电池，中国几乎在每个领域都有世界级领先的企业

从阿根廷到澳洲锂矿，到刚果的钴矿，以及广阔的青藏高原上的盐湖提锂工程，到处都有中国资本

以蓄电池和电力推进为主，我国拥有从上游的锂矿开采到下游电动汽车制造和电动船舶制造全套完整产业链和广大的市场。

3 完善的新能源产业链的先天优势

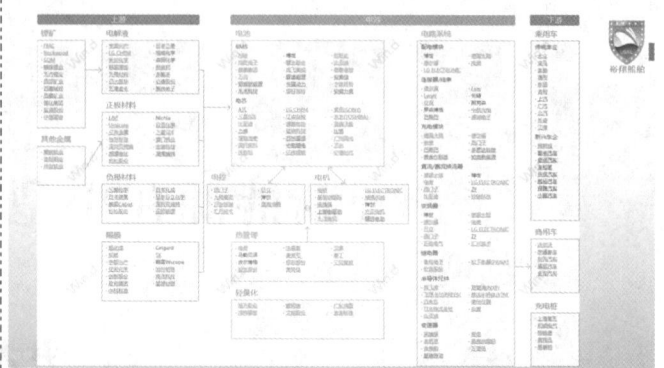

纯电动船舶上游产业链已经成熟
锂电池技术的进步使续航里程大幅增加

① 磷酸铁锂电池
150wh/kg 成组约
100KWH/700kg
已获得上船许可

宁德时代
亿纬锂能
孚能科技
国轩
比亚迪

② 三元锂电池
可达250wh/kg，尚未允许上船

纯电动船舶上游产业链已经成熟
电力推进

① 传统电力推进

② 轮缘式无轴推进器

③ 电动舷外机

纯电动小型船舶的市场在呼唤

- 全球化的节能减排趋势在推动
- 降低运营成本的需要

- 西非塞内加尔 渔船更换
- 中国许多内湖，尤其是水源地开始陆续出台全面限油政策
- 白洋淀景区电力观光艇
- 秦淮河电力观光艇
- 漓江电动竹筏
- ......

减排

节能

ZX95E型纯电动游艇参数

艇长 9.5 m　型宽 2.2 m

推进：持续输出功率20 kW

电池：磷酸铁锂电池30 kWh

优点1：安静、振动极小、噪音低、舒适度高

优点2：运营成本远低于燃油

优点3：通过变频器控制，十分方便迅捷，性能优异

优点4：干净整洁，无污染

ZX95E型纯电动游艇性能

航速	续航时间	续航里程
6knots	10h	60km
9knots	5h	42km
15knots	1.5h	23km

APPLICATION
应用场景

- 小型游艇、观光艇、机帆艇
- 内河巡逻艇、交通艇
- 养殖船、渔船、作业船

APPLICATION
纯电动小型船舶的瓶颈

- 电池瓶颈导致续航力的天然不足
- 减速等能量无法回馈

不适用的场景
快艇

3.1 氢动力小型船舶的价值

太阳能
蓄电能
风能
波浪能和潮汐能
核能
压缩空气能
氢能

A 在续航力上可以媲美燃油推进船舶
B 零排放无污染

氢能是目前唯一的选择

3.2 氢动力小型船舶的系统构成

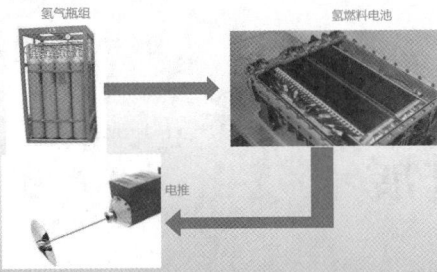

氢气瓶组

氢燃料电池

电推

3.3 氢动力小型船舶的优势

- 绿色环保无污染
- 低噪声低振动、舒适度高
- 易于控制
- 续航力强
- 氢气充放比蓄电池充放电快捷得多

3.4 氢动力小型船舶的发展现状

规范尚不支持
目前的船舶规范原则上不支持氢气瓶上船。新的规范正在研究。

国外
处于尝试应用阶段，已经有探索性应用。

国内优势
氢燃料电池车的应用和配套已经十分成熟。

国内
理论研究为主，但相关配套已经成熟。

3.4 氢动力小型船舶的发展现状

13.9 m氢动力试验船

3.5 氢动力小型船舶的发展瓶颈

成本高

① 氢燃料电池成本
氢燃料电池成本会随着技术进步逐渐降低

氢燃料电池是一次性投入，成本可接受

② 氢气制取成本
目前的工业制氢
裂解法
电解法

解决方案：太阳能制氢的规模化和普及

③ 氢气储存运输成本
直接关系氢能是否可普及

解决方案：加氢站的规模化和普及

APPLICATION

近期
适用于要求零排放的较大水域

远期
几乎适用于所有小型船舶

3.6 氢动力小型船舶应用前景

智能与绿色制造技术在船用螺旋桨
制造过程的应用进展

权林林

（大连船用推进器有限公司）

CSSC
中国船舶

智能与绿色制造技术在船用螺旋桨
制造过程的应用进展

大连船用推进器有限公司
工艺技术部 权林林
2020年10月29日

1. 引言

围绕智能制造、绿色制造、新材料应用及节能减排等新技术在船用螺旋桨制造领域的研究进展，结合我公司相关技术的实际应用情况，报告如下。

2. 公司简介

◆ 大连船用推进器有限公司是中国船舶集团有限公司的成员单位，中国船用螺旋桨行业骨干企业。

◆ 公司具有五十多年的船用螺旋桨生产经验，具备雄厚的专业技术能力，能够自行设计、制造和维修各种定距式船用螺旋桨、调距桨部件、节能装置消涡鳍以及各种非船类合金铸件，并具备桨轴一体化成套供货能力。

2. 公司简介

2.1 承担项目
✓ 工信部船舶科研计划
✓ 国防科工专项科研计划
✓ 教育部863计划
✓ 国外技术引进专项
✓ 省、市科技支撑计划

借助国家科研政策，发挥自身优势，打牢技术环节每一步。

2.公司简介
2.2 主要产品

11800TEU集装箱船用螺旋桨

40万吨矿砂船用螺旋桨

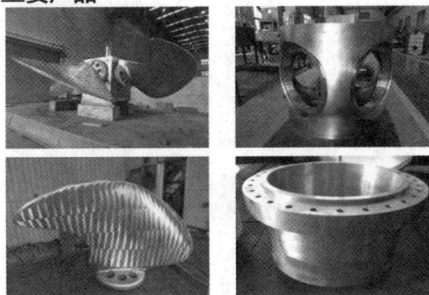
调距桨产品部件

3. 螺旋桨节能设计应用
3.1 新型节能螺旋桨的设计应用

国外设计的新型节能螺旋桨，比较流行的是在叶梢构型上做文章。常用的新型叶梢构型有带端板叶梢、非线性纵倾叶梢和宽弦叶梢等。比较著名的是Kappel螺旋桨、CLT螺旋桨。

3. 螺旋桨节能设计应用
3.1 新型节能螺旋桨的设计应用

➤Kappel 螺旋桨

丹麦人卡普尔受装在飞机机翼末端的垂直翼的启发，提出了桨叶0.875R以上的叶梢部分向吸力面弯曲的船用螺旋桨形式，命名为Kappel螺旋桨。该结构增加了叶梢处的环量，减少梢涡的能量损失，相比常规统计，推进效率可以提高3%~6%。

3. 螺旋桨节能设计应用
3.1 新型节能螺旋桨的设计应用

自从MAN公司接管了Kappel螺旋桨设计理念后，在全球力推该型节能螺旋桨。

8500PCTC车滚船用螺旋桨

65000吨散货船用螺旋桨

3. 螺旋桨节能设计应用
3.1 新型节能螺旋桨的设计应用

➤CLT螺旋桨

CLT（contracted and loaded tip）螺旋桨，即端板螺旋桨。它的节能原理是在螺旋桨叶片梢部保持一定的弦长，并装有一小块端板，可以阻止叶梢的横向绕流，从而使螺旋桨发出更大的推力，提高敞水效率。这其实也是利用了航空业惯用的端板理论。

LNG船CLT桨

叶梢详细

3. 螺旋桨节能设计应用
3.1 新型节能螺旋桨的设计应用
➤其他节能型螺旋桨

包括非线性纵倾的梢部几何在Lips螺旋桨设计中有所应用。据称这一技术可以在保证空泡性能的基础上，减少梢部的能量损失，从而提高螺旋桨的效率。

还有宽弦叶梢（wide chord tip）也得到较好应用，将振动和噪声降低到可接受的水平，大幅提高了燃油利用效率。

3. 螺旋桨节能设计应用

3.2 我公司设计的螺旋桨及其节能装置

我公司与第七〇二研究所联合成立的上海斯玛德大推船用螺旋桨设计有限公司设计的多型螺旋桨，近年来在与国外同行竞争中屡次胜出。

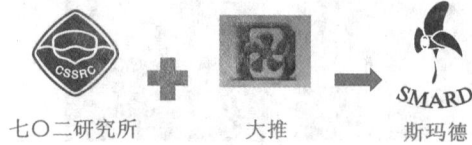

七〇二研究所　＋　大推　→　斯玛德

3. 螺旋桨节能设计应用

3.2 我公司设计的螺旋桨及其节能装置

➢ 3.2.1 高强性能保障螺旋桨轻量化设计

Ni-Al Bronze (Cu3)	抗拉强度 Rm/MPa	屈服强度	伸长率 A/%
船级社规范要求	≥590	≥245	≥16
我公司能力	≥670	≥285	≥25

3. 螺旋桨节能设计应用

3.2 我公司设计的螺旋桨及其节能装置

➢ 3.2.2 节能装置消涡鳍设计应用

斯玛德设计公司研制的节能装置消涡鳍，通过在螺旋桨毂帽上安装与螺旋桨桨叶数量相同的小鳍片，以便减弱在螺旋桨后毂帽处形成的涡流，达到提高螺旋桨效率的目的。实船应用，其平均节能率可达5%。

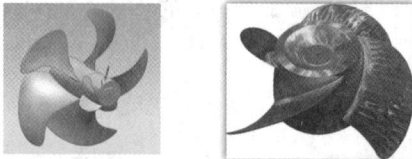

4. 螺旋桨制造过程新技术应用

4.1 螺旋桨新材料的应用

➢ 4.1.1 不锈钢材料

随着北极冰区航线的开通，螺旋桨要求具备更高的机械性能、耐海水腐蚀性能和腐蚀疲劳强度，不锈钢逐渐登上了制造大型船用螺旋桨的舞台。目前，用于制造螺旋桨的不锈钢材料按其微观组织主要有三种，即马氏体、奥氏体和铁素体-奥氏体（双向不锈钢）。

但不锈钢螺旋桨制造工序多，铸造、加工难度大，对技术要求高。为此，我们与沈铸所开展技术合作，目前已完成16Cr5Ni不锈钢样桨试制。

4. 螺旋桨制造过程新技术应用

4.1 螺旋桨新材料的应用

➢ 4.1.2 钛合金材料

钛合金具有密度小，比强度高，耐腐蚀，抗空蚀性能好，无磁性，可焊性良好等优点，被认为是一种有前途的螺旋桨材料。

但该材料化学活性强，熔融状态下几乎能与所有的耐火材料起反应，导致钛合金熔炼和浇注必须在真空或惰性气体保护下进行。目前制造路线分锻压和铸造两个方向。

4. 螺旋桨制造过程新技术应用

4.1 螺旋桨新材料的应用

➢ 4.1.3 碳纤维复合材料

碳纤维增强复合材料具有高强度、高模量、耐高低温、耐腐蚀、耐辐射等优异性能，其比强度、比模量等综合指标在现有结构材料中几乎是最高的。螺旋桨桨叶一般采用碳纤维增强环氧树脂复合材料制造，而桨毂仍主要采用铜合金等金属材料制造。碳纤维复合材料桨叶通常用黏合剂或螺栓固定在金属桨毂上。

4. 螺旋桨制造过程新技术应用

4.1 螺旋桨新材料的应用

➢ 4.1.3 碳纤维复合材料

目前国外发达国家有应用实例，但国内还处在研究阶段，技术水平相对落后，少有应用。而随着碳纤维复合材料制造工艺水平的提高，未来其在船舶推进相关领域的应用必将展现出更为广阔的前景。

4. 螺旋桨制造过程新技术应用

4.2 计算机仿真技术的应用

➢ 4.2.1 铸造过程仿真分析

公司引进的ProCAST铸造模拟仿真软件，可专门针对铸件进行温度场、凝固场及流场的模拟仿真，预测产品铸造缺陷，优化铸造工艺方案。能够缩短研制周期和节约试制成本。

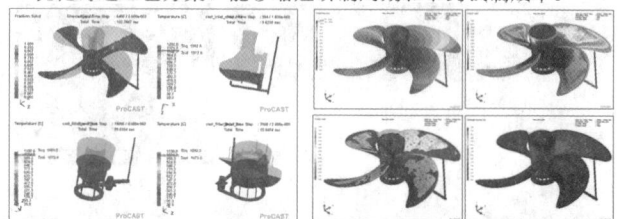

4. 螺旋桨制造过程新技术应用

4.2 计算机仿真技术的应用

➤ 4.2.2　数控加工过程仿真分析

公司从CGTech公司引进的VERICUT软件，作为专业的数控加工仿真软件，可以同时进行刀具轨迹和机床仿真，对加工过程的模拟逼真，可预先优化数控加工参数，避免刀具干涉。

4. 螺旋桨制造过程新技术应用

4.3 低/差压铸造技术应用

➤ 4.3.1　低/差压铸造原理

低压铸造、差压铸造、真空吸铸和调压铸造，统称反重力铸造，本质是使液态金属在外力作用下，逆重力方向流动并充填型腔、凝固成形的一类特种铸造方法。

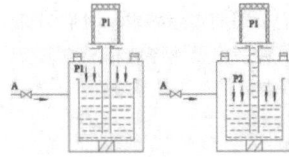

4. 螺旋桨制造过程新技术应用

4.3 低/差压铸造技术应用

➤ 4.3.2　低/差压铸造优势

（1）浇注速度可控，保证金属液充型平稳，减少夹渣，提高铸件质量。

（2）压力下充型和凝固，铸件成形性好，组织致密，力学性能好。

（3）提高金属液利用率，减少金属的损耗，工艺出品率高。

（4）劳动条件好，生产率高，易于实现机械化和自动化。

4. 螺旋桨制造过程新技术应用

4.3 低/差压铸造技术应用

➤ 4.3.3　我公司应用情况

我公司委托哈尔滨工业大学研制的国内首台用于大型铜合金构件低/差压铸造的设备，能够实现20吨以下铜合金铸件的低/差压双工位铸造生产。

4. 螺旋桨制造过程新技术应用

4.3 低/差压铸造技术应用

➤ 4.3.3　我公司应用情况

某调距桨毂体差压铸造现场试制过程

4. 螺旋桨制造过程新技术应用

4.4 3D打印技术的应用

➤ 4.4.1　3D打印金属技术的应用

国外线弧增材制造(WAAM)工艺打印的螺旋桨

4. 螺旋桨制造过程新技术应用

4.4 3D打印技术的应用

➤ 4.4.1　3D打印金属技术的应用

微铸锻铣合一增材制造技术

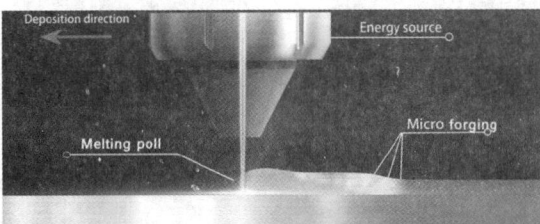

原理示意图

4. 螺旋桨制造过程新技术应用

4.4 3D打印技术的应用

➤ 4.4.1　3D打印金属技术的应用

微铸锻铣合一增材制造技术

该技术融合3D打印、半固态快锻、柔性机器人三项重大技术于一体，得到3D打印锻态等轴细晶化、高均匀致密度、高强韧、形状复杂的金属锻件，大大提高制件强度、韧性、疲劳寿命及可靠性，突破传统技术与常规增材的技术瓶颈。

目前我公司与华中科技大学张海鸥团队开展该技术应用于螺旋桨制造的项目合作，正在开展焊丝选型试验工作。

4. 螺旋桨制造过程新技术应用 ▶

4.4 3D打印技术的应用

➤4.4.2 3D打印砂型技术应用

砂型3D打印技术的优势是适用于传统造型方法无法实现的结构复杂、尺寸精密的小型铸件，但对于大型船用螺旋桨铸件来说，不具备明显优势，且尺寸受限，制造周期太长。

因此根据我们公司的实际需求，我们和机械科学研究总院潍坊平台开展了数字化无模铸造精密成形技术及装备应用研究，即无模化砂型数控加工技术。

4. 螺旋桨制造过程新技术应用 ▶

4.5 智能加工设备的应用

定距式螺旋桨打磨机械手

六自由度五轴联动智能打磨机器人

4. 螺旋桨制造过程新技术应用 ▶

4.5 智能加工设备的应用

评价：
国内唯一，国际一流。
拥有11项国家发明专利，多项科技进步奖励。

5. 结语 ▶

5.1 提高螺旋桨设计能力

相比国外著名的螺旋桨设计公司，我们的螺旋桨设计能力还有很大的差距，任重道远。需要加强人才培养、研发投入。

5.2 加大技术创新力度

作为制造厂，在船运市场低迷时期，更要加大技术创新的投入，推进智能化制造、绿色制造，节能减排，提高综合竞争力。

管系聚乙烯涂塑技术应用

周庆林

（大连船舶重工集团有限公司）

CSSC
大连船舶重工集团有限公司
DSIC　DALIAN SHIPBUILDING INDUSTRY CO., LTD.

管系聚乙烯涂塑技术应用

大连船舶重工集团有限公司　周庆林
2020年10月

中船重工某精神　兴船报国　创新超越
大连船舶某工团队精神　和谐拼搏　精细创新

目　录

一、技术背景
二、科技创新
三、工艺技术
四、生产能力
五、质量检验
六、应用推广情况

一、技术背景

管系聚乙烯涂塑新技术

船舶管路是船舶上用来连接各种机械设备的管道系统，用来传送水、电、油、气等介质，是主辅机动力系统安全有效运行的重要组成部分。

而本项目聚乙烯涂覆钢管，又称钢塑复合管(polyethylene，缩写简称PE)，聚乙烯涂塑技术是一项海水管道重防腐技术，采用热融原理将特制聚乙烯粉末涂料黏附在预先加热的管子内表面形成稳定连续的保护涂层。

技术背景　　1.管系聚乙烯涂塑技术介绍

船舶管道传统防腐工艺：玻璃钢管、铜镍合金管、热镀锌、环氧树脂等：

	GRP	Cu-Ni	镀锌	环氧涂覆	聚乙烯涂覆
耐海水性	○	○	△	○	◎
耐冲击	△	◎	○	○	◎
耐绝缘性	○	×	×	△	◎
耐海水生物附着	△	◎	○	△	△
流体抵抗	◎	◎	○	◎	◎
膜厚度	——	——	0.1 mm以下	0.3 mm以上	1.0 mm以上
初期成本	中	高	低	低	中
维修费用					
安全稳定性	△	◎	×	×	◎

注：◎优 ○良 △中 ×差

技术背景　2.聚乙烯涂塑与传统防腐工艺对比

聚乙烯涂覆钢管特性说明：

序号	特殊性能	说明
1	无须维修	具有抗老化性能，可持久使用，无须后期维修
2	高附着力	可达30 N/cm以上
3	冲击强度高	优良的耐冲击与附着性能，不易发生涂层破裂、剥落的现象
4	机械性能好	抗拉强度高、延展性能好、韧性大，能够最好地抵抗应力腐蚀开裂
5	低摩擦系数	表面十分光滑，摩擦系数小，流体输送效率高
6	耐药性	性质稳定，对于化学物质具有极高的耐酸、耐碱性
7	海生物难以附着	由于是非极性材料，与水的接触角度大，海生物无法附着
8	无化学溶出物	无塑化剂等化学溶出物，不会对流体产生污染
9	绝缘性优良	由于不导电，无须防电措施
10	品质安定性	采用粉状聚乙烯树脂热熔所形成涂层，即使在复杂的管件上也能达到零针孔、厚度均一的涂覆效果

技术背景　3.聚乙烯涂覆钢管的特性

二、科技创新

在大船集团科研项目支持下，完成管系聚乙烯涂塑技术的开发与应用，总体技术性能指标均达到国际先进水平，填补了国内技术空白，打破了外国公司在中国船舶管系聚乙烯项目市场的垄断，具有极佳的经济性和较强的市场竞争力。

科技创新　1.科技创新平台

在管系聚乙烯涂塑施工方面，运用TRIZ创新方法理论解决生产技术问题，取得丰硕成果。

大船集团创新方法大赛

TRIZ理论学习与交流

科技创新　2.创新方法成果

大船集团聚乙烯涂塑技术共获得发明专利授权4项，实用新型专利20项，并获得国际奖项认可。

序号	名称	专利号	类别
1	一种管件内壁涂塑用滚塑设备	ZL201410300377.9	发明专利
2	一种基于快速管件内壁滚塑设备的工艺方法	ZL201410299029.4	发明专利
3	管件内壁涂塑用滚塑设备的管件装夹方法	ZL201610005322.4	发明专利
4	管件内壁涂塑用滚塑设备的工艺方法及其配套机构	ZL201610005991.1	发明专利
5	专用于管件内壁涂塑用滚塑设备的可调式配重机构	ZL201521111407.8	实用新型专利
6	管件内壁涂塑用滚塑设备的鼓出机构	ZL201521111376.6	实用新型专利
7	长直管内壁涂塑成套装置的专用旋转台	ZL201521116528.1	实用新型专利
8	一种长直管内壁涂塑成套装置	ZL201521111424.1	实用新型专利
9	长直管内壁涂塑用快速封盖	ZL201521115298.7	实用新型专利
10	专用于管件内壁涂塑用滚塑设备的钢质复合模具	ZL201521115445.0	实用新型专利
11	专用于管件内壁涂塑用滚塑设备的夹紧机构	ZL201521116529.6	实用新型专利
12	管件法兰面涂层精加工装置	ZL201521133709.5	实用新型专利

科技创新　3.国家专利成果

大船集团聚乙烯涂塑技术共获得发明专利授权4项，实用新型专利20项，并获得国际奖项认可。

序号	名称	专利号	类别
13	一种船舶用聚乙烯钢管试验装置	ZL201822100155.9	实用新型专利
14	一种船舶管件法兰面涂层加工装置	ZL201921781191.4	实用新型专利
15	一种管件内壁涂塑用滚塑设备	ZL201420353275.9	实用新型专利
16	一种用于管件内壁涂塑用滚塑设备的叠套式套模	ZL201420352289.9	实用新型专利
17	一种用于管件内壁涂塑时使用的管口快速堵头	ZL201420353271.0	实用新型专利
18	一种专用于管件内壁涂塑用滚塑设备的夹紧机构	ZL201420353063.0	实用新型专利
19	一种专用于管件内壁涂塑用滚塑设备的配重机构	ZL201420353289.0	实用新型专利
20	长直管内壁涂塑成套装置的燃气加热组件	ZL201521111336.1	实用新型专利
21	长直管内壁涂塑成套装置的燃气加热器	ZL201521111450.4	实用新型专利
22	专用于管件内壁涂塑用滚塑设备的可调式配重机构	ZL201521116577.5	实用新型专利
23	管件内壁涂塑用滚塑设备的夹紧机构	ZL201521111572.3	实用新型专利
24	管件内壁涂塑用滚塑设备的管件装夹方法	ZL201521116503.1	实用新型专利

科技创新　3.国家专利成果

大船集团聚乙烯涂塑技术共获得发明专利授权4项，实用新型专利20项，并获得国际奖项认可。

国际奖项荣誉　　　专利证书

科技创新　3.国家专利成果

三、工艺技术

聚乙烯涂覆钢管基本原理说明：

● 机械附着原理

　　通过喷砂处理，使管材表面形成粗糙的凹凸面，从而增加表面面积，聚乙烯树脂粉末在预热钢管内壁黏附融化形成涂膜，依据锚栓效果加强PE膜与钢管之间达到无空气状态的附着力。

● 化学分子作用附着原理

　　PE树脂本身具有无极性，但经过高温氧化后通过C＝O（羰基）结合的同时生成—OH（羟基）、—COOH（羧基）就会有极性，通过分子间的相互引力会使钢管与PE层附着，其强度决定PE涂覆的附着力。

工艺技术　　1.聚乙烯涂覆钢管基本原理

工艺技术　　2.管系聚乙烯涂塑工艺流程

工艺方法

● 工艺方法：采用滚塑成型工艺方法，即管件滚动旋转以确保能将PE材料均匀涂布在管件的内表面的工艺方法。管件内的PE材料在重力的作用下，保持在管件的底部。在水平轴或垂直轴上的旋转会使管件的最低点连续转换，因而管件内的所有表面都经过适量涂料；同时管件内的PE材料在热能的作用下会均匀地熔融黏附于管件表面上，再经水冷却定型而成制品。

● 该技术基于管件内壁在高温下黏附PE涂料的基本原理，管系聚乙烯快速加工工艺（即在最小的工艺温度区间完成聚乙烯涂覆加工），以及基于此的快速管件内壁滚塑设备工艺方法，并配套研制相关设备和工艺装备，目标是使管内壁聚乙烯涂层获得最佳的产品性能。

工艺技术　　3.管系聚乙烯涂塑工艺方法

四、生产能力

燃气加热炉　　中型异型管设备　　大型直管设备

大型异型管设备　　小型异型管设备　　小型直管设备

生产能力　　1.自主研制的主要生产设备

加热管件　　小型异型管产品　　中型异型管产品

大型异型管产品　　大型直管产品　　小型直管产品

生产能力　　2.DN40 mm～DN1000 mm聚乙烯管产品

管系聚乙烯涂塑新技术

形成DN40 mm～DN1000 mm管件内面聚乙烯涂塑加工能力，年产2万平方米，可满足集团聚乙烯涂塑管加工任务需求。

生产能力　　3.产品生产加工能力

生产能力　　4.管系聚乙烯涂塑视频

五、质量检验

大船集团聚乙烯涂塑产品完全符合并优于GB 28897—2012钢塑复合管等相关技术标准要求。

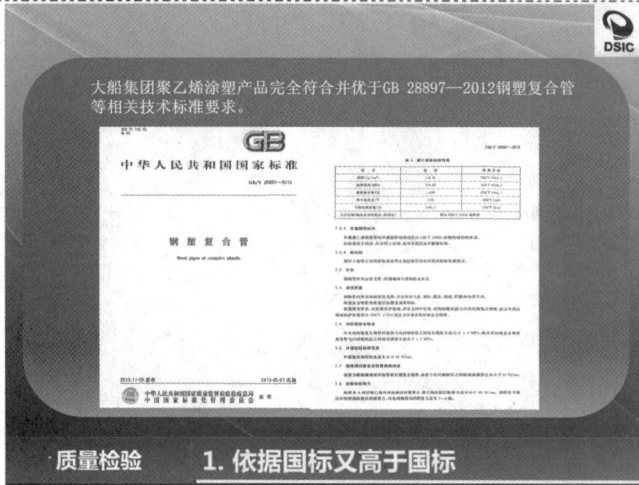

质量检验　　1. 依据国标又高于国标

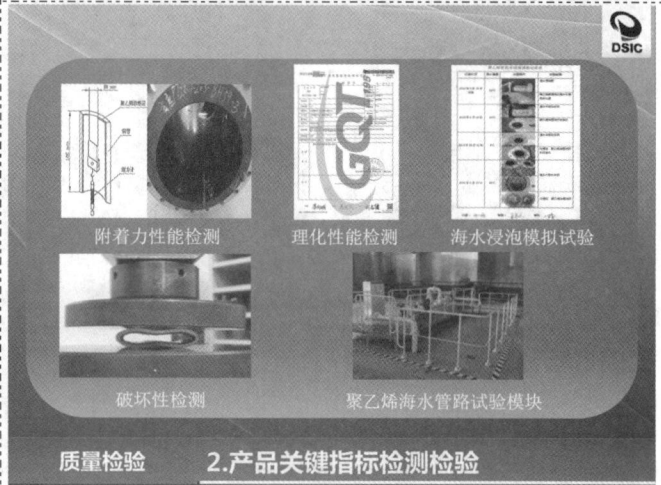

附着力性能检测　　理化性能检测　　海水浸泡模拟试验

破坏性检测　　聚乙烯海水管路试验模块

质量检验　　2.产品关键指标检测检验

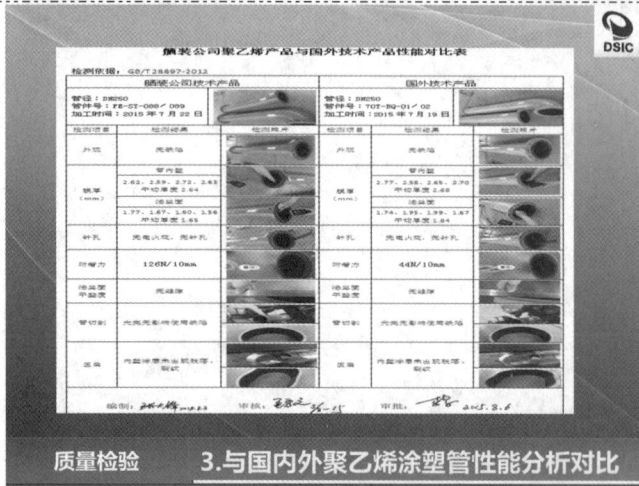

质量检验　　3.与国内外聚乙烯涂塑管性能分析对比

六、应用推广情况

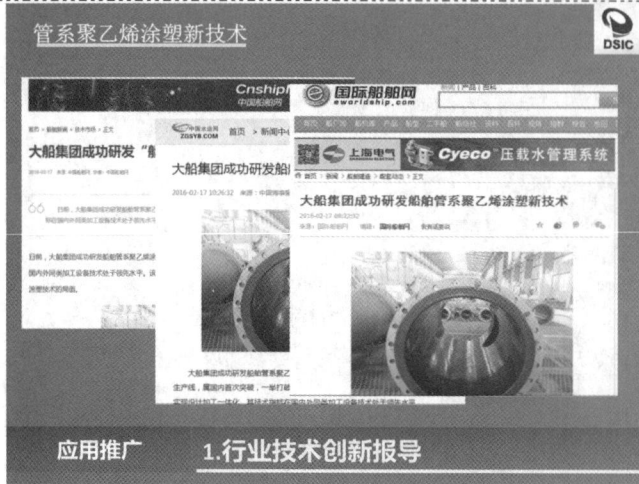

管系聚乙烯涂塑新技术

应用推广　　1.行业技术创新报导

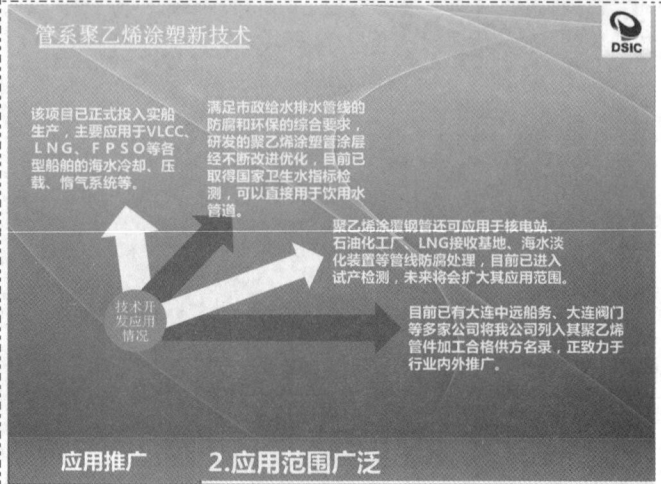

管系聚乙烯涂塑新技术

该项目已正式投入实船生产，主要应用于VLCC、LNG FPSO等各型船舶的海水冷却、压载、惰气系统等。

满足市政给水排水管缘的防腐和环保的综合要求，研发的聚乙烯涂塑管涂层经不断改进优化，目前已取得国家卫生水指检测，可以直接用于饮用水管道。

聚乙烯涂塑钢管还可应用于核电站、石油化工厂、LNG接收基地、海水淡化装置等管线防腐处理，目前已进入试产检测，未来将会扩大其应用范围。

目前已有大连中远船务、大连阀门等多家公司将我公司列入其聚乙烯管件加工合格供方名录，正致力于行业内外推广。

技术开发应用情况

应用推广　　2.应用范围广泛

大船集团聚乙烯涂塑产品获得中远、招商、MODEC等国内外船东的一致认可。

应用推广　　3.船东审核检查

管系聚乙烯涂塑新技术

业绩	船东/客户	船只数量
15万吨原油船	中远海	1
	中远海	2
	岚桥	1
30万吨原油船	大远	1
	招商	1
	岚桥	2
	中远海	2
	中远海	2
	中船租赁	2
	岚桥	3
	大远	5
7.2万吨原油船	大远	1
	大远	4
MV31项目	MODEC	1
MV33项目	MODEC	1
矿砂船	SK	1
外承揽常石项目	日本常石	1
外承揽船阀项目	船阀	1

应用业绩

管系聚乙烯涂塑新技术

该项目的成功研发应用，已成功打破国外技术对船舶海水管聚乙烯涂塑加工工艺、设备领域的垄断，解除了大船重工及船舶行业对国外公司在船舶海水管聚乙烯涂塑加工的绝对依赖，为国内其他船厂提供了可选择的机会，带动了国内相关行业的发展，将对国内管道防腐领域技术变革产生深远影响。

社会效益

海洋平台物体坠落事件分析及防范

年继业　姜福洪　姚云熙　印　坤　孙　明　王海军

（大连船舶重工集团设计研究院有限公司）

摘　要：物体坠落事件是海洋工程中发生频率最高的风险事件，坠落事件的发生会对海洋平台的安全性造成一定的影响，甚至引发事故。因此，对物体坠落事件进行深入研究，从而采取有效的预防措施，对于保证海洋平台作业的安全性十分必要。本文通过对大量的海洋工程物体坠落事件进行分析，归纳出常见坠落物，同时从坠落物质量、坠落事件发生阶段和发生原因三个方面对坠落事件进行研究，并有针对性地提出防坠落方法，为海洋平台坠落事件的防护设计提供参考。

关键词：海洋平台；坠落物；坠落事件；防坠落

0　引言

由于海洋环境恶劣多变，海洋工程装备作业过程中时常伴随着坠落、泄漏、火灾等风险事故的发生。英国海域内海洋工程风险事故统计如表 1 所示。

表 1　英国海域内海洋工程风险事故统计

类型	坠落	泄漏	火灾	锚泊失效	爆炸	井喷	碰撞
钻井平台	1 519	276	175	200	21	18	19
生产平台	127	164	38	8	4	1	—
FPSO	80	327	56	14	2	—	—
总计	1 762	767	269	222	27	19	19

由上表可知，在风险事故中，物体坠落事件的发生最为频繁，约占事故总数的 56.6%。因此对海洋平台物体坠落事件进行归纳和分析，并有针对性地提出预防方案，对于海洋工程平台安全作业是十分必要的。

国内外许多机构致力于防坠落的相关研究，主要研究内容为平台的结构和设备抵抗坠落物击打的能力，针对坠落事件提出计算或评估方法，以及坠落事件的防范。

因此，对于坠落事件来说，防范具有更大的实际意义。本文对多型自升式平台、半潜平台以及浮式液的天然气生产储卸装置（FPSO）进行深入研究，归纳总结其坠落物和坠落事件，并有针对性地提出防坠落方法，为防范海洋平台坠落事件的发生提供设计参考。

1　海洋平台坠落物研究

坠落物是坠落事件发生的源头，总结海洋平台常见坠落物，就可以在预防坠落事故的工作中做到有的放矢,进行有针对性的防坠落设计。在对典型的自升式平台、半潜平台和 FPSO 进行研究的基础上,将潜在坠落物进行汇总,并对其质量和易坠落区域进行统计,结果如表 2 所示。

表2　坠落物信息

坠落物	*质量/t	易坠落区域
螺栓/螺母	0.000 05	全船
传感器	0.000 1	全船
阀门附件	0.000 5	全船
夹具	0.001	全船
接线盒	0.001	全船
扬声器	0.002	全船
电缆托架	0.005	全船
灯	0.005	全船
卸扣	0.02	全船
活动栏杆	0.06	全船
挡风墙板	0.08	全船
手动泵	0.2	全船
踢脚板	5	全船
脚手架	0.2	吊机区域
密封工具	0.5	吊机区域
测试工具	1	吊机区域
空集装箱	2	吊机区域
空垃圾箱	2	吊机区域
水箱	2	吊机区域
添加剂	2	吊机区域
食物集装箱	5	吊机区域
满垃圾箱	6	吊机区域
潜水泵	8	吊机区域
液压泵站	8	吊机区域
维护工具箱	10	吊机区域
潜水泵吊架	10	吊机区域
罐装乙二醇	11	吊机区域
泵头输送撬	22	吊机区域
泵接头底座	30	吊机区域
摄像头	0.000 5	井口区域
顶驱部件	0.1	井口区域
张力器及部件	0.1	井口区域
化学品注入泵	0.2	井口区域
游车导轨	0.5	井口区域
注油机	0.5	井口区域
工作篮	0.5	井口区域
测井单元	1	井口区域
套管	2	井口区域

表2（续）

坠落物	*质量/t	易坠落区域
隔水管	2.4	井口区域
钻杆	2.5	井口区域
测井管汇	3.5	井口区域
过滤单元	3.5	井口区域
遥控无人潜水器（ROV）	4	井口区域
空压机	6	井口区域
30″隔水管	8	井口区域
压滤机	8	井口区域
人员工作篮	8	井口区域
采油树底座	9	井口区域
氮气发生器	9	井口区域
防喷器工具	10	井口区域
采油树帽	10	井口区域
录井单元	13	井口区域
计量撬	14	井口区域
采油树工具	15	井口区域
防喷器组件	25	井口区域
采油树	46	井口区域
防喷器	120	井口区域
吊环	0.5	吊机/井口区域
脐带缆夹具	0.5	吊机/井口区域
吊钩	2	吊机/井口区域
临时值班室	4	吊机/井口区域
液氮杂件	6	吊机/井口区域
临时电池组	7	吊机/井口区域
临时操控室	8	吊机/井口区域
液氮泵	10	吊机/井口区域
罐装液氮	12	吊机/井口区域
注入撬	13	吊机/井口区域
脐带缆卷筒	30	吊机/井口区域
锚链	0.5	系泊区域
锚	8	系泊区域
液压管线	0.01	设备区域
气动管线	0.01	设备区域
蓄能瓶	0.01	设备区域

注：*表中坠落物质量为本研究涉及海洋平台中相关设备的平均值。

2 坠落事件分析

2.1 坠落物质量分析

挪威船级社（DNV）规范根据长期统计数据，将坠落物的质量按照其引发后果的严重程度划分为五个级别,如表3所示。

表3 坠落物质量级别

后果的严重程度	坠落物的质量/t
非常严重	≫8
严重	>8
较为严重	2 ~ 8
一般	<2
轻微	≪2

据此将表2中的坠落物分类,如图1所示。

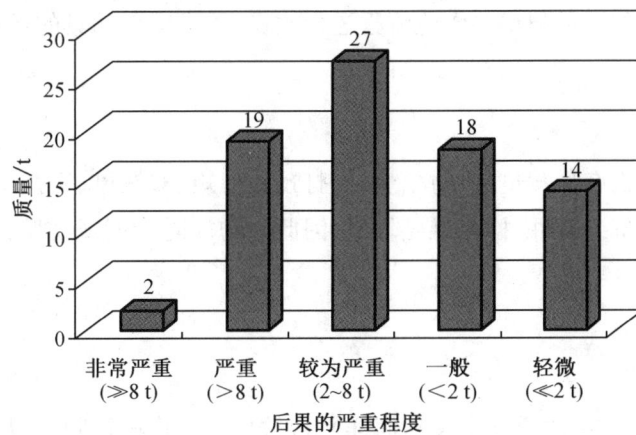

图1 坠落物质量分布

由图1可知,大多数坠落物质量分布在2~8 t。

2.2 坠落事件发生区域分析

坠落事件主要发生在吊机/井口区域,如图2所示。

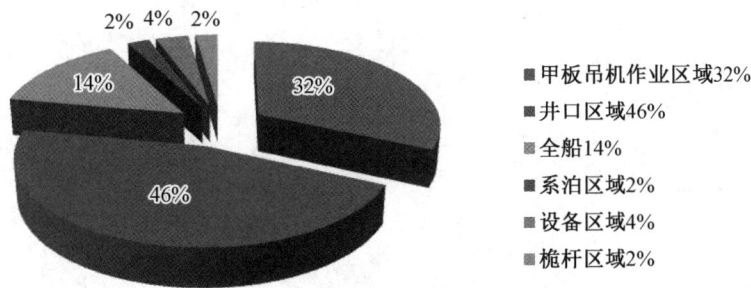

图2 坠落事件分布情况

3 坠落事件的防范

3.1 大质量坠落事件预防

根据DNV规范可知,坠落事件造成的影响与冲击功有关。冲击功可按下式计算:

式中 m——物体质量,t;

v——速度,m/s。

$$E_\mathrm{E} = E_\mathrm{T} + E_\mathrm{A} = \frac{1}{2}(m + m_a) \times v_\mathrm{T}^2$$

由此可知,冲击功除了与坠落物质量有直接关系,同时也与坠落物的最终速度密切相关,而坠落物的最终速度取决于坠落物的坠落高度。因此,对于质量较大的坠落物,应尽量降低其作业或吊运高度。

3.2 特定区域的防坠落保护

由图 2 可知,坠落事件中约 32% 发生在吊机区域,约 46% 发生在井口区域。因此,对于吊机区域和井口区域,应采取专门措施以防范坠落事件的发生。

目前多数海洋平台甲板吊机的覆盖面积较大,尤其对于自升式平台和半潜式平台,吊机覆盖面积可以达到甲板面积的 80% 甚至更多,对于此种情况,吊机覆盖区域内的设备和结构需要设置适当的防坠落保护结构,以降低坠落物对设备和结构的冲击影响。

海洋平台井口区域是主要的作业区域,平台上设备摆放拥挤,多种作业空间叠加,导致坠落事件频发,应对钻台等事故高发地点的设备摆放布置和相关作业流程进行改良,尽量减少钻具的运送距离和起吊频率,从而减少坠落事件。

3.3 设备防坠落设计

对于螺栓紧固件的防松措施有弹簧垫片、防松垫片、打预紧力矩、双螺母、穿开口销、穿不锈钢丝等。

对于灯具等安装较高的设备或部件,检修难度较大,因此应增加防护网或防坠链(绳),从而起到二次防护作用,防止坠落事件发生。

4 结论和展望

对于物体坠落事件,防范是重中之重。本文对海洋平台常见坠落物进行归纳,从多个角度对坠落事件进行分析研究,并有针对性地提出切实可行的防坠落方法,经实际应用取得了良好的效果,为防坠落研究人员及海洋工程从业人员提供参考。

参考文献

[1] PAIK J K. Practical techniques for finite element modeling to simulate structural crashworthiness in ship collisions and grounding [J]. Ships and Offshore Structures, 2007, 2(1):69 – 80.

起重船稳性计算模型选取研究

王志超　刘文民　孙国君　姚云熙

（大连船舶重工集团有限公司）

摘　要：起重船特殊的作业模式决定了其稳性计算的复杂性。本文以某型国内自航式起重船为研究对象，通过参照中国船级社（CCS）完整稳性和 DNV GL 吊落稳性衡准，并使用二维和三维计算模型对其工况进行稳性计算及分析，探讨了二维和三维计算模型对完整稳性的影响，同时提出了起重船模型在计算完整稳性的几点建议。本文的结论对同类型起重船在稳性计算中选定模型提供了一定参考价值。

关键词：起重船；完整稳性；吊落稳性；计算模型

0　引言

"十三五"期间的国家能源战略需求，已转变为"深化近浅海，挺进深远海"，向海洋要能源，以保证国家经济发展与科技建设。随着世界各国纷纷加大对海洋开发的力度，海洋工程建设飞速发展。其中海洋资源开发、海上工程和海难救助事业需求量加大，使得起重船成为不可缺少的工程船舶之一。

起重船特殊的作业模式决定了其稳性计算的复杂性，现规范都要求计算起重船吊物作业完整稳性，同时还需进行重物吊落稳性校核，仅 CCS 钢制海船规范尚无吊落稳性要求。据 2016 年 11 月 25 日通过的 MSC.415（97）号决议《2008 年国际完整稳性规则》最新规定，2008 IS CODE 中建议增加了起重船吊落稳性计算，该规范已于 2020 年 1 月 1 日正式生效。

根据常规船舶稳性计算及文献查询，由于船舶长宽比大且甲板以上受风面积占比小，通常仅使用其横剖面计算风倾力矩，从而完成其稳性计算。但针对吊机受风面积占全船受风面积 50% 以上的某些起重船来说，虽然三维模型的建立及实际计算时间都比二维模型计算时间长，但简单使用横剖面计算风倾力矩已不能满足其稳性计算要求，特别是除了 90° 以外的吊落稳性计算，均需要引进三维计算模型准确完成其稳性计算。

本文以某型全回转自航式起重船为研究对象，使用二维及三维计算模型对其作业工况进行完整稳性计算与分析，探讨了计算模型对完整稳性的影响，并提出了起重船在计算完整稳性时模型选取的几点建议。

1　起重船稳性模型选取

通过上述起重船稳性计算衡准的总结，为了分析起重船稳性计算模型的选取，特以国内航行的某起重船为依托，进行模型对比分析，具体情况如下。

1.1　船舶主要参数

该全回转自航式起重船起重能力为 220 t，主要用于起重吊运及吊装，该船为国内航行并入级 CCS，其船舶主要参数如表 1 所示。

表1　船舶主要参数

序号	项目	数据	单位
1	总长(不含吊机)(L_{oa})	70	m
2	型宽(B)	30	m
3	型深(D)	5.5	m
4	设计吃水(T_d)	3.5	m
5	起吊能力(主钩)	220 t×35 m	

1.2　起重船模型建立

使用 NAPA 软件建立的起重船模型,如图 1 所示,其中包含三维计算模型和二维侧投影计算模型。吊机旋转角度也如图 1(a)所示,吊机存放在托架上为 0°,逆时针旋转,船尾方向为 180°。

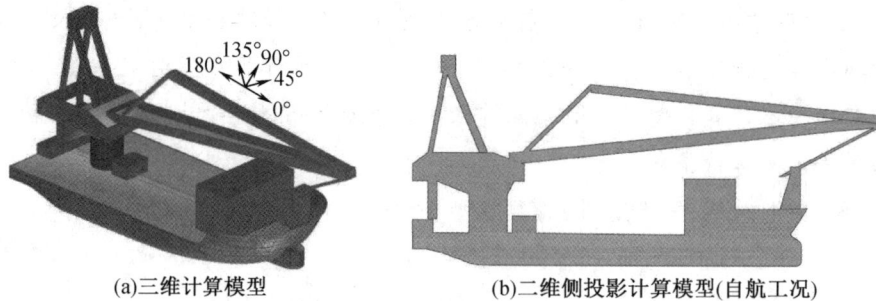

(a)三维计算模型　　　　　(b)二维侧投影计算模型(自航工况)

图1　起重船模型

1.3　起重船完整稳性计算

1.3.1　计算工况及稳性衡准要求

根据起重船作业模式及船级社规范要求,本船的计算工况选取为航行工况、避风工况和作业工况,其中作业工况为 0°~180°,每种工况间隔 45°。

由于起重船作业的特殊性,该船需进行吊落稳性校核,但 CCS 钢质海船规范中缺少吊落稳性计算要求。则本项目按相对较严格的 DNV GL Rules for Classification:Ships(RU – SHIP)(2018)吊落稳性要求进行计算,以验证起重船稳性能力。

(1)CCS 钢质海船规范起重船完整稳性(表2)

表2　CCS 钢质海船规范起重船完整稳性要求

工况	稳性衡准			
	初稳心高(GM)	复原力臂(GZ)	最大复原力臂对应横倾角	稳性衡准数
航行	$GM \geq 0.16B$	最大复原力臂 $GZ_{MAX} \geq 1.5$ m	最大复原力臂 GZ_{MAX} 对应横倾角 $\geq 15°$	$K_c = \dfrac{l_q}{l_f} \geq 1$
避风		$GM \geq \dfrac{M_f + M_l}{0.1716\theta_c\Delta}$		$K_c = \dfrac{l_q}{l_f + \dfrac{M_l}{9.81\Delta}} \geq 1$
作业		$GM \geq \dfrac{M_f + M_h + M_l}{0.1716\theta_c\Delta}$		$K_c = \dfrac{l_q}{l_f + \dfrac{M_h + M_l}{9.81\Delta}} \geq 1$

（2）DNV GL 吊落稳性衡准

①吊重丢失后，回复力臂曲线和可能最大的反压载力臂曲线的第一个交点处的角度不超过15°，而对于遮蔽海域，其角度可达到20°。

②吊物丢失后，在第一交点到进水角（或第二交点，取小者）之间的残余面积 A_2 不能小于 1.4 倍的 A_1（图2），即 $A_2 \geqslant 1.4A_1$。

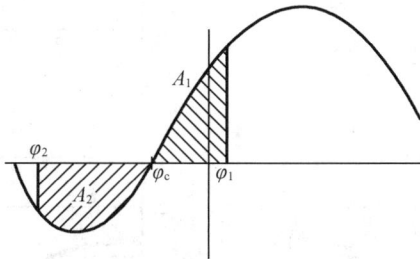

图 2　吊落稳性残余面积比

1.3.2　两种模型稳性计算结果

（1）风倾力矩及完整稳性计算

本船作业吃水（3.5 m）情况下，吊机受风面积占全船受风面积的50%左右。根据CCS规范，二维计算模型中存在几个物体在船舶中纵剖面上的投影面积重叠时，重叠部分面积的应乘以重叠系数1.5。而三维模型是根据实际情况进行的建模，本船几种三维模型详情如图3所示。

(a)45°作业工况　　　(b)90°作业工况　　　(c)180°作业工况

图 3　不同工况下起重船三维模型

在不同模型中，二维计算模型仅采用相对受风面积最大的剖面进行计算，而三维模型是根据不同吊机作业角度进行模拟计算。同时参照CCS规范，起重船各工况下许用垂向重心VCG计算结果如图4所示。

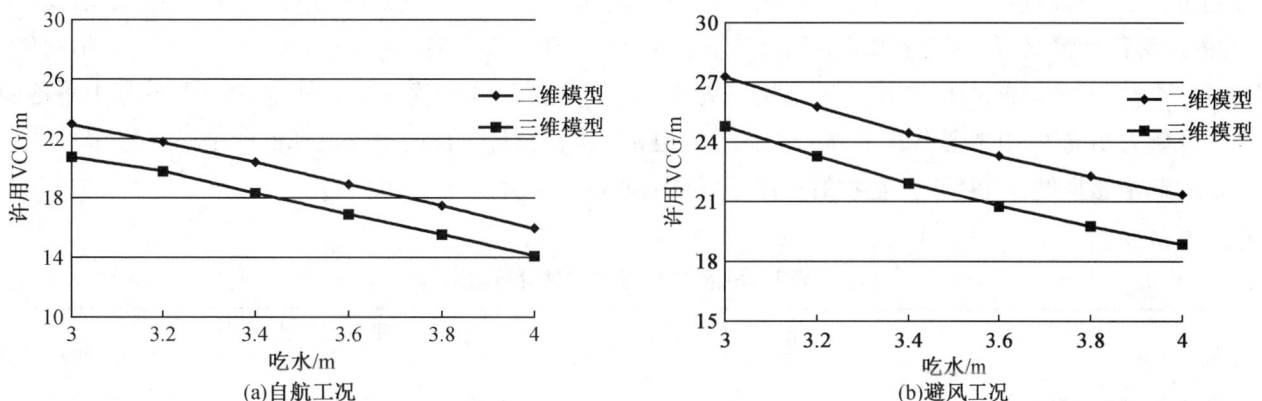

(a)自航工况　　　　　　　　　　　(b)避风工况

图 4　许用 VCG 计算结果

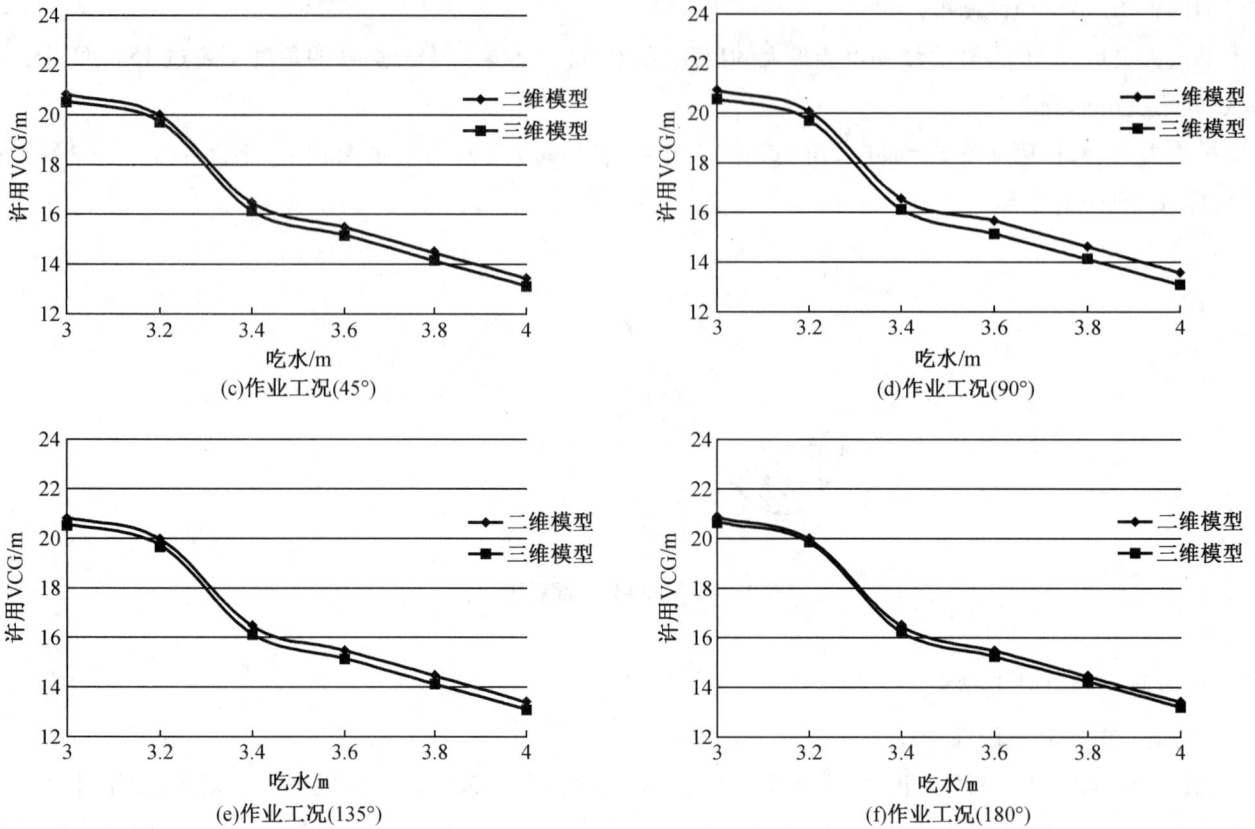

图4（续）

根据以上及计算结果可以得出，三维计算模型的许用 VCG 都比二维计算模型严格，同时起重自航和避风工况，两种模型得出的许用 VCG 差距较大，而作业工况下，两种计算模型相差较小，主要原因如下。

①起重船自航和避风工况中，本船无不对称装载倾侧力矩，故风倾力矩在稳性衡准中起决定性作用，风倾力矩越大，则许用 VCG 越低，两种模型结果差异越明显。而计算船舶的作业工况时，船舶存在一定的不对称压载及起吊载荷（与计算模型无关），以上两种载荷是风倾载荷的数倍，故风倾载荷对稳性衡准影响较小，因而二维和三维模型稳性计算结果差距不明显。

②许用 VCG 不同主要是船舶风倾力矩差异造成的，由于二维计算模型中重叠部分多且分布不均匀，故在二维剖面中受风面积都存在一定的计算误差，易造成误差累计。而使用三维模型，则不用考虑重叠部分，直接使用即可，避免了重叠部分的计算误差。

③二维模型中重叠部分的受风面积中心距也可能存在一定的计算误差，可能导致二维模型完整稳性计算结果偏差。

（2）吊落稳性计算

起重船在进行吊落稳性校核时，其吊落稳性计算轴应选取与重物垂直方向的轴。二维模型仅能计算吊物 90°时的吊落稳性情况，其他工况的吊落稳性尚不能计算。由于本船长宽比小，吊落稳性不应仅考虑吊物 90°的影响，还应进行其他角度的验证，由此三维模型更具备计算吊落稳性的优势。另外，DNV GL 规范中吊落稳性不考虑风倾力矩的影响（除替代衡准外），故三维模型和二维模型计算出的吊落稳性的值是一致的。

以本起重船为例，吊落 220 t 重物的稳性计算结果如表 3 所示。

表3　吊落 220 t 重物稳性计算结果

序号	项目	第一交点处角度/(°)		残余面积比		是否满足要求
		二维模型	三维模型	二维模型	三维模型	
1	作业工况(45°)	—	2.7	—	194.2	是

表3（续）

序号	项目	第一交点处角度/(°)		残余面积比		是否满足要求
		二维模型	三维模型	二维模型	三维模型	
2	作业工况（90°）	2.032		316		是
3	作业工况（135°）	—	2.702	—	299.816	是
4	作业工况（180°）	—	2.641	—	13.446	是

根据吊落稳性计算结果，得出本船的决定性衡准分别出现在90°作业工况和180°作业工况，特别是残余面积比衡准出现在180°作业工况，而二维计算模型仅能计算90°作业工况，计算存在局限性。

综上所述，对于长宽比小的起重船计算吊落稳性时，其决定衡准可能出现在除90°之外的作业工况下，故仅三维计算模型能更精确地完成其吊落稳性计算。

2 结语

本文使用NAPA软件建立了二维及三维两种计算模型，以CCS和DNV GL规范要求为依据，对某长宽比小的自航式起重船进行了完整稳性及吊落稳性计算。结果表明，对于长宽比小，且吊机受风面积占整体计算受风面积50%以上的起重船，完整稳性和吊落稳性不一定都出现在90°的作业工况。同时本文起重船计算已使用相对较保守的二维受风面进行计算，其作业工况下完整稳性计算结果相差不大，但在其他工况下存在较大差距。

由以上计算结果分析，对于长宽比小，且吊机受风面占整体计算受风面50%以上的起重船，虽然三维模型建立及计算时间较长，但为了提高计算的准确性，建议使用三维模型进行多种角度作业工况的稳性计算。但对于其他形式的起重船，还是可以在保证计算效率的基础上使用二维模型进行稳性计算，本建议希望对同类型起重船在选定模型计算上提供一定参考。

本文仅考虑了CCS起重船稳性规范和DNV GL吊落稳性计算，对于其他船级社稳性计算规范尚未考虑。另外，由于本文中某起重船船长所致，并设置双层底，无须进行破舱稳性计算，故许用VCG仅考虑了完整稳性计算。其他船级社规范及破舱稳性也是后续进一步研究的内容。

参考文献

[1] 康为夏，闵兵，李含苹. 大型起重船的发展与市场前景[J]. 船舶，2009(6)：13 - 17.

[2] 葛慧晓，何炎平，陈新权，等. 起重船稳性衡准研究[J]. 中国港湾建设，2010(3)：69 - 71.

[3] 葛慧晓. 大型起重船船体浮态稳性研究[D]. 上海：上海交通大学，2010.

基于 AFT 系列软件的脱硫系统供水管路分析研究

孙凯强　曲莉莉　贾淑洁　臧大伟　马　俊　杜　欣

（大连船舶重工集团设计研究院有限公司）

摘　要：近年来,开式脱硫技术的发展情况一直受到船舶行业的重点关注。本文从开式脱硫系统的原理出发,利用工艺模拟软件及 AFT 系列软件对开式脱硫系统供水管系的稳态及瞬态工况进行分析,并结合某超大型油轮(VLCC)实船条件计算验证。分析结果表明:工艺模拟软件对开式脱硫系统反应器供水量的模拟结果与实船参数贴近;AFT Fathom 模型中各喷嘴的背压均高于 2.5 bar[①] 的背压要求,总体计算结果符合预期。

关键词：脱硫;AFT 系列软件;分析研究

0　引言

随着远洋船舶尾气中硫氧化物对环境污染的日益严重,以及全球限硫法规的逐步实施,船舶尾气脱硫技术已成为业界讨论的焦点话题。其中,开式船舶尾气脱硫系统由于系统安装及运营成本低,在船舶长期运行中有较高的经济优势,是船东主要选择目标之一,市场前景最为广阔。

本次分析研究使用 AFT Fathom 软件计算和分析管路的稳态参数。另外,本文对开式脱硫系统流程进行模拟,计算开式脱硫系统的供水量,为管网分析提供计算输入。

1　船舶废气和海水主要成分及反应原理

利用碱液吸收 SO_2 的做法在陆上电站脱硫系统中已经得到了较为广泛的应用,人们对于碱液吸收 SO_2 的过程理论也做了大量的研究。实际上,液体吸收 SO_2 是利用了 SO_2 极易溶于水的性质。由于船舶柴油机废气中各种成分的溶解度不同,当气体与吸收液接触时,易溶于水的气体会被吸收,而不易溶于水的气体仍会排放到大气中。这样就使 SO_2 气体与废气中的其他气体分开,达到了废气脱硫的目的。

柴油机废气中物质有三十多种,主要成分的摩尔分数如表 1 所示。

表 1　柴油机废气主要成分含量表

化学成分	摩尔分数/%
H_2O	0.05
O_2	0.132 952
N_2	0.766 29

---

① 1 bar = 0.1 MPa。

表1(续)

化学成分	摩尔分数/%
CO_2	0.05
SO_2	0.000 758 5

本文采用模拟海水成分替代天然海水。美国国标 ASTM D1141—1998 模拟的海水配方如表2所示。

表2　海水典型成分

名称	化学式	含量/(g/L)
氯化钠	NaCl	25.43
氯化镁	$MgCl_2$	5.20
硫酸钙	Na_2SO_4	4.09
氯化钙	$CaCl_2$	1.16
氯化钾	KCl	0.695
碳酸氢钠	$NaHCO_3$	0.201
溴化钾	KBr	0.101

2　开式脱硫系统工艺流程模拟

2.1　设计输入及边界条件

本次计算以某实际船型为计算依托,烟气流量、烟气含硫量等参数及其他边界条件如表3所示。

表3　设计边界条件

设计最大烟气流量	59.1 kg/s
进口烟气含硫量	3.5%
出口烟气含硫量	0.1%
进口烟气温度	250 ℃
出口烟气温度	45 ℃
海水温度	0 ~32 ℃
相对湿度	最大80%

2.2　工艺流程模拟模型的建立

本次工艺流程模拟系统原理如图1所示。

针对开式脱硫系统供水的模拟(图2)主要分为三个阶段。

第一阶段:海水与烟气初步混合冷却。该部分对应脱硫塔冷却段反应,在冷却段内烟气与海水接触,烟气温度从250 ℃降低到50 ℃左右,pH 值由8.2左右降低到2.8左右。

第二阶段:烟气与海水在主塔内反应。由于主塔内海水流量更大,因此对烟气中 SO_2 的吸收能力更强。烟气排出时的含硫量已经达到设计要求,海水 pH 值在3左右,温度约为45 ℃。

第三阶段:主塔海水和冷却段海水混合。混合后的洗涤废水温度和 pH 值等主要参数介于主塔和冷却段的洗涤废水参数之间。

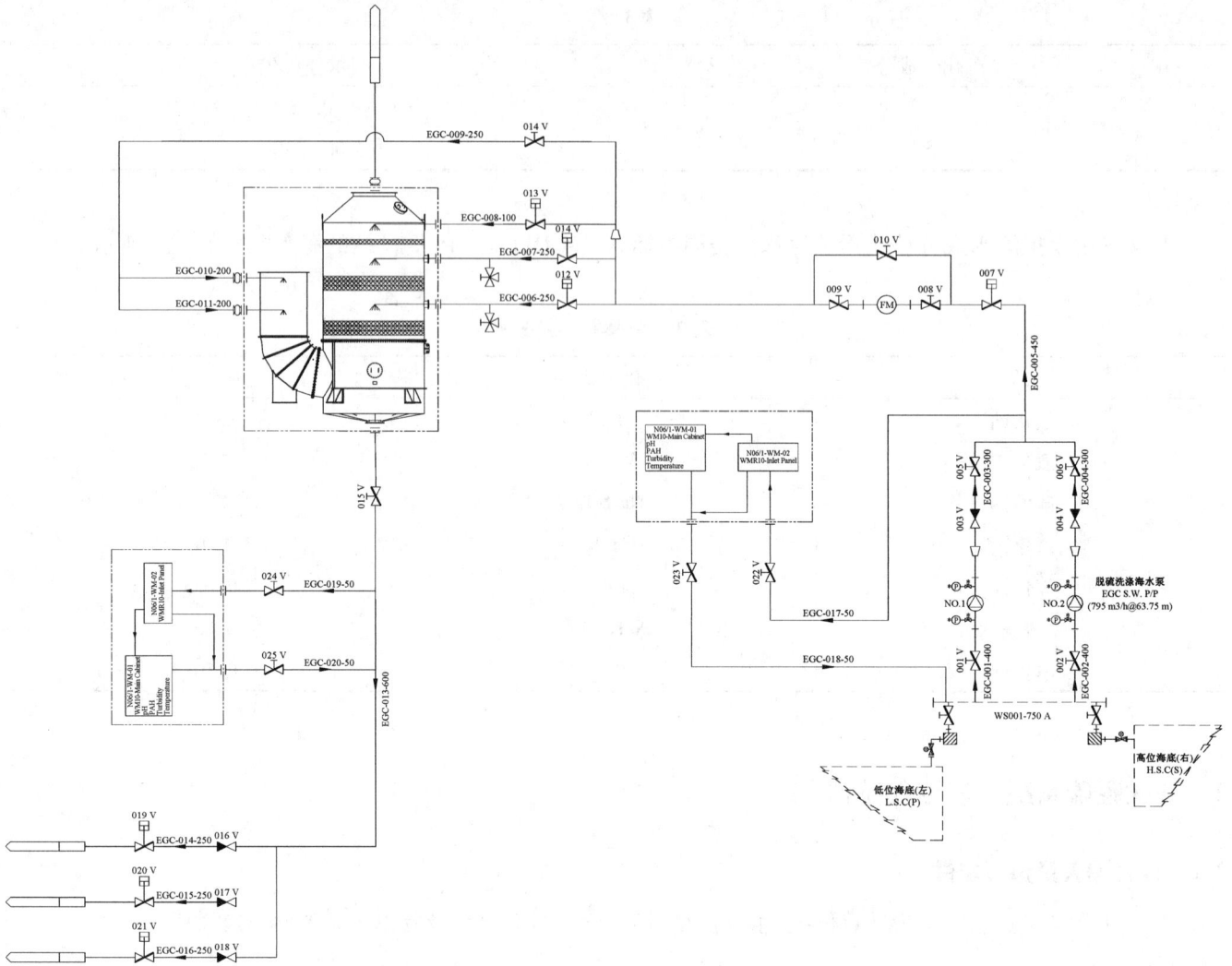

图 1 开式脱硫系统原理图

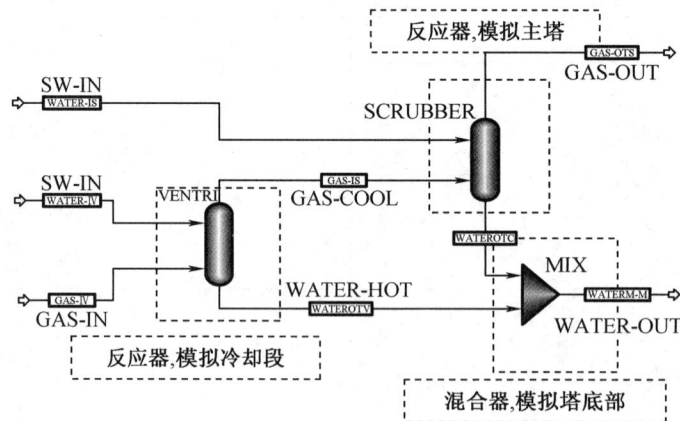

图 2 开式系统洗涤塔模型

2.3 模型的校核

模型建立后,首先将收集到的某厂家现有开式脱硫系统的方案输入数据作为模型的输入参数并计算脱硫需要的海水流量。然后,将模型的流量计算结果和实船方案数据做比对,从而检验模型的计算准确性。对比结果如图 3 所示。

从计算结果可以看出,模型计算结果与实际需求量相近。

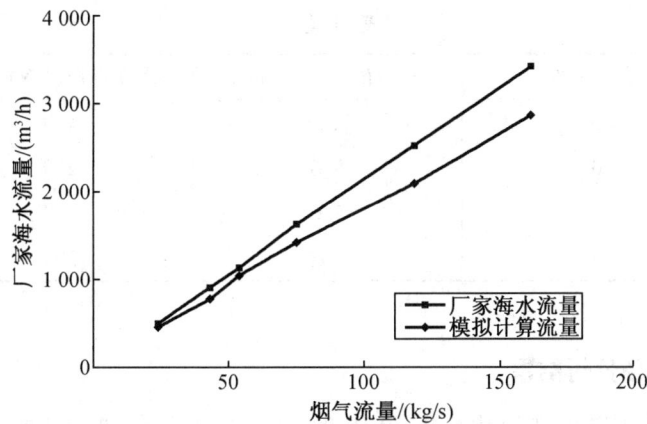

图3　模拟计算海水流量与厂家海水流量比较

2.4　开式脱硫系统供水量计算

本次 VLCC 船型的烟气流量为 59.1 kg/s。根据模型计算,所需的海水流量为 1 072 m³/h,比值系数取1.1,得出估算流量为 1 179 m³/h。厂家给出的海水流量计算值为 1 013 m³/h。本次海水流量输入值为 1 238 m³/h。冷却段海水流量约占总海水量的 1/3,为 412.7 m³/h。

3　洗涤水供水管系计算校核

3.1　喷嘴的选型

该 VLCC 配备的洗涤塔喷嘴参数如表4所示。

表4　喷嘴型号及参数

喷嘴型号	数量/个	工作压力/bar	最大畅通通道面积/mm²
2″-90°	32	2.5	379
3″-60°	2	2.5	956
3″-45°	2	2.5	2 500

3.2　泵参数

由 AFT Fathom 软件计算可以得出,在喷嘴滞点压力为 2.5 bar 时,泵的流量为 1 590 m³/h,扬程为 63.74 m。

3.3　管径初步计算

参照船舶设计手册,流速边界条件如下:
(1)海水泵出口管 $v \leq 3$ m/s;
(2)海水泵进口管 $v \leq 2$ m/s;
(3)其他海水管路 $v \leq 3$ m/s。
初步计算的管系管径及最小壁厚如表5所示。

表5　管系管径及壁厚结果

管系名称	流速/(m/s)	理论最小壁厚/mm	公称直径(DN)/mm	壁厚等级
EGC-001/002	2	6.71	400	Sch.40
EGC-003/004	3	6.02	300	Sch.40

表5(续)

管系名称	流速/(m/s)	理论最小壁厚/mm	公称直径(DN)/mm	壁厚等级
EGC – 005	3	7.13	450	Sch.40
EGC – 006/007	3	5.6	250	Sch.40
EGC – 009	3	5.6	250	Sch.40
EGC – 010/011	3	5.15	200	Sch.40

3.4 AFT Fathom 模型建立及分析结果

根据 VLCC 布置图,确定洗涤塔和海水泵布置高度及位置,并预估供水管路的长度和附件数量后建立 AFT Fathom模型,如图4所示。

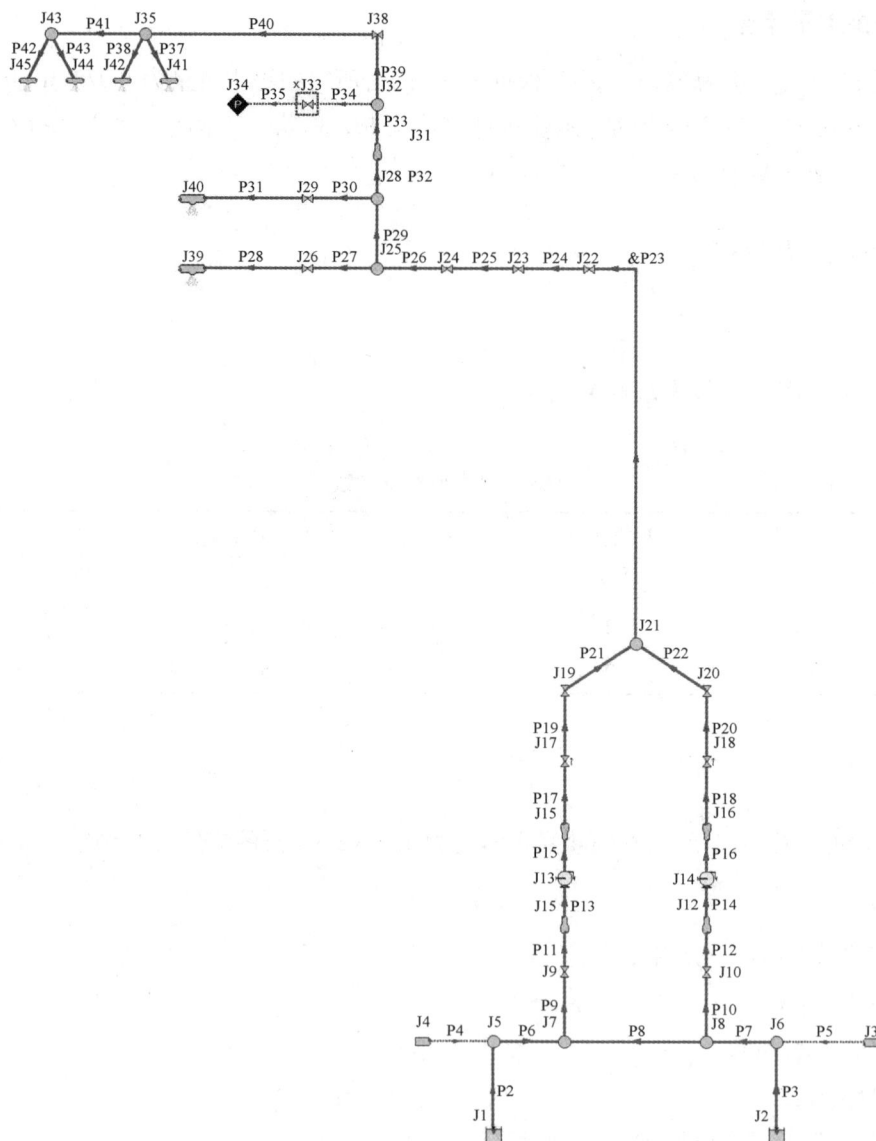

图4 开式脱硫系统供水管路 AFT Fathom 模型

通过该 AFT Fathom 模型计算的流速结果如表6所示。

表6　AFT 管系流速计算结果

管系名称	实际流速/(m/s)
EGC – 001/002	1.9
EGC – 003/004	3
EGC – 005	2.9
EGC – 006	2.9
EGC – 007	2.8
EGC – 009	2.1
EGC – 010	2.4
EGC – 011	2.4

在此基础上喷嘴流量及滞点压力如表7所示。

表7　AFT 喷嘴流量及滞点压力计算结果

喷嘴型号	压力需求/bar	实际压力/bar	实际流量/(m³/h)
2″ – 90°（上层）	2.5	3.0	528
2″ – 90°（下层）	2.5	2.8	509
3″ – 60°	2.5	2.7	79
3″ – 45°	2.5	2.5	198

由管系流速计算结果可以看出,管系的实际流速均小于理论流速的要求,满足流速设计边界条件。从喷嘴的计算结果可以看出,各喷嘴的背压均高于 2.5 bar 的滞点压力要求,在满足滞点压力要求的基础上,冷却段的喷嘴的总流量为 554 m³/h,占总流量的 34.8%,与模拟结果值接近,总体计算结果符合预期。

4　结语

本文从开式脱硫系统的原理出发,通过利用 AFT 系列软件对开式脱硫系统供水管路的稳态及瞬态工况进行分析,掌握了利用上述软件对开式脱硫系统供水管路的分析方法,并结合某 VLCC 实船条件对各模型进行计算验证,得出了如下结论。

（1）对开式脱硫系统反应器供水量的模拟结果与实船参数贴近,计算结果有参考价值。

（2）AFT Fathom 模型中各喷嘴的滞点压力均高于 2.5 bar 的要求。此时,冷却段的喷嘴的总流量为 554 m³/h,占总流量的 34.8%,总体计算结果符合预期。

参考文献

［1］　Keppel Offshore & Marine Technology Centre. Technology review 2012［R］. Singapore：KOMtech,2012.

［2］　VIDALB F,OLLERO P. A kinetic study of the oxidation of S(Ⅳ) in seawater［J］. Environmental Science & Technology,2001,35(13):2792 – 2796.

［3］　ABDULSATTAR A H,SRIDHAR S,BROMLEY L A. Thermodynamics of the sulfur dioxide seawatersystem ［J］. AICHE Journal,1977,23(1):62 – 68.

［4］　韩明洋. 船舶尾气脱硫设备与工艺的研究［D］.北京:北京化工大学,2018.

［5］　孙凯强.基于钠碱海水的船舶柴油机废气脱硫系统设计与实验研究［D］.大连:大连海事大学,2016.

旅游休闲平台海水消防系统优化设计研究

孙连科　刘庆江　伞立忠　齐　亮　郭晓峰

（大连船舶重工集团设计研究院有限公司）

摘　要：海洋牧业旅游休闲平台是一种集旅游垂钓、海上观光、餐饮、娱乐等为主要功能的海上自升式移动平台，可满足百姓对渔业休闲体验的新要求。平台系统配置是否满足使用和规范的要求，是否做到精益化设计，将对平台作业和建造成本产生重大影响。本文先对某型平台做了简要描述，针对此平台的具体使用特点和特殊性，在平台海水消防系统设备配置方面做了深入研究，最终确定了海水系统配置优化设计方案，对其他同类平台的设计会有一定的参考作用。

关键词：旅游休闲；自升式移动平台；规范要求；海水消防系统；优化设计

1　概述

本文介绍的平台为一小型自升式移动平台，平台长为28 m，宽为29 m，型深3.3 m，入级CCS。平台主船体为长方体，四个圆柱形桩腿布置在主船体四角，每个桩腿由下端的桩靴支撑，桩靴为近似圆锥体。每个桩腿配置一套液压插销式升降系统，通过升降系统主船体可沿桩腿上下升降并支撑于一定高度。

平台在建造时要考虑设计周期和建造成本的要求，要满足使用功能和规范要求，能否把平台的一些功能做到更进一步的精益化设计，是设计工作需要重点考虑的内容。基于上述思想，本文主要对某型自升式休闲平台海水消防系统设备配置做了进一步优化设计，与其他自升式平台有较大区别，优化后的设计方案既能满足平台功能和使用要求，又能满足规范要求，同时节省了大量设计、采购和建造成本。

2　海水消防系统设备配置

平台海水消防系统主要配置了两台潜水泵、两台消防总用泵、两个消防水缓冲舱，没有配备海底阀箱。图1是海水消防系统示意图。平台升起作业时，可以通过设置在平台两端的潜水泵往消防水缓冲舱中注入海水，然后通过设置在机舱和辅设备间的两台消防总用泵从消防水缓冲舱驳运海水至各使用用户，供平台海水消防以及其他杂用。

2.1　海底阀箱方案设计

自升式海上移动平台设置海底阀箱的主要用途是为平台在拖航时提供水源，平台升起作业时，海底阀箱是不起作用的。海底阀箱的性能要满足拖航时各需求海水用户的用水要求。

根据CCS《海上移动平台入级规范2016》第7篇第6章6.2.7.3中的要求，"每一平台至少应设有两个吸水源（海底门、海底阀、滤器和管道等），任一吸水源的失效不能招致所有吸水源同时失效"。因此，通常自升式移动平台应设有两个吸水源、两个海底阀箱。

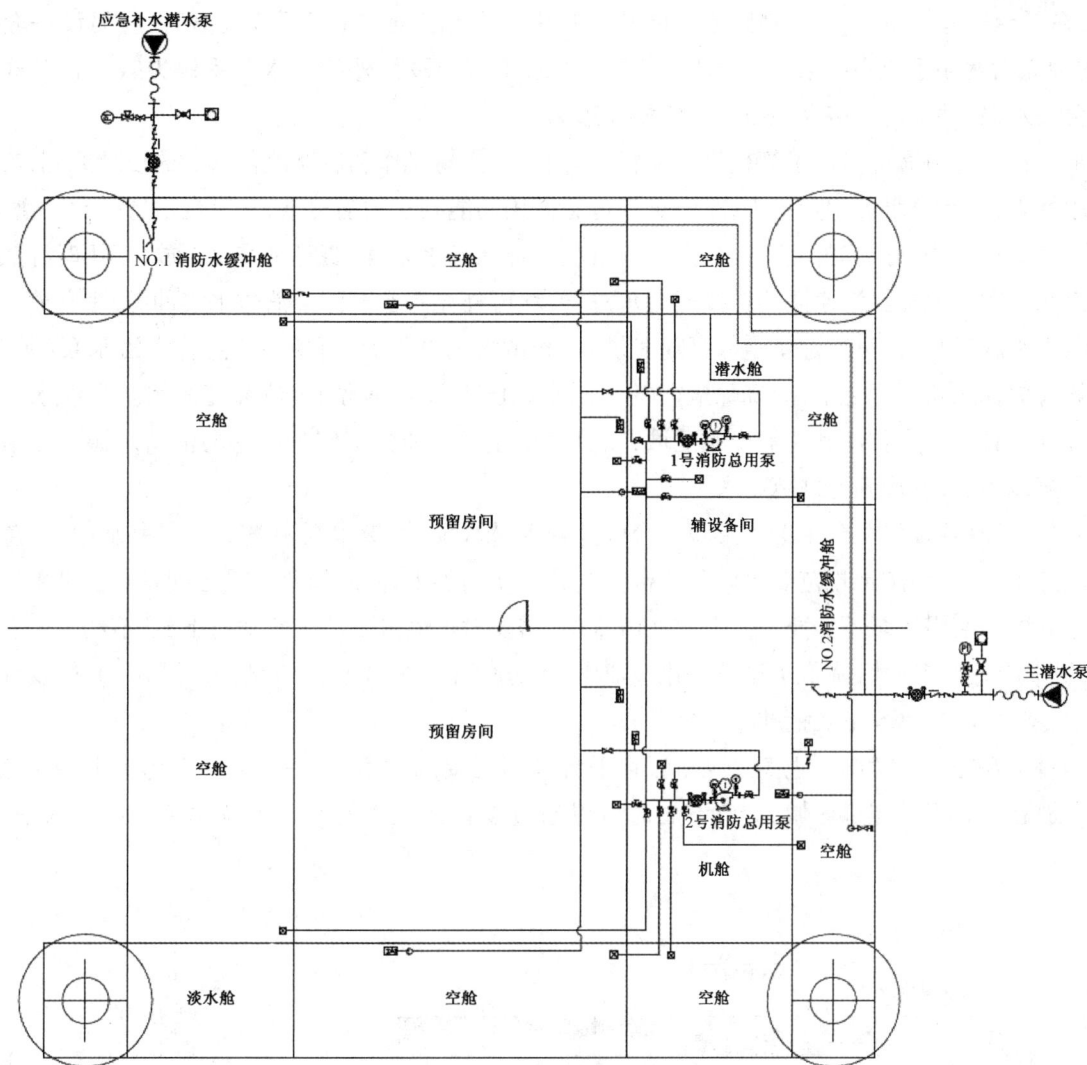

图1　海水消防系统示意图

某型平台在设计时充分考虑了简化设备配置、方便船东简易操作的设计原则,考虑到平台的具体使用特点,拖航工况极少,在满足规范和使用功能要求的前提下,平台在设计上取消了海底阀箱,具体理由如下:海水主要用于压载水供给、冷却水供给、消防水供给等,其中某型平台一无压载舱(平台无压载舱通过稳性计算可以满足平台设计要求);二无直接采用海水冷却的设备(不需要时刻提供海水);并且平台拖航时按死船状态设计。此外,平台拖航时按照湿拖考虑设计,拖航之前,平台首部和左舷尾部区域各配备的一个消防水缓冲舱已注入部分海水(可保证单台消防总用泵至少工作1.5 h),拖航时平台一旦着火,在消防水缓冲舱有效储水量耗尽之前,通过实际操作可确保两台潜水泵下放在水中正常工作,以保证给两个消防水缓冲舱及时供水。

规范中要求的两个吸水源是保证两个独立的海水供给源,某型平台配备的两个消防水缓冲舱相当于两个独立的供水源,两个潜水泵吸水相当于两个即时可用的消防水吸水源,且任一吸水源的失效不能导致所有吸水源同时失效。

综上所述,此平台不设海底阀箱,可以满足规范要求以及平台安全性和使用要求,同时简化了设备配置,降低了设计和建造成本,方便船东的操作和设备维护成本。上述设计方案经过与CCS沟通,业已获得CCS正式批准。

2.2　潜水泵方案设计

自升式海上移动平台设置潜水泵的主要用途是为平台在升起作业后提供水源,性能是要满足平台作业时各需求海水用户的用水要求。

根据CCS《海上移动平台入级规范2016》第7篇第6章6.2.7.3中的要求,对于自升式平台还应符合下列附加要求:在平台升起状态下,每一消防泵应能从至少由两个相互远离(当不能远离时,应另设一套临时潜水泵系统)的独立潜水泵系统中吸水,一个潜水泵系统失效不应导致另外的潜水泵系统失效。自升式移动平台应设有两台潜水泵,并且两台潜水泵布置上要相互远离。

某型平台在设计时充分考虑了简化设备配置、方便船东简易操作和后期设备维护的设计原则,考虑到平台的具体使用特点,平台海水使用量很少,在满足规范和使用功能要求的前提下,本平台设置一台主潜水泵,随平台升降梯一直下放水中,可随时供应海水,另设一台应急补水潜水泵,需要时可临时下放,不用时存放在主甲板区域。主潜水泵和应急补水潜水泵均连接至海水总管,均可补充海水至两个消防水缓冲舱,平台着火后当消防水缓冲舱海水消耗殆尽时,可通过主潜水泵随时供水,若主潜水泵失效,可使用应急补水潜水泵(平台着火,消防水缓冲舱有效储水量耗尽之前,应确保应急补水潜水泵已下放并正常工作)补充海水。主潜水泵和应急补水潜水泵分别布置在平台首部和左舷中间区域,以保证相互远离和分别作为独立的消防水源。主潜水泵和应急补水潜水泵能力相同,均满足规范要求。

综上所述,此平台设置一台主潜水泵和一台应急补水潜水泵,主潜水泵一直下放在海水中,应急补水潜水泵可临时应急下放,可以满足规范要求以及平台安全性和使用要求,同时简化了设备配置。此种平台方案设计的优点在于其中一套潜水泵不需要一直下放在海水中,需要时可通过下放装置随时下放,节约了一套潜水泵下放安装用的固定导轨架装置,降低了设计和建造成本,也方便船东操作和设备维护。同时,上述设计方案经过与 CCS 沟通,业已获得 CCS 正式批准。

图 2 是潜水泵布置示意图。主潜水泵布置在平台首部区域,随升降梯一直下放至海水中。应急补水潜水泵不用时存放在平台左舷尾部区域,应急下放时可以通过设置在上方的两个手拉葫芦下放至水中,作为应急使用。

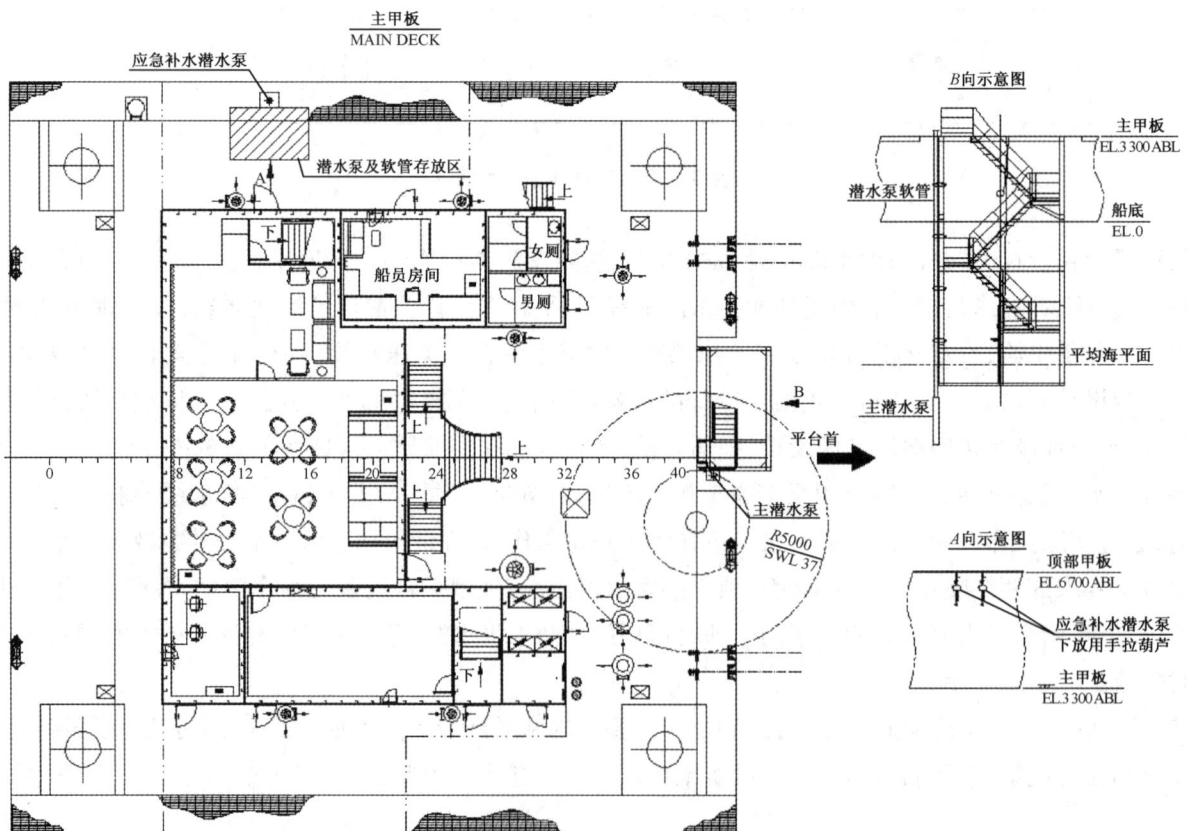

图 2　潜水泵布置示意图

2.3　与常规海上自升式移动平台对比分析

常规海上自升式移动平台均配有海底阀箱以及两套互相远离布置的潜水泵,并可以一直下放在海水中。

针对某型平台作业和使用的特殊性,从简化设备配置、方便船东简易操作和后期设备维护的设计原则考虑,平台不设置海底阀箱,两套潜水泵一套一直下放在海水中,另外一套可临时下放,具体对比分析如表1所示。

表 1　两种方案对比表

名称	某型海洋牧业旅游休闲平台(自升式移动平台)	其他常规海上自升式移动平台	备注
海底阀箱	不设海底阀箱,满足规范和功能使用要求。优点在于降低设计和建造成本,通过简化设备配置,方便船东操作和后期设备维护	设有海底阀箱,需要增加设计和建造成本以及后期设备维护成本	
潜水泵	设置一台主潜水泵和一台应急补水潜水泵,主潜水泵一直下放在海水中,应急补水潜水泵可临时下放。优点在于节约了一套潜水泵下放安装用的固定导轨架装置,降低了设计和建造成本,方便船东操作和设备维护	两套潜水泵完全等效布置,一直下放在海水中,增加了设计和建造成本以及后期设备维护成本	

3　结语

通过仔细研究某型平台的具体工作要求,针对平台设备的具体使用特点和规范要求,通过与CCS沟通,最终确定了海水消防系统的设备配置方案,达到了简化设备配置、降低设计和建造成本、方便船东简易操作和后期设备维护的目的。目前,基于上述方案设计的平台已经成功交付船东使用,获得船东较高的评价。对于其他类似的海上自升式移动平台,完全可以参照此型平台的设计理念,此方案具有很高的参考价值。

基于 AngularJS 的数据可视化呈现

吕　媛　张丽妮　于　薇　于　艳　郭艳华　朱　玮

（大连船舶重工集团设计研究院有限公司）

摘　要：行业内以往的数据基本以表格的形式呈现，将筛选的数据以单一的表格排列出来，虽然信息全面，但是难以查看数据的变化趋势和分布情况。本文将以产品通知单分析程序为例，介绍如何在 Web 端引用新的应用框架——AngularJS 开发网页。使用者通过 AngularJS，用 MVC 模式将单一的数据可视化，以柱状图、折线图、饼图、雷达图、散点图等各种图表结合的方式直观清晰地展现数据的分类分布及变化趋势，有效地提高工作效率。

关键词：数据可视化；AngularJS；MVC

1　概述

随着信息技术的不断发展，各种信息数据越来越多，数据的集成和分类查询分析越来越受到人们的重视。理论上来说，船厂在各个方面都有着大量的数据信息，如果这些信息被重视和利用起来，将会有重大意义。因此，我们将现有的通知单等相关信息收集起来，加以分类和整理，将相关数据以图表的形式展现出来，能够更直观清晰地查询现有的通知单信息，并且可以为将来的设计规避不必要的损失。基于 AngularJS 的数据可视化呈现，可以系统直观地展现出数据的分类分布和变化趋势，开发人员可以自己定义所要展现的数据表现形式和样式，在应用方面灵活便捷，使构建交互式的现代 Web 应用变得更加简单。

2　AngularJS 简介

AngularJS 的官方文档是这样介绍它的——完全使用 JavaScript 编写的客户端技术。同其他历史悠久的 Web 技术（HTML、CSS 和 JavaScript）配合使用，使 Web 应用开发比以往更简单、更快捷。

AngularJS 主要用于构建单页面 Web 应用。它通过增加开发人员和常见 Web 应用开发任务之间的抽象级别，使构建交互式的现代 Web 应用变得更加简单。我们公司现阶段以 AngularJS 作为 Web 开发的新技术进行学习，并学以致用，开发出一系列可视化应用程序。

2.1　MVC 模式

MVC（Model - View - Controller，模型 - 视图 - 控制器）是一种软件架构设计模式，它将表现从用户交互中分离出来。这种表现分离能将应用中的对象很好地隔离开来，这也意味着数据模型不需要同视图进行交互，只需要包含数据和操作视图的方法。控制器用来存放将二者绑定在一起的业务逻辑。

AngularJS 通过原生的 MVC 设计模式增强了 HTML。将页面的一部分封装为一个应用，在被封装的应用内才可以使用 AngularJS 框架。

通常来讲，模型中包含应用的数据和与数据进行交互的方法，视图将数据呈献给用户，而控制器则是二者之间的桥梁。简单来说,MVC 模式将 AngularJS 分成 html 和 js 两个页面。在 html 页面中,用 ng – app 定义一个被 AngularJS 封装的应用,在应用内定义一个或多个控制器 ng – controller。在 js 页面中,定义模型和控制器,在控制器中定义数据和方法。

```
< div ng – app ="myApp">
    < div ng – controller ="myCtrl">
    < /div >
< /div >
var app = angular.module('myApp', []);
app.controller('myCtrl', function ( $ scope) {
})
```

图 1 介绍了 AngularJS 的 MVC 模式结构。用户只接触到视图界面,通过 UI 将用户行为传递给 controller,controller 将相应的改变传递给 model。AngularJS 可以将数据绑定,也可以不通过 controller 直接将 model 的数据改变通过数据绑定呈现在 view。

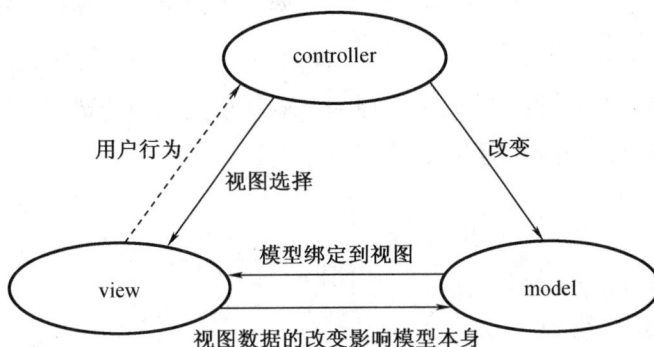

图 1　MVC 模式结构

2.2　服务器的信息集成

数据可视化基于数据,而数据的提取需要在后台服务器中进行。AngularJS 使用内置的 $ http 服务直接同外部进行通信(发送和接收后端数据)。 $ http 服务是只能接受一个参数的函数,这个参数是一个对象,包含了用来生成 HTTP 请求的配置内容。这个函数返回一个 promise 对象,具有 success 和 error 两个方法。需要注意的是,如果要使用 $ http 与外部进行通信,在 js 文件中,定义 controller 时需要引入 $ http 服务。

```
var app = angular.module('myApp', []);
app.controller('myCtrl', function ( $ scope, $ http) {
var promise = $ http({
    method: 'get',
    url: ' aspx /equipment /Category.aspx ',
});
promise.success(function (data) { });
promise.error(function (data) { })
})
```

url 的连接形式可以是 aspx 文件,可以是 json 文件,也可以是一个 http 页面。通过外部连接,可以将数据库中的数据整理筛选,返回到控制器中,提供可视化数据。

2.3　数据可视化

AngularJS 的数据可视化主要通过 Flot、Chartist、Morris、Radial 等插件实现。添加插件需要引用相应的文件,插件自带文件给出了定义图表的接口。下面以 flotchart 画柱状图为例介绍数据可视化方法。

```
var placeholder = $("#dotchart");
    $.plot(placeholder, data, options);
```

placeholder 为 html 页面要显示图表的 dom 容器;data 为数据;options 为其他设置,如果没有特殊设置可以为空。

该接口不仅提供了柱状图、折线图、饼图等图形的定义,还提供了每个图形的图例、边框、大小、颜色等设置,使开发人员的工作迅速便捷。

3 程序设计

3.1 程序功能

用户可以使用该系统直接获得通知单份数、损失额的统计结果,可以通过饼图、线图、柱图直观获得对通知单的各类分析。

3.2 程序模块

损失率统计程序分为三个模块,分别为数据筛选模块、通知单数量统计模块和损失额区间统计模块。

3.2.1 数据筛选模块

数据筛选模块列出工程号、专业、设计修改大类原因和通知单类型四个选项,其中工程号为必选项,只有选择工程号后其他的模块才能运行,如图 2 所示。

图 2　数据筛选模块界面

3.2.2 通知单数量统计模块

通知单数量筛选模块分为按日期统计、按修改大类/小类原因统计、按专业/人员统计、按通知单类型统计四个小模块。

按日期统计模块为用 chartist 插件画的折线图,呈现的为按图文档下发日期统计的通知单数量,如图 3 所示。

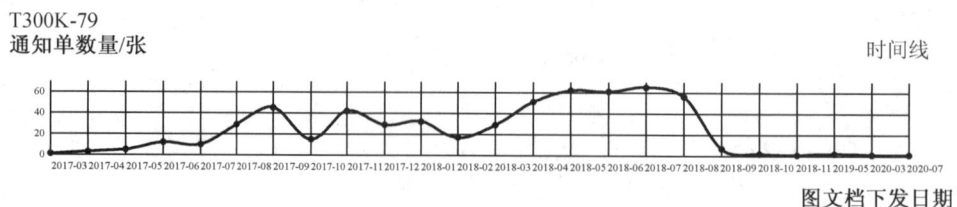

图 3　按日期统计通知单数量模块界面

按修改原因统计模块、按专业科室/人员统计模块和通知单类型统计模块分别以饼图和柱状图显示相应条件下的通知单所占比例和数量。其中,如果在数据筛选时没有选择以上几项条件,该模块显示的为按修改大类原因统计的通知单情况和按专业科室统计的通知单情况;如果在数据筛选时选择了以上条件,则该模块显示的为在该修改原因大类下,按修改小类原因统计的通知单情况和在相应科室中每个人的通知单下发情况,如图 4 所示。

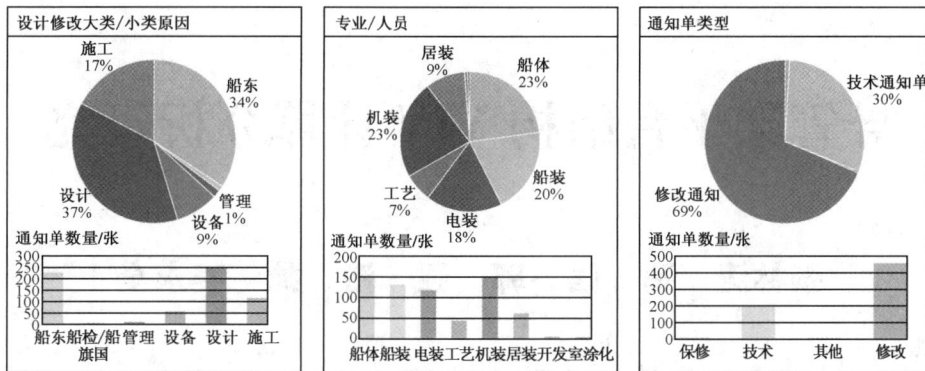

图4 通知单数量统计模块界面

3.2.3 损失额区间统计模块

损失额区间统计模块为按不同损失额分类,统计的是在每个损失额区间中的通知单数量。该模块由于统计的为数量区间,以散点图表示,如图 5 所示。

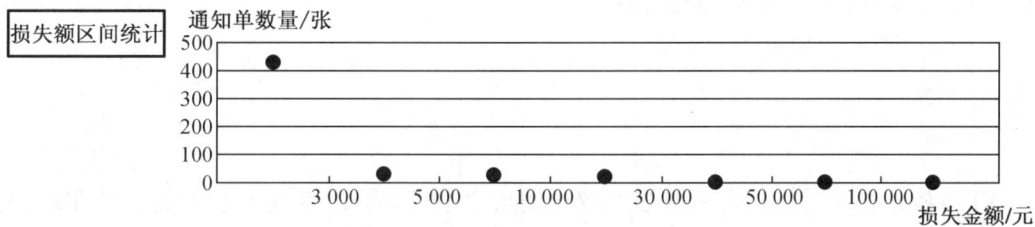

图5 损失额区间统计模块界面

4 结论

AngularJS 技术是一个比较方便开发的 Web 框架,呈现效果也符合用户的需求,唯一的缺点就是需要 IE10 及以上的浏览器。我们引用新的 Web 框架旨在优化前端及 UI 设计,使数据的呈现更符合用户的需求。本文提到的产品通知单分析程序仅仅是开发程序中的一个,AngularJS 在数据可视化方面应用很多,未来也不仅限于数据可视化。相信在不久的将来,我们会在这方面取得更大的进步。

参考文献

[1] LERNER A. AngularJS 权威教程[M].赵望野,徐飞,何鹏飞,译.北京:人民邮电出版社,2014.

导管架平台结构 VIV 计算分析研究

张林涛 孙 强 郭 强 潘 帅 姜永全

（大连船舶重工集团有限公司）

摘 要: 导管架平台结构由大量的管梁结构组成,空气中与水中的杆件在风、浪、流的作用下产生涡激振动现象(VIV),造成管梁结构的破坏。VIV 的校核是导管架局部强度校核的重要组成部分,本文运用 DNV 规范并结合相关资料,得到了 VIV 计算方法,运用此方法完成了一型导管架平台 VIV 的校核。

关键词: 导管架平台;涡激振动;强度校核

0 引言

涡激振动(VIV)校核是导管架平台局部强度校核的重要组成部分。空气与水中的管件在风、浪、流的作用下产生 VIV,会导致管件出现局部破坏。

本文详细分析了 VIV 的产生原因和作用效果,同时运用 DNV 规范和相关资料中的校核方法,完成一型导管架平台的 VIV 强度校核。

1 导管架平台 VIV 现象

当风、流和任何流体流过一个结构时会在结构两侧交替产生脱离结构表面的旋涡,这会导致杆单元垂直其纵向轴线振荡,这种旋涡引起的振荡我们称为 VIO,对于刚体的 VIO 我们称为涡激运动(VIM),对于弹性体的 VIO 我们称为涡激振动(VIV)。导管架结构主要由弹性体杆件组成,导管架平台结构的 VIV 强度校核,主要是杆件在风作用下的 VIV 强度校核。在位工况的 VIV 校核主要内容是在 100 年一遇 1 min 持续风速下对上部组块杆件进行 VIV 校核,在 100 年一遇流速下对导管架平台杆件进行 VIV 校核。建造及运输工况的 VIV 校核内容是在 10 年一遇 1 min 持续风速下对上部组块与导管架的杆件进行 VIV 校核。图 1 中上半部分为一型导管架平台需要进行 VIV 校核的杆件。

图1 导管架平台模型

2 导管架平台 VIV 计算校核方法

2.1 风引起的 VIV 校核方法

根据 DNV 规范,风引起的管件 VIV 发生在两个面内,与风向同向或与风向垂直。

当满足下式时,与风向相同的振动会发生:

$$\frac{0.3}{St} < V_R < \frac{0.65}{St} \tag{1}$$

当满足下式时,与风向垂直的振动会发生:

$$\frac{0.8}{St} < V_R < \frac{1.6}{St} \tag{2}$$

式中 V_R——折减后的速度,$V_R = U_w/(f_n D)$,其中 f_n 为构件的频率,$1/s$,U_w 为杆件位置的风速,m/s,$U_w = U(T, 2)$;

St——斯特哈尔数,环形截面的斯特哈尔数取 0.2。

根据参考材料,$f_n = \omega_n/2\pi$,ω_n 按下式计算:

$$\omega_n = a_n \sqrt{\frac{EI}{mL^4}} \tag{3}$$

式中 EI——杆件的弯曲刚度;

m——杆件单位长度的质量;

L——杆件的长度;

a_n——与杆件两端固定方式相关的系数,如图 2 所示。

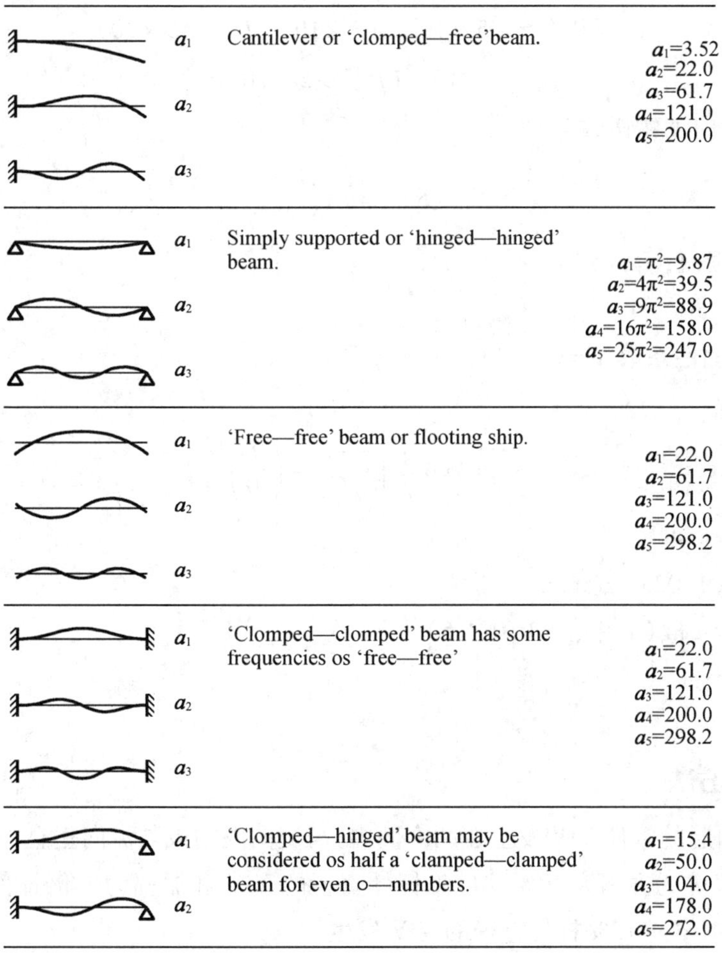

图 2   系数 a_n

根据参考资料,按下式计算距离海面 z 处的风速:

$$U_{10} = U(z)\frac{\ln\frac{10}{z_0}}{\ln\frac{z}{z_0}} \tag{4}$$

式中 U_{10}——10 m 高度处风速,m/s;

$U(z)$——z 高度处风速,m/s;

z_0——海上代表粗糙长度,$z_0 = 0.003$ m。

由式(4)可把 10m 高处相应风速值换算为距海面高度 z 处的风速。如果满足下式,则上部组块的构件不存在 VIV 的危险。

$$U_{1a,1\min}(z) < U_w^* \tag{5}$$

式中 $U_{1a,1\min}(z)$——距海面 z 高度处的构件重现期 1 年的 1 min 平均风速。在实际工程中,在位工况下上部组块采用 100 年一遇 1 min 持续风速进行校核,水下导管架采用 100 年一遇的流速进行校核。建造及运输工况采用 10 年一遇 1 min 持续风速进行校核。

U_w^*——极限风速,按下式计算:

$$U_w^* = 0.8\frac{Df_n}{St} \tag{6}$$

式中 St——斯特劳哈尔数,圆形截面构件的斯特劳哈尔数取 0.2;

D——构件直径;

f_n——构件的固有频率,1/s,根据参考资料,$f_n = \omega_n/2\pi$。

当风速不满足要求时,若雷诺数和稳定性系数满足下式要求,杆件的 VIV 强度也满足要求。

$$K_S \times Re^* \geq 7.5 \times 10^6 \quad (3 \times 10^5 < Re^* < 5 \times 10^5) \tag{7}$$

$$K_S \geq 15 \quad (Re^* > 5 \times 10^5) \tag{8}$$

式中 Re^*——风速为 U_w^* 时的雷诺数。

$$Re^* = \frac{U_w^* D}{\nu} \tag{9}$$

式中 U_w^*——风速的极限值;

D——杆件的直径,m;

ν——空气的运动黏性系数,$\nu = 0.000\ 015$;

K_S——稳定性系数。

$$K_S = 2\pi\delta\frac{\rho_s}{\rho}\left[\left(\frac{t}{D}\right) - \left(\frac{t}{D}\right)^2\right] \tag{10}$$

式中 ρ_s——钢材密度,kg/m³;

ρ——空气密度,取 1.025 kg/m³;

δ——结构阻尼,$\delta = 2\pi\zeta$(其中,$\zeta = 0.001\ 5$);

D——构件直径,m;

t——构件壁厚,m。

2.2 流引起的 VIV 校核方法

根据 DNV 规范,流引起的管件 VIV 发生在两个面内,与流向同向或与流向垂直。

与流向同向的 VIV 又分为振幅为 10% ~15% 杆件直径的 VIV 和振幅为 1 倍杆件直径的 VIV。当满足下式,与流向相同且振幅为 10% ~15% 杆件直径的 VIV 发生:

$$1.0 \leq V_R \leq 4.5$$
$$K_S \leq 1.8$$

当与流向垂直的 VIV 发生时,与流向同向且振幅为 1 倍杆件直径的 VIV 也会发生。当满足下式时,与流向垂直的 VIV 发生:

$$3 \leqslant V_R \leqslant 16$$

对所有雷诺数,最大的 VIV 响应发生在 $5 \leqslant V_R \leqslant 9$ 范围内。

2.3 波浪引起的 VIV 校核方法

波浪引起的 VIV 根据 K_c(Keulegan - Carpenter)值分为两类,当 $K_c > 40$ 时,VIV 与稳定流场中的 VIV 类型相同。当 $6 < K_c < 40$ 时,VIV 频率由波浪运动的类型决定。当 $K_c > 40$ 满足下式时,发生与流向同向的 VIV,并引起共振:

$$1 < V_R < 3.5$$
$$K_S < 1.8$$

满足下式时,发生与流向垂直的 VIV 并引起共振:

$$3 < V_R < 9$$

当 $K_c < 40$ 满足下式时,发生与流向同向的 VIV 并引起共振:

$$V_R > 1$$

满足下式时,发生与流向垂直的 VIV 并引起共振:

$$3 < V_R < 9$$

3 结语

本文根据挪威船级社(DNV)规范和美国石油协会(API)规范以及相关资料,得出了一套导管架固定平台结构 VIV 的计算校核方法,并得到以下结论。

(1)实际工程中,导管架结构主要考虑风和流引起的杆件 VIV 强度,不考虑波浪引起的 VIV。

(2)校核流引起的杆件 VIV 强度时,由于不同水深处的流速不同,需要用插值法来得到不同位置的流速,保证计算结果的准确性。

(3)导管架平台海域的实际风速小于发生 VIV 的极限风速,杆件不会发生 VIV。若超过极限风速,但雷诺数满足要求,结构安全性也满足。

参考文献

[1] BARLTROP N D P, ADAMS A J. Dynamics of Fixed Marine Structures[M]. Oxford: Butterworth - Heinemann, 1991.

基于 AM 的管子 ISO 图定制与开发

王　睿　刘忠敏　陈　波　高　霞　朱　玮　郭艳华

（大连船舶重工集团设计研究院有限公司）

摘　要：本文研究了基于 AM 的管子 ISO 图定制与开发。通过 AM 的 ISODraft 模块配置 Option 选项文件，按照大船集团的模板对管子 ISO 图的背景图框、图面布置、材料列表等选项进行设置。以配置好的 Option 选项文件为基础，使用 PML 语言编写程序调用文件，将无法直接通过配置 Option 选项文件提取的管子属性数据进行提取并显示到图面上，批量生成符合需求的管子 ISO 图。该程序已应用到实际工程中，有效提升了船舶设计人员的工作效率。

关键词：管子 ISO 图；ISODraft 模块；PML 语言

1　前言

管子 ISO 图（piping isometric drawing）即为管子轴测图，是用来表达某一区域管子的空间走向，以及管子上阀门、附件的安装布置情况的立体图样。管子 ISO 图按照轴测投影的原理进行绘制，图样立体感强，内容详细，通常用于指导管段的预制、安装和施工。

AM 的 ISODraft 模块能够根据需求生成各种格式的 ISO 图，其功能包括完整的材料清单提取、管段（spool）自动识别、复杂图纸自动拆分等。由于 AM 在设计过程中支持碰撞干涉实时检查，因此可以保证管子 ISO 图的设计精准度。

2　Option 选项文件配置

登录 AM 的 ISODraft 模块，可以对管子 ISO 图的 Option 选项文件进行创建、修改和删除等操作。Option 选项文件是描述 ISODraft 模块按照何种规则生成 ISO 图的文件，AM 根据用户设置的 Option 选项文件，能够自动将管子的三维模型生成可以表达管子和管件连接情况的 ISO 图。

Option 选项文件的设置主要包括以下几个方面：管理设置、图面布置、尺寸标注、注释设置、材料列表、焊点编号、管子属性表、版次表、弯管表和文件、报表和符号文件、标题栏、管子和图纸的属性文本、用户自定义和标准文本、元件属性标注、详图设置、Compipe 接口选项、文本替换、中间数据文件产生、Item 更改后的高亮设置。本文按照大船集团的模板对 Option 选项文件进行配置，主要对图面布置和材料列表这两部分进行介绍。

2.1　图面布置设置

Sheet Layout（图面布置）选项是对 ISO 图的图面规格、视图、背景图框等方面进行设置。为了使 ISO 图能够显示更多的管子信息，便于车间进行制造加工，本文将 ISO 图的图纸幅面设置为 A2。

AM 可以生成多种类型的 ISO 图，如没有位置坐标、安装材料表以及连接信息的 ISO 制作图，或没有制作材料表的 ISO 安装图等。本文选择缺省的 Combined（fab/erec）格式，包含 ISO 图的全部尺寸和标注信息，并生成含有所有管件及螺栓的材料表。

ISODraft 模块允许用户使用自定义的 ISO 图背景图框。自定义的背景图框可通过 AM 的 Outfitting Draft 模块进行绘制,然后以. plt 格式导出文件存放在 XXXISO/UND 目录中(XXX 为工程名称),就会在进行图面设置的时候显示出该背景图框,如图 1 所示。需要注意的是,如果要选择使用自定义的背景图框,则不能勾选 Drawing frame lines_text(使用缺省的图框线和文本)选项。

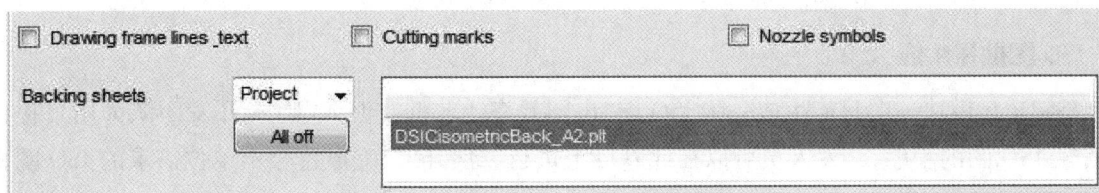

图1   选择用户自定义的 ISO 图背景图框

2.2   材料列表设置

ISODraft 模块的材料列表设置包括 Material List(材料表)设置和 Material Columns(材料列)设置两部分。

Material List 的主要设置内容为材料列表在 ISO 图面的显示位置、字体大小、螺栓信息、材料表文件的输出方式和路径等。

Material Columns 设置的是材料列表每一列的标题、宽度,选择该列需要显示的管子或管件的属性,如表示管子质量的"WEIG"属性。由于 ISODraft 模块本身功能所限,对于管子或管件的某些属性(如 MTXX 等)无法直接在 Material Columns 设置中选取,只能使用 PML(Programmable Macro Language)语言进行二次开发实现管子或管件属性数据的提取。

3   PML 语言二次开发

PML 即可编程的宏语言,是 AM 内置的开发语言。PML 语言具有强大的二次开发功能,其优点是操作便捷,包含丰富的内置函数、方法和对象,能够与 AM 无缝链接,几乎所有的 AM 建模、制图等工作都可以通过命令和函数的组合来实现。AM 的 ISODraft 模块虽然功能强大,但某些方面仍存在不完善的地方,仅通过配置 Option 选项文件生成的 ISO 图无法满足用户的需求,因此需要进行 PML 二次开发。

3.1   管子数据提取

对于无法在 Material Columns 设置中选取的某些管子属性,可通过 PML 语言直接实现该属性的数据提取和显示,示例代码如下:

——在材料列表第 5 列显示管子或管件的材质,宽度为 20。

```
Column 5 OTHER Heading '材质' MTXX  with Width 20
```

除此之外,PML 还可以提取用户自定义的 UDA 属性,并且显示在 ISO 图的指定位置。需要指出的是,通过设置 Option 选项文件选择的属性,只能是当前元素(current element)的属性,无法对当前元素上一级或下一级元素的属性进行选择。由于 ISODraft 模块能够按照"PIPE""BRANCH"或者"SPOOL"类型生成 ISO 图,因此想要对管子某一属性数据进行提取并显示,需要先对当前元素的类型进行判断。下面给出管子的车间试验压力属性的提取和显示的部分代码示例:

——判断当前元素类型,提取车间试验压力

```
IF ( TYPE EQ 'PIPE') THEN
   VAR ! ALLSPOOL COLL ALL PSPOOL FOR CE
   ! ShopTest = :ShopTest of $! ALLSPOOL[1]
ELSEIF ( TYPE EQ 'BRAN') THEN
```

```
    ! SpoolBran = pcrfa[1] of 1
    ! ShopTest = :ShopTest of $! SpoolBran
ELSEIF (TYPE EQ 'PSPOOL') THEN
    ! ShopTest = :ShopTest
ENDIF
```
——显示车间试验压力
```
TextPosition '$! ShopTest' X 196mm Y 24mm CharHeight 2.2mm
```

3.2 管子 ISO 图批量生成

AM 的 ISODraft 模块一次只能生成一张 ISO 图,出图效率比较低。但 AVEVA 开发团队为用户提供的工具集中有出管子 ISO 图的程序,开发人员可以在此基础上进行二次开发,完成符合本单位需求的 ISO 图批量生成程序,图 2 为大船设计院的管子 ISO 图批量生成程序界面。

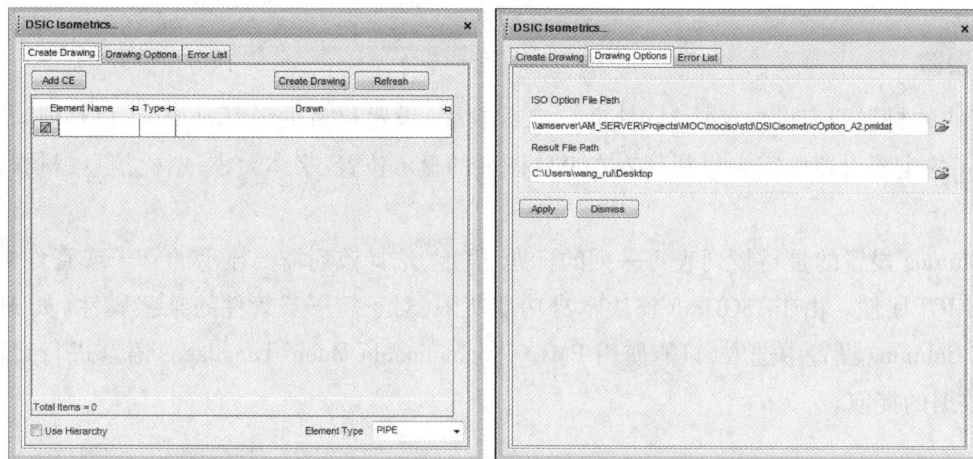

图 2 管子 ISO 图批量生成程序界面

开发人员通过 ISODraft 模块将管子 ISO 图的 Option 选项文件配置好以后,存放在网络工程的 XXXISO/STD 目录中。调试好的 PML 程序存放在 AM 服务器的 Customisation/ASHO/PMLLIB 文件夹下,用户在启动 AM 进入网络工程时会自动调用该程序,无须下载安装程序到本地机器。

用户使用程序时,首先需要在 Drawing Options 界面设置 Option 选项文件的路径和 ISO 图结果输出路径,然后在 Create Drawing 界面点击 Add CE 按钮添加需要出图的管子(pipe)、支管(branch)或管段(spool)。点击 Create Drawing 按钮后程序开始批量生成 ISO 图,并将结果文件输出到指定的路径下。如果在出图的过程中有错误发生,可以在 Error List 界面查看错误原因。

4 应用实例

下面给出大船设计院按照本单位模板定制开发的管子 ISO 图在实际工程中的应用实例。图 3 为生成的管子 ISO 图,图 4 为管子 ISO 图的材料列表文件内容。

5 结论

通过 AM 的 ISODraft 模块按照大船集团的模板对 Option 选项文件进行设置,在此基础上使用 PML 语言进行二次开发,实现了满足设计需求的管子 ISO 图的批量生成,目前已在实际工程中成功应用,有效提升了船舶设计人员的工作效率。今后随着对 AM 和 PML 语言的理解更为深入和透彻,可以在自动出图等方面有更好的改进空间。

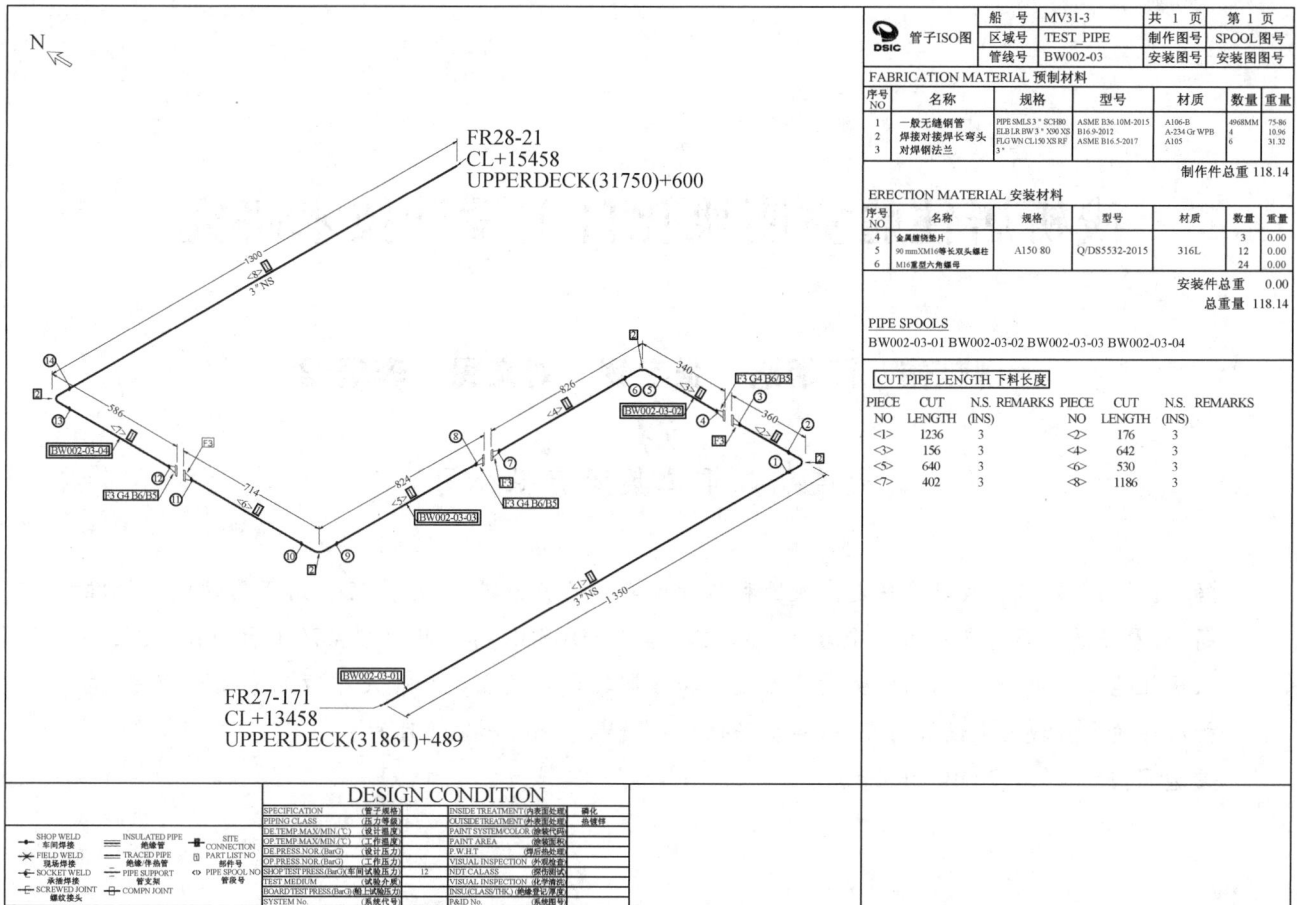

图 3　管子 ISO 图实例

PIPELINE REF BW002-03

FABRICATION MATERIAL　预制材料

序号 NO	名称	规格	型号	材质	数量	重量
1	一般无缝钢管	PIPE SMLS 3″ SCH80	ASME B36.10M-2015	A106-B	4968MM	75.86
2	焊接对接焊长弯头	ELB LR BW 3″ X90 XS	B16.9-2012	A-234 Gr WPB	4	10.96
3	对焊钢法兰	FLG WN CL150 XS RF 3″	ASME B16.5-2017	A105	6	31.32

制作件总重 118.14

ERECTION MATERIAL　安装材料

序号 NO	名称	规格	型号	材质	数量	重量
4	金属缠绕垫片	A150 80		316L	3	0.00
5	90 mmXM16等长双头螺柱		Q/DS5532-2015		12	0.00
6	M16重型六角螺母				24	0.00

安装件总重 0.00

总重量 118.14

PIPE SPOOLS
- - - - - - - - - -
BW002-03-01 BW002-03-02 BW002-03-03 BW002-03-04

	CUT PIPE LENGTH　下料长度						
PIECE NO	CUT LENGTH	N.S. (INS)	REMARKS	PIECE NO	CUT LENGTH	N.S. (INS)	REMARKS
<1>	1236	3		<2>	176	3	
<3>	156	3		<4>	642	3	
<5>	640	3		<6>	530	3	
<7>	402	3		<8>	1186	3	

图 4　管子 ISO 图材料列表文件

浅析居住舱室模块化自主设计技术研究

柳献伟　熊炳旭　张宇辉　刘文民　李珺珺

（大连船舶重工集团有限公司）

摘　要：居住舱室模块具有建造高效性和质量可靠性的突出特点，已广泛应用于居住舱室标准高、数量多的豪华游船及海工平台上。本文以满足 NORSOK 标准的大型生活平台为背景，主要从居住舱室模块的布置设计、关键节点设计和外部集成连接点设计等几个方面来简要研究，浅析居住舱室模块自主设计内容，以实现居住舱室模块完全国产化的目的。

关键词：舱室模块；NORSOK；节点

0　引言

居住舱室模块已经成为建造大型生活居住舱室必不可少的有效途径，无论从建造的实效性、使用的舒适性和质量的可靠性来看其都是整个船舶建造的关键。

本文主要关注居住舱室模块的布置、关键节点以及外部连接点，从而打破国内厂商多为配套生产的局面，实现居住舱室模块完全自主设计，使建造类似产品时达到减少现场作业人员、缩短施工周期、提高生活区建造效率和施工质量的目的。

1　居住舱室模块化布置设计

舱室布置设计是舱室内部的全局性考虑，包含舱室内装、家具布置、室内色彩和艺术造型等的综合设计，加以暖通、照明、防火、隔音、减振等技术的合理运用。综合性能和设计水平的体现，包含了规范、规则、标准等的应用，以及人机工程合理性和居住人员的直观感受。

1.1　家具

家具是舱室设计的重要组成部分，是构成舱室内环境功能和美感的重要元素。它的体量、色彩、布置等直接影响着船员和乘客的生活、学习及工作。提高家具设计的功能和美感，从而满足船员和乘客的生理、心理和审美需求，最终提升整体的设计水平。家具的环境设计从两个层面考虑：一是家具和室内环境的整体关系；二是家具在设计、制造和使用过程中不会产生不良影响。整体设计根据舱室的功能、风格、面积等进行系统设计，也充分利用舱室空间，利用家具的造型填补狭小空间。

家具设计时要考虑到海洋工程平台上的使用，同时满足 NORSOK 标准的要求。家具在设计上倾向简约风格，整体采用板式家具，整体为落地全封闭或壁挂安装，充分满足便于清洁的要求。在设计和细节处理上，要符合北欧在船舶和海洋工程上的特点。家具材质可以选择金属芯材、蛭石板等材料。

1.2　门窗

考虑到高隔声等要求，舱室模块多采用高隔声门、窗。门的隔声值在 40 dB，并且使用"0"门槛。该高隔声门门槛仅为 9 mm 高,待整体舱室铺装完甲板敷料及表面材料后,可以实现"0"门槛。舱室门配备自锁型闭门器,门扇带有三个不锈钢铰链,都是为了满足 NORSOK 的标准,如图 1 所示。

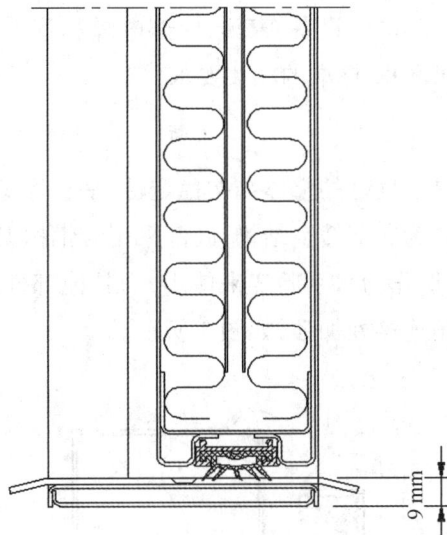

9 mm

图 1　舱室隔音门"0 门槛"

舱室模块窗采用 45 dB 以上的隔声窗,尺寸为 600 mm × 1 000 mm,以满足 NORSOK 标准 0.6 m² 的要求。窗盒采用全封闭式钢质窗盒,并在背面包覆岩棉。窗帘选用 100% 遮光编织物帘,能够提供低焰性材料证书。

1.3　灯光与色彩

在舱室内部的工作区域,船员大部分时间都处于工作状态,为其提供一个明亮而简洁的光照环境可以提高船员的工作效率,所以主要采用冷光或中性光源。在生活休息区域,提供一个柔和而略带氛围的暖色调光源比较合适。另外,在舱室模块内部的休闲区、门厅等布置射灯、筒灯来配合房间的装饰效果,提高房间的舒适度和整个内装舱室的装饰层次感。

最直接的感官一定是舱室色彩的表现带来的。舱室模块色彩首先从地域审美心理考虑,在调研了大量的北欧案例后,结合色彩理论选定色彩范围。舱内色彩配置以空间构图为主导地位,充分发挥舱室色彩对空间的美化作用,科学处理它们之间的关系,使主基调与辅基调和谐,从而实现统一与变化相辅相成。为了增加自然之感,自然材料占主导地位。为了在统一中寻求变化,没有选择大面积鲜艳的色块,而是使小面积色块色彩的明度和纯度适当提升,使得舱室更有自身的特点,并与环境相适应,以达到统一的效果,如图 2 所示。

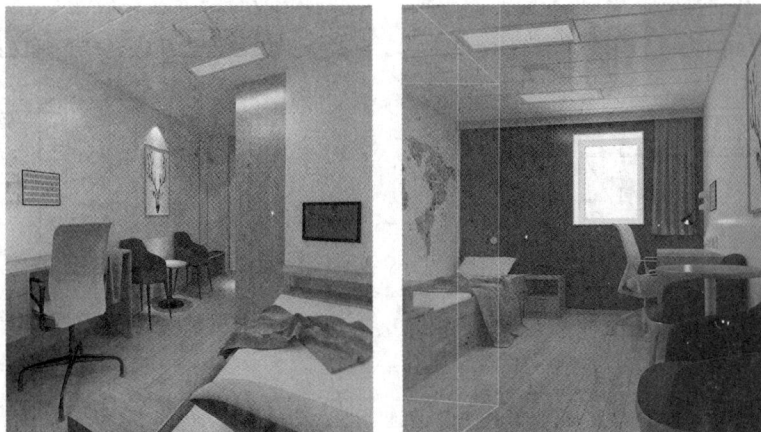

图 2　单人间舱室模块色彩方案

2 居住舱室模块关键节点设计

舱室模块的关键节点是保证舒适性和美观性的必要条件。针对舱室模块防火及高隔声的要求,明确卫生单元、舱室围壁板、天棚板、灯及布风器等电气设备、家具、内部电缆和管系之间的关系、布置要领,设计出适宜的关键节点,使整个方案最终满足 NORSOK 标准的相关要求。

2.1 结构节点

舱室模块采用车间单元式组装,具备良好的整体结构稳定性、平整性等特点,从而满足从运输、吊运到最后实船定位、安装的要求。整个舱室模块为底部镂空结构,底部采用方钢框架支撑作为主架构。该框架除了起到支撑作用外,也是整个模块水平的基础,作为水平胎架来使用,为其他部件的建造给予水平保障。所以底部支撑构件定位要保证水平和垂直,并在角连接处加强,如图 3 所示。

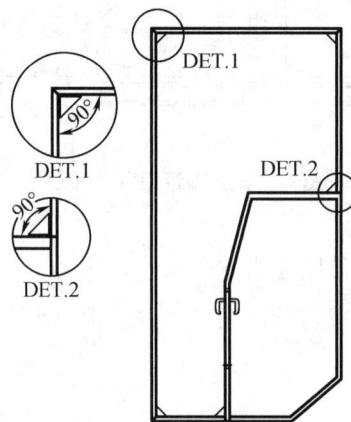

图 3 舱室模块底部框架及角加强

2.2 天棚围壁节点

天棚板采用整体 B15 级分隔,一方面满足规范的要求,另一方面也能更好地阻止噪声从顶部传播。另外,围壁背板采用穿孔设计,在保证围壁板强度的同时,也增加了舱室模块间的隔声效果,同时两个舱室模块间增加隔声绝缘,更加有效地提升了隔声值,如图 4、图 5 所示。

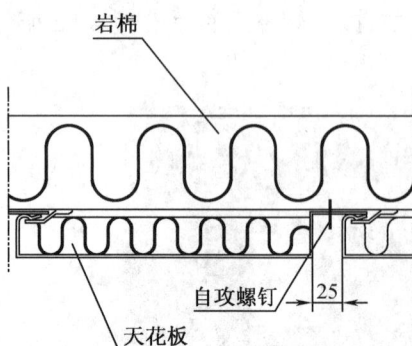

图 4 舱室模块天棚

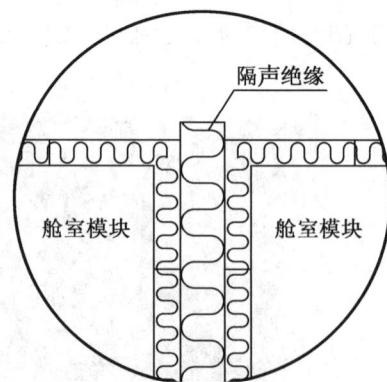

图 5 舱室模块间隔声绝缘

2.3 穿越节点

舱室模块的完整性对于控制空气隔声很重要,但由于实际生产需要,电气、管系在舱室模块天棚、围壁进行穿越在所难免。通过研究,非直接性穿越的隔声值较好,既避免穿越孔面向临近舱室模块,又在穿越孔做隔声完整性处理后,可以保证整体隔声值。如此布置后,将所有电气、管系穿越孔都设在前端和后端壁,而面向其他舱室模块的两侧壁不开穿越孔,如图6所示。

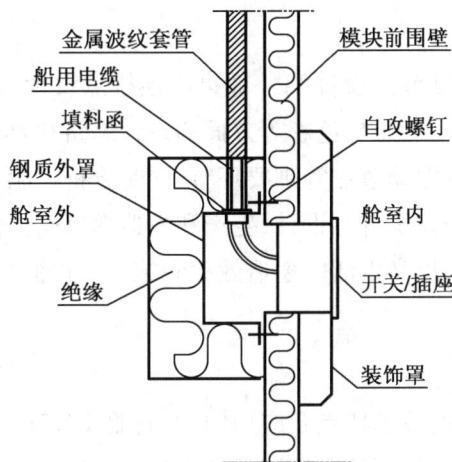

图6　电缆穿越舱壁节点

2.4　噪声振动节点

船舶及海洋工程产品噪声来源主要包含两类:一类是声源的振动使声波在空气中向外传播形成的噪声,称为空气噪声;另一类是声源的振动通过船体结构传播到其他结构辐射表面形成的噪声,称为结构噪声。

解决空气噪声的途径有:舱室模块的连接点尽量设计成集成式,必要的电缆等围壁开孔全部设置在门窗一侧,使相邻舱室间的围壁板保持完整性,有效避免两个舱室之间因破坏围壁板而形成噪声传递通路;再加上舱室间的隔声绝缘,使围壁板整体隔声性更高。另外在采用高隔声门的同时,舱室回风路径需另做其他选择,而非门下回风或门上格栅回风。回风路径可以布置在更衣柜处或卫生单元下部,另一侧与走廊连接,增加噪声传播路径,增强整体的隔声性。

对于结构噪声,舱室模块底部可采用高隔声浮动地板,内装围壁板,走廊处采用弹性连接,其他没有与船体结构等构件直接接触的部分,将船体结构传播的振动用弹性部分吸收,无法使噪声传递。

3　居住舱室模块外部集成连接点设计

为了建造高效、质量可控,舱室模块实行流水线标准化作业,内部完成率达到90%以上,在实船安装时没有多工种交叉作业等情况。

3.1　通风系统连接

供风风道连接可以布置在布风器处,优点是对于舾装件的布置要求不高,但风道位于舱室模块上方,需要高于布风器高度,避免影响转运路径;缺点是实船连接布风器时需要进入舱室模块上方,空间较小。供风风道也可以布置在走廊处,优点是便于施工和实船连接,但高度较低,生产设计时需要仔细衡量高度,避开舱室模块横穿走廊转运路径。

3.2　其他系统连接

舱室模块电气系统集成了照明、加热、控制和信号等强电、弱电系统。直接穿越天棚板或围壁板的电缆需要保证整体级别和隔声的完整性,也可预铺设部分信号电缆埋入围壁板。舱室模块的接线盒和电缆数量较多,较普通的卫生单元多出数倍,都需要集成在检修区内,一方面避免实船安装时多工种交叉作业,另一方面也便于检修。

舱室模块管系主要包括卫生管系和消防管系。卫生管系为淡水供水、灰水排水和真空排水,所有连接点更要考虑泄漏后的保护,泄漏水应在底部水平挡铁内部。在布置上所有管系接口要考虑连接后的整体布置,为管支架、电气等留空间,整体布局。消防管系在舱室模块顶部布置,连接点布置在舱室模块外部,便于后期连接和检修。

4　结语

　　本文从舱室模块化布置设计、关键节点设计和外部集成连接点设计等方面进行分析,以满足 NORSOK 标准为背景,阐述舱室模块在家具、门窗、灯光与色彩等方面的设计思路和要点,总结了舱室模块建造中的结构节点、天棚围壁节点、穿越节点以及噪声振动节点等重要环节,同时分析了舱室模块外部通风系统连接、电气和管系系统连接的特点。为舱室模块实现完全自主设计、生产和建造提供有力保障,最终在建造类似产品时能够达到减少现场作业人员、缩短施工周期、提高生活区建造效率和施工质量的目的。

参考文献

[1]　孙新峰.预制模块化舱室单元的技术特点及应用[J].船舶,2015(1):96 – 100.

[2]　丁海昕.色彩配置在船舶舱室设计中的应用[J].群文天地,2012(11):165 – 166.

基于 AM 的内装一体化设计技术

杨 敏 张 颖 张 姣

（大连船舶重工集团设计研究院有限公司）

摘 要：本文阐述了基于 AM 平台、以 3D 建模为手段的民用货船内装一体化设计模式，分析了内装一体化设计的优越性，以及如何通过标准化的建模和出图方式来实现高质高效的设计。同时还介绍了 3D 模型在基本设计、详细设计和生产设计阶段的传递及衔接，为内装一体化设计模式提供了明确的方向和技术路线。

关键词：内装设计；3D 建模；AM；一体化设计

0 前言

对于民用货船而言，内装的设计较多采用二维平面图纸的形式进行，各图纸以单独文件存在，相互之间没有关联，同一个设计元素在不同图纸上无法同步，导致错误频出。近年来，随着船体、舾装、电气、通风、管系等专业采用 3D 建模进行设计的精细化程度越来越高，以及同平台同步设计需求的出现，内装部分的 3D 建模需求越来越高。

近年来，由于集团承接产品后预留给设计的周期较短，如果我们能够将内装的 3D 模型与基本设计、详细设计、生产设计等阶段串联起来，形成一个体系，那么设计信息就能够通过 3D 模型在不同设计阶段直接传递，能极大地提高设计的效率和准确性。

AM 作为 Tribon M3 的升级替代产品，集船体、舾装及部分通用功能于一体，具备了纵向贯穿设计全流程、横向可协调各专业的条件，在越来越多的船厂得到应用，为内装一体化设计提供了技术支持。

1 内装一体化设计的优越性

随着行业的发展以及智能设计、智能制造的推进，设计精细化的要求越来越高，3D 建模在设计中的应用程度也越来越高，内装专业采用一体化设计模式的优势主要体现在以下方面。

（1）要实现船体、舾装、电气、通风、管系在同一平台下协同设计，必须采用 3D 建模的设计模式。同时，如果以 3D 模型为载体，在设计的各个阶段进行传递，也可以改变目前图纸和模型独立维护、效率低下的现状。

（2）如果内装设计以 3D 建模的方式进行，可以采用 3D 模型渲染、虚拟现实漫游等技术手段，将更加贴近实际的室内装潢效果呈现给船东，强化与船东的沟通和交流，更加准确地反映出船东的需求和想法，极大地减少了实际建造过程中船东发现实船不及预期导致的修改。

（3）随着中国智能制造的推进，要求数字化模型到车间，实现现场的内装设计可视化，那么 3D 建模的一体化设计也将成为必要的前提。

2 内装一体化设计技术的标准化

质量提升,标准先行。设计的标准化是提高设计质量和设计效率的关键因素,其在内装的设计过程中起着十分重要的技术纽带和必不可少的技术基础作用。标准化在提高设计质量和效率的同时,也是通过二次开发的方式来提高设计效率的重要前提,并为智能设计的实现奠定良好的基础。为做好内装一体化设计,我们应该从如下几个方面提高设计的标准化。

2.1 3D 建模标准化

在进行 3D 建模设计前,应该建立完整的标准体系,包括模型命名及编码原则、部件库标准以及模型的组织结构标准。

2.1.1 模型命名及编码的标准化

模型的命名及编码的标准化主要是指内装板、门、窗等在 AM 软件中创建的内装模型应以统一的、有规则的方式进行命名及编码,通过模型的编码即可识别模型的类别、位置、关键参数等主要信息。有了这套标准化的编码体系,就能保证不同设计人员设计出来的模型容易辨识,对于后续出图时信息的提取提供了便利的条件。

以生活区 A 甲板 201 房间的门为例,其编码应该体现出模型的专业属性(内装)、所属区域(A 甲板 201 房间)、门的形式、门规格的关键字等,以保证我们在看到该编码时即可识别该门的主要信息。

2.1.2 模型部件库的标准化

在 AM 设计平台中,利用 AM 多样化的部件库创建方式,制定部件库的创建标准,推进参数化部件库的建立,为建模奠定良好的基础。如果我们能有完善的部件库,那么建模工作就可以像堆积木一样轻松高效。

2.2 出图模式的标准化

3D 模型是设计的主要载体,但目前阶段,我们呈现给用户的设计数据主要还是以二维图纸的形式为主。对于不同的设计阶段,最终图纸需求方关心和需要的数据是不一样的。详细设计阶段,图纸需要呈现给船东和船检,那么我们需要认真分析每份图纸的内容,针对船东、船检关心的信息进行出图标准和模式的制订,其图纸模式标准既能提供给船东、船级社充分的数据,又要贴合 3D 模型的深度和详细程度,使设计人员从 3D 模型进行图纸转换时切实可行且高效。

更进一步,还应充分考虑 3D 模型到图纸数据的规范性和标准性,为二次开发创造便利的条件,为实现智能化的高效出图奠定基础。在出图模式的标准创立时,也应充分考虑模型的命名规则或根据出图模式调整命名规则,使其相互适配,相辅相成。

3 内装一体化设计技术的模式

内装一体化设计技术关键在于以 3D 模型为载体,在基本设计、详细设计和生产设计阶段进行数据传递,各阶段基于同一套 3D 模型,随着设计的深入,在各个阶段进行不断的细化和完善,使得各阶段的设计数据相互关联,能够有效避免或减少各个设计阶段传递的错误,提高设计效率的同时,提高设计的准确性。下面将根据设计的不同阶段,分别阐述内装一体化设计技术的模式和思路。

3.1 基本设计

在基本设计阶段,主要设计内容是"生活区布置图"方案稿,因在这一阶段时间短,不具备 3D 建模出图的条件,通常采用 Auto CAD 的方式进行设绘。但对于"生活区布置图"可以通过 RSO 图的方式,导入 AM 设计平台中,定义其各层平面图相对于船体基线的高度,使其变成具有三维坐标信息的截面图,作为后续详细设计建模可捕捉的一系列三维点。

3.2　详细设计

在详细设计阶段,依托"生活区布置图"方案稿转化而来的 RSO 图,同时遵照已拟定好的建模命名、编码原则和标准化的部件库,即可完成生活区内装专业大部分的模型创建,如图 1 所示。然后通过手动或者二次开发的自动方式提出详细设计各份图纸所需的模型的信息和视图,完成详细设计图纸所需的清单、布置图、详图等要素,形成完善的送审图纸,供船东和船检审查。对于退审意见再及时地反馈到模型中即可。

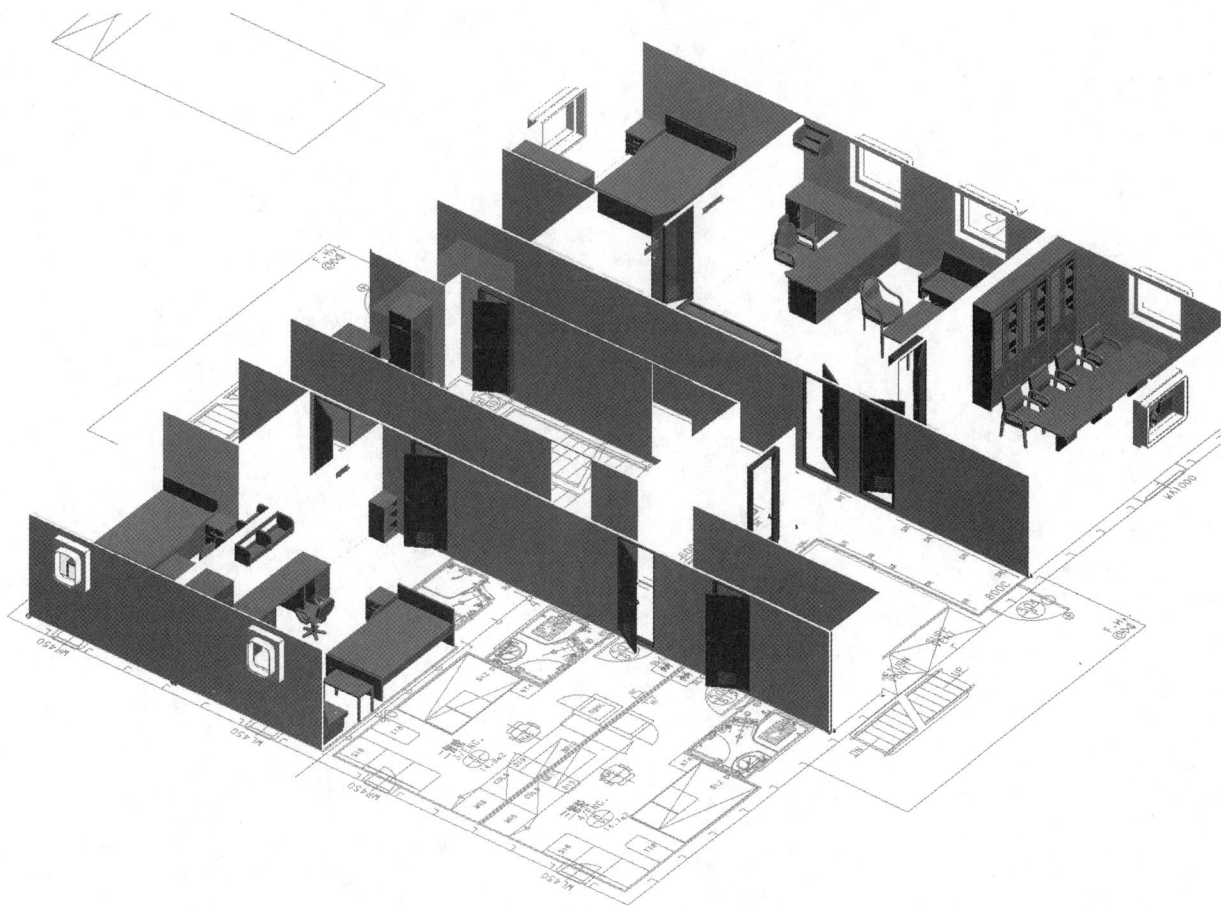

图 1　基于 RSO 图进行三维捕捉建模(示意图)

在此需要特别强调的是,如果前期做好了设计的标准化工作,再有针对性地进行二次开发,可以极大提高出图的效率,特别是在图纸升版时,借助于二次开发能够快速通过 3D 模型来更新图纸,极大地提高了设计效率。

3.3　生产设计

在此阶段,生产设计接收到详细设计的 3D 模型,在详细设计 3D 模型基础之上,对部分模型进行细化,比如内装板板缝排版、窗增加焊接信息等;同时增加相应的安装信息、制作信息等内容。在模型完善、各专业 3D 模型评审后,即可根据模型提取所需的信息,完成生产设计出图的工作。

更进一步,此阶段的模型也为三维模型到车间、可视化设计提供了输入数据。

4　结束语

本文所阐述的内装一体化设计技术,在提高设计效率和准确性的同时,也实现了内装详细设计、生产设计由 AutoCAD 二维绘图到 AM 三维建模出图的质的飞跃,未来应用前景广阔。但是想要最终实现智能设计,我们任重而道远,还有很长的路要走,作为船舶设计人,我们将为之不懈努力。

参考文献

[1]　巩庆涛,曹先锋,梁琪.基于 AM 的船舶与海洋工程装备智能一体化设计分析[C]∥中国造船工程学会. 2019 数字化造船学校交流会议论文集.[出版地不详:出版者不详],2019:151 – 155.

船舶聚乙烯海水管路冲洗试验的研究

陈　超　　孟秀文　　姜云瑞　　王晓宇

（大连船舶重工集团舾装有限公司）

摘　要：提高船舶海水管路的防腐能力，对船舶钢制管路采用聚乙烯特涂处理技术。聚乙烯特涂管路技术为大连船舶重工集团舾装公司新研发技术，为验证该技术的应用效果，设计了船舶涂聚乙烯海水管路模拟实际工况的试验方案。本文对船舶涂聚乙烯海水管路的具体试验方案进行研究、设计和分析，并且设计制造了管路涂层质量的试验单元系统，进行实际验证。

关键词：船舶；聚乙烯；管路

0　引言

聚乙烯涂层钢管技术是管道防腐的一项前沿技术，采用热熔原理将特制聚乙烯粉末涂料均匀地黏附在预先加热的钢质管件内表面，形成稳定连续的保护涂层，管内聚乙烯涂层具有极优良的防腐性能。此产品与传统热镀锌、环氧树脂、玻璃钢管相比，使用寿命长达30～40年；无后期维护费用；具有极佳的耐候性、附着力、耐热性、耐拉伸性等多项优点。

聚乙烯涂层钢管技术为大船集团自主研发的新加工工艺技术，应用于船舶管路系统领域时间还较短。且经查阅资料，未发现有关于船舶涂聚乙烯管路系统防腐能力验证的相关试验。为此，大船集团设计了船舶涂聚乙烯海水管路系统验证单元，模拟实际船舶工况进行冲洗试验，创新模拟实船工况、系统验证单元，从而验证船舶涂聚乙烯钢管的应用能力。进行模拟试验后，经检测样品管路试验结果，通过理论分析，以此验证涂覆聚乙烯管的产品质量。

1　设计方案及原理

1.1　聚乙烯海水管路冲洗试验的研究

1.1.1　聚乙烯管件的适用范围

由于涂聚乙烯涂层的工艺技术及聚乙烯材质本身的物理化学性质，目前涂聚乙烯管件所适用的船舶管路系统基本范围为：耐受温度，-40～60 ℃；介质流体，海水或淡水；介质流速，4.5 m/s及以下。

1.1.2　聚乙烯海水管路冲洗试验模拟环境的选取

船舶在正常航行及其他运行工况下，仅有主海水泵长期使用，为模拟实船效果最佳，拟采用主海水泵所应用的系统——海水冷却系统，其基本参数如表1所示。

表1　海水冷却系统基本参数

系统	压力/MPa	温度/℃	介质	实船使用状态
海水冷却系统	0.24	≤32	海水	主海水泵常开

1.2　聚乙烯管路冲洗模拟试验系统设计

1.2.1　模拟试验系统方案设计

该方案主泵采用造水机海水泵,离心泵从蓄海水池吸出的海水经吸入口进入管路主管,吸入管路设置截止止回阀和滤器。泵的进口设置真空压力表,排出口设置压力表,设置截止止回阀、温度计、流量计等附件,经倾斜30°角的管路回到蓄海水池,完成整个循环。具体原理如图1所示。

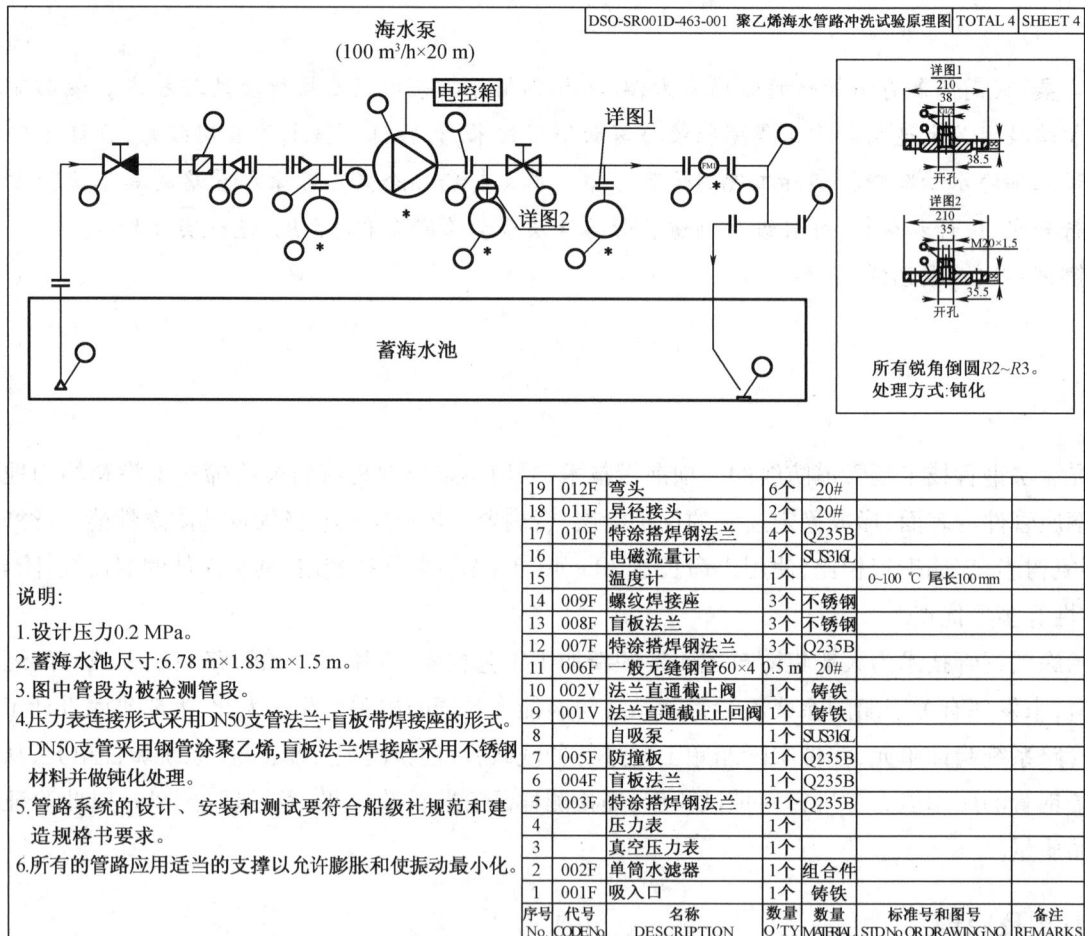

19	012F	弯头	6个	20#		
18	011F	异径接头	2个	20#		
17	010F	特涂搭焊钢法兰	4个	Q235B		
16		电磁流量计	1个	SUS316L		
15		温度计	1个		0~100 ℃ 尾长100 mm	
14	009F	螺纹焊接座	3个	不锈钢		
13	008F	盲板法兰	3个	不锈钢		
12	007F	特涂搭焊钢法兰	3个	Q235B		
11	006F	一般无缝钢管60×4	0.5 m	20#		
10	002V	法兰直通截止阀	1个	铸铁		
9	001V	法兰直通截止止回阀	1个	铸铁		
8		自吸泵	1个	SUS316L		
7	005F	防撞板	1个	Q235B		
6	004F	盲板法兰	1个	Q235B		
5	003F	特涂搭焊钢法兰	31个	Q235B		
4		压力表	1个			
3		真空压力表	1个			
2	002F	单筒水滤器	1个	组合件		
1	001F	吸入口	1个	铸铁		
序号 No.	代号 CODENo.	名称 DESCRIPTION	数量 Q'TY	数量 MATERIAL	标准号和图号 STD.No.OR DRAWING NO.	备注 REMARKS

说明:
1. 设计压力0.2 MPa。
2. 蓄海水池尺寸:6.78 m×1.83 m×1.5 m。
3. 图中管段为被检测管段。
4. 压力表连接形式采用DN50支管法兰+盲板带焊接座的形式。DN50支管采用钢管涂聚乙烯,盲板法兰焊接座采用不锈钢材料并做钝化处理。
5. 管路系统的设计、安装和测试要符合船级社规范和建造规格书要求。
6. 所有的管路应用适当的支撑以允许膨胀和使振动最小化。

图1　聚乙烯管路模拟试验系统图

1.2.2　聚乙烯冲洗试验管件规格

本系统采用的冲洗试验管具体参数如表2所示。

表2　聚乙烯冲洗试验管规格表

管子通径(DN)/mm	管子厚度/mm	表面处理
50	4.0	内涂聚乙烯,外涂防腐油漆
100	6.0	内涂聚乙烯,外涂防腐油漆
125	6.5	内涂聚乙烯,外涂防腐油漆

1.2.3 模拟试验设计过程中涉及的计算和依据

（1）离心泵的选型依据及安装位置

各系统中对于管材腐蚀比较严重的介质为海水，因此模拟介质选择海水。选择排量为 100 m³/h 带自吸功能的离心泵进行模拟实船情况。

离心泵的安装位置：由于泵的吸高为 3 m，因此泵的安装高度（泵的进口处距蓄水池最低储水面的距离）不超过 3 m。

根据聚乙烯管件的作业指导书，聚乙烯管件能够承受的最大流速是 4.5 m/s，因此本试验理论流速为 3.4 m/s，符合标准要求。

（2）选择试验场地和模拟容器的尺寸设计计算

试验场地选在管舾制作部车间，在管舾制作部车间内设置地下形式蓄水池。该蓄水池尺寸为 6.5 m × 1.8 m × 1.5 m，蓄水池容量为 17.55 m³。验证蓄水池容量计算如下：

$$t = \frac{V}{Q} = \frac{17.55 \ m^3 \times 80\% \times 60 \ min}{100 \ m^3} \approx 8 \ min \tag{1}$$

式中　t——排完蓄水池全部水所用时间，min；

　　　V——离心泵的排量，m³/h；

　　　Q——蓄水池的容量，m³。

经计算，每次排干蓄水池的时间约为 8 min，满足该系统循环使用要求。

（3）管路的设计计算

根据《船舶设计实用手册（第三版）》第 7.2 章 7.2.2.1 计算管路选取的设计尺寸，具体计算过程如下：

$$d_i = 0.018 \ 8 \sqrt{\frac{q_v}{v}} = 0.018 \ 8 \sqrt{\frac{100 \ m^3/h}{3.4 \ m/s}} = 0.102 \ m \tag{2}$$

式中　d_i——管子内径，m；

　　　q_v——体积流量，m³/h；

　　　v——管内流体速度，m/s。

根据计算可知，选取通径为 100 mm 的管路，具体尺寸为外径 114 mm，皮厚 6 mm，满足模拟试验状态。

2　三维模型的设计

2.1　管系三维模型的设计

为结合实船管路的工况，模拟实船上管路中的介质对管路内涂装的冲击力、介质流速、管路系统压力、管路背压等因素，将冲洗试验的管路布置成一条管路上设置多管段、多支管、多弯头、多弯曲、多附件的形式。每个管段的长度设计成 300 ~ 500 mm。

2.2　铁舾三维模型的设计

根据设计方案及管系建模布置，按照试验场地实际尺寸（场地范围：6.5 m × 1.8 m × 1.5 m 的蓄水池及蓄水池岸上的 5 m × 3 m 空旷场地），结合管路布置及管路吸入口的位置，拟定了铁舾单元模块的基本定位。

聚乙烯海水管路冲洗试验模块整体三维模型如图 2 所示。

3　试验模块制作安装及运行阶段

（1）根据施工图纸，进行管路与铁舾件的制作。在管路的制作及涂装处理过程中严格按照聚乙烯工艺标准作业文件执行。首次设计了阀门的内涂覆聚乙烯施工。根据安装图，在试验场地进行整个试验模块系统集成工作。拟定的铁舾单元定位及自吸泵安装位置对铁舾件、管路及设备等附件进行现场安装。

（2）聚乙烯海水管路模拟实船冲洗试验单元模块组装完成，离心泵通过软启动控制柜启动，并控制整套系统自动运行。

图2 聚乙烯海水管路冲洗试验模块整体三维模型

4 试验检测阶段

在试验过程中应定期检测管路中聚乙烯涂塑层的变化,以验证海水、浪沙、设备振动等因素对涂层质量的影响。根据聚乙烯的特殊性能,选择了两种试验方法,检测数据提取方法和对比实船工况使用周期。

4.1 试验数据提取

冲洗试验的管路布置成一条管路上设置几个管段的形式,每个管段的长度设计成 300～500 mm。检测时间分为两个阶段,第一个阶段为1个月和3个月一个周期,第二个阶段为每年一个周期。检测时,将被检测管段拆下一根进行检测。

通过检测项目得到试验数据,用此数据与聚乙烯工艺标准的数据相对比,管内聚乙烯涂层没有任何变化。

4.2 对比实船工况使用周期

对聚乙烯海水管路实船应用进行分析,其中包括系统、压力、温度、介质、实船使用状态。聚乙烯海水管路冲洗试验在满足以上因素的前提下,增加了冲洗试验的运行时间,以便缩短试验周期。聚乙烯海水管路冲洗试验运行时间为 24 h/d。

(1)压载水及压载水处理系统:根据《船舶设计实用手册(第三版)》第5章5.2.5压载水系统计算,注排水所需时间依船型不同而不同,一般散货船取 10～12 h,油船取 10～14 h,集装箱船可取 10～16 h。为了模拟实船最佳效果,取每次注排水所需时间连续 20 h,平均每个月注排水4个航次(船舶航线不同,取平均次数),每个月共计运行 80 h。

(2)海水冷却系统:船舶在正常航行时,主海水泵长期使用,除去船舶停靠、装卸货物、检修等不运行的时间,此系统运行时间大约为每年11个月。

5 结论

本文模拟实际船舶在运营状态时选取恶劣条件下的船舶管路系统,验证涂聚乙烯管路的产品质量情况,并采用对比分析等方法证明涂聚乙烯材质管路的产品质量。验证了大船集团开发的船舶管系涂聚乙烯技术应用的可靠性,为大船集团承接同类型产品提供理论及试验依据。该项目的研发及技术应用总体达标,在今后的试验过程中,可以根据管径范围不同采用不同型号的管路及附件,按照船舶涂装设计标准采用不同的涂覆产品和腐蚀介质,以此验证船舶管系涂覆产品在多种腐蚀条件下质量的可靠性。

参考文献

[1] 中国船舶工业集团公司,中国船舶重工集团公司,中国造船工程学会. 船舶设计实用手册[M]. 3版. 北京:国防工业出版社,2013.

船用钢板表面裂纹产生原因分析及研究

王昌荻　万太平　姜丁元　姜明源

（大连船舶重工集团有限公司）

摘　要：在对建造船只使用钢板进行表面磁粉探伤时，发现疑似裂纹缺陷，为进一步确认缺陷类型和产生原因，检测人员分析了环境情况，并对具有代表性的样品（发现缺陷位置）进行了理化检验。结果表明：该船板裂纹主要是由铸坯表面"遗传"缺陷在轧制过程中延展形成的，造成钢板试样拉伸过程中形成类似"分层"缺陷。了解生产条件后，发现该钢板在生产过程中因结晶器液位波动使塞棒急停，导致连铸机拉坯速度急剧降低，在此块板坯上产生了"接痕"缺陷，火焰清理深度不足导致缺陷未能完全清除，这是造成板轧后缺陷的直接原因。

关键词：船用钢板；裂纹缺陷；夹杂物

0　引言

　　船用钢板指按船级社建造规范要求生产的用于制造船体结构的热轧钢板材，主要用于制造远洋、沿海和内河航运船舶的船体、甲板等。AH32为高强度船体结构用钢，具有良好的韧性和较高的强度，为船舶建造中的常用材料。大船集团在对某建造船只的AH32钢板进行探伤时，发现多处缺陷，这些缺陷会对分段产品结构质量造成一定的影响，但受现场条件所限，无法确定缺陷类型和其产生的原因，这将会给今后的建造生产带来一定的困难。为了进一步确认缺陷类型和保证施工质量，笔者通过宏观分析、力学性能试验、化学成分分析和金相检验等检测手段对缺陷产生的原因进行了分析。

1　理化检验

1.1　宏观分析

　　工作人员首先对探伤发现缺陷的钢板进行了现场切割，对切割后的钢板进行观察，钢板外表面颜色发亮，靠近热加工位置并未见暗红色铁锈和局部发亮的磨损，初步认为无加热氧化现象；再对发现缺陷位置进行取样和制样，宏观观察发现，开裂方向垂直于轧板方向并伴有小裂纹，裂纹分布集中；将裂纹区域做切片观察，裂纹深度仅限于钢板表层附近区域，开裂连续，方向由外向内，如图1所示。

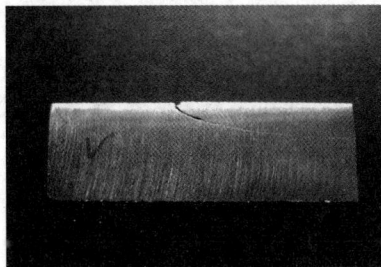

图1　厚度截面裂纹

1.2 力学性能试验

依据 CCS 船舶入级规范,一般应做横向拉伸试验和纵向冲击试验,因无法对轧制方向做出正确判断,因此在钢板的两个方向分别制取两个全厚度板状拉伸试样及与其方向对应的两组 10 cm×10 cm×55 cm 的冲击试验。使用拉伸试验机和摆锤式冲击试验机对试样进行室温拉伸试验和 0 ℃ 冲击试验。表 1 为拉伸试验和冲击试验结果,从数据结果可见 1 号试样所有数据结果完全符合 CCS 船舶入级规范中对 AH32 材料的力学性能指标要求;2 号试样在拉伸试验过程中直接断裂,无屈服强度,抗拉强度也低于船规标准值的要求,在试样断口处可以观察到钢板内部存在类似"分层"缺陷,分层处有氧化痕迹(图2),因存在缺陷无法对试样断后伸长率进行测量;2 号试样冲击试验结果虽然满足 CCS 船舶入级规范中对 AH32 材料的标准要求,但在冲击试验断口处观察到类似"夹渣"缺陷,如图 3 所示。

表1 拉伸试验和冲击试验结果

试样号	R_{eH}/MPa	R_m/MPa	A/%	A_{KV}/J	
1	380	493	29.5	138,145,139	
2	—	396	—	50,48,52	
标准值	315	440~570	22	纵向	31
				横向	22

图2　2号试样拉伸试验断口

图3　2号试样冲击试验断口

1.3 化学成分分析

在钢板上取代表性试样,依据 GB/T 4336—2016 的要求,使用直读光谱仪对试样进行化学成分分析,结果如表 2 所示。

表2　化学成分分析结果(质量分数)

元素	C	Mn	Si	P	S
实测值/%	0.11	1.32	0.15	0.015	<0.010
标准值/%	≤0.21	≥2.50	≤0.50	≤0.035	≤0.035

1.4　金相检验

1.4.1　抛光态

在钢板开裂位置截取金相分析试样,将截取的金相试样进行磨制、抛光后,使用卡尔蔡司(ZEISS)光学金相显微镜对样品的分层位置进行了观察分析。图4为试样抛光态形貌,开裂缺陷位置附近可见大量的条、块状及球、点状氧化物,夹杂物聚集分布,起裂位置可见小裂纹。

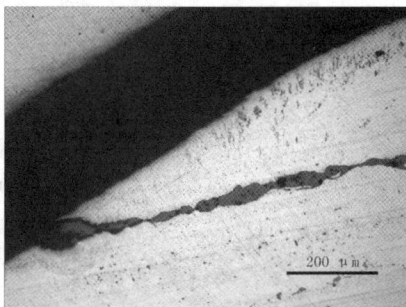

图4　试样抛光态形貌

1.4.2　显微组织

使用4%(体积分数)硝酸酒精溶液对金相抛光态试样进行化学侵蚀,并对缺陷部位周围的显微组织进行观察。图5显示钢板显微组织为铁素体和珠光体,未发现过热组织或其他异常组织,符合 AH32 材料的交货状态。图6为开裂附近显微组织,两侧金相组织为铁素体和极少量珠光体,可见脱碳现象。

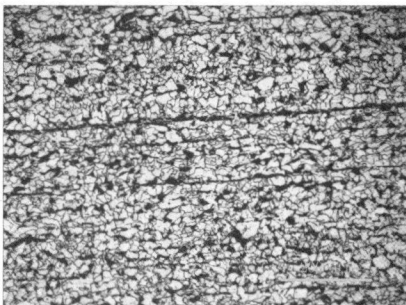

图5　显微组织(100×)

图6　开裂附近显微组织(100×)

2　分析与讨论

通过以上理化检验结果可知,两个取样方向的冲击试验结果和钢板各个元素的含量均符合 CCS 船舶入级规范对 AH32 材料的要求。其中一个拉伸残样分层位置及表面的小裂纹处均存在氧化和脱碳现象,具有高温氧化特征,表明钢板缺陷为铸坯表面"遗传"缺陷在轧制过程中延展形成,造成钢板试样拉伸过程中形成类似"分层"缺陷。在对缺陷位置进行非金属夹杂物和显微组织观察时分别发现:沿缺陷边缘有大量非金属夹杂物存在,多为条、块状及球、点状氧化物,并且缺陷附近的显微组织有脱碳现象。

经与钢厂进行沟通后,钢厂对发现问题的钢板生产过程进行了排查,发现该钢板在生产过程中因结晶器液位波动使塞棒急停,导致连铸机拉坯速度急剧降低,因此在此块板坯上产生了"接痕"缺陷。而对于这类板坯的"接痕"位置应进行人工火焰清理,但因为后续火焰清理深度不足,缺陷未能完全清除,这便是导致钢板轧后缺陷的直接原因。

3 结论及建议

该钢板裂纹性质为原生"遗传"缺陷,不属于施工过程中造成的,而是由钢厂在生产过程中未完全按照加工工艺处理造成的。为了避免因钢板缺陷而造成的产品质量问题,建议钢厂在生产过程中对操作人员加强现场管理,针对各种缺陷的处理必须严格按照相关技术文件的要求进行操作,加强质量管理,对于不能进行清除的严重缺陷应将板坯做报废处理,以免对后续产品生产造成影响。

参考文献

[1] 中国船级社.国内航行海船入级规则 2018[S].北京:人民交通出版社,2018.
[2] 刘云旭.金属热处理原理[M].北京:机械工业出版社,1981.

二冲程柴油机内部负荷分析

张　琦　王宇航　张明文

（大连船舶重工集团有限公司）

摘　要:本文对二冲程低速船用柴油机的内部负荷做出了一般性介绍,主要分析研究低速柴油机的动作受力情况。本文首先对船舶柴油机曲柄连杆机构的运动学进行了研究,求出了柴油机活塞的位移、速度和加速度,为后续柴油机受力分析打下基础;然后对船舶柴油机曲柄连杆机构的动力学进行了研究,气体力和惯性力是曲柄连杆机构中数值最大也是最主要的力,所以曲柄连杆机构受力分析主要研究气体力和惯性力。

关键词:船舶柴油机;运动学;动力学;负荷分析

1　二冲程柴油机内部负荷的研究背景及意义

柴油机是以柴油或劣质燃料油为燃料、压缩发火的往复内燃机。随着世界航运的发展,船舶正向着大型化、高吨位的方向发展,所以可以燃烧劣质燃油的大型低速二冲程柴油机在海洋运输船舶中扮演着越来越重要的角色。

本文通过对某型二冲程柴油机内部负荷的分析使其对活塞组件、十字头组件、连杆、曲轴等内部零件的运动规律有一个量化的认识。根据计算和分析气体力、惯性力、重力三个方面研究机内力(力矩负荷)的传递情况,以对柴油机运行有更加深入的了解。

(1)曲柄连杆机构运动学。研究曲柄连杆机构运动学的目的是了解各运动部件的运动规律,为后续对曲柄连杆机构的作用力和力矩计算及分析、柴油机的平衡等打下基础。

(2)曲柄连杆机构动力学。在曲柄连杆机构中,主要作用力有气体力、运动质量的惯性力以及外界负荷对内燃机运动的反作用力,此外还有运动件与固定件之间、运动件与运动件之间、运动件与空气之间的摩擦阻力及自重等。后面这些力与气体力、惯性力等相比要小得多,所以在动力学分析中,一般不考虑。

2　曲柄连杆机构运动学

2.1　活塞运动分析

2.1.1　活塞运行的位移

气缸中心通过曲轴中心 O, OB 为曲柄, AB 为连杆, B 为曲柄销中心, A 为活塞销中心。曲柄半径 OB 的长度为 R,连杆 AB 的长度为 L。

假设曲轴按顺时针方向旋转,在某一时刻,曲轴转角为 α,连杆轴线在其运动平面内偏离气缸轴线的角度

为 β。当 $\alpha = 0°$ 时,活塞位于上止点位置;当 $\alpha = \pi$ 时,活塞运动到下止点。

所以活塞的行程为

$$S = (L + R) - (L - R) = 2R \tag{1}$$

活塞运行的位移 X 为

$$X = (L + R) - (R\cos\alpha + L\cos\beta) \tag{2}$$

令

$$\lambda = \frac{R}{L} = \frac{\sin\beta}{\sin\alpha} \tag{3}$$

式中 λ——连杆比。

$$\beta = \lambda\sin\alpha \tag{4}$$

由式(3)和式(4)可得

$$\cos\beta = \sqrt{1 - \lambda^2\sin^2\alpha} \tag{5}$$

所以式(2)可整理为

$$X = R(1 - \cos\alpha) + L(1 - \sqrt{1 - \lambda^2\sin^2\alpha}) \tag{6}$$

根据牛顿二项式定理,式(5)可展开为

$$\cos\beta \approx 1 - \frac{1}{2}\lambda^2\sin^2\alpha \tag{7}$$

将式(7)代入式(6),得

$$X = (L + R) - L\left(1 - \frac{1}{2}\lambda^2\sin^2\alpha\right) - R\cos\alpha$$

$$= R(1 - \cos\alpha) + \frac{R\lambda}{4}(1 - \cos 2\alpha) = X_1 + X_2 \tag{8}$$

所以由式(8)可得,当 $\alpha = 0°$ 时,$X = 0$;当 $\alpha = \frac{\pi}{2}$ 时,$X = R\left(1 + \frac{\lambda}{2}\right)$;当 $\alpha = \pi$ 时,$X = 2R$。

2.1.2 活塞运行的速度

将式(8)对时间 t 微分,便可求得活塞运行的速度

$$V = \frac{\mathrm{d}x}{\mathrm{d}v} = \frac{\mathrm{d}x}{\mathrm{d}\alpha}\frac{\mathrm{d}\alpha}{\mathrm{d}t} = R\omega\sin\alpha + \frac{1}{2}R\omega\lambda\sin 2\alpha = V_1 + V_2 \tag{9}$$

将式(9)对 α 微分得

$$\frac{\mathrm{d}v}{\mathrm{d}\alpha} = R\omega(\cos\alpha + \lambda\cos 2\alpha) = 0$$

求得

$$\alpha_{\max} = \arccos\left[\frac{1}{4\lambda}\left(-1 + \sqrt{-1 + 8\lambda^2}\right)\right] \tag{10}$$

所以,$\alpha_{\max} < \frac{\pi}{2}$ 或 $\alpha_{\max} > \frac{3}{2}\pi$,即活塞速度的最大值在上止点前后 75° 左右。

2.1.3 活塞运行的加速度

将式(9)对时间 t 微分,便可求得活塞运行的加速度

$$a = \frac{\mathrm{d}v}{\mathrm{d}t} = \frac{\mathrm{d}v}{\mathrm{d}\alpha}\frac{\mathrm{d}\alpha}{\mathrm{d}t} = R\omega^2\cos\alpha + R\omega^2\lambda\cos 2\alpha = a_1 + a_2 \tag{11}$$

将式(11)对 α 微分,得

$$\sin\alpha = 0 \text{ 或} (1 + 4\lambda\cos\alpha) = 0$$

所以

①$\alpha = 0°$和$\alpha = \pi$时,加速度为极值点,故当$\alpha = 0°$时,$\alpha = R\omega^2(1+\lambda)$;当$\alpha = \pi$时,$\alpha = R\omega^2(1-\lambda)$。

②当$1+4\lambda\cos\alpha = 0$时,即$\alpha = \arccos\left(-\dfrac{1}{4}\lambda\right)$,根据余弦函数的性质得$\lambda \geq \dfrac{1}{4}$时才有意义。当$\lambda = \dfrac{1}{4}$时是$\alpha = \pi$的情况。所以当$\lambda > \dfrac{1}{4}$时加速度取得极值点$\alpha = -R\omega^2\left(\lambda + \dfrac{1}{8\lambda}\right)$。

综上所述:当$\alpha = 0°$时,得到最大正加速度,其值为$\alpha = R\omega^2(1+\lambda)$;当$\alpha = \arccos\left(-\dfrac{1}{4}\lambda\right)$时,其处于$\pi$的两侧,得到最大负加速度,其值为$\alpha = -R\omega^2\left(\lambda + \dfrac{1}{8\lambda}\right)$,并且$\lambda$值越大,其最大负加速度的位置离$\alpha = \pi$处越远。$\lambda \leq \dfrac{1}{4}$时,加速度在$\alpha = 0°$和$\alpha = \pi$处取得极值,当$\alpha = \pi$时,加速度取得最大负值。

2.2 连杆运动分析

由于连杆的运动较为复杂,其大头与曲柄销做圆周旋转运动,小头则与活塞做往复运动,所以连杆本身的运动是由旋转运动和往复运动合成的平面运动。

2.2.1 连杆的摆动角位移分析

由$\sin\beta = \lambda\sin\alpha$得

$$\beta = \arcsin(\lambda\sin\alpha) \tag{12}$$

所以,当$\alpha = \dfrac{\pi}{2}$或$\alpha = \dfrac{3}{2}\pi$时,连杆角位移取得最大值,即$\beta_{max} = \pm\arcsin\lambda$。

2.2.2 连杆的摆动角速度分析

将式(12)对时间t微分,可求得连杆的摆动角速度

$$\dot{\beta} = \frac{d\beta}{dt} = \lambda\omega\frac{\cos\alpha}{\cos\beta} = \lambda\omega\frac{\cos\alpha}{\sqrt{1-\lambda^2\sin^2\alpha}} \tag{13}$$

所以,当$\alpha = \dfrac{\pi}{2}$或$\alpha = \dfrac{3}{2}\pi$时,连杆角速度为0,即$\dot{\beta} = 0$,连杆角速度有最大值,即$\dot{\beta} = \pm\lambda\omega$。

2.3 曲柄的运动

曲柄包括主轴颈、曲柄、曲柄销。工作时绕主轴颈中心线做匀速回转运动,所以曲柄销产生向心加速度a_n,且$a_n = R\omega^2$。

3 曲柄连杆机构动力学

分析曲柄连杆机构的受力,主要是说明曲柄连杆机构中各种力的作用情况,进而了解柴油机的平衡及输出转矩和转速的情况。

柴油机工作时,曲柄连杆机构所受到的力的种类有:①气缸中的气体力;②运动部件的惯性力;③外界负荷对柴油机的阻力;④相对运动件表面的摩擦力。

3.1 气缸内气体力

气缸内的气体压力F_g是柴油机对外做功的主要动力。气缸内的气体压力随着曲轴转角的变化而成周期性变化。作用在活塞上的气体作用力F_g等于活塞上、下两空间内气体压力差与活塞顶面积的乘积,即

$$F_g = \frac{\pi D^2}{4}(P - P')$$

式中 P——气缸内的气体压力,MPa;

P'——曲轴箱内的气体压力,MPa;

D——活塞直径,mm。

切向力 F_{tg} 的作用是使曲轴主轴承和连杆轴承产生切向压紧力,还使曲轴产生转矩。径向力 F_{ng} 的作用是使曲轴主轴承和连杆轴承产生径向压紧力,则

$$F_{tg} = \left(\sin \alpha + \frac{R}{2L} \sin 2\alpha \right) F_g$$

$$F_{ng} = \left(\cos \alpha - \frac{R}{L} \sin^2 \alpha \right) F_g$$

切向力 F_{tg} 对曲轴产生的转矩 T_g 为

$$T_g = \frac{\pi}{4} D^2 R F_{tg}$$

气体力一方面作用到气缸盖,通过气缸盖螺钉作用在机体上;另一方面通过曲柄连杆机构作用到主轴承上,最终作用到机体上。两个力大小相等、方向相反。所以,气体压力使柴油机产生垂直方向的拉伸,不会产生垂直方向上的振动。

3.2 曲柄连杆机构运动部件的质量代换

连杆组件包括连杆体、连杆小头衬套、连杆盖和连杆螺栓等。

转动惯量在连杆的摆动角加速度 $\ddot{\beta}$ 的作用下产生了一个惯性力矩 M_c,称为连杆力偶,即

$$M_c = m_c I (L - I_p) \ddot{\beta}$$

式中 I_p——连杆小端中心到连杆撞击中心的距离;

L——连杆长度;

I——连杆小端中心到连杆重心的距离。

简化后系统对质心的转动惯量保持不变,即

$$m_j L_j^2 + m_r l_r^2 = I_e$$

将上式化简得

$$m_j = \frac{L_j}{L_j + L_r} - m_e = \frac{L_j}{L} m_c$$

$$m_r = \frac{L_r}{L} m_c$$

3.3 曲柄连杆机构的惯性力

曲柄连杆机构的惯性力包括两种:一种是由往复直线运动质量为 m_j 的部分所产生的惯性力,用 F_j 表示;另一种是由作圆周旋转运动质量为 m_r 所产生的离心惯性力,用 F_r 表示。

3.3.1 往复惯性力

往复惯性力的大小等于往复直线运动的部分质量 m_j 和加速度 a 的乘积,方向与加速度方向相反。所以,当曲柄连杆机构运动时,往复惯性力为

$$F_j = -m_1 a = -m_1 R \omega^2 (\cos \alpha + \lambda \cos 2\alpha)$$
$$= -m_j R \omega^2 \cos \alpha - m_j R \omega^2 \lambda \cos 2\alpha = F_{j1} + F_{j2} \tag{14}$$

由式(14)得,当 $\alpha = 0$ 时,往复惯性力 F_j 取最大值,其值为

$$F_{jmax} = -m_j R \omega^2 (1 + \lambda)$$

3.3.2 旋转惯性力

旋转惯性力是由圆周旋转运动部分的质量 m_r 产生的。所以曲柄连杆机构的不平衡旋转惯性力 F_r 为

$$F_r = -m_r R\omega^2$$

旋转惯性力 F_r 作用在曲柄销上,通过曲柄臂和主轴颈作用到主轴承上。将旋转惯性力 F_r 在曲轴中心分解为沿气缸中心方向的力 F_{rx} 和垂直于气缸中心方向的力 F_{ry},即

$$F_{rx} = F_r\cos\alpha = -m_r R\omega^2\cos\alpha$$

$$F_{ry} = F_r\sin\alpha = -m_r R\omega^2\sin\alpha$$

故旋转惯性力 F_r 会引起柴油机上下左右方向的振动,也可能产生曲轴的横向回转振动,并且产生耦合的扭振和纵振。

4 以某船舶为例进行负荷分析

某船舶主机为 MAN S60MC - C 型,对上述内容分别进行分析。MAN S60MC - C 型柴油机为船用低速二冲程十字头式大型柴油机。

分析活塞运行的位移 X 与曲轴转角 α 之间的关系,其关系曲线如图 1 所示。

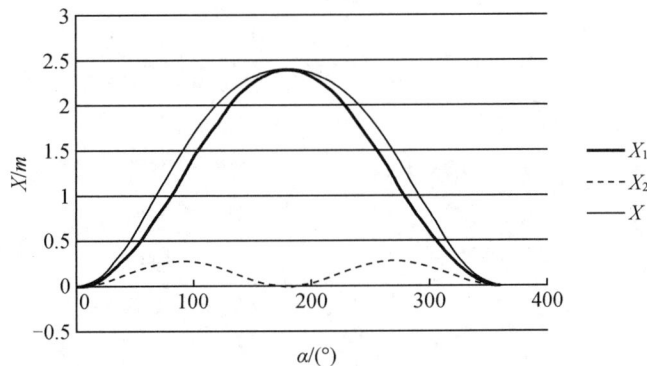

图 1 活塞运行的位移 X 与曲轴转角 α 之间的关系曲线

由图 1 可知,当 $\alpha = 0°$ 或 $360°$ 时,$X = 0$;当 $\alpha = 90°$ 时,$X = 1.48$ m;当 $\alpha = 180°$ 时,$X_{max} = 2.4$m,与理论推导完全相同。当曲柄旋转一周时,X_2 按余弦函数规律变化两次,而 X_1 变化一次。

分析活塞运行的速度 V 与曲轴转角 α 之间的关系,其关系曲线如图 2 所示。

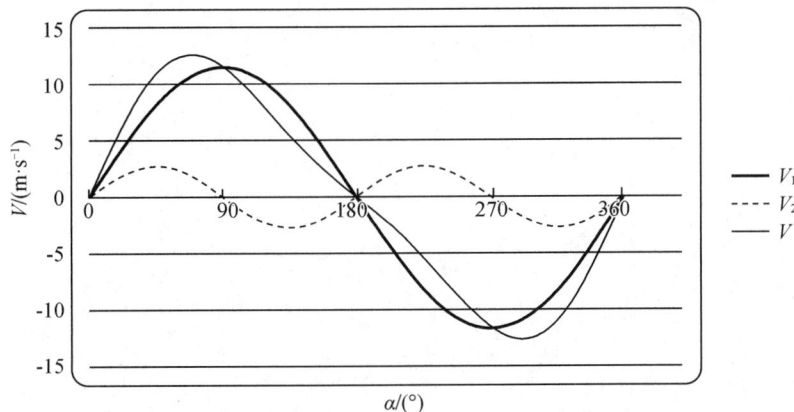

图 2 活塞运行的速度 V 与曲轴转角 α 之间的关系曲线

从图 2 可知,当 $\alpha = 0°$ 或 $\alpha = 180°$ 时,活塞速度 $V = 0$,这是因为活塞在这两点改变了运动方向;当 $\alpha = 90°$ 时,$V = 11.56$ m/s,此时活塞速度等于曲柄销中心的圆周速度;当 $\alpha = 72°$ 时,活塞运行的速度最大,$V_{max} = 12.60$ m/s;

当 $\alpha = 288°$ 时,活塞运行的反向速度最大,$V_{\max} = 12.60$ m/s,与理论推导相同。当曲柄旋转一周时,V_2 按正弦函数规律变化两次,而 V_1 变化一次。

5 总结

气体力和惯性力是曲柄连杆机构中数值最大也是最主要的力,所以导致柴油机稳态振动的主要原因是气缸内周期变化的气体力和曲柄连杆机构运动时产生的惯性力。气体力一方面作用到气缸盖,通过气缸盖螺钉作用在机体上;另一方面通过曲柄连杆机构作用到主轴承上,最终作用到机体上。两个力大小相等、方向相反,在柴油机内部得到平衡。所以,气体压力使柴油机产生垂直方向的拉伸,不会产生垂直方向上的振动。旋转惯性力会引起柴油机上下左右方向的振动,也可能产生曲轴的横向回转振动,并且产生耦合的扭振和纵振。主轴承上的往复惯性力通过轴承传递到机体,作用在柴油机的安装支架上,引起柴油机垂向振动。

探究 1.4 mm 直径药芯焊丝在船厂的推广

曲　智　陈　涛

（大连船舶重工集团有限公司）

摘　要：随着船舶建造技术的不断发展，对焊接技术的要求也在不断提升，焊接工艺正在朝着高质量、高效率方向不断发展。目前国内船舶企业应用的焊接技术大体分为自动焊接和人工焊接，人工焊接由药芯焊丝逐渐替代实芯焊丝。随着药芯焊丝的采用，其优点日益凸显，应用范围也越来越广。为了提升焊接效率，向国外先进的焊接技术看齐，1.4 mm 直径药芯焊丝已被推广和应用，这将进一步提高焊接效率，提升焊接质量。

关键词：药芯焊丝；1.4 mm 直径；焊接质量；高效焊

1　药芯焊丝国内外发展现状

药芯焊丝也称粉芯焊丝或管状焊丝，是继手工电弧悍用涂料焊条和气体保护焊用实芯焊丝出现之后，为解决实芯焊丝气体保护焊时的气孔和飞溅问题而发明的一种新型焊接材料。20 世纪 50 年代初期，欧洲国家发明了这种焊接材料，60 年代美国研制成功低碳钢和 50 kg 级钢用的直径为 2.0 mm 和 2.4 mm 的药芯焊丝，并在生产中得到了应用。日本较美国晚几年也开发了直径为 3.2 mm 的药芯焊丝用于生产。70 年代，美国又研制出了全位置半自动焊用小直径药芯焊丝。随着药芯焊丝的不断开发，药芯焊被广泛地应用于造船、建筑、桥梁、化工、车轮甚至核电站的防护结构、大型容器、空气换热器等方面。

我国从 20 世纪 60 年代后期开始研制药芯焊丝，50 多年来走了一条曲折的道路。大体可以划分为从 20 世纪 60 年代后期到 80 年代中期的研究探索和实验阶段；从 80 年代中期到 1996 年的引进国外生产线制造阶段；1997 年至 1999 年的药芯焊丝稳步发展阶段；1999 年至今的药芯焊丝高质量发展阶段。

2　国内药芯焊丝使用概况及特点

药芯焊丝表面是由塑性较好的低碳钢或低合金钢等材料制成的。其制造方法是先把钢带轧制成 U 形断面形状，再把按剂量配好的焊粉添加到 U 形钢带中，用压轧机轧紧，最后经拉拔制成不同规格的药芯焊丝。我国目前在船舶行业焊接中常采用的气体保护焊药芯焊丝直径为 1.2 mm，相比于同直径的实芯焊丝，药芯焊丝提高了焊接质量，尤其是药芯焊丝在芯部的粉剂实质上起到了涂料焊条药皮的作用，可以进行充分的焊接冶金反应，同时也可最大限度地减少焊接工人人工因素对焊接质量的影响，从而获得高质量的焊缝。药芯焊丝的工艺性好、容易引弧，电弧柔和、飞溅小，焊缝成型美观，电弧穿透力大，熔敷效率高，对坡口要求低。药芯焊丝的经济效益高，是实芯焊丝焊接的 2 倍。

3　1.4 mm 直径药芯焊丝和 1.2 mm 直径药芯焊丝的焊接性能比较

从焊丝的制作原理分析，1.4 mm 直径药芯焊丝较 1.2 mm 直径药芯焊丝直径较大，相关焊接工艺参数高，为了能够更好地进行对比分析，本文通过样板试验和实际生产，详细进行了 1.4 mm 直径药芯焊丝和 1.2 mm 直径药芯焊丝的性能比较，为进一步推广应用 1.4 mm 直径药芯焊丝提供依据。

为确保全面性,针对不同位置,进行焊接性能比较。

3.1 焊接试验

焊接试验数据如表 1 所示。

表 1　焊接试验数据

焊丝直径/mm	接头形式	实际输出电流/A	填充体积/mm³	焊接时间/s	熔敷效率
1.2	平焊	258	560 247	3 870	144.7
1.4		277	560 247	2 932	191.7
1.2	平焊	260	852 548	5 597	152.3
1.4		260	852 548	5 102	167.1
1.2	平焊	248	685 475	4 888	140.2
1.4		267	785 485	4 382	179.3
1.2	横焊	241	485 214	3 751	129.4
1.2	横焊	233	540 258	3 958	136.5
1.2	横焊	258	962 586	6 751	136.5
1.4	横焊	258	375 000	2 614	145.3
1.4	横焊	268	1 025 452	6 795	150.9
1.4	横焊	272	1 082 548	6 592	164.2
1.2	立焊	235	328 485	2 663	123.3
1.2	立焊	245	375 410	2 809	133.6
1.4	立焊	235	230 154	1 832	125.6
1.4	立焊	245	308 485	2 463	145.8

注:表中熔敷效率 = 填充体积/焊接时间。

3.2 熔敷效率曲线

熔敷效率曲线如图 1 至图 3 所示。

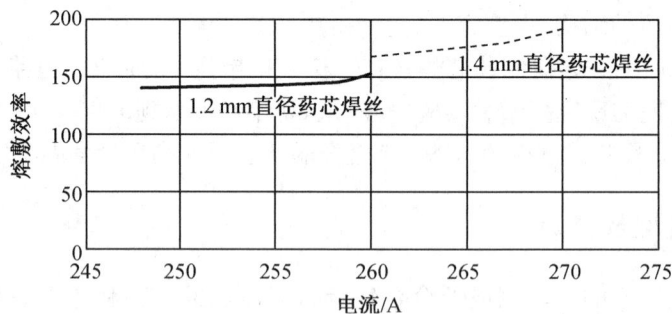

图 1　平焊熔敷效率曲线

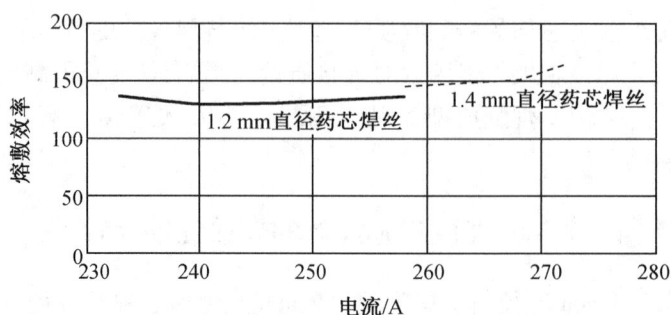

图 2　横焊熔敷效率曲线

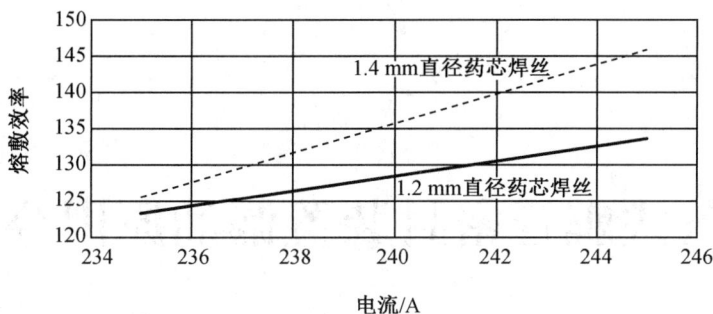

图3　立焊熔敷效率曲线

3.3　试验结果分析

3.3.1　焊接效率方面

表1中详细记录了焊接的位置、形式及焊接时间,焊接填充面积根据焊缝间隙和焊缝余高进行计算,熔敷效率即填充面积与焊接时间的比,代表了焊接的速率,同样可以理解为焊接效率。在相同外部因素下,使用1.2 mm直径药芯焊丝和1.4 mm 直径药芯焊丝同时进行焊接,在焊接电流方面,1.4 mm 直径药芯焊丝焊接时平焊焊接电流较1.2 mm 直径药芯焊丝焊接时电流大20 A 左右;使用1.4 mm 直径药芯焊丝焊接完成时间短,焊接效率较1.2 mm 直径药芯焊丝提升20%。1.2 mm 直径药芯焊丝焊接熔敷效率在150%以内,而1.4 mm 直径药芯焊丝的熔敷效率可达到190%以上,远远高于1.2 mm 直径药芯焊丝。同时试验中也考虑在相同电流下进行焊接对比,以1.2 mm 直径药芯焊丝焊接的规定电流进行焊接,发现相同电流情况下,1.4 mm 直径药芯焊丝较1.2 mm 直径药芯焊丝效率大约高10%。

3.3.2　焊接性能方面

平焊方面,在相同电流下,1.4 mm 直径药芯焊丝与1.2 mm 直径药芯焊丝工艺性能接近,但1.4 mm 直径药芯焊丝熔敷效率较1.2 mm 直径药芯焊丝高15%左右,逐步提升1.4 mm 直径药芯焊接电流,熔敷效率不断提升,最高可达195%。

横焊方面,横焊操作较平焊有一定的难度,焊接电流的大小对焊接成型有较大的影响。1.4 mm 直径药芯焊丝焊接成型效果较1.2 mm 直径药芯焊丝优异,正常焊接电流较平焊小,1.2 mm 直径药芯焊丝比1.4 mm 直径药芯焊丝焊接电流小10 A,焊接熔敷效率低20%。

立焊方面,根据焊接工艺规程,要求焊接电流相近,在熔敷效率方面,两者差别不大,1.4 mm 直径药芯焊丝的熔敷效率较1.2 mm 直径药芯焊丝高10%。

3.3.3　实船焊接性能

以表1中数据均为实船焊接数值,结果表明,实船应用1.4 mm 直径药芯焊丝较1.2 mm 直径药芯焊丝具有熔敷效率高的特点,且前者主要在平焊方面的优势比较明显。相同条件下,焊接电流提升30 A,可提高焊接效率20%,在实船建造中具有一定的推广作用。

4　1.4 mm 直径药芯焊丝的推广

结合试验及实船数据,我们可以总结得到,1.4 mm 直径药芯焊丝的焊接工艺性能较1.2 mm 直径药芯焊丝有明显的优势,尤其在平对接焊方面,效果显著。应用1.4 mm 直径药芯焊丝可以提高焊接效率,缩短焊接时间,提高焊接质量,加之我国在药芯焊丝研究方面的不断深入,势必会引领新的高效焊接潮流。

参考文献

[1]　齐国治,耿林娜.药芯焊丝的发展趋势及思考[J].机械工人:2003(10):31－32.

[2]　马凤辉,李春范.中国药芯焊丝行业现状[J].焊接,2003(2):5－8.

[3]　张文钺.21世纪我国焊接材料的发展前景[J].焊接技术,2000,29(4):38－40.

[4]　王恩明,郑赞,王立强.Φ1.4 mm 直径与Φ1.2 mm 直径 CO_2 药芯焊丝熔敷速度对比试验研究[C].第九次全国焊接会议论文集.哈尔滨:黑龙江人民出版社,1999.

空气式艉管密封装置漏油原因分析

于景奇　李安戈　臧大伟　郭兴鹍　张明文

（大连船舶重工集团有限公司）

摘　要：本文详细介绍了空气式艉管密封装置的密封原理,通过对某新建 VLCC 在艉管供油期间艉密封#3 –#3S 密封腔有油的现象的实例分析,探讨了该现象出现的原因,并提出相应的改进措施。分析表明,#3S 密封圈损坏、#3S 密封圈与密封衬套之间的间隙不满足厂家要求,艉管内给#3 –#3S 密封腔供油的管路有泄漏,艉管后端面的平面度未满足密封厂家的要求,艉密封的调整环发生变形是导致#3 –#3S 密封腔有油的主要原因。

关键词：空气式艉管密封装置;#3 –#3S 密封圈;泄漏

1　引言

当船舶航行时,艉轴承及密封装置是容易发热的部件,必须进行相应的冷却和润滑。虽然艉轴管的形式比较多,但就其润滑剂来说却只有水和油两种。水润滑形式的艉轴密封,主要用在螺旋桨轴转速较低、直径不大、输出的功率也较小的船舶上。随着主机功率提高和轴径的加大,油润滑轴承及轴封应运而生。油润滑的艉管密封装置,以磨损少、摩擦功率小、使用寿命长的优势,很快取得航运界的认同。艉管密封装置分为艏密封和艉密封两种。艏密封用于隔离艉管和机舱,从而避免艉管的滑油进入机舱。艉密封的作用分为以下两个方面:第一,避免艉管中的滑油泄入海中,对海洋环境造成严重的污染;第二,阻止舷外的海水进入艉管内,造成润滑油乳化变质,加剧艉轴的磨损及腐蚀。因此,在船舶建造期间艉密封的安装质量尤为重要。本文将对某型船艉管供油期间艉密封漏油的原因进行相应的分析,为船舶建造期间艉密封系统安装提供宝贵的经验。

2　艉密封的工作原理

本船的艉管滑油及密封系统原理如图 1 所示。艉管密封系统通常由下列各设备组成:艏艉密封装置、空气控制单元、艉管滑油柜单元、艉管滑油泵、艉管滑油冷却器、泄放收集单元以及连接它们的管系、阀件和报警装置等。

本船艉密封采用的是 KEMEL 公司的空气式密封装置,密封装置结构如图 2 所示。密封装置内有 4 道密封圈。空气从空气控制单元通过安装在艉轴管内的管路供给到艉密封#2 与#3 密封圈形成的空气腔中,并吹开#1 –#2密封唇,通过缝隙鼓入海水中,另外一部分空气从泄放收集管路进入泄放收集单元。空气腔中的压力通过空气流量控制器保持在稍微超过#1 –#2 密封唇的密封压力 + 吃水压力。空气腔中的压力能够随时根据吃水的压力变化而调节,因此船舶在各种吃水状态下保持一定的密封环间隙。艉轴管由艉轴管滑油压力柜供油,艉轴管滑油压力柜通过艉轴管内的管路供给到艉密封#3 –#3S 密封圈的空腔中。#2 –#3 腔室的空气压力与#3 –#3S腔室的滑油压力的压力差始终保持在 0.05 MPa 以内,因此即使#3 密封圈损坏导致滑油泄漏,滑油也能通过底部的泄放管路进入泄放收集单元。

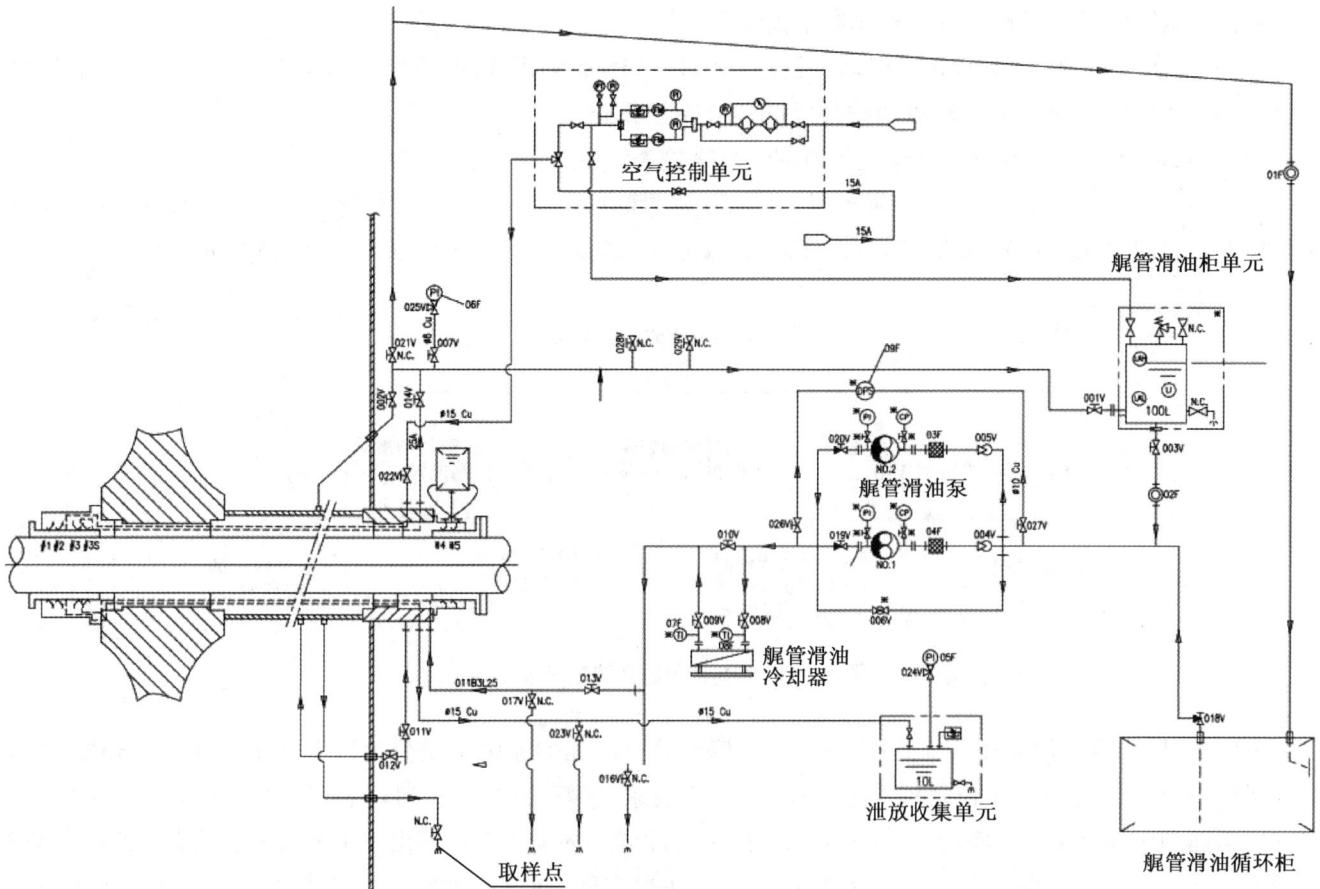

图1 艉管滑油及密封系统原理图

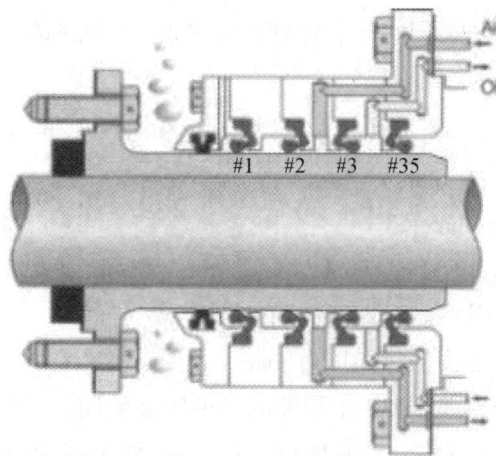

图2 空气式密封装置结构图

3 艉密封漏油原因分析

　　船舶在建造期间,在艉密封安装前需要在车间进行油压试验,介质为实用油,主要检验#3S密封圈。油压试验时,使油压逐渐上升至0.2 MPa,保持最少10 min,检查有无泄漏。在艏艉密封全部安装结束后进行艉管泄漏试验,试验方法如下:

　　(1)关闭艉密封#3 - #3S腔的进油阀以及#2 - #3腔的进气阀;

　　(2)以艉管滑油循环泵向艉管供油,同时打开艉管滑油柜上的透气阀;

　　(3)打开艉密封#3 - #3S密封圈底部的丝堵,进行单独8 h泄漏试验,通过丝堵孔是否漏油来检查#3S密封圈的密封情况。

艉管试压结束后进行艉密封泄漏试验,试验方法如下:

(1)打开艉密封#3－#3S顶部的丝堵,缓慢打开#3－#3S腔的进油阀,至滑油从顶部丝堵孔漏出后上紧顶部丝堵,然后完全打开#3－#3S腔进油阀,进行单独8 h泄漏试验;

(2)通过#2－#3底部打开的丝堵孔的泄漏情况来检查#3密封圈的密封情况。

本船在进行艉管供油试验,打开艉密封#3－#3S密封圈底部的丝堵时,有大量连续不断的滑油冒出,针对该现象本文运用树状图对可能的原因进行分析,并最终查出问题所在。树状图分析如图3所示。

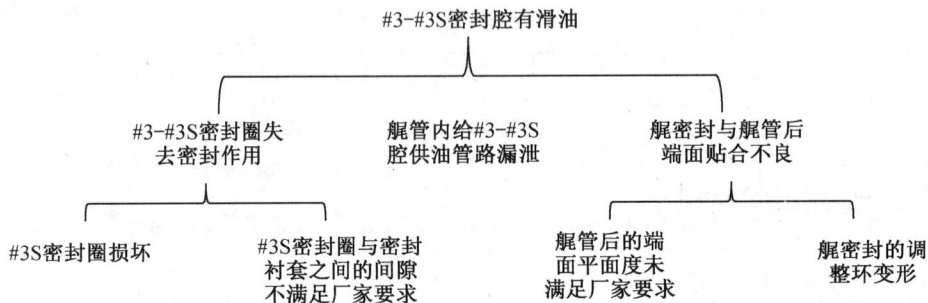

图3 #3－#3S密封腔有油的可能原因

由图3可见,在进行艉管供油试验时#3－#3S密封腔有滑油的原因主要分为以下几个方面:①#3S密封圈损坏;②#3S密封圈与密封衬套之间的间隙不满足厂家要求;③艉管内给#3－#3S密封腔供油的管路有泄漏;④艉管后端面的平面度未满足密封厂家的要求;⑤艉密封的调整环发生变形。由于艉密封安装前在车间已对#3S密封圈进行油压试验且满足要求,可以排除①。相关研究表明,通过艉轴密封间隙的渗漏量Q如公式(1)所示。由该公式可知泄漏量与密封圈及不锈钢套的间隙、密封圈两侧的压力差有关,在其他条件一致时,密封圈与不锈钢套的间隙越大,泄漏量也越大,密封圈两侧的压力差越大,泄漏量也越大。而在艉密封安装时测量的密封圈与不锈钢套的间隙满足厂家要求,同时向艉轴管供油的艉管滑油循环泵的出口压力一直正常。因此不可能是②③导致的漏油。

$$Q = \left[\prod d(p_1 - p_2)h^2 \cdot S \right]/p \quad (mL/h) \tag{1}$$

式中　d——艉轴密封不锈钢套的外径,mm;

　　$p_1 - p_2$——密封圈两侧的压差,bar;

　　h——密封圈与不锈钢套外圆间的间隙,mm;

　　S——系数,随不锈钢套外圆圆周速度变化而变化;

　　p——密封圈作用在不锈钢套外圆的径向压力,bar。

在进行艉轴管供油试验时,艉密封#3－#3S密封腔的进油阀被关闭,虽然艉管滑油压力柜里面的油不能直接进入#3－#3S密封腔,但是由于给密封供油的管路位于艉管内,如果艉管中的滑油能漏入该管路中一样可以导致艉密封#3－#3S密封腔中有油。由于给密封供油与供气的管路在安装结束后进行了磅压试验,一直保压到艉轴安装结束,压力表的示数未发生变化。艉密封通过螺栓把紧在艉管后端面,艉管后端面的油孔与密封本体上的油孔对齐,如果调整环与艉管后端面不能完全贴合,将导致艉轴管中的滑油通过调整环与艉管后端面的间隙以及油孔进入#3－#3S密封腔。导致密封与艉管后端面贴合不良的原因主要有:①由于艉管后端面为机加工平面,该平面上与调整环接触处的平面度未达到密封厂家的要求;②调整环在吊运安装过程中变形。通过对所有原因进行核查,最终确认艉管后端面平面度未达到厂家要求,是造成在艉管供油期间艉密封#3－#3S密封腔有油的根本原因。

4 艉密封安装注意事项

为了保证艉密封的安装质量,艉密封的安装有以下注意事项:

（1）艉密封上船安装前必须在车间进行相应的磅压试验,以确保#3S 密封圈无泄漏;

（2）艉管后端面与密封接触部位的平面度必须满足厂家的要求;

（3）给密封供油的油管及气管在安装结束后应进行磅压,且艉轴安装结束后再检查压力表示数是否有变化;

（4）艉密封衬套与螺旋桨的连接螺栓以及密封本体与艉管后端面的连接螺栓应对称施力均匀上紧;

（5）衬套法兰外圆中心偏差、密封本体与其衬套圆周间隙差值,以及密封端面到艉管端面间距均应达到厂家的要求。

5　结语

本次艉管供油试验时,艉密封#3 – #3S 密封腔有油的原因是复杂的、多方面的。只有在安装艉密封时严格按照工艺规程执行,采取有针对性的泄漏试验,同时保证安装条件以及机加工端面均满足厂家的要求,才能保证其安装质量以及安装的可靠性,降低故障发生的概率,延长使用寿命。

参考文献

[1]　王文锦,许进才.船舶艉轴密封的典型布置与防止渗漏分析[J].机电技术,2011(3):161 – 163.

[2]　陈钢耀,黄宝玉.艉轴密封技术的发展[J].世界海运,2000(1):37 – 38.

船用电缆路径设计及拉放的分析与研究

曲成功　张明文　尚永玉　李雪飞

（大连船舶重工集团有限公司）

摘　要：船舶电缆路径的设计是全船设计的关键，它涉及的范围广、专业多，是一项技术复杂、协作专项多、工作量大的工作。当然船舶电缆路径的设计也关键性地决定着后期现场电缆拉放的施工难度，以及施工过程中电缆的使用量；对提高现场施工质量、改善施工人员的作业环境和降低作业危险系数起着重要作用。本文根据近几年对 T30 万吨系列油船电缆路径设计和现场电缆拉放的跟踪及总结，简要地分析电缆路径的设计以及拉放方案（主干电缆、分支电缆）对现场降本增效的影响。希望在船舶电缆设计以及拉放中找到最优降本增效的方案。

关键词：电缆路径；主干电缆；分支电缆；降本增效

0　引言

近几年随着工业化、信息化、智能化突飞猛进的发展，在竞争激烈的市场中节能增效建造船舶是大势所趋。船舶的功能由简单的货物转运向多功能、多用途方向发展，相应的船舶自动化系统和智能化系统要求越来越高，功能越来越复杂，由此对电力传输的动力电缆、对信息传输的通信电缆、对数据传递的多功能信号电缆应用越来越多。因此，在现代高端复杂的船舶设计中，电缆的设计及拉放在船舶节能建造中起着关键性的作用。为此深入分析研究电缆路径设计及拉放最优方案显得意义重大。

1　从船舶电缆路径设计的角度来分析降本增效

1.1　船舶电缆设计的基本概念

所谓船舶电缆设计的基本概念主要包括船舶区域的划分、船舶电缆的划分，以及现代船舶设计过程中电缆设计的主要步骤。

目前在建的 T30 万吨油轮其区域主要分为机舱、生活楼、艉楼、舵机室、泵舱、艏部以及露天甲板。机舱是主要电缆集中区域，是主要电缆的源头。通常情况下，主发电机布置在机舱三平台，主配电盘布置在机舱二平台集控室内，这两个主要的发电和电力分配设备都布置在机舱区域内，机舱二平台和三平台相对来讲电缆敷设较为复杂。整个船舶的控制区主要分布在楼子驾驶甲板内，因此驾驶甲板区域相对来讲电缆分布较多，主要有控制电缆。另外油船主要作用是运输原油，因此在楼子 A 甲板内布置了一个货控室，主要用于控制船舶原油的监测与装卸，相对电缆分布也较多。船舶还会设置一套应急的供电装置，应急发电机一般设置在艉楼的 A 甲板应急发电机室，相对动力电缆也较多。以上是船舶电缆设计的密集区，设计阶段需要注意。

1.2　在电缆设计阶段降本增效的分析

通过对船舶电缆设计的基本概念、电缆设计的建造标准要求及电缆设计流程的分析研究，总结出在电缆设计阶段降本增效的几点想法。

1.2.1 电缆路径及余量设计对建造成本的影响

电缆设计过程中一般会留有一定的余量,以便弥补电缆拉放过程中的差额。起始、终止设备端要根据设备高度、接线端子位置留有余量,同时电缆路径规划要根据实际线道设计情况合理拉放充分利用,以达到均衡布置、美观的要求,因为船用电缆的单价较高,因此在设计阶段对电缆余量精准控制,减少电缆余量对减少建造成本具有重要意义;另外在设计阶段一定要重点核查电缆的路径,将最方便现场施工、最节省电缆的路径筛选出来,也对降低建造成本具有重要的意义。电缆路径最优方案的影响因素不单纯是电缆长度因素,电缆路径中舾装件的焊接难度及焊接阶段、电缆贯通件的数量,以及所取路径中电缆是否需要保护等外在因素也间接影响电缆路径设计的成本问题。这需要设计人员多方位、全方面地综合考虑。

1.2.2 电缆订购成本对建造成本的影响

在电缆的各方面性能均能满足船舶设计功能要求、船东船检要求以及有正规手续和证书之后,电缆订购竞标,一定要仔细认真,选择价钱相对合理的厂家。毕竟全船的电缆总长度大约 200 000 m,数量较大。因此,电缆订购成本对降低建造成本具有重要意义。

1.2.3 降低设计失误对电缆设计成本具有重要意义

设计阶段容易出现的问题有:电缆过多、舾装件容量不够,导致电缆无法拉放、无法绑扎;电缆设计短尺寸,导致整根电缆作废;电缆余量过大造成电缆大量浪费。设计人员需要严格按照建造标准的要求进行设计,做好全局规划,对于后期现场电缆拉放及船东船检报验意义重大,既可以合理利用电缆,减少不必要的修改造成的损失,又可以满足规范要求,降低修改率,从而达到降本增效的目的。

1.2.4 电气系统简化对电缆设计的影响

基于上文对电气设计流程的分析,生产设计是按照详细设计的电气系统图进行生产设计的,也就是说详细设计系统图是电缆设计的根源,如果在电气系统中进行简化,就是对整个电缆设计过程的一个优化。一方面,在能满足船舶功能的前提下,尽量选择电缆规格相对小的电缆,因为规格是衡量电缆单价的重要因素,规格小单价相对低;另一方面,尽量选用多 P 线,能用一根电缆解决的问题就不用多根电缆,这样既可以节省施工单位现场拉放电缆的数量,也可以节省电缆购货量,对降本增效具有重要意义。

2 电缆敷设

2.1 电缆敷设工艺要求

施工单位现场电缆敷设需要严格按照电缆的具体路径节点进行拉放,并且遵循专船的建造工艺进行电缆的敷设与绑扎。满足上面设计电缆建造工艺的同时也需满足电缆的敷设要求。

2.2 目前现场电缆拉放阶段存在问题分析

整个船舶电缆敷设是电气施工的重要阶段,结合建造工艺要求及现场施工存在的问题,从降本增效的角度分析现场电缆敷设的方案。

2.2.1 现场电缆拉放存在的施工问题

(1)施工单位在拉线时没有严格按照专船的建造工艺或设计图纸要求进行施工,如施工过程中未按指定电缆路径拉放电缆,导致局部电缆过多,舾装件不够,电缆无法固定,甚至导致电缆长度不够;动力、信号及一些特殊的网线没有按照设计要求的电缆路径进行拉放,导致无法交活,出现严重返工等现象;现场施工材料没有按照正常的安装工艺进行使用,有的使用替代材料,有的临时他用。以上都是现场施工的二次返工、浪费材料、耽误工期的重要原因。

(2)一般在设计图纸下发到车间以后,车间按照图纸进行施工,但是在报验时,会有各种因素引起的修改,如果施工单位接受通知单不及时,或者通知单施工不及时将会导致后期大面积返工,也将浪费一部分工时。

（3）一艘大型 VLCC 全船大约有 5 000 根电缆,这些电缆有的是裁剪好的,有的是未裁剪的,这里面有主干电缆、大规格电缆、机带电缆。因此,电缆的拉放顺序对现场电缆拉放的施工效率影响重大。没有一个合理的电缆拉放技术文件支持,会导致施工效率大大降低。

2.2.2 针对目前现场施工存在问题的分析及解决方案

（1）针对现场施工单位没有严格按照专船建造工艺施工的问题,应该在船舶施工之前对施工单位进行技术交底。将该船的施工难点和易错点提前指出,强调现场施工需要严格按照专船的建造工艺和图纸施工,并应设有奖惩制度,杜绝二次返工及材料浪费,为船舶建造降本增效保驾护航。

（2）针对现场施工单位通知单施工不及时的问题,设计部门下发通知单后应该第一时间通知施工部门的技术人员,技术人员审阅无误后提醒现场的调度人员,由调度人员实时监控监督施工单位通知单的施工情况。

（3）针对现场电缆拉放效率问题,优化现场电缆拉放顺序对施工效率提升具有重要意义。主要是做到电缆册细化。根据现场电缆拉放阶段、拉放区域、系统设备来分类电缆册,将不同种类的电缆分类编辑成册,在每本册子中将每根电缆进行排序,按照顺序进行裁剪和拉放,根据电缆敷设的标准,同种型号的电缆需要排放在一起,同一个设备出来的电缆且基本走相同线道的电缆需要排放在一起。最终精心排序编辑成一本电缆册指导现场拉线。以上是针对现场经验的分析,还需不断在实践中完善。

3 结语

本文对 T30 万吨系列船电气用电缆路径设计以及拉放做了浅析与研究,希望在以后的设计阶段和现场电缆拉放阶段对工作人员有所帮助,为整个船舶建造、降本增效略尽绵薄之力。

参考文献

[1] 全国海洋船标准化技术委员会造船工艺分技术委员会. 船舶主干电缆设绘要求:GB/T 4451—2016[S]. 北京:中国船舶工业综合技术经济研究院,2016.

浅谈舵柄带有定位键舵系的安装精度控制

张立强　　李雪飞

（大连船舶重工集团有限公司）

摘　要：目前，大型油轮所使用的舵系均为半悬挂式穿心直杆舵系，而近几年舵柄带有定位键的半悬挂式穿心直杆舵系的应用越来越广泛。带有定位销键舵系的安装难度要远远大于普通半悬挂式穿心直杆舵系的安装，且施工顺序也有所不同。笔者结合多年来的施工经验，通过和无定位键舵系安装过程的对比，充分利用新方法、新工具严格控制每道施工环节的施工精度，从而提高船舶舵系的施工质量。

关键词：舵系；定位键；解决方法；实用效果

1　前言

舵系在建造期间安装的可靠性将直接影响到船舶航行的操纵性，操作性能的丧失，轻则使船舶失去活动能力，重则引起船舶破损，乃至倾覆，造成人员的伤亡和财产的严重损失。所以，船舶舵系的施工质量及周期在船舶建造期间历来都被视为重中之重。目前，由于新型舵系的不断推出，传统的安装方法已无法满足现有的施工要求，若要保证舵系的安装质量，必须推陈出新，在原有传统施工的基础上使用新工艺、新方法，来保证舵系的安装质量及精度，从而确保舵系长时间正常稳定运转，在正常航行期间发挥其最大效用。

2　难点分析

目前大型油轮都选用半悬挂式穿心直杆舵系，不同之处是，有的舵柄与舵杆之间设置有定位销键，而有的则没有。通过在多条船上的验证，在舵系安装期间，这两种不同的半悬挂式穿心直杆舵系在0位校正和舵柄定位时都会存在一定的差异。

2.1　无定位键舵系的安装步骤

传统舵系是指舵柄没有定位键的舵系，这种舵系在施工过程中是按照以下步骤进行安装的：

步骤一：在内场进行舵叶/舵杆、舵杆/舵柄的预装，并打上装配标记；

步骤二：用工作车将舵叶运至挂舵壁下方，起升工作车，将舵叶上的舵钮穿进下挂舵壁的舵钮孔中；

步骤三：吊起舵杆并缓慢将舵杆分别穿入上挂舵壁的舵钮孔和舵叶上锥孔中，按照装配标记连接舵叶、舵杆并完成压装工作；

步骤四：将舵承吊运到位，调整好位置后进行环氧树脂浇注，树脂固化后利用舵承和卡箍承受舵叶和舵杆，撤离工作车；

步骤五：使用吊线坠的方法利用坞底地面上的船体中心线找正舵叶的位置（图1）；

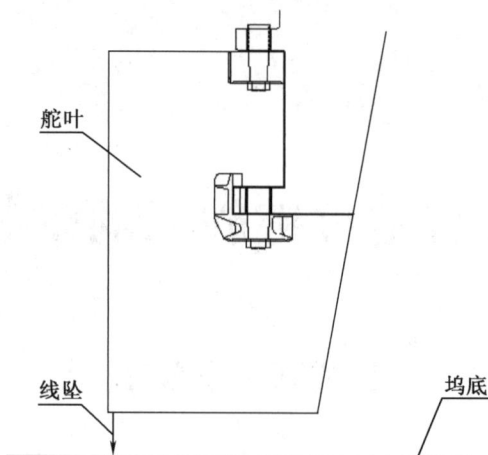

图 1 找正舵叶位置

步骤六:将舵柄吊运至舵杆上方,对准舵柄锥孔后将舵柄缓慢放下,在即将坐落在舵杆上时,利用舵机室甲板面上的船体中心线吊线坠找正舵柄前后拨叉的中心位置(图2),然后将舵柄完全坐落在舵杆上,连接舵柄、舵杆并压装工作,即完成舵系主体的安装工作。

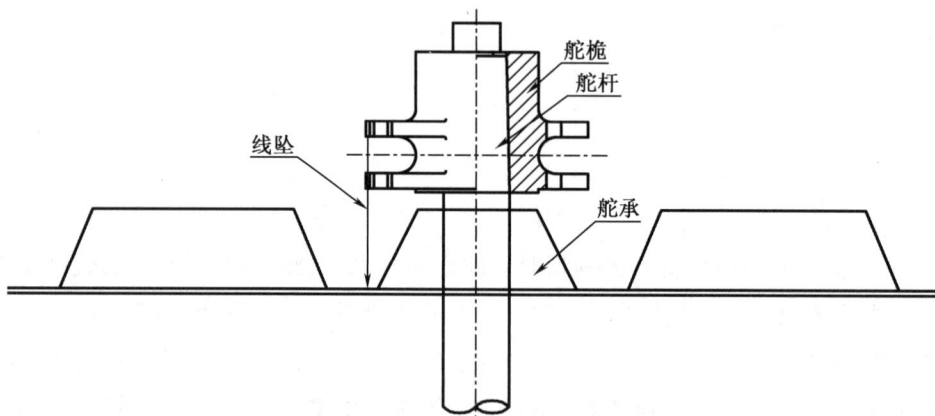

图 2 找正舵柄前后拨叉的中心位置

2.2 带有定位键舵系的安装难点

从上述步骤可以看出,舵系安装的重点是舵叶和舵柄的0位调整。由于此系列船的舵杆和舵柄上带有销键,也就是说舵杆和舵柄的位置是固定不变的,只要按照键槽找正舵杆的位置,即可保证舵柄的位置。因此,该系列船如果按照传统的方法施工,其安装重点就变成了舵叶和舵杆的0位调整。其难点在于:

(1)舵叶调整的困难

传统的施工是用舵承承受舵叶和舵杆的质量,也就是说工作车可以脱离舵叶,舵叶可以自由旋转。而这种舵在舵叶找正前是没有安装舵承及舵杆,也就是说舵叶需要工作车来支撑,从图3中可以看出工作车前后要超出舵叶1 m多,也就意味着要将舵叶底部的中心线引到工作车以外再与坞底的中线对比调整,这就增加了产生调整误差的可能性,导致舵叶的纵中心线与船体中心线错位。

(2)舵杆调整的困难

从图2中可以看出,舵柄拨叉的最外处几乎和舵承下面的最大外圆处接近,通过我们制作的小工装完全可以将拨叉的中心用线坠引到舵机室甲板面上,根据舵机室甲板面上船体中心线来调整舵柄。而这种舵需要调整舵杆,其基准是键槽的中心,从图4中可以看出键槽的中心距舵承下面的最大外圆处接近1 m,要想把其中心引到舵机室甲板面上,需要制作一个很长的工装,且工装要牢靠地固定在舵杆上,还要保证工装的平直度和垂直度,这就大大增加了工装的制作成本和调整难度。

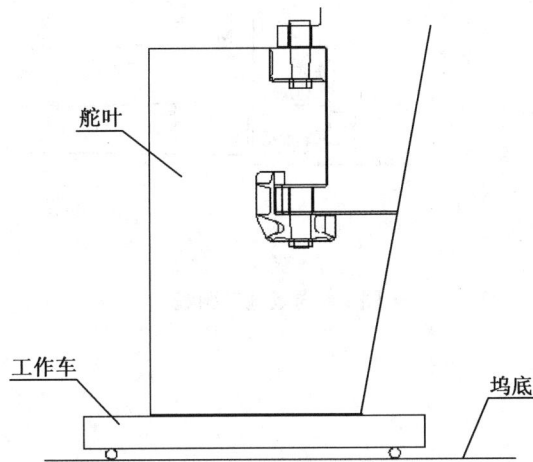

图3　调整舵叶

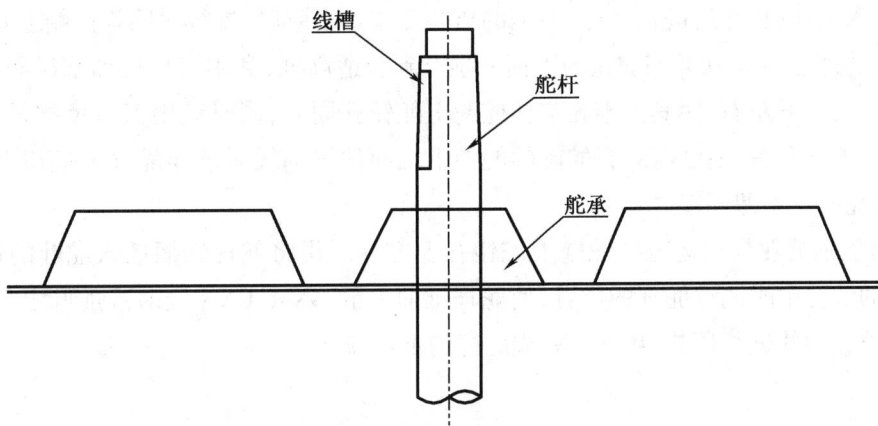

图4　调整舵杆

3　内场、外场施工过程控制

为了解决上述的难点问题,利用公司目前现有的场地、工具、设备,改变传统的施工方法,我们研究出一整套全新的舵系画线精准安装新方法,从而保证舵柄带有定位键舵系的安装精度。

3.1　内场施工过程控制

内场施工画线步骤:

(1)将舵叶用全站仪进行水平调整后,在舵叶侧面、底面利用全站仪画出舵叶纵剖线;

(2)根据图纸,找准舵杆上销键与舵叶的相对位置后,使用全站仪在舵杆的上下锥部左右画出穿心舵杆中纵剖线;

(3)使用全站仪在销轴锥面左右及上端面画出销轴中纵剖线;

(4)使用全站仪在舵柄下端面根据前后拨叉的中心画出舵柄中纵剖线。

由于上述线条均是用全站仪辅助完成的,因此线条是非常准确的,足以保证所画线条均在一平面上。当上述的线条画好后,内场所有的镗孔、研配、预装全按照相应线条的相对位置进行(图5)。由于此系列船的舵杆/舵柄是干压装,因此内场作业时还需要注意一点是舵杆/舵柄在内场按照所画线条一次性压装结束。

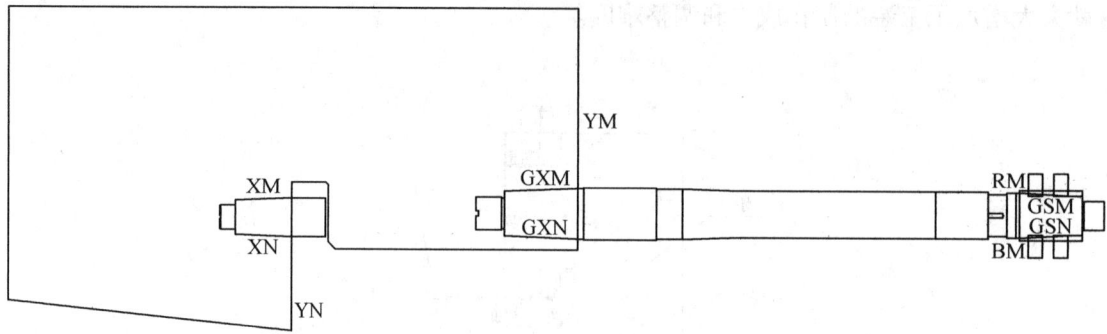

图 5　内场施工画线

3.2 外场施工过程控制

外场画线及安装步骤：

（1）在轴系舵系复光期间,使用全站仪在挂舵壁下舵钮的上端面画出船体中心线。

（2）将舵承吊运至舵机室内,按照舵系中心线找正舵承的位置,并做好相应的位置标记。舵承预装后,将舵承返回内场,并穿入舵杆内,之后进行舵杆、舵柄的压装工作。结束后,进行封固等待船上安装。

（3）将放置在工作车上的舵叶运到舵钮的下面并顶升到合适高度,利用刀口尺和塞尺测量,使用工作车和液压千斤顶调整舵叶的上下左右,使其上锥孔与挂舵壁上舵钮孔同心;同时利用刀口尺测量,使用工作车和液压千斤顶调整舵叶的上下左右,使已压装在舵叶的舵销上端面的纵剖线对准挂舵壁下舵钮上平面的船体中心线,当两者均找正后舵叶位置即确定。

（4）将已压装有舵柄的舵杆吊运至挂舵壁上舵钮孔上方并缓慢将舵杆锥面插入舵叶的锥孔中,在舵杆即将完全坐落在舵叶的锥孔中时调整舵杆的位置,使舵杆锥面上的 GXM、GXN 线对准舵叶上的 YM 线后将舵杆完全坐落在舵叶的锥孔中并进行压装（图 6）,完成舵杆的定位安装。

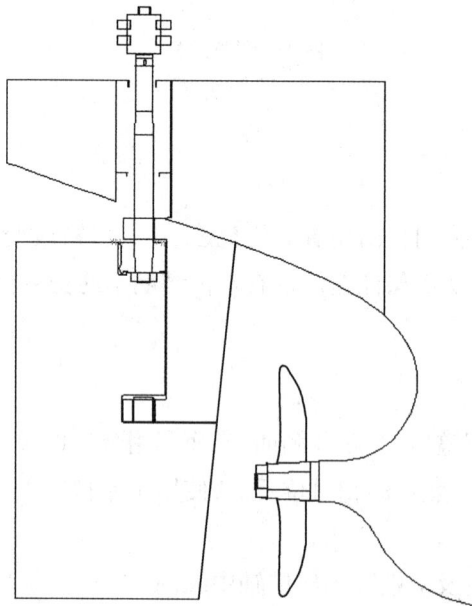

图 6　外场施工画线

4　解决的问题

使用该方法可以解决以往施工中出现的问题。

（1）利用船坞（船台）的船体中心线找正舵叶,需要用吊线坠的方法,如果有风,是无法精确找正舵叶的。

因此,自然环境会直接影响到舵叶的定位精度。

(2)利用船坞(船台)地面上的船体中心线找正舵叶需要至少 8 h,而将船体中心线引致船坞(船台)地面上的工作必须在舵叶吊运到挂舵壁的下方之前完成。由于两项工作间隔时间较长,船体会因受到阳光照射位置的不同和温度的变化而导致实际的船体中心线与地面上的船体中心线产生一定的偏差,因此导致实际的船体中心线与舵叶纵中剖面产生一定的偏差,严重影响舵叶的定位精度。

(3)由于舵柄、穿心舵杆、舵叶在内场研配和预装时,没有完全对正其中分线和纵中分线定位研配,在船上安装时,舵柄、舵叶又以各自的船体中心线找正,最终会导致舵柄与舵杆的装配标记无法对正,产生一定的角度偏差,由于舵柄锥孔的研磨是靠人工完成的,船上安装角度的偏差会导致压装时压入介质大量外漏,无法保证压入时的径向压力,严重影响压装质量。

(4)利用船坞(船台)地面上的船体中心线找正舵叶和利用舵机室甲板面上的船体中心线找正舵柄的时间比较长,因此需要大吊车的长时间配合,严重影响了大吊车的使用率。

5　结束语

此施工方法已在船上进行了使用,实践证明,此方法不但解决了带有销键穿心舵杆安装的难点,缩短了舵系的船上安装时间,而且也避免了传统施工过程中容易出现安装质量的问题,提高了舵系的安装质量,延长了舵系的使用寿命,为有定位键船只舵系的安装提供了可靠的技术保障。

大型集装箱船中压电缆施工经验浅谈

李 晨 曲连勇 房 明 李雪飞

（大连船舶重工集团有限公司）

摘 要：电缆敷设工作是船舶建造过程中电气专业的施工重点和施工难点，而中压电缆的施工则是电缆敷设工作中的难点。中压电缆由于自身"质量大、外径粗"等特点，导致在敷设过程中的难度系数较大，所需的施工人数增加，同时由于中压电缆在处理阶段对施工环境的要求也比较高，因此中压电缆在施工过程中必须要小心地"伺候"着。工作人员通过某系列大型集装箱船中压电缆的施工，在中压电缆的配送、验收、敷设、保护和处理等环节积累了一定的经验，为其他船型中压电缆的施工打下良好的基础。

关键词：中压电缆；电缆敷设；大型集装箱船

0 前言

众所周知，在船舶的建造过程中，电缆敷设是船舶电气专业最主要的工作，也是电气专业完成全船生产任务的关键，大型集装箱船的电缆量一般为 VLCC 的 2 倍以上，同时大型集装箱船由于设计有中压供电系统，导致在电缆的种类中比 VLCC 多了中压电缆，而中压电缆的施工难度系数更大，所需施工人数更多，对施工环境的要求更高，因此大型集装箱船的电缆敷设工作比 VLCC 更难。本文通过对某系列大型集装箱船中压电缆在各个环节中的施工进行研究，分析并总结出中压电缆的施工经验，为以后其他船型中压电缆的敷设工作提供有力的技术保障。

1 生产技术准备阶段

1.1 中压电缆的特点

中压供电系统中的中压电缆相比普通电缆具有更粗、更重和更硬的特点，导致中压电缆施工难度系数大，所需施工人员多，因此提前了解并掌握所建造船舶中压电缆的技术参数（如中压电缆的规格、外径和质量等），有助于后期施工方案的策划与生产的组织。某大型集装箱中压电缆的技术参数如表 1 所示。

表 1 中压电缆技术参数

中压电缆参数	3×50		3×70		3×95	
	普通	中压	普通	中压	普通	中压
电缆外径/mm	29.2	53.7	35.3	57.9	39.8	61.8
电缆质量/（kg/km）	2 117	5 110	2 806	6 180	3 781	7 330

1.2　中压电缆的技术策划

1.2.1　中压电缆管优化

电缆管的管口需要设计有中压电缆固定件(图1)。由于船舶在航行过程中,船体结构会发生一定的形变,导致中压电缆与电缆管出现相对位移的现象,从而导致中压电缆被电缆管管口磨损,造成中压供电系统的瘫痪,影响船舶正常航行。可以在电缆管的管口下方增加一个固定托板,将中压电缆直接封扎在固定托板上,避免中压电缆与电缆管管口发生相对位移,保证船舶航行的安全性。

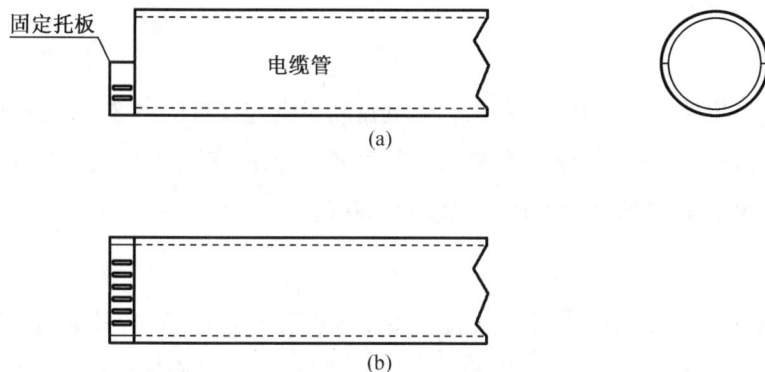

图1　电缆管管口固定件

1.2.2　加强中压电缆的施工质量,制定相应的保护措施

(1)必须加强施工人员对中压电缆的保护意识,同时为了起到对在中压电缆周围施工人员的警示作用,将中压电缆的电缆支撑件油漆改为红色。

(2)制定中压电缆的保护管理规定,加强中压电缆到货时的检查验收管理,并对中压电缆端部进行密封,保证中压电缆的水密和尘密;对于未敷设到位的中压电缆禁止直接盘放在甲板面上,必须将中压电缆悬挂起来,或使用垫板等物品垫在中压电缆与甲板之间,同时使用三防布覆盖在电缆上方,并悬挂警示牌;中压电缆敷设结束后,若要在其周围进行施工作业,则必须做好相应的防护。

2　中压电缆的施工组织

为了更好地完成某大型集装箱船中压电缆的敷设工作,就要对集装箱船中压电缆进行布置,同时对中压电缆的设计路径进行研究和讨论。据统计某大型集装箱船共有24根中压电缆,根据这些中压电缆两端所连接中压设备的布置位置,将所有中压电缆分为分层电缆、区域主干电缆和全船主干电缆,根据不同类别的中压电缆制定不同的中压电缆敷设方案。

2.1　分层电缆

分层中压电缆共有4根,主要为舵机室内岸电连接屏到岸电接线盒的电缆,这些中压电缆虽然整条电缆路径全都布置在舵机室的总组段100A上,且这4根中压电缆在总组段就可以敷设并接线完毕,但考虑到舵机室总组段100A超重的限制,以及中压电缆后期保护工作的困难性,因此这4根中压电缆预留至坞内进行敷设施工。由于这4根中压电缆的长度较短、根数较少,在电缆的敷设过程中,我们采用人工的方式进行敷设。

2.2　区域主干电缆

机舱区域的中压电缆共有16根,分别为中压主配电盘到发电机、冷藏变压器和通用变压器的电缆,这些中压电缆的路径主要布置在机舱三平台和机舱四平台,涉及的总组段有136P、136S、146P和136S,其中1、2号发电机、1号冷藏变压器和1号通用变压器的中压电缆经机舱三平台右弦天棚和机舱四平台右弦天棚到达相应的中压设备,而3、4号发电机、2号冷藏变压器和2号通用变压器的电缆经机舱三平台左舷天棚和机舱四平台到达相应的中压设备。

在机舱区域中压电缆敷设的过程中,考虑到中压电缆外径较粗和中压电缆质地较硬等特点,以及机舱区域内中压电缆路径弯度较多的现场实际情况,中压电缆无法采用拉放工装进行敷设,必须通过人工的方式进行敷设。虽然在中压电缆的敷设效率上较使用电缆工装差了很多,但是在中压电缆的敷设质量上却得到了很大的提升。

2.3　全船主干电缆

2.3.1　机舱到舵机室电缆

机舱到舵机室的中压电缆共有2根,为中压主配电盘到岸电连接屏的电缆,其电缆路径由中压主配电盘出来后,经机舱三平台左舷、8号货舱、9号货舱左舷边舱通道和舵机室到达相应的中压设备,涉及的总组段有146P、156P、8号货舱、9号货舱左舷货舱通道总组段和100A。

2.3.2　机舱到艏部电缆

机舱到艏部的中压电缆共有2根,为中压主配电盘到艏侧推马达的电缆,其电缆路径主要为电缆由中压主配电盘出来后,经机舱三平台左右弦、1~7货舱左右货舱通道、水手长仓库和艏侧推室到达艏侧推电机,涉及的总组段有146P、146S、156P、156S、1~7号货舱边舱通道总组段、851A、811A和219A。

由于机舱到舵机室和艏部的中压路径上设计了电缆管作为中压电缆的支撑件,因此不便于采用人工的方式进行电缆敷设,必须使用工装绞磨进行中压电缆的敷设。由于绞磨敷设不像人工敷设那样可以随时、随意地调整敷设电缆长度,且绞磨一般仅适用直线电缆的敷设,因此导致中压电缆无法直接敷设到位,故为了更好地完成中压电缆的敷设工作,需要提前计算出中压电缆的中间标记点,以及中间标记点两端所需的中压电缆长度,根据中压电缆的长度和中间标记点的位置在船上准确地找到绞磨的摆放位置。通过绞磨的使用迅速地将中压电缆的中间标记点敷设到位,然后再通过人工的方式将机舱和艏部的中压电缆敷设到位,这样可以大幅度地提高主干中压电缆的敷设效率。

3　中压电缆施工中的问题与解决方案

虽然某大型集装箱船中压电缆的前期策划比较全面,敷设方案也比较完善,但是在中压电缆的敷设过程中还是遇到了一些问题,给敷设工作带来一定的阻碍,其中比较典型的问题有以下几个方面。

3.1　中压电缆与管系法兰过近

在中压电缆敷设过程中,多次出现中压电缆的上方或下方存在管系法兰的现象,此类问题不符合相关建造工艺的要求,必须将管系法兰改为套管形式,或直接将管系法兰移位。

3.2　中压电缆与蒸汽管过近

中压电缆的电缆路径与蒸汽管的间距必须大于100 mm,否则不满足相关规范的要求。一旦发现中压电缆路径与蒸汽管的间距不满足规范要求,必须将中压电缆路径或蒸汽管进行移位。

3.3　中压电缆处理工艺不完善

中压电缆处理工艺一般由中压电缆终端厂家所提供,然而厂家所提供的工艺有可能在某些施工方式或施工数据上与相关的规范标准有些许的出入,导致现场施工人员施工标准不统一,极易造成施工工艺的混乱,影响中压电缆的施工质量。因此在处理中压电缆之前,必须对厂家提供的处理工艺进行审查,如果发现与规范标准有差异,则必须及时与厂家进行沟通,及时优化中压电缆的处理工艺,保证中压电缆的施工质量。

3.4 中压电缆处理工序环境不合格

由于中压电缆在处理过程中对环境的要求比较严格,不能有大量的粉尘,否则将直接导致处理好的中压电缆无法使用,造成建造成本上的浪费。但在船舶的建造过程中,电焊、打磨等工作同时大量存在,给中压电缆处理过程中的环境带来严重的影响。为此在中压电缆施工之前,应制定准确的施工计划,并与外工种进行协商,保证在中压电缆处理过程中没有外工种施工的影响,从而保证中压电缆在处理过程中施工环境良好。在中压电缆施工过程中,应根据中压设备所在空间的特点,采用保护材料将空间隔离为单独的小房间,尽可能地确保中压设备与外界相隔离。

4 结束语

本文是根据某大型集装箱船的成功建造经验,对中压电缆施工的前期策划、组织施工和典型问题的解决等环节进行总结,有助于以后中压电缆的施工策划与施工组织,为后续其他系列船型中压电缆的施工打下良好的基础。

成品油船艉部机舱区域精度控制方法探究

赫　鑫　王中军　孙瑞权

（大连船舶重工集团有限公司）

摘　要：在船台建造过程中，由于船台存在1/22斜率，在分段自身重力和船台斜率的双重影响下，给艉部线型较大的分段的合龙工作带来难度，为了保证船台的合龙精度和艉部轴舵系的精确性，本文对影响艉部线型分段的诸多因素进行分析总结，其中包括吊装顺序、焊接工艺、施工定位方法等。本文结合多年的施工经验，通过三维软件和网络线等一系列措施的应用，对现有施工方法进行改进和创新，在实际生产中进行应用，从而提升艉部线型分段的合龙精度，提高船舶建造水平。

关键词：精度；反变形；模拟搭载

0　前言

精度控制是船舶建造过程中的重中之重，船体建造精度的好坏直接关系到船舶质量的好坏。为了提高船体建造的精度，在施工生产中通过对三维软件的全面普及应用，运用网络线进行定位施工，不断创新，部门船舶的建造精度得到不断提升，船舶精度管理也得到显著增强。

1　底层主机坑总段合龙精度控制

主机坑分段属于机舱分段中最先合龙的分段，受分段线型较大和船台斜率的影响，造成合龙时易发生分段下沉。艉轴管精度偏差等情况。某系列船主机坑分段分机舱前壁底层分段和主机坑分段两部分。

1.1　机舱前壁底层分段精度控制

1.1.1　分段合龙精度控制要求

机舱前壁底层分段合龙时，首先根据总组分段的精度，设计制订出一套合龙方案。根据合龙方案，运用网络线控制技术，对分段进行合龙施工，在施工结束后为防止分段变形，要及时进行分段封焊工作。

1.1.2　分段反变形量的设置

在船台斜率和分段质量的作用下，总段的后口出现2~3 mm的下沉，为了保证后期分段的高度，在首口与货舱内底段对接口高度持平的状态下，将主机坑分段的尾口向上设置2~3 mm的反变形值。

1.2　主机坑分段精度控制

1.2.1　影响分段合龙精度的因素

（1）受分段划分的影响，造成主机坑分段前口无法与船台上木墩压实，在重力作用下，导致分段后期首口下沉过大，艉轴管上翘。

（2）受温度、日照等因素影响,造成分段艉轴左右偏差较大,影响后续轴舵系的安装。

1.2.2　合龙精度控制要点

（1）设置一定量的反变形值,首口定位高度比平均基线高 8 ~ 10 mm,尾口轴管定位高度向下 10 ~ 12 mm 且首口增加封焊点,如图 1 所示。

图1　反变形量设置示意图

（2）合龙选择在夜间无光照且温差变化较小的天气里进行施工。
（3）在主机坑分段的首、尾口架设 2 个高架墩,防止分段下沉。

2　中间层三平台合龙精度控制

作为主机坑上面的环形分段,中间层总段强度不足,吊装后的变形较大。尤其是首口分段平台上的吊点较向内,吊装后中心高、外口矮,同时下口没有横向连接构件且线型较大。在合龙下插过程中,精度无法控制。

2.1　总组过程精度控制要点

（1）控制分段上口的主尺度、同面度,上平台达到精度要求,首口半宽与其艏部分段的尾口一致。
（2）平台水平、尾口中心要符合精度要求,而首口、舱口处要比四角低 10 ~ 15 mm。
（3）分段下口结构的宽度方向尾口要符合公差要求,首口部分要余 10 ~ 20 mm(最好与主机坑分段上口的实际半宽数据相结合:20#肋位宽度与主机坑保持一致,首口部分每侧要余 5 ~ 10 mm)。
（4）结合以上反变形设置,减少了吊装变形对分段的影响,满足了三平台分段的合龙精度要求。

2.2　合拢过程精度控制要点

（1）对主机坑分段、机舱前壁底层分段、尾球分段全面测量,保证轴系分段总长度为 8 ~ 10 mm。
（2）对三平台分段的吊点进行调整,防止分段吊装过程发生扭曲。
（3）对平台进行提前开孔,对管子、舾装件等进行提前处理。

3　尾球分段精度控制

3.1　分段验收工作要点

为保证尾球分段的施工精度,在分段验收过程中,需加强分段的验收工作,具体验收要求如图 2 所示。

3.2　分段合龙控制要素

（1）在合龙施工时,要保证艏基点、艉轴中心、舵心在一条直线上。同时尽量保证舵心靠近船台中心,禁止出现偏差较大的情况。
（2）舵机平台中心与艉出口之间的距离约 8 mm。
（3）要保证舵系自身垂直度和左右偏差符合精度要求。首尾方向需在下舵钮向尾设置 8 ~ 10 mm 的反变形值。

17.4.1.2 1000段大组

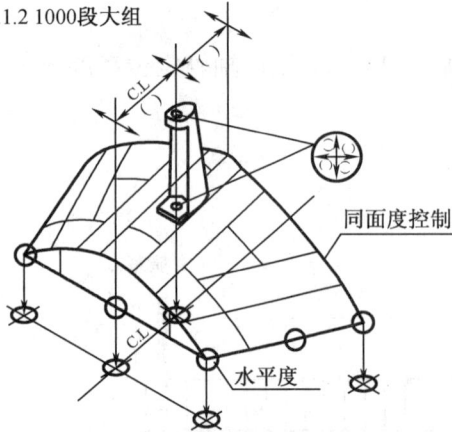

同面度控制

水平度

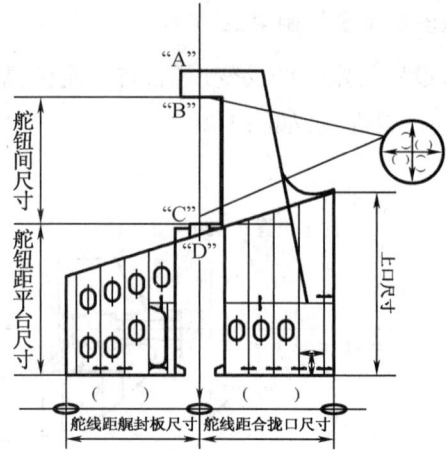

"A"
"B"
"C"
"D"

舵钮间尺寸
舵钮距平台尺寸
上口尺寸

舵线距舰封板尺寸   舵线距合拢口尺寸

精度管理点及管理基准：

位置	精度控制要点	精度标准
A	长/宽/高	±4 mm
B	水平	±5 mm
C	舵心线偏差	≤2 mm
D	挂舵臂高度	±3
H	端差	≤2 mm
F	同面度	≤3 mm
G	中心线偏差	≤3 mm

注意事项：
(1)定位挂舵臂时需保证舵套桶中心上、下点与地心三点一致；
(2)为防止挂舵臂直径变化，严格执行工艺标准、焊接要求及焊接顺序；
(3)在挂舵臂焊接过程中，要随时关注挂舵臂上下孔心与地心的重合情况；焊接结束后，检测舵心线、艉舰中心线与地心线偏差；
(4)艉口、左右舷同面度控制；
(5)装配前胎板根据焊接变形情况设置相应量的反变形；
(6)注意施工图纸中的理论线方向；
(7)制造阶段注意艉口余量的保留，应与相邻分段保持同步；
(8)挂舵臂焊接过程需工艺人员和精度管理人员进行跟踪确认；
(9)该段完工后实行一级交验：严格按照公司要求执行。

图2   1100 分段验收要点

4 其他线型分段合龙控制

其他线型分段由于分段强度较大，分段的线型相对较小，分段的精度控制关键就是保证相邻分段的定位精度，如分段对位、缝隙、主尺度等。

4.1 分段模拟搭载

对总组完工数据进行分析、搭载(图3)。找出分段的问题所在，制订相应的分段合龙对接方案，做到在最大限度保证分段数据的前提下，降低分段合龙过程中的切修。

图3   模拟搭载示意图

4.2 规范施工流程

严格遵照网络线进行合龙施工定位，提前对分段进行分段预控，严格控制分段间隙对位以及分段数据精度。将测量数据在计算机中运用 BLOCK 软件进行数据分析、优化之后，用 OTS 进行分段数据的连续搭载，对分段进行净荒，并进行网络线的修正，切实做到无余量合龙。对于有精度问题的分段要提前做好合龙方案，尽量避免因精度问题产生的分段切修。

与此同时,运用先进的仪器设备进行分段数据的控制(由于船台存在斜度,会造成艉部分段的下沉量较大,因此要根据以往的数据分析和经验,对分段的对接口设置焊接收缩量以及反变形量),分析数据如图4所示。

图4 分段模拟连续搭载图

5 结束语

在现场施工过程中,要针对出现的问题及时进行修正,保证建造精度。注重数据积累的重要性,保证长期真实有效的数据传递与汇总分析。船台建造船舶,其舵机平台中心与艉出口之间的距离要长尺定位,控制在 +8 mm。中间层平台水平,尾口中心要作为定位考量基准线,而首口水平点控制要比四角低 10~15 mm。艉轴分段要有一定量的反变形值,首口定位高度比平均基线高 8~10 mm,尾口轴管定位高度向下 10~12 mm,且要注重首口增加封焊点。

数据积累是生产技术创新的根本,工作人员应重视并及时对测量数据进行汇总分析,不断充实精度控制的数据库,缩短与日韩先进船厂的精度控制差距。

参考文献

[1] 达尔坝格洛 M 阿. 船体设计与建造[M]. 王平庚,译. 北京:国防工业出版社.1979.
[2] 王勇毅,毛勋铭,高万盈,等. 船体建造工艺学[M]. 北京:人民交通出版社,1985.
[3] 李歌乐,赵育新,张笑颖,等. 船体装配工工艺学[M]. 北京:海洋出版社,1999.
[4] 田佰军,薛满福. 船舶结构与货运:大副[M]. 辽宁:大连海事大学出版社,2014.

船舶精度管理控制措施研究

赫 鑫 毕成龙 程 龙

（大连船舶重工集团有限公司）

摘　要：随着造船行业日益激烈的竞争环境，国内造船企业需要在与日韩船企的订单争夺中加大砝码。此时比拼的是企业的核心竞争力，也就是精度管理体系的建立和造船精度创新管理与实施。随着国有企业的转型升级，中小型船企的破产与整合，精度管理体系建立成为造船产业洗牌后需要面对的重要问题。因此，大型国有企业如何建立符合企业自身发展的精度管理体系，如何合理地解决实际生产中面临的诸多问题，如何运用高效的创新方法是企业管理中需要面对的现实问题。本文通过对某系列成品油船的特点分析，在该系列船的实际生产建造过程中应用精度管理体系总结分析问题，促使该系列船建造水平不断提高，降本增效，提高产品的市场竞争力。

关键词：精度；施工方法；影响因素

0　前言

为促使船舶施工精度控制水平不断提高，以网络线为基础，引进三维测量技术为基本数据测量手段，学习日韩先进精度管理软件，协同基层精度管理人员，依托网络资源，整合全公司精度测量数据，进行系统分析整理。针对专船设计精度管理文件，包括精度作业指导书、精度数据检测表、专船精度管理小组、精度巡检和精度反馈机制，对标日韩精度管理，找出自身管理体系中存在的问题并不断完善。促进精度管理水平的持续提高和良性发展，并在某系列船的精度管理体系和实施效果上得到体现。

1　建立精度控制体系，对建造产品实行精度管理

精度控制确定了以网络线为基础，通过数据检测表进行过程控制，以三维软件为辅助手段进行综合管理的精度管理模式。并针对船体建造精度、舾装件施工精度，组织有经验的施工人员和技术人员，针对以往船型上的精度问题，做了相关的精度策划及精度预审，提前暴露问题提前控制，不断完善精度控制体系。

1.1　以船体精度控制为基础，对某系列船进行全面精度策划

针对专船分段补偿系统进行策划，编制总组作业指导书；针对货舱底部段、舷侧段、横纵壁段各自的特点，结合以往建造经验进行精度控制；针对舷侧段舱口、横纵舱壁精度控制，做出专船的精度控制及封固方案；针对轴舵系施工及艉部施工进行专门的精度策划包括：机舱各区域层高控制、底层分段反变形设置、艉轴分段及挂舵壁分段的数据控制、艉部分段封焊及焊接顺序施工要求等。

1.2　确定精度验收及精度指标策划，通过编制精度检测表跟踪分段、总组及合龙数据

结合分段精度验收及集团精度指标推进计划，确定精度验收分段范围及数量，在精度作业指导书中予以明

确。对未经过精度验收的分段成品不予签字结算,以此方式督促精度验收的全面执行,同时组织船台部、分段部精度小组验收成员进行技术交流,提出合理的指标推进及完成计划。对某系列船总组合龙建造过程实现精度检测表出图控制,通过规范的检测表规范填写模式、精度过程控制,提高部门整体精度控制管理水平。

1.3 应用三维测量软件编制全船总组合龙方案及封固方案,保证分段数据可控

随着三维精度软件的投入使用,造船精度测量控制分析体系有了快速的提升,充分利用 BLOCK 软件网络版资源,最大限度地为船台生产提供技术支持,也是大船集团精度控制发展的方向。在实际生产中可以看出,某型系列船总组方案、总组封焊方案均采用 BLOCK 软件,在方案制作上更加节省时间,同时 3D 立体图更易于现场工人识图,出错率降低,保证了安全生产,提高了工作效率。

2 针对船型建造特点将精度管理和过程控制引入设计和施工领域,攻克影响生产的制约瓶颈和重点难题

某系列船由于采用了新的分段划分,舷侧变成整段,同时采用舷侧双压弯节点设计,又受到船台上增加中心滑道、580 t 吊车降负荷等诸多因素制约。因此,针对特有的总组形式和硬件设施,需要对该产品进行更加细致的精度策划和跟踪,以保证其顺利建造,精度可控。

2.1 多压弯节点的精度管理控制

某系列船舯部 CM 点(重要结构对位点)双压弯的节点设计,增加了总组合龙精度控制的施工难度,结合单压弯经验,成功完成了双压弯 CM 点的精度控制与实船建造,为后续多压弯节点提供了数据支持和经验。通过总组精度检测表制作、样板检测、模拟分析等方法进行总组合龙压弯控制,取得良好效果。

(1)结合使用压弯检测样板与弧心线控制,提升压弯节点控制精度。跟踪检测压弯处圆弧弧心线,保证前后分段弧心线错位偏差控制在 2 mm。同时对多压弯点的三维坐标提前进行模拟测量,控制压弯点的相对距离。对于总组错位量,要求偏差控制在 5 mm 以内,对于合龙错位量控制在 5 ~ 10 mm,这样可以基本保障压弯节点的控制精度。

(2)总组合龙阶段,制定标准数据检测表格,控制并记录分段圆弧点的三维数据,形成数据记录,总结控制经验,如表 1 所示。

表 1　某系列船压弯区域数据记录表

分段号	上压弯板				下压弯板				上压弯板				下压弯板				上压弯板				下压弯板			
	首口		尾口		首口		尾口		首口		尾口		首口		尾口		首口		尾口		首口		尾口	
	Y	Z	Y	Z	Y	Z	Y	Z	Y	Z	Y	Z	Y	Z	Y	Z	Y	Z	Y	Z	Y	Z	Y	Z
601S	0	1							0	0							-13	-2						
601P	8	10							3	3							-4	3						
603S									舷侧基准段															
603P									舷侧基准段															
605S			0	-10			3	-5	-2	-6					0	-6	-10	0					0	0
605P			-10	5			-8	6	0	0					5	-6	-7	0					0	0
607S			10	0			0	0	-7	2					6	6	5	0					0	0
607P			0	0			0	3	3	-2					0	3	8	-6					0	0
609S			-3	0					-5	0							3	0					0	0
609P			0	0					-5	0							10	0					10	0
611S			-5	0			-2	0	-2	3					0	0	-2	3					0	0
611P			-5	0			-6	-1	-6	0					0	-2	2	0					0	-5
613S			-18	7			15	3	-5	0					-7	0	10	0					0	0
613P			10	8			5	-8	22	-2					-6	-5	2	0					0	-5

压弯板基本达到预期精度控制效果,偏差 10 mm 以上统计:1#占比 15.9% ;2#占比 2.3% ;3#占比11.4%。同时针对超差区域进行原因分析,制订切修方案。

2.2 舷侧整幅总组的精度管理控制

(1)结合生产部门软硬件资源,根据分段划分总段主尺度,规范舷侧分段场地布置。

以往舷侧总段分上下两部分分别合龙,如今为了最大程度利用船台场地资源,结合新船型主尺度和结构布置,最大程度提高了自动焊的应用范围,改善了工人作业环境,提高了总组合龙施工效率。船台部场地资源紧张,以往10万吨以上船型往往需要进行2.5~3波总组,一定程度上制约了总组合龙进度,在某系列船的建造过程中,充分利用南平台总组场地宽度,对舷侧总段进行总组,充分利用现有场地资源进行布置。

(2)由于采用了总段卧组,改变了施工作业面,改变了焊接工位,将以往大面积的合龙横焊工作变成了总组平焊,增加了埋弧焊的施工米数,提高了施工效率。舷侧总段大面积应用埋弧自动焊,增加总组内壳埋弧自动焊230 m/船。

(3)减少搭设外板吊板,最大程度利用外板SG2降低高空作业风险。

(4)确定总段下沉控制措施,通过采用增加舷侧支撑和加放反变形的方式,解决舷侧段合龙定位精度问题,如图1所示。

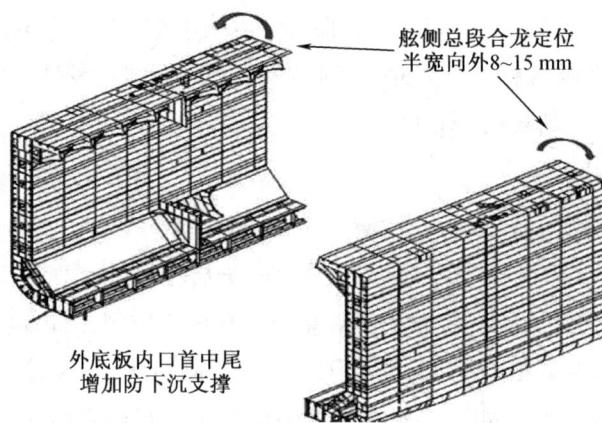

图1 增加防舷侧段防下沉支撑示意图

经过数据分析,采用加放反变形的方式,将舷侧分段反变形加放数值由5 mm提高到10~15 mm。在总段里口靠近内底合龙缝区域24 m总段增加前后2枚钢管支撑,最大程度防止分段下沉。在实际生产中可以看出,某系列船使用相关工艺方案后,分段下沉量由原来的15~25 mm,降低到5~10 mm。

2.3 双斜切分段的精度管理与控制

(1)策划建造模式,进行前期准备,通过精度管理,提升双斜切分段制作及建造精度。

应用工装支撑和模拟搭载,通过分析系列船首尾过渡分段结构特点,确定分段双斜切角度和形式。提前对总组口进行三维软件分析,测量合龙总组口的相对数据,在实际总组过程中进行数据比较,找出分段定位基准十字线,进行模拟总组铺墩作业。由于斜内壳自身有折角,将分段以基线为轴旋转45°,以分段斜内壳平面为假设基线,规定假设基线与地面的相对高度为固定值。选取内壳上的纵骨为网络基准线,进行地面画线与摆墩后确定总组高度、总组支撑位置,选取合适高度的高架墩。最后确定外板支柱窝位置,避免外板支撑位置与合龙正置后支柱窝位置冲突。

(2)细化精度控制重点,编制双斜切分段控制要领图,如图2所示。

2.4 机舱区域分段精度管理与控制

2.4.1 优化支出高度,对机舱区域进行全面测量

在总组方案上进行了方案优化,将以往分段落地支撑修改为总段在建造墩上进行总组,抬高了分段离地高度,总组支撑高度由1#船的200 mm提升到1 200 mm,便于在总组阶段进行数据测量,提前对总段下口数据进行预判,做好提前修正,如图3所示。

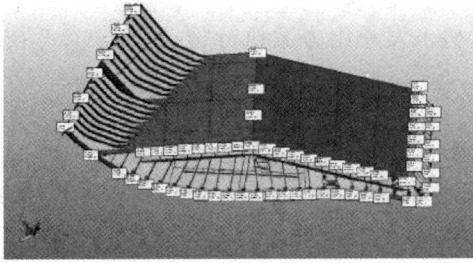

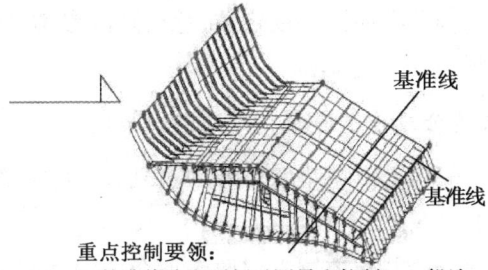

重点控制要领:
1. 选取总组后各合龙的数据进行测量;带入三维软件分析总组及合龙状态。
2. 控制点选取要统一。
3. 弯板处需要加密测量点。

重点控制要领:
1. 基准线选取要便于测量和控制,一般选择距离板口较近处区域。
2. 基准线选取在平直内壳上,便于平直区域内壳旋转角度确定总组基准面。
3. 基准线选取应避开内壳折角线,便于定位调整及分析。

(a)选取测量分析点   (b)选取基准线

图 2　基准点测量要点图(部分)

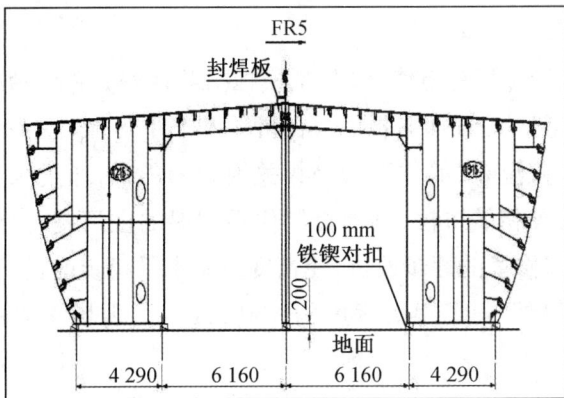

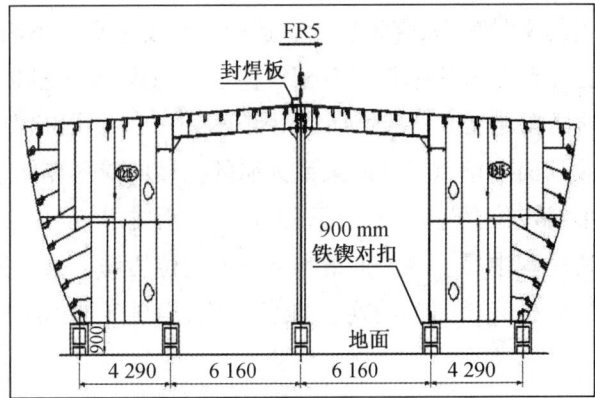

(a)修改前   (b)修改后

图 3　修改前后对比图(单位:mm)

2.4.2　提升分段切修监控力度,对机舱整体数据进行测量与监控

对某系列船采用"主板 + 主材"的方式进行切修统计,降低后续船施工切修比例,提升精度管理控制水平,保证精度控制水平持续提高的同时取得一定成效,如图 4 所示。

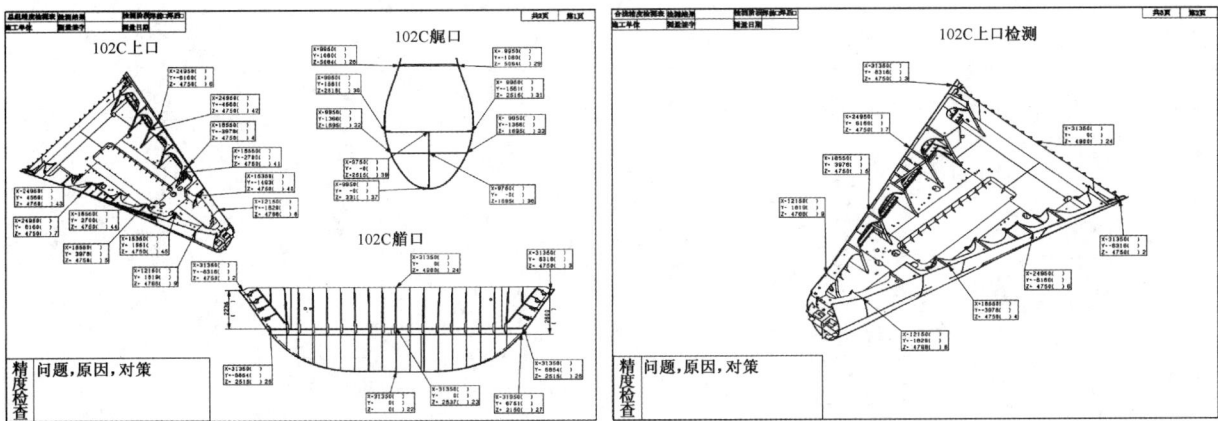

(a)   (b)

图 4　某系列船总组合龙精度检测表

2.4.3 对机舱区域网络线进行控制,某系列船做好网络线定位记录

分段总组及合龙参照网络线定位,总组阶段参考技术科下发总组方案执行,合龙阶段参考技术科下发船台画线图进行控制。

2.4.4 重视机舱分段合龙阶段支撑及封焊控制

针对某系列船尾部区域垫墩做专项策划,垫木高度控制在 200 mm 左右,选取为硬杂木,最大程度减少建造过程中的下沉量。

机舱及艉部分段封焊控制上需要策划合理的艉部钢支柱支撑方案,实行钢支柱及高架墩定量管理,保证机舱及艉部分段合龙下沉可控,同时编制机舱区域钢支柱拆除方案,保证钢支柱拆除对轴舵系分段的影响降到最低。

3 结语

近两年来,我们完成了某系列 1#~5#产品的建造,同时分析全系产品的精度指标变化规律以及影响精度指标的波动因素,总结降低精度指标的方式方法,编制并完善系列船精度控制要点,保证后续再建同系列船时有相关的文献参考,保证后续建造产品精度水平的不断提高。

分段验收合格率保持在相对稳定的趋势,基本控制在 90%,其总组修整(包括模拟搭载切修)1#到 3#船呈现逐步下降趋势,4#船增加主材切修率统计,数据有上升趋势,其切修主要集中在机舱和艉部区域,主要原因为分段同面度偏差。同时某系列船的主尺度受冬夏两季、昼夜温差、船体下滑等相关因素的影响,通过采用网络基准线定位、模拟搭载数据分析、防下滑支撑、反变形加放等相关方法,基本控制住系列船的主尺度,保证船舶建造过程中最小的变形量和最小的定位切修。某系列船切修量的逐步改进,使精度控制水平稳步前进,数据库的建立虽然增加了前期的准备工作,但施工现场的切修量得到了很大程度的控制,减少了现场工人的作业量。

参考文献

[1] 李歌乐,赵育新,张笑颖,等.船体装配工工艺学[M].北京:海洋出版社,1999.
[2] 田佰军,薛满福.船舶结构与货运[M].大连:大连海事大学出版社,2012.
[3] 陆俊岫.船舶结建造质量检验[M].哈尔滨:哈尔滨工程大学出版社,1996.

锚机基座工序前移可行性研究

王振中　刘子友　李兆瑞

（大连船舶重工集团有限公司）

摘　要：在船只锚机施工安排过程中，由于担心艏部船体结构施工（特别是锚链管结构施工）对锚机基座产生影响，进而影响到锚机活垫研配状态，以往需等到艏部船体结构施工全部结束后，再开始进行锚机焊接垫上平面研磨以及后续施工。本文提出通过测量船体结构施工前后锚机基座焊接垫板平面变化量的方案，对锚机基座受船体结构施工的影响程度进行研究，通过对两条船共四个锚机基座的测量结果进行分析后，对锚机基座施工工序做出更科学的前移优化。

关键词：锚机施工；基座；工序前移

0　前言

在船只锚机施工中，根据传统经验，由于担心艏部船体结构施工（特别是锚链管结构施工）对锚机基座产生影响，进而影响到锚机活垫研配状态，以往的施工流程是等到艏部船体结构施工全部结束后，再开始进行锚机焊接垫上平面研磨以及后续施工。此项施工存在以下问题：①船体结构施工对锚机施工的影响仅凭经验得出，经常在安排施工过程中存在争议；②船体合龙后锚机施工开始较晚，留给锚机的水上施工周期很紧张。在某船型建造中，为了弄清楚船体结构施工对锚机安装的影响程度，从而为施工节点安排提供依据，并进一步确定施工前移的可能性，给水上锚机施工提供更充裕的施工周期，笔者牵头对此问题进行了研究。

1　锚机及船体结构布置情况

1.1　艏部船体结构布置情况

如图 1 所示，此船型艏部船体结构分三层合龙，锚链管在第二层与第三层之间的合龙缝处断开，此合龙缝距离主甲板约 6 000 mm。

1.2　锚机基座布置情况

如图 2 所示，此船型有两台锚机，每台锚机基座上分别设置 4 块焊接垫和 4 块调整垫，绞车部分为树脂浇注垫板形式。

2　锚机施工流程

现行锚机施工流程如图 3 所示，按现行惯例，"焊接垫焊接"及其前面的施工内容已在分段总组阶段完成，"焊接垫上平面研磨"及后面的施工则在合龙阶段船体结构施工结束后进行。本次研究的目的就是明确合龙阶段船体结构施工对锚机"焊接垫上平面研磨"及后面施工内容的影响，从而为施工节点安排提供依据，并进一步确定施工提前的可行性。

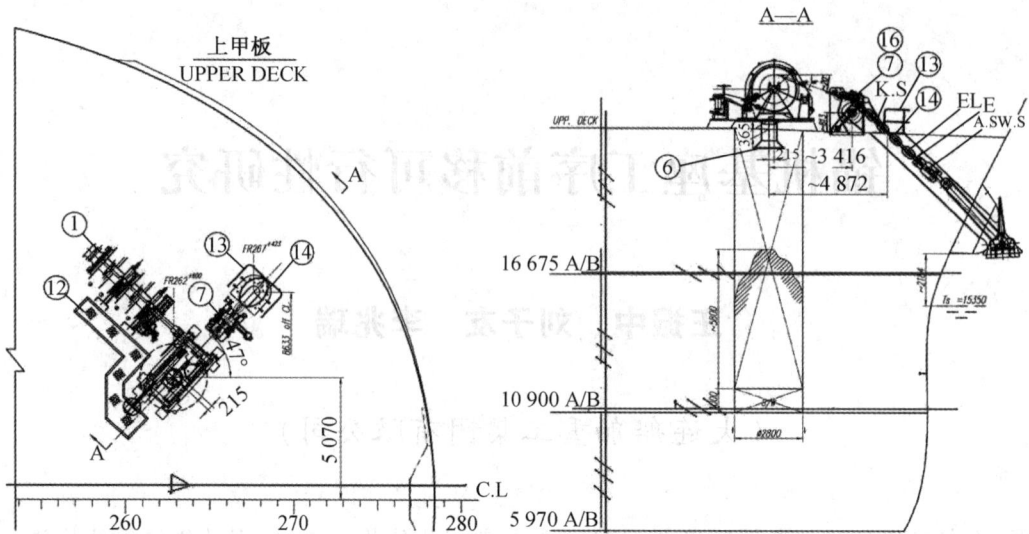

图1 锚机及船体结构示意图

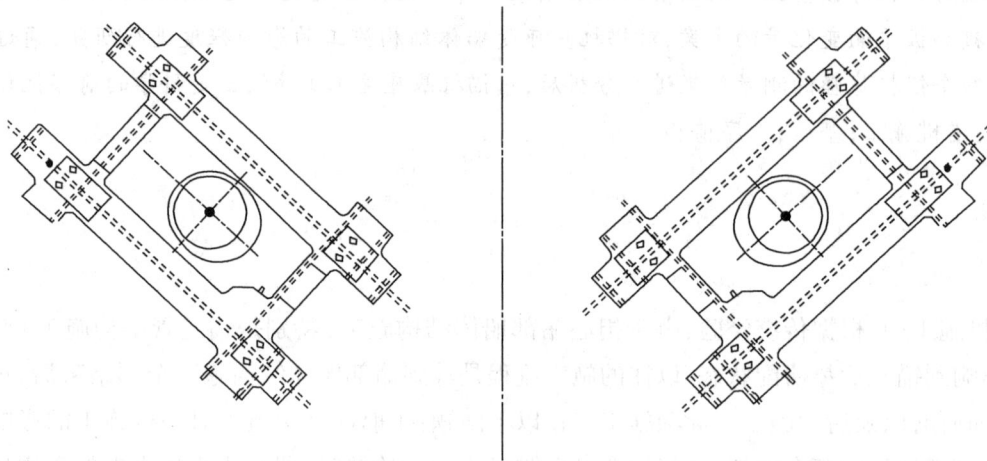

图2 锚机基座及垫板示意图

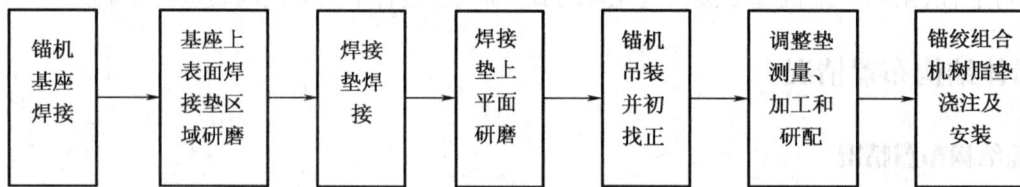

图3 锚机施工流程图

3 研究方案的制定

船体合龙结构施工对锚机施工的影响,主要是对锚机基座的影响,此影响又主要体现在对基座焊接垫的上平面上。焊接垫上平面的变化会对焊接垫与调整垫的接触情况以及锚机找正情况造成影响,严重时会导致调整垫报废返工。基座焊接垫平面度需从两个方面考量:第一,单块垫板的平面度;第二,一台锚机基座4块垫板的整体平面度。

因此,制定本研究的实施方案:在船体结构施工前和施工后测量锚机基座各焊接垫板的单块平面度和整体平面度,通过平面度变化数据,判断船体结构施工对锚机施工的影响程度。

利用激光校中仪进行焊接垫板平面度的测量。其中,测量单块垫板平面度时,单块垫板上选6个测量点,取其中 3 个角点为基准点(图 4)。测量整体平面度时,每块垫板选 4 个测量点,即整个基座共 16 个测量点,取最外围的 3 个测量点为基准点(图 5)。

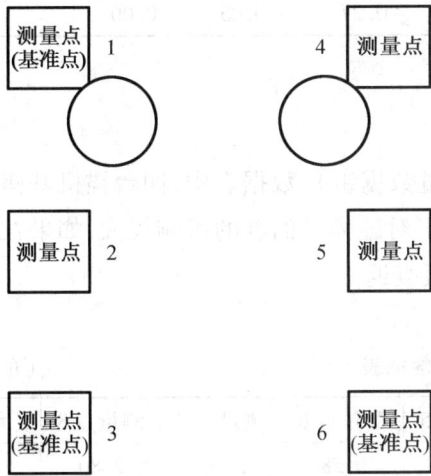

图 4　单个垫板测量点示意图

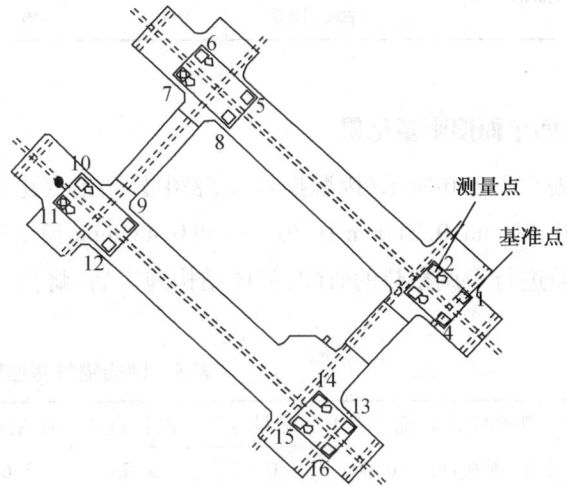

图 5　整体测量点示意图

4　测量结果及分析

4.1　单块垫板测量结果

本次研究共对同一船型的两条船只的 4 台锚机基座进行了测量,并将测量数据进行对比分析,如表 1 至表 4 所示(因数据较多,表中只列出变化量最大的测量数据组)。从数据来看,船体结构焊接对单块垫板的平面度影响最大只有 0.03 mm,这个影响是很小的,几乎可以忽略。

表 1　1#船左舷锚机单块垫板平面变化数据表　　　　　　　　　　　　　　　　　　　　　　　　　(单位:mm)

垫块序号	测量时机	测量点 1	测量点 2	测量点 3	测量点 4	测量点 5	测量点 6	最大变化量
1#船左舷锚机 - 2	船体结构焊接前	0.00	- 0.10	0.00	0.54	0.17	0.00	0.02
	船体结构焊接后	0.00	- 0.11	0.00	0.55	0.15	0.00	

表 2　1#船右舷锚机单块垫板平面变化数据表　　　　　　　　　　　　　　　　　　　　　　　　　(单位:mm)

垫块序号	测量时机	测量点 1	测量点 2	测量点 3	测量点 4	测量点 5	测量点 6	最大变化量
1#船右舷锚机 - 1	船体结构焊接前	0.00	0.06	0.00	0.26	0.09	0.00	0.03
	船体结构焊接后	0.00	0.07	0.00	0.23	0.08	0.00	

表 3　2#船左舷锚机单块垫板平面变化数据表　　　　　　　　　　　　　　　　　　　　　　　　　(单位:mm)

垫块序号	测量时机	测量点 1	测量点 2	测量点 3	测量点 4	测量点 5	测量点 6	最大变化量
2#船左舷锚机 - 3	船体结构焊接前	0.00	0.08	0.00	0.45	0.20	0.00	0.03
	船体结构焊接后	0.00	0.09	0.00	0.45	0.23	0.00	

表4　2#船右舷锚机单块垫板平面变化数据表
（单位：mm）

垫块序号	测量时机	测量点1	测量点2	测量点3	测量点4	测量点5	测量点6	最大变化量
2#船右舷锚机-4	船体结构焊接前	0.00	0.07	0.00	-0.28	-0.08	0.00	0.03
	船体结构焊接后	0.00	0.06	0.00	-0.27	-0.05	0.00	

4.2　整体平面度测量结果

如表5和表6所示（因数据较多，表中只列出变化量最大的测量数据组），数据表中，四台锚机基座变化量分别是0.44 mm、0.21 mm、0.36 mm和0.48 mm，说明船体结构施工对整体平面度的影响较大，如果在船体结构施工前进行了调整垫的研配，船体结构施工后，将会造成调整垫报废返工。

表5　1#船锚机基座整体平面变化数据表
（单位：mm）

基座序号	测量时机	测量点1	测量点2	测量点3	测量点4	测量点5	测量点6	测量点7	测量点8	最大变化量
1#船左舷	结构焊接前	0.00	0.15	2.55	2.64	0.43	0.58	3.00	2.80	0.44
	结构焊接后	0.00	0.25	2.79	2.74	0.13	0.14	2.76	2.70	
基座序号	测量时机	测量点1	测量点2	测量点3	测量点4	测量点5	测量点6	测量点7	测量点8	最大变化量
1#船右舷	结构焊接前	0.00	0.07	2.54	2.14	0.79	0.80	3.50	3.25	0.21
	结构焊接后	0.00	0.20	2.75	2.21	0.81	0.80	3.48	3.30	

表6　2#船锚机基座整体平面变化数据表
（单位：mm）

基座序号	测量时机	测量点1	测量点2	测量点3	测量点4	测量点5	测量点6	测量点7	测量点8	最大变化量
2#船左舷	结构焊接前	0.00	-0.01	1.95	2.15	1.83	1.60	3.70	3.70	0.36
	结构焊接后	0.00	-0.07	1.81	2.07	1.57	1.49	3.51	3.34	
基座序号	测量时机	测量点9	测量点10	测量点11	测量点12	测量点13	测量点14	测量点15	测量点16	最大变化量
2#船右舷	结构焊接前	1.90	1.90	0.00	-0.14	2.25	2.42	0.03	0.00	0.48
	结构焊接后	1.42	1.70	0.00	-0.42	2.19	2.26	-0.10	0.00	

5　结论

通过本次研究，量化的船体结构施工对锚机基座就目标船型而言，得出了量化的船体结构施工对锚机基座的影响程度数据，从而得出如下结论：量化的船体结构施工对锚机基座对单块垫板平面度影响很小而可以忽略，对基座整体平面度影响较大。

通过此结论，可以进一步对锚机施工的流程做如下明确和优化："焊接垫板上平面研磨"的工作可以提前至船体结构施工前完成，"锚机吊装及初找正"工作需待船体结构施工后完成。本系列的后续船即以此研究结果为依据进行了施工安排，在船体结构施工后，没有出现焊接垫与调整垫接触面状况不好的情况发生。同时，因"焊接垫板上平面研磨"施工的前移，为合龙阶段锚机施工增加了1～2天的施工周期。

参考文献

[1]　费千. 船舶辅机[M]. 大连：大连海事大学出版社. 2008.

[2]　全国海洋船标准化技术委员会. 中国造船质量标准：GB/T 3400—2016[S]. 北京：中国标准出版社，2016.

油船甲板液压管系串油工艺研究

程　龙　王振中　赫　鑫

（大连船舶重工集团有限公司）

摘　要：船舶管系串油是管系清洁的重要环节，对系统的可靠运行及设备保护起到关键作用。本项目以某11万吨成品油船甲板液压管系串油为研究对象，优化管路布置，细化工艺规程，重视管路保温，提高串油效率及质量。

关键词：成品油船；液压系统；管路优化；串油过程监控

0　引言

船舶管路串油质量影响系统的安全运行及设备使用寿命。某11万吨成品油船甲板液压管系具有管路长、油量大、系统复杂、质量要求高等特点。研究甲板液压管系串油项目，目的是优化管路布置、监控串油过程，从而提高串油效率和质量。

1　前期准备工作

1.1　审图

细化临时管长度、路径、规格等情况。明确串油单元功率、流量、压力等参数。

相关图纸：《液货泵、压载泵及甲板机液压和控制系统》、清洗油资料、相关规范，如厂家泵技术说明书等。主要系统冲洗程序：《串油方案（甲板部分）》《货油泵、压载泵、甲板机液压管系清洗工艺规程》，如图1、图2所示。

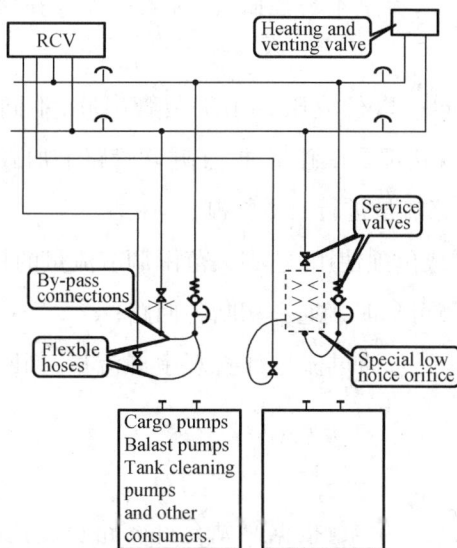

图1　货油泵、压载泵液压系统管路清洗示意图

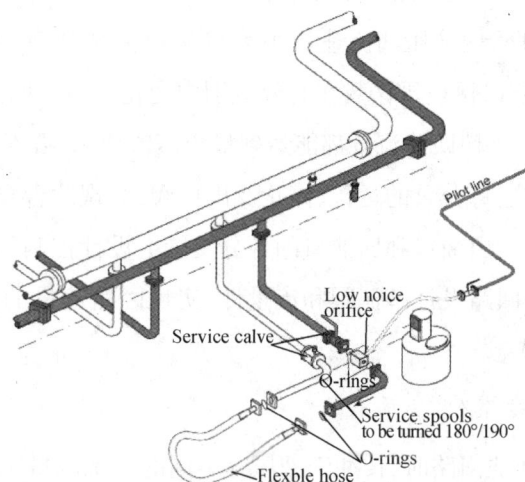

图2　甲板机液压遥控系统管路清洗示意图

1.2 工装

制作临时管及附件。临时管与系统中管径相同,并确定长度。软管存放时弯曲角度要大于5倍管路直径。软管用后内部清洁封口,放阴凉处存放(图3)。软管运输时用封口盖或盲板封口,用三防布包扎,轻吊轻放,避免伤及管材及法兰。软管易受温差影响造成内壁不光滑,残渣影响清洗效果。经常检查管内状态,不合格的及时报废。

图3 软管存放

1.3 策划

1.3.1 串油回路

清洗液的封闭回路为液压油→吸油口过滤器→油箱→泵→单向阀→分路→节流阀→流量计→串洗外接回路→分路→一级滤器→二级滤器→油箱。

串联回路易于控制流量,保证清洗精度。如并联回路过多,流量不易控制,清洗效果差。在保证总流量足够的前提下,冲洗回路采用先串联后并联的方式。

为保证管内液压油流速压力不发生较大变化,尽量将同一口径液压管用工装管串联,不同管径的管径差<10 mm,以保证雷诺数在有效范围内变化。每一路系统管路都要单独串油,在并联管路上加截止阀隔离。

为保证每趟回路流量都能达到最小紊流要求,要对各回路流量进行有效控制:

(1)通过每台泵的运行、停止及出口阀,实现两台泵并联或单独使用,达到大范围调节流量的目的;

(2)泵站出油口和回油口的各分支管上设计控制阀,保障可随时接通和切断各回路;

(3)各回路设计节流阀和流量计,实现回路流量的连续调整,通过流量计直观掌握流量,判断各回路是否达到紊流状态。

1.3.2 清洗泵/串油单元

布置冲洗回路时,按冲洗液压管不同的冲洗流量选择双泵或单泵,根据泵站允许管路长度控制回路长度。若泵流量和压力有余,且条件允许(如冲洗时液压管路没有发生剧烈震动),可尽量提高冲洗时液压油流量,提高效率。

$$Q > 0.141\ 4DV \tag{1}$$

式中　Q——清洗泵或泵单元的排量,1/min;

　　　V——所要求温度下的清洗油黏度,mm²/s;

　　　D——清洗管路的内径,mm。

清洗泵或泵单元的排量应保证清洗油在系统中循环时达到紊流状态,其排量的选择应满足公式(1)要求。

计算本船管路及串油单元规格,选取合适的串油单元。若厂家有明确要求,可使用系统自带的液压泵站。优先选用效率高、效果好的单元。注意单元内部清洁,确认是否为兼容性好的油,避免因更换单元造成油品污染。串油单元定期维修保养。

1.3.3　临时滤器

选择滤芯/滤纸可拆的临时滤器,最好选用双联滤器,可在连续清洗时更换滤芯/滤纸。

1.3.4　清洗油柜

可使用系统油柜或临时油柜作临时清洗油柜,油柜容积不少于泵每分钟排量的3倍。注油前将油柜清洁并提交船东检查,注入适量实用油。

1.3.5　清洗油

清洗油应满足如下要求:

(1)可靠的安全防火性能,不易燃;

(2)较低的黏度,以最大限度增加冲洗效果;

(3)较高的清洁度,不污染系统;

(4)很好的兼容性(如基础油),以适应不同品牌润滑油和液压油管路系统清洗的需要;

(5)船厂应保证清洗油与随后注入的系统用油兼容;

(6)清洗油不应对管路系统及其附件产生腐蚀作用,确保管路设备安全。

系统装船后,用专用清洗油清洗。本船根据液压厂家要求,甲板液压系统清洗油和系统油一致。

2　相关要求

2.1　安全及环保要求

安装期间严控安全管理,按安全操作规程试验,确保人员和设备安全。清洗时做好防火工作,临时泵(单元)和临时滤器周围设置醒目的防火标记和防火设施。

操作期间环保要求:禁止跑冒滴漏和违规处理废弃物;周边海面布置吸油毡、围油栏等防护材料以回收意外漏油。

2.2　作业环境的清洁

(1)施工期间,保持所有管子及附件清洁。

(2)清洁滤器的地方远离粉尘,避免污染液压油。

(3)使用干净的油样瓶取样,取样过程中作业点周围没有电焊、打磨、气割等作业。

(4)油样瓶用干净的淡水清洗干净后,用无水酒精或石油醚等无污染液体清洁,确保油样瓶无污染。

(5)注意工作人员个人清洁及液压油防水。

2.3　清洁度要求

液压系统满足 ISO 4406 Code—16/12 标准要求,阀门遥控系统满足 ISO 4406 Code—17/15/12 标准要求。

2.4 油温要求

串油时,油温保持在 40~60 ℃。若油温过低,可用蒸汽、暖风机、电热毯等方式加热。冬季串油,为减少因管路过长造成油温下降,可以给管路包绝缘、电伴行、蒸汽伴行等方式。

2.5 碰机管的安装清洁

部分设备所处空间狭小,要把进出设备的碰机管临时拆除,用软管连接成闭合回路,即不让设备参与到串油回路中。可将碰机管安装在回路其他位置,也可让其内部清洁密封。碰机管交给船东检查。如因未经串油的碰机管内部不清洁,导致串油结束后管内残渣进入设备,则串油试验前功尽弃,而且会对设备造成不可逆的损害。

2.6 串油单元内部滤网和滤芯的清洁

串油单元出口滤器采用 200 目的滤纸检测,重视串油单元内部滤网滤芯的清洁。

(1)在串油过程中,随时观察进回油的压力、流量变化,不定时清洗并更换回油滤器的滤纸,以免滤器堵塞。

(2)设置并联滤器,滤器互为备用。当清洗一个滤网的颗粒时,转换另一滤器工作,保证串油工作持续进行,节省更换滤网时间。

(3)定期取出滤器处磁铁,清除残渣,避免管路堵塞。

2.7 串油辅助设备

锤击管子,特别是在焊缝及弯曲部位,使管内杂质脱离。采用气动或电动振荡器锤击,缩短冲洗时间。每 10 m 设置一个,靠近焊缝和法兰安装。如使用气动振荡器,压缩空气进口压力不低于 0.3 MPa。将振动器定期挪位 500 mm 或换一次角度,保证每段管路都被震动过。

2.8 其他事项

与液压油储存柜和泄放柜相连的液压油注入和驳运管不需串油。内表面清洁度由厂家工程师检查并认可,在厂家指导下用氮气吹除。

将系统油从液压油储存柜注入系统,本船必须始终使用厂家液压油驳运单元,液压油注入禁止混入空气,否则极难清除。

所有串油管路在清洗前及交验结束(加油前)要对系统中相关油柜及透气、测深管等清洁检查交验,并填表。油柜清洁后必须得到厂家工程师的认可,方可注入液压油。

在任何串油工作开始前,确认管路按图连接。记录所有临时拆除管、振荡器、软管等检查结果,并拍照,如表 1 所示。

表 1　油柜和附件清洁检查确认表

序号	油柜名称	内容	施工员	质量员	检查时间	备注
1	液压油储存柜	柜内清洁				
		透气管路清洁				
		测深管路清洁				
2	液压油泄放柜	柜内清洁				
		透气管路清洁				
		测深管路清洁				

3　串油清洗

3.1　清洗流程

（1）串油清洗前,用压缩空气吹除管路。

（2）将系统油从液压油储存柜注入系统内,使用液压油驳运单元,将阀置于正确的开闭位置,排除管内的空气。在厂家工程师指导下启动串油单元,开始串油。

（3）清洗期间,随时记录清洗数据,如表2所示。

（4）对系统中没清洗的管子进行人工清洗。

（5）持续清洗并定期取样检查。

如果油样达到要求等级的清洁度并经船东认可后,则清洗合格。在回油滤器前至少取两份油样,油样体积为取样瓶容积的75%。串油中使用的盲板,按船厂管理文件要求严格检查及管理。

表2　清洗记录表

所清洗系统/管系名称:

清洗介质:

序号	日期	时间	压力	温度	记录者	备注
1						
2						

3.2　运行时间控制

串油过程中系统不能停止。如因不可抗拒因素停止,最长停留时间控制在1 h内,否则再次加温操作难度大、时间长。串油管路中使用并联滤器,并各安装一个截止阀隔离,可实现串油泵站有随机取样且不停泵的检测功能,实现清洗作业的连续性,缩短时间。

4　清洗结束

4.1　设备拆除

（1）拆除串油设备时应保证管路及附件清洁,并做好保护。

（2）设备拆除后应尽快安装连接泵的维修短管。

（3）厂家工程师在串油后检查维修短管是否安装正确。

（4）如果串油后维修短管还不能安装(比如货油泵还没安装),维修短管和阀用盲板保护。

4.2　系统恢复

（1）液压系统清洗后,对油颗粒含量进行化验,颗粒度应满足标准要求。

（2）各系统清洗后取样化验结果应得到船东的认可。

（3）清洁结束后,拆除全部串油和吹除用具,系统恢复。

（4）系统油柜清洁后,提交船东检查,将系统管路内充满清洁干净的液压油。

（5）启动实用泵,排除系统内空气,系统正常工作。

4.3　清洗油处理

在管路清洗完毕后,将清洗油回收至储油设备中,供后续船使用。清洗油回收前,检查回收管路和储油设备的清洁状态,以免污染回收油。

4.4 清洁效果确认

将最终测试结果填入表 2 中,经船东船检签字后,清洗结束。

5 结束语

本研究项目根据建造经验,结合系列船特点,在审图策划、工装制作、细化工艺规程、管路布置优化、串油温度及时间控制、临时管存放、冬季串油管保温、碰机管安装清洁、安全环保等方面优化,有效提高了串油效率和质量。

参考文献

[1] 乐洪波.探析船舶管系建造阶段的监督管理[J].中国新技术新产品,2018(15):140-141.

[2] 任志强,钟碧柱.液压管路串油的质量控制[J].广船科技,2018,38(1):35-38.

[3] 刘延俊.液压系统使用与维修[M].北京:化学工业出版社,2006.

[4] 刘子杨.船舶工程中管系安装的技术与检验方法[J].科技与创新,2016(22):148.

船用柴油发电机故障诊断系统研究

王仁泽　王业秋　毕铁满　戚世明　于　洁

（大连船舶重工集团有限公司）

摘　要：本文设计了一个船用柴油发电机实时故障诊断系统。预先采集柴油发电机发生故障时的性能参数，例如进排气温度、进排气压力、飞轮转速、发电机负载等，并应用MATLAB编程技术编写的BP神经网络程序对这些预先采集到的数据进行处理和记忆，建立故障诊断系统知识库，再将在线监测到的实时参数输入到建立好的故障诊断系统知识库中，就可以诊断出柴油发电机是否发生相应的故障。

关键词：船用柴油发电机；故障诊断；性能参数；BP神经网络

1　前言

船用柴油发电机的安全运行对船舶的正常航行起着至关重要的作用，当船舶在航行过程中，集控台上柴油发电机的某性能参数异常报警时，往往需要依靠轮机员的经验判断到底发生了何种故障。这种主观的判断存在很大的失误率，如果因判断失误而维修不当，往往会引起设备严重损坏，导致停产停工、费时费力，给船东造成巨大的经济损失，更严重的情况甚至会导致工作人员伤亡，带来不可估量的后果。

对柴油发电机进行故障诊断研究，建立一种实时诊断柴油发电机发生何种故障的系统，可以帮助轮机员及早地发现和确定故障类型，从而提高柴油发电机的可靠性和安全性，具有十分重要的意义。

2　可行性分析

柴油发电机的运行状况往往可以通过一些性能参数的变化情况体现出来，这些性能参数包括进排气温度、进排气压力、飞轮转速、发电机负载等。绝大多数的船用柴油发电机厂家都会给自己生产的设备安装一些传感器用以监测某些实时数据，并将这些数据传输给集控室的控制台，这就为故障诊断系统的建立提供了便利条件。

本文所研究的柴油发电机故障诊断系统就是以这些传感器采集到的数据为先决条件，以MATLAB编程技术编写的反向传播（BP）神经网络程序为基础，通过对预先采集到的数据进行处理和记忆，建立一个适用于特定机型的故障诊断系统知识库，再将该机型在线监测到的实时参数输入到这个建立好的知识库，就可以实时地诊断出柴油发电机是否发生相应的故障。

3　柴油发电机故障诊断系统的建立

3.1　柴油发电机故障性能参数的采集

选择柴油发电机的三种典型故障类型作为研究案例，分别是空气滤清器堵塞、中冷器空气侧堵塞和排气管路堵塞。

针对这 3 种典型故障,收集 7 种性能参数,包括压气机出口温度、涡轮出口温度、压气机进口压力、压气机出口压力、涡轮出口压力、飞轮转速和发电机负载。

当柴油发电机在运行过程中发生上述 3 种故障时,通过集控台采集并储存 7 种性能参数。

3.2 BP 神经网络的建立

3.2.1 神经网络的基本结构和学习过程

BP 神经网络由输入层、隐层(一层或多层)、输出层构成,同一层结点间不存在连接,相邻两层之间结点则充分连接,输入层和输出层节点的具体数目由实际问题确定,隐层的层数及节点数取决于问题的复杂性及分析精度。图 1 为典型的单隐层网络。

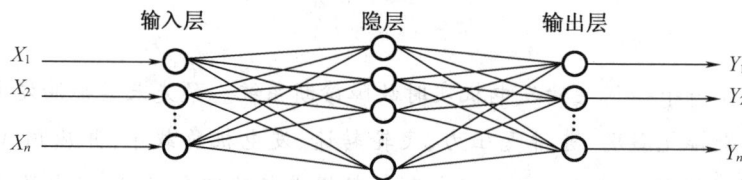

图 1 单隐层 BP 神经网络结构

一般地,标准网络算法分为以下几个步骤:

(1)模式顺传播——输入模式由输入层经隐层向输出层传播;

(2)误差反向传播——期望输出与实际输出间的误差反向传回,由输出层经隐层向输入层逐层修正连接权值和阈值;

(3)记忆训练——模式顺传播与误差反向传播反复交替进行;

(4)学习收敛——网络的全局误差趋向极小值。

标准的神经网络基本算法采用最小二乘学习算法,它是采用梯度搜索技术,使期望输出与实际输出之间的误差平方和达到最小。

多层的神经网络运行算法时,在其正向传播过程中,输入量从输入层经隐层逐层处理,传向输出层,每一层神经元的状态仅仅影响下一层神经元。如不能得到期望输出,则反向传播,使误差信号沿原路线返回,通过修改各层神经元权值,使误差信号不断减小到期望值。

3.2.2 BP 神经网络输入层和输出层神经元的确定

一个待建模的系统的输入——输出就是网络的输入输出变量,它是 BP 神经网络的基础。一般来说,输出量代表了系统所要实现的功能目标,输入量选择对输出影响较大且能够检测和提取的变量。

对于本研究来说,输入层的选择对应了所选的 7 种柴油发电机性能参数,则输入层神经元有 7 个,压气机进口压力(X1)、压气机出口压力(X2)、涡轮出口压力(X3)、压气机出口温度(X4)、涡轮出口温度(X5)、转速(X6)和负载(X7)。这样一来,网络的输入就是一个 7 维向量。

输出层对应了所选 3 种典型故障模式:运转正常(Y1)、空气滤清器堵塞(Y2)、中冷器空气侧堵塞(Y3)、排气管路堵塞(Y4),则输出层有 4 个神经元,网络的输出就是一个 4 维向量,可以采用如下形式表示输出。

运转正常(Y1):(1,0,0,0)

空气滤清器堵塞(Y2):(0,1,0,0)

中冷器空气侧堵塞(Y3):(0,0,1,0)

排气管路堵塞(Y4):(0,0,0,1)

3.2.3 BP 神经网络模型结构的确定

要确定 BP 神经网络模型的结构有几条比较重要的原则。

（1）隐层是从输入层输入的数据中提取信息特征，理论上，隐层层数越多，网络的处理能力越强，但是这将使网络的训练太过复杂，增加训练时间。对于一般的模式识别应用，应优先考虑单隐层结构就可以较好地解决问题，因此本研究选取 3 层网络结构。

（2）三层神经网络中，隐层神经元个数 n_1 的确定有参考公式：

$$n_1 = \sqrt{n + m} + a \tag{1}$$

其中，n 为输入神经元数；m 为输出神经元数；a 是一个 1 到 10 之间的常数。

本文中网络的输入层神经元个数为 7 个，输出神经元个数为 4 个，可得隐含层神经元数 n_1 是一个 4 到 13 之间的常数，隐层神经元的个数并不固定，需要利用试凑法经过训练来不断调整。经过计算得出，当 n_1 为 10 时，网络的误差最小，因此隐层神经元个数为 10。

至此，需要建立的 BP 神经网络的基本结构为输入层神经元数为 7，输出层神经元数为 4，隐层数为 1，隐层神经元数为 10，拓扑结构为 7—10—4。

（3）网络的权值初始化直接影响了训练时间的长短，实践证明，MATLAB 软件自带权值自动初始化功能，可以很好完成这项任务，在本次试验中，利用 MATLAB 进行自动初始化权值是可行的。

3.2.4　BP 神经网络学习样本的选取和预处理

网络的输入层和输出层的参数确定以后，接下来要选取合适的学习样本，训练所用的学习样本直接影响该网络的性能。

在本文中，学习样本从预先采集的数据中选取，从每种工况中选取 12 组具有代表性的数据，其中 10 组为训练样本集，另外 2 组作为测试样本。故障对应性能参数在安全范围内的样本，输出的故障类型为 Y1，而性能参数在故障范围的样本输出则对应相应的故障类型 Y2、Y3 或 Y4。

从理论上讲，BP 神经网络的输入向量是无限制的，但学习样本内的数据大小、单位各不相同，数量级差别太大，为满足神经网络的规则，就要对样本进行归一化处理，使所有数据都处于［−1，1］之间，同时对数据进行无量纲化处理。

本文隐层采取的函数是 Tansig 函数，根据 Tansig 函数的特点，选取 MATLAB 中的 Premnmx 函数对样本进行归一化处理，具体公式如下：

$$x' = 2 \cdot \frac{x - x_{\min}}{x_{\max} - x_{\min}} - 1 \tag{2}$$

式中，x、$x_{\max}$、$x_{\min}$ 分别表示某一输入参数及该参数在该样本中的最大值和最小值；x' 为归一化处理后的数据，范围［−1，1］。

3.2.5　BP 神经网络的训练和测试

在神经网络模型确定之后，就可以利用训练样本对网络进行训练，从而完成神经网络的建立。

训练结束后，将测试样本导入建立好的神经网络对其进行测试，网络经过分析输出对应的故障类型，若测试样本的输出与实际结果相吻合，则说明诊断结果具有较高的可靠性和准确性，该网络是可行的。

3.3　典型故障在线诊断系统的建立

将建立好的 BP 神经网络程序安装到集控台上，当柴油发电机运转时，其性能参数的实时数据输入该程序，就可以实现对这 3 种典型故障类型的在线预警。

4　总结

本文以柴油发电机的 3 种典型故障（空气滤清器堵塞、中冷器空气侧堵塞和排气管路堵塞）为例，监测柴油发电机的 7 种性能参数（压气机出口温度、涡轮出口温度、压气机进口压力、压气机出口压力、涡轮出口压力、飞轮转速和发电机负载），通过基于 BP 神经网络技术建立的典型故障诊断系统，实现对柴油发电机的在线故障诊断。

　　本文提出的这种在线故障诊断方法适用于柴油发电机的各类故障诊断,也适用于其他机器设备的在线故障诊断,为船舶在航行过程中实时监测各系统的运行状态提供了一种新方法,具有广泛的研究意义。

参考文献

[1]　张其俊. 船用柴油机故障诊断技术研究[J]. 中国水运,2020(7):128 - 129.

[2]　贾广付. 模糊故障树在船舶柴油机滑油系统故障诊断中的应用[J]. 河北农机,2020(5):83 - 84,109.

[3]　覃福良. 船用柴油机故障诊断技术及维护案例解析[J]. 船舶物资与市场,2020(3):87 - 88.

[4]　杨树成,周记国,王洪宇,等. 船用柴油机故障诊断技术及维护案例分析[J]. 拖拉机与农用运输车,2019,46(6):49 - 50,54.

[5]　田海涛. 船用柴油机故障诊断技术研究[J]. 装备机械,2019(3):65 - 68,72.

[6]　高伟冲. 船用柴油机典型故障分析与诊断技术研究[D]. 哈尔滨:哈尔滨工程大学,2016.

[7]　林洋. 基于贝叶斯网络船用柴油机故障诊断系统的研究[D]. 大连:大连海事大学,2016.

[8]　袁云飞. 船用柴油机滑油系统故障智能诊断策略研究[D]. 镇江:江苏科技大学,2015.

[9]　陈涛. 基于神经网络的船舶柴油机故障诊断研究[D]. 武汉:武汉理工大学,2014.

关于货舱舱底水系统计算的研究

毕铁满　　王业秋　　陈仁考　　戚世明　　黄　军

（大连船舶重工集团有限公司）

摘　要：货舱舱底水系统的计算是根据各船级社的规范要求，对货舱舱底水系统主管、支管的管路口径、舱底水泵的排量及舱底水管系流速等参数进行计算，是对于散货船、集装箱船等货船必不可少的计算，每型船的货舱舱底水系统计算都必须经过船级社的认可。通过对多型货船舱底水系统计算的研究发现，计算过程中有部分数据因不同人对规范的理解程度不同，会出现一些数据选取的错误，部分船只舱底水泵的排量选取过大，造成了不必要的浪费。本文拟通过一计算实例对货舱舱底水系统计算中各个数据的选取进行研究与分析，以避免在以后的设计中因计算结果的不当导致设备及管路口径选取不正确。

关键词：货船；舱底水；泵；排量；口径；计算书

1　货舱底水系统计算简述

货舱舱底水系统计算是通过货船的船型尺寸来确定货舱舱底水系统主管的口径，并通过英国劳氏货舱的大小来确定每个货舱舱底吸入支管的口径，最后通过计算舱底水总管中舱底水的吸入流速来选取舱底水泵的排量。以英国劳氏船级社（LR）规范要求为例，计算分为三个步骤。

1.1　舱底水吸入总管口径的计算

$$dm = 1.68 \sqrt{L(B+D)} + 25 \quad （mm） \tag{1}$$

式中　dm——舱底水吸入总管的内径，mm；

　　　B——船宽，m；

　　　D——船深，m；

　　　L——船长，m。

1.2　舱底水货舱吸入支管口径的计算

$$db = 2.15 \sqrt{C(B+D)} + 25 \quad （mm） \tag{2}$$

式中　db——舱底吸入支管的内径，mm；

　　　C——货舱的长度，m。

1.3　舱底水泵排量的计算

$$Q = 5.75 dm^2 / 10^3 \tag{3}$$

式中　Q——舱底泵排量，m³/h。

2 计算实例

下面是某船货舱舱底水系统的计算书(假设该船入 LR),本文以此实例为基础来对各个输入及输出数值进行研究和分析。

2.1 船舶主尺度

船舶的船长 $L = 240.00$ m

船舶的型宽 $B = 32.00$ m

船舶的型深(至上甲板)$D = 19.00$ m

水密舱室的长度 $C = 28.00$ m

2.2 舱底水主管的口径计算

$$dm = 1.68 \times \sqrt{L(B+D)} + 25 = 1.68 \times \sqrt{240 \text{ m} \times (32 \text{ m} + 19 \text{ m})} \times 10^3 + 25 \text{ mm}$$

$$\approx 210.87 \text{ mm}$$

口径选取:DN250(I/D = 247 mm:ϕ273 × 13T)

2.3 舱底水支管的口径计算

$$db = 2.15 \times \sqrt{C(B+D)} + 25 = 2.15 \times \sqrt{28 \text{ m} \times (32 \text{ m} + 19 \text{ m})} \times 10^3 + 25 \text{ mm}$$

$$\approx 106.25 \text{ mm}$$

口径选取:DN140(I/D = 121 mm:ϕ140 × 9.5T)

2.4 舱底泵容量的计算

$$Q = 5.75 dm^2 / 10^3 = 5.75 \times (210.87 \text{ mm})^2 / 10^3 = 255.68 \text{ m}^3/\text{h}$$

容量选取:260 m³/h(每台泵)

3 计算中各数值选取的注意事项

查阅了多型船的货舱舱底水系统计算书后,发现部分数值在选取上存在一些不当的取值,通过对各船级社规范要求深入研究,现对各个数值的定义及出处进行明确,对选取时注意的各种问题进行探讨。

3.1 船型数据

船型数据包括船长 L、船深 D、船宽 B 以及货舱的长度 C,其中船深 D、船宽 B 以及货舱的长度 C 可以在每型船的总布置图中查到。一般情况下,在每型船的典型横剖面图中会定义本船的船长 L 值。

3.2 舱底水总管口径的确定

舱底水总管内径 dm 按公式(1)计算,并根据管材标准选取适当的管子外径及壁厚的规格,所选管材的内径要大于或等于计算值。需要注意的事,LR 及 DNV 等船级社在此管子内径的定义上均给出了 5 mm 的选取公差,也就是说所选取的管子的内径如果计算值在 5 mm 以内船级社也是可以接受的,以某多用途船的计算结果为例,$dm = 157.46$ mm,DN150 和 DN200 管子的内径分别为 154 mm 和 200 mm,如没有船级社认可的选取公差的考虑,整个货舱的主管就要选取 DN200 规格的管子,因 157.46 mm − 154 mm = 3.46 mm < 5 mm,考虑到船级社允许 5 mm 公差,最终选取了 DN150 的管子,每条船就节约钢材约 13 t,节约了成本,也降低了空船质量。

3.3 舱底水货舱吸入支管口径的确定

舱底水货舱吸入支管内径 db 按公式(2)计算,可参照 3.2 总管口径选取方法进行选取。

3.4 舱底水泵排量的确定

对于舱底水排量 Q 的计算,容易混淆的概念就是公式中 dm 的数值,在查阅以前很多船只的舱底水计算书时发现,大多数的设计者都是将最终选取货舱舱底水总管的内径作为此计算中的 dm,以如上实例 2.1 为例,在进行舱底水排量计算时,按最终选取 DN250 的管子。

选 $dm = 247$ mm,则

$$Q = 5.75 \times (247 \text{ mm})^2 / 10^3 = 350.8 \text{ m}^3 / \text{h}$$

那么,舱底水泵的排量需选取 360 m³/h。

对比国内外同类型船舶舱底水泵的排量后发现,国外一些船舶在设计时选取的泵排量都较小,再仔细查阅了规范的相关章节,在 LR 规范 Part5,Chapter13,Section6,6.3.2 的公式 $Q = 5.75 dm^2 / 10^3$ 中 dm 的解释是"Rule internal diameter of main bilge line"。此解释可译为规范中要求的舱底水总管的内径,也就是说实例中 dm 应该选取 $dm = 215.44$ mm,而 $dm = 247$ mm 就应是个错误的选值。对于如上的理解,笔者又查阅了 DNV、CCS 等规范的相关章节,同时也咨询了 LR、DNV 等审图中心的法规部门,最终确认了选取 $dm = 215.44$ mm 是正确的。

最终我们选取舱底水排量为 270 m³/h,降低了设备的配置及船舶运行的电力负荷,更节约了船舶的建造成本。

3.5 其他需要注意的问题

对于不同的船级社,计算所用的公式并不相同,因此在进行每型船的货舱舱底水系统计算时,均应首先查看该船入级船级社规范的相关章节,按其要求进行计算。本文的计算实例不能作为各型船舶货舱舱底水系统的计算依据。

4 结束语

包括货舱底水系统的计算书在内的各种计算书是设计所根据船舶的使用性能,按照船东、船检及各种相关的规范要求进行相关计算,它的结果决定了船舶设备的选型、管路、电器的选取,是船舶设计的基础条件。因此,我们进行各种计算时一定要仔细研究各种数值的定义,严格按定义进行选取,以保证计算的准确性和精确性。

浅谈新建船舶石棉风险防控工作

于明毅　刘　旭　白国东

（大连船舶重工集团有限公司）

摘　要：2002 年以前，石棉纤维因具有良好的隔热、保温、耐磨、绝缘、耐腐蚀性能，被认为是"物美价廉"的原料而为船舶建造广泛使用。21 世纪初，随着人们对石棉纤维伤害的逐步认识，发现其可能存在致癌风险，石棉的危害才被船舶行业重视，2002 年 7 月 SOLAS2000 修正案规定有限使用石棉纤维，到 2009 年 6 月 IMO 规定全面禁止使用石棉纤维。在此背景下，结合近年来大连船舶重工集团有限公司新建船舶设备、材料、石棉实船检测及石棉防控工作的经验，撰写此文，针对船舶行业对外购设备及材料含石棉风险进行分析，结合国内外石棉检测标准的差异，为船舶产品进行石棉风险防控提供相关参考。

关键词：石棉；风险；垫片；检测标准；实船检测

1　新建船舶石棉管控工作的背景

1.1　石棉定义

石棉是纤维状温石棉矿物和纤维状闪石类矿物，是纤维长径比大于 3 的硅酸盐矿物总称。目前经世界卫生组织（WHO）确认的石棉有：温石棉、青石棉、阳起石石棉、直闪石石棉、铁石棉和透闪石石棉六种。

1.2　石棉的危害性

20 世纪因石棉矿物纤维具有良好的隔热、保温、耐磨、绝缘、耐腐蚀性能，且"物美价廉"而被广泛使用于船舶建造领域。随着人们对石棉纤维的逐步认识，发现石棉纤维对人体可能存在致癌风险，石棉的危害性才被船舶行业重视。1977 年，WHO 的附属机构国际癌症研究组织（IARC）宣布石棉是第一类致癌物质。1986 年，国际劳工局在由国际劳工组织（ILO）通过的第 162 号公约中，建议应在了解的情况下"使用主管当局经科学家鉴定认为无害或危害较小的其他材料、产品或替代技术，取代某些类型的石棉或含石棉的产品"。

1.3　禁止使用石棉的法规

2000 年 12 月 5 日，国际海事组织（IMO）颁布了 SOLAS 修正案 MSC.99（73），要求 2002 年 7 月 1 日及以后，对所有船舶，除了规定的高温/高压环境下使用的水密接头和内衬、特定的叶片和高温下的绝缘装置外，不允许含有石棉材料的新设备、装置和材料装船使用。2009 年 6 月 5 日，IMO 通过了 MSC.282（86）决议——关于 SOLAS 公约修正案，就石棉在船上的使用做了进一步修订，要求自 2011 年 1 月 1 日起，对于所有船舶，应禁止新装含有石棉的材料。2009 年 5 月 15 日，IMO 通过的《2009 年香港国际安全与无害环境拆船公约》，石棉被列入附录 1 禁用的有害物质中。以上相关禁用石棉法规的实施，使石棉产品逐渐退出船舶建造行业。

2　石棉风险分析

2.1　常见高石棉风险产品

(1)橡胶制品:由于原材料和生产工艺易使用高风险矿物,使得橡胶制品具有极大的石棉风险。

(2)无机填料改性的塑料制品:如果使用了滑石粉等较高含石棉风险的矿物填充,可以显著提高产品热稳定性(适合于高温抗蠕变的应用)并降低成本,则该改性塑料便为高风险产品。

(3)涂料类产品:涂料一般由主要成膜物质(树脂)、颜料、体质颜料(填料)及助剂和稀释剂等组成。常用颜料中的滑石粉、白云石、云母粉均属于易含有石棉的矿石类原料。

(4)焊接材料:焊条的药皮原料通常包括各种矿物类、铁合金有机物和水玻璃类化工产品,人员有可能直接接触药皮,存在潜在石棉风险。药芯焊丝的药粉属于低风险产品,但是船上备件的焊条、药芯焊丝及焊剂被列为高风险产品。

2.2　常见低风险产品

(1)树脂:由于原材料、生产工艺中均未使用矿物材料,因而为低风险产品。

(2)化纤绳缆:产品由丙纶、锦纶、涤纶及超高分子聚乙烯纤维进行编织而成,因为原材料、生产工艺中均未使用矿物材料,所以为低风险产品。

(3)电子电气产品用塑料:常用的包括 ABS(丙烯腈-丁二烯-苯乙烯)、PS(聚苯乙烯)、PA(聚酰胺,即尼龙)等,通常很少涉及填充改性,若进行填充也多使用高岭土,因此为低风险产品。

3　实船石棉检测案例

3.1　A系列1#船实船石棉检测

2014年,根据××系列船技术规格书和船级社规范要求,本系列船需要进行大船集团首次实船石棉取样检测工作。大船集团邀请具备资质和船级社认可的××公司分两批次进行取样检测工作。第一批次共取样78个点,涉及31个厂家,包括国内21家,国外10家。第一批次发现含温石棉5%~50%的取样点共有2处,分别是:烟囱A甲板右舷处燃油软管吊端盖垫片(上海××公司);机舱前密封柜缸盖垫片,是二级单位以前留存的芳纶垫片,因损坏私自更换的。第二批次共取样59个点,涉及26个厂家,包括国内17家,国外9家。发现含温石棉5%~50%的取样点共有3处,具体为燃油软管吊手动绞车端盖垫片(上海××公司),废气锅炉人孔盖垫片,控制空气瓶观察镜本体垫片为二级单位私自使用库存垫片。

本船总结的防控经验及措施:①在拆除过程中有可能造成二次污染,应对其周边环境进行全面清洁;并在第三方检测机构专业人员指导下进行整体更换;②对后续二级单位使用的垫片进行统一管理,要求在集团垫片库统一领用经检测后合格的垫片;③国产供方对垫片的采购管理及石棉风险重视仍存在不足,风险仍较大,应在供方选择时协议中明确强调;④对高风险产品进行筛选,组织进行到货后石棉取样抽检,防控相关风险;⑤加强供方管理,对发现问题的上海××公司,取消其后续船供货资格。通过以上防控措施,本系列后续船未发现相关石棉问题。

3.2　B系列船实船石棉检测

2018年,根据B系列船技术规格书要求进行实船现场石棉检测工作。大船集团邀请具备资质并经CCS与DNV认可的深圳××公司进行现场取样,取样点共110点。

按区域分:机舱(包括辅楼)83点,甲板5点,舱室部位22点(图1)。

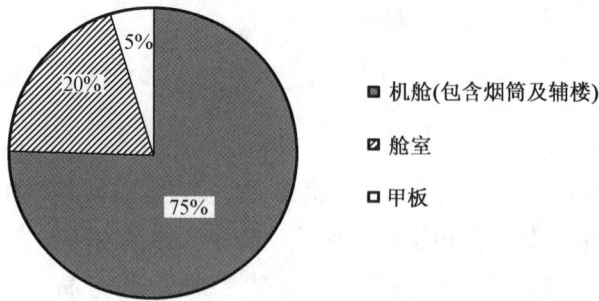

图1 按区域划分取样点

按类型分:设备类65点,材料类33点,垫片类12点(图2)。

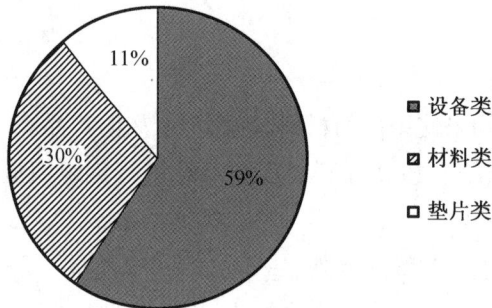

图2 按类型划分取样点

本船共测出含石棉取样点2处,分别是:

(1)机舱二平台机舱吊盘根垫片,为上海××公司供货,发现温石棉(0.1%~5%);

(2)救生艇盘根垫片,江苏××公司供货,含有微量石棉成分,发现温石棉(<0.1%)。

香港公约及MEPC269(68)中石棉的阈值为小于0.1%,本次检测结果低于阈值,无须更换。

可见,经过近年来石棉防控工作的不断完善,B系列实船石棉检测结果与A系列船取样结果比较,石棉防控管理工作得到了显著的提升,为后续石棉防控工作及有害物质风险管理工作提供了宝贵经验。

4 新建船舶石棉风险防控措施的分享

为了满足船东、船检对船舶石棉风险防控工作的要求,大船集团初步建立了一套完整的石棉及有害物质防控体系,采取了诸多有效防控措施,效果明显,主要防控措施有如下几方面。

(1)统一更换垫片颜色,防止车间私存垫片混用,要求供方提供石棉检测报告,定期进行取样检测。在检测A系列实船石棉过程中发现存在个别单位使用以往留存垫片的现象,为防止二级法人单位采购和生产班组私自留存垫片流入的风险,对全集团垫片进行颜色更换,由原蓝色垫片更换为黄色,进行区分。无论是集团本部或二级法人单位,严禁任何施工单位和私自外采更换,垫片必须统一渠道提供。管系垫片为高风险产品,必须在合格供方统一采购,各种规格定期抽检,留存石棉检测报告。

(2)将供方是否有石棉控制体系纳入供方准入管理的重要内容。设备、材料的合格供方应建立一套完整的石棉控制体系,并对供方进行有效控制,以此作为大船集团选择合格供方的依据及审核内容。同时,将其作为供方退出及列入黑名单的依据。在A系列实船石棉检测过程中发现一家国产设备供方连续发生2次石棉问题,取消了其该设备合格供方资格。

(3)加强库内取样检测力度,制定周期动态管理与跟踪。设备到货后,覆盖上述分析的高风险产品,定期组织有资质的第三方检测机构进行库内取样检验合格后,杜绝不合格品上船。目前大船集团的检验周期为60天左右(可依据生产进度进行调整),并做好动态跟踪。

（4）大船集团的技术与质量人员应加强培训，了解相关标准的最新动态，才能有的放矢，精准防控。石棉检测判定结果需密切关注阈值和法规生效时限。如法规的要求，IMO 海上环境保护委员会第 68 届会议通过了 MEPC.269(68)《2015 年有害物质清单编制指南》替代 MEPC.197(62)《2011 年有害物质清单编制指南》，对石棉确定了阈值水平为 0.1% 或者有限度使用 1%。而××系列采用的为澳大利亚法规，发现石棉纤维即视为含石量，标准不同防控的方式与投入也不同。

（5）第三方检测机构的选用也极为重要，石棉检测的结果是船舶、船用产品是否合规的基础，因此船舶行业对检测结果的权威性及准确性要求很高。选择石棉测试机构时，宜选择信誉好、资质强的检测机构。目前，国内关于船用产品石棉检测机构的资质有 UKAS（英国皇家认可委员会）、CNAS（中国合格评定国家认可委员会）以及船级社和澳大利亚港口国当局 AMSA、荷兰船旗国当局 NSI 的认可。选择测试能力达到国际水平的检测机构，可以保证其测试结果的准确性与权威性。

综上所述，随着各项法规的颁布及船东要求的不断提高，船舶建造企业应加强对相关人员的培训力度，并将该项工作纳入常态化管理的范畴。船舶建造企业通过建立一套适合本企业的船舶石棉风险防控体系，有效防范相关风险，实现了建造绿色船舶的环保理念。

企业创新方法培训及创新型人才培养浅谈

曾 嵘 安 洋

（大连船舶重工集团有限公司）

摘 要：企业发展的根源是创新，创新从来都不是无源之水、无根之木，每家优秀的企业背后都有着一支优秀的创新型人才团队。创新型人才在很长一段时期对于任何企业都是可遇不可求的，企业在培养创新型人才时往往缺乏行之有效的手段和方式，因为创新型人才往往被认为是天赋使然，并无有效的手段可以培养。随着 TRIZ 等创新方法在国内的普及应用，创新创造从灵感一闪变成了具有逻辑性的方法论，而学习 TRIZ 等创新方法的工程师通过一定的制度保障亦可快速成长为创新型人才。即使创新型人才从偶然得之变成了可培养，但在企业培养过程中仍需要有大量的制度保障和组织保障的有力支持。本论文将从创新型人才培养和创新方法的推广应用这两个方面去阐述如何在一家企业中逐步建立创新团队、形成创新机制。

关键词：创新型人才；创新方法；创新团队；TRIZ

0 绪论

世界著名的大企业无一例外地重视高效率的研究。比如通用电气拥有全球最多元化的工业化研发中心，为解决有前瞻性的世界性难题，公司雇用了数以万计的优秀科学家和工程师，他们来自不同的领域，几乎涵盖了所有可能用到的学科。在这种架构下，科学家们可以相互取长补短，在不同的领域寻找解决方案，以尽量缩短研发时间，加速研发进程，获得先机。即使在这样一个具有不同背景的团队中，有时候仍然会感觉到知识的局限。因此，除了引进优秀的科学家，企业还非常注重方法论的引入，比如六西格玛设计、TRIZ 理论等理论。

1 创新方法应用推广

1.1 TRIZ 的基本背景

TRIZ 的中文全称是"发明问题解决理论"，是通过单词的首字母缩写组成的，其英文全称为 Theory of the solution of inventive Problems。苏联发明家根里奇.阿奇舒勒在 1946 年领导团队对全世界近 250 万份高水平专利进行深入研究，总结和归纳出了技术系统在进化方面需要遵循的规律，以及解决各种技术问题可使用的创新原理和工具，通过综合多学科领域的基本原理，他们建立了一整套致力于解决技术问题、实现创新开发的方法和算法的综合理论体系。

TRIZ 理论曾被称为苏联的"国术""神奇的点金术"等，是在国际创新方法中比较系统、应用效果好、得到国际认可的方法体系之一。

1.2 TRIZ 理论培训方式研究

TRIZ 理论作为完整的创新方法理论，是一套相对独立的解决技术问题的方法论，其学习方法有别于传统知识学习方法,需要为其打造专属的培训方法。运用 TRIZ 理论在企业进行培训,主要培训对象为企业专业技术工程师,主要目标是将专业技术工程师培养成具有创新能力的创新型工程师,即创新工程师。因此,在进行 TRIZ 理论培训时需紧密结合企业专业技术工程师的需求,通过合理安排课程最大程度上调动专业技术工程师学习的积极性,有效提高专业技术工程师对方法学习的自主性。基于此,TRIZ 理论培训的主要方式有如下几个方面。

1.2.1 TRIZ 理论普及型讲座

TRIZ 理论普及性讲座时间多为 2 ~ 4 h,邀请 TRIZ 理论方面的专家和企业内自主培养的创新工程师举办该类讲座,从知识性和成果性的不同角度向企业内专业技术工程师宣传 TRIZ 理论的优势,以及对个人和企业作用,增强专业技术工程师对于 TRIZ 理论学习的积极性。

1.2.2 TRIZ 理论初级学习班

TRIZ 理论初级学习班时间多为 3 ~ 5 天,参训人员不超过 30 人,邀请 TRIZ 理论方面的专家对企业内专业技术工程师进行经典 TRIZ 理论的培训。企业专业技术工程师以 3 ~ 5 人组建学习小组,共同完成学习班预设的技术问题,并通过技术问题引导专业技术工程师利用 TRIZ 理论和专业背景分析和解决技术问题。最终以团队形式解决技术问题,并进行答辩。在学习班结束后,由专人负责技术问题落实、实施的相关事宜。TRIZ 理论初级学习班的主要目的是扩大专业技术工程师学习 TRIZ 理论的普遍面,形成创新工程师的基础面。

1.2.3 TRIZ 理论进阶学习班

TRIZ 理论进阶学习班时间多为 5 ~ 7 天,参训人员不超过 20 人。参训人员为初级学习班中表现优异者,或处于重要技术岗位的专业技术工程师。学习班开班前,在企业内征集在设计、生产中面临的实际技术难题,将实际技术难题作为学习班的共同课题,组建 3 ~ 5 人的学习和攻关小组立,邀请 TRIZ 理论方面的专家为参训学员讲解 TRIZ 理论进阶知识,并引导学员分析和解决技术问题,邀请企业内专业技术专家为参训学员讲解实际技术问题产生的原因和存在限制因素。

2 创新型人才培养和团队建设

创新型人才是所有人才中创新能力最强的一个群体,平庸的工作和简单重复的劳动是无法满足他们旺盛的创造和发现欲望,根据人才流动理论,高薪只能暂时吸引创新型人才,而有利于创新、创业的外在环境,尤其是宽容、允许失败、鼓励求新的氛围是最能聚拢创新型人才的。

在亚当·斯密的论述中有关于激励理论方面的论述,即工资差别原因。亚当·斯密认为,职业本身的性质从五个方面影响工资差别,社会必须为那些令人不愉快的、学费高的、不安全的、负担责任重的以及成功可能性较少的职业支付较高的工资。在企业实际生产活动中,往往会比较愿意向那些令人不愉快、学费高的、不安全的和负担责任重的工作支付较高的报酬,而那些成功可能性较少的工作往往无法受到应有的高报酬。创新正是属于典型的成功可能性较少的工作,而创新的同时也需要付出极大的脑力劳动和时间,为创新型人才提供正面激励将有效促进创新型人才培养和团队建设。

2.1 创新型人才培养机制建设

创新型人才培养有别于专业型人才培养,创新型人才培养重在构建创新型意识和思维,能够有效将跨专业、甚至跨行业的解决方案运用到本行业的技术难题解决中,打破固有思维定式,为企业设计和生产活动中遇到的重要技术问题提供最为合理和经济的解决方案,能够为企业形成具有自主知识产权的解决方案。

2.1.1 建立组织保障

在企业内部,依托人力资源、科技工作等相关行政部门和群团组织为创新工程师成立特定组织,为创新工程提供组织保障,为创新工程师开展本职工作之外的创新活动提供支持,也为创新工程群策群力解决企业重大技术问题正名。

2.1.2　建立制度保障

依托创新工程师的组织,在企业内建立创新工程师解决技术问题的系列制度,包括时间分配、例会制度、成果验证、激励机制和荣誉评定等长效制度,为创新工程师打造"愿于创新、勇于创新、得于创新"的积极氛围。

2.1.3　建立计划保障

创新活动虽然属于成功可能性较少的工作,但亦需要使用项目拉动的方式,避免过于松散。为每个技术攻关项目的解决目标、完成计划等设置 deadline,并通过建立计划保障确保创新活动行之有效、行之有物。

2.1.4　建立宣传保障

创新活动的成果将会给企业带来较大的经济效益或社会效益,企业内部应建立完善的宣传保障机制,对创新工程的劳动成果进行宣传,不仅能够激励创新工程师持续创新活动,也能鼓励其他专业的技术工程师主动加入,为企业解决技术问题。

2.2　创新团队机制建设

基于创新型人才培养,对创新型人才进行有效团队建设,最大程度发挥创新工程师的创新能力,同时根据企业发展需要,进行必要的创新型人才梯队建设。

(1)创新活动有别于正常的行政管理或其他管理方式,在创新团队中尽量淡化领导概念,充分调动每名创新工程师的主观能动性,主要由创新工程师自行挑选技术问题开展创新活动,对于企业面临的重大技术问题可交由创新团队集体开展创新活动。

(2)创新团队不仅仅需要创新工程师,更需要不同专业背景的工程师参与,因此在创新团队建设时需要将专业技术工程师纳入进来,为技术问题的前期分析和后期方案验证提供支撑。

(3)创新团队在创新活动中需要一定的工具、样品支持,以便开展方案的验证,因此企业需要在物资和经费方面对创新团队予以一定的支持。

3　结论

本文立足于企业设计和生产活动需求,对创新方法培训和创新型人才培养进行了一些思考,企业培养"土生土长"的创新型工程师需要许多外部保障。随着制造业细分的逐步深入,专业之间的壁垒进一步加固,专业技术工程师往往精通本专业的相关知识和技能,而对其他领域的知识知之甚少,在创新方法的角度上讲就是缺乏行业间的类比思维。创新工程师的培养将有效打破壁垒,将各个专业的专业化问题化解为底层逻辑问题,通过寻找适合的逻辑提出解决方案,因此创新工程师将不再是某一个或某几个专业方面的工程师,而是可以指导各个专业的创新型人才。随着市场竞争的日渐激烈,知识产权和专利保护力度的进一步加大,企业创新能力将从很大程度上决定一个企业未来的发展,在企业内培养创新工程师势在必行,这也是国家的发展趋势。

参考文献

[1]　孙永伟,伊克万科. TRIZ:打开创新之门的金钥匙 I[M].北京:科学出版社,2015.

[2]　大野耐一.丰田生产方式[M].谢克俭,李颖秋,译.北京:中国铁道出版社,2006.

[3]　刘子林,苏元敏.想象是创新的"源泉"[J].发明与创新,2007(6):9-10.

[4]　贝克尔 S 加里.人力资本[M].梁小世,译.北京:北京大学出版社,1987.

[5]　姚树荣.论创新型人力资本[J].财经科学,2001(5):10-14.

浅谈舱室单元在海洋工程产品上的应用

崔　莉　杨　敏　柳献伟　滕　莉

（大连船舶重工集团设计研究院有限公司）

摘　要：本文阐述了舱室单元在定员较多的大型海洋工程产品上的应用前景，以及设计需要考虑的因素。旨在通过对舱室单元的模块化设计技术的阐述，将模块化的设计理念延伸到海洋工程产品的内装设计和施工上，进而提高海洋工程产品的配套完整性，为缩短内装的施工周期，提高产品施工质量，降低建造成本创造条件。

关键词：舱室单元；内装；设计；海洋工程

0　前言

随着船舶制造业的不断发展以及生产效率的不断提升，模块化、单元化的设计和建造理念在船体建造和舾装建造中已经非常成熟，但对于大型海洋工程产品而言，其在内装的设计和建造方面，多年来仍然采用散装的板材、板式的家具在现场组装施工，在缩短周期和提升整装质量方面停滞不前、一直未有所突破。一般大型海洋工程产品都具有定员多、大多房间配置相同的特点，如果能实现单元化的生产，提前进行预制，再整体吊运进舱，将对缩短建造周期和提升整装质量形成突破。下面我们就来谈谈舱室单元在大型海洋工程产品上的设计和应用。

1　舱室单元的现状

舱室单元是指将船上的各个居住舱室包括舱室内的围壁板系统（A）、天花板系统（B）、防火门（C）、卫生单元（D）、家具（E）、电器（F）、内饰（G、H）、通风及水系统等进行预制并装配成一个整体模块进行船上安装的单元，如图1所示。

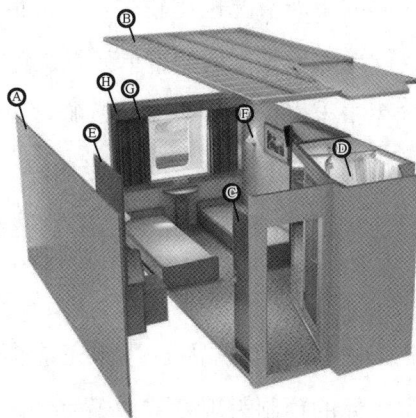

图1　舱室单元典型组成图

舱室单元的出现满足了大型豪华游轮上乘客船员居住舱室数量巨大、装饰规格高和采用传统现场建造方法难以满足交船期和品质的要求,由此可见舱室单元化对于提高船舶建造水平和在船舶行业中的地位,具有极其重要的意义。虽然我国承接的客船、豪华邮轮等高附加值产品数量有限,但近些年经过调研发现,对于船员人数达到一定规模的大型海洋工程产品,借鉴舱室单元的手段在降低采购成本的同时,也能充分发挥舱室单元在豪华游轮上的所有优势,并逐步展开应用,取得了良好的效果。

2 舱室单元在大型海工产品上的应用前景

2.1 各房间独立封闭,隔声效果好

居住舱室噪声不仅会降低居住人员的舒适度,而且长期处于噪声超标的环境中,还会损害居住人员的身体健康,对于海洋工程平台而言,生活区噪声大小是船东看重的舒适度的最重要指标之一,也是衡量建造水平高低的标准之一。噪声除满足 IMO 发布的《船上噪声等级规则》(MSC. 337 决议),个别平台还有更高的要求,比如挪威北海作业的挪威国家石油标准(NORSOK),住人舱室隔音要求高达 53 dB。随着居住舱室间隔声指数的不断提高,为了降低舱室间的噪声传播,舱室单元的设计成为重要手段之一。只有通过舱室单元的模式,处理好围壁板和天棚板的每一处缝隙、每一个开孔,才能达到良好的隔音效果。舱室单元将每个房间做成单独的模块,房间之间有一定的间隔,如图 2 所示,这样大大提升了舱室间的隔音效果,为满足高标准的隔音要求提供了更好的设计理念。

图 2 舱室单元安装后效果图

2.2 减少现场交叉作业工作量

舱室内装作业涉及管路、通风、电气、内装、铁舾等多个专业,船舶下水后需要现场施工的工作很多很杂,现场各个专业间的交叉作业不可避免,专业间的干涉情况也比较多。通常情况下,各个专业的施工人员不同,相互间缺少有效沟通,交叉作业时容易出现问题。而预制的舱室单元就避免了交叉作业导致的各种问题,舱室单元不必考虑船舶制作的生产进度,可以优先于生产提前完成交验。舱室单元内部的供排水管路以及电路系统已在预制阶段连接完成,只预留水风电接口用于船上连接,这样大大减少了现场交叉作业的工作量,现场只需要将舱室单元定位后,完成水风电的接口连接即可,给现场施工的有序进行创造了条件。

2.3 缩短设计周期和建造周期

在造船技术日益进步的今天,舾装施工前移,分段成品化、下水完整性日益提高;缩短建造周期无疑成为船厂提高效率、创造效益的重中之重。舱室单元的预制为现场节约了生活区内装板的安装、冷热水管的连接、家具内饰的安装、房间内电缆的走线及抽风头等的安装时间,更有效地减少了各专业相互干涉导致的待工时间。

而且预制的舱室单元预留的水风电接口位置比较统一,也降低了现场的施工难度,这样大大减少了现场施工的工作量,为缩短内装建造周期提供了有力保障。从设计方面来说,模块化的舱室单元设计降低了设计失误的风险,标准化的设计理念是提高设计效率的关键因素,这种模块化的设计缩短了设计周期。

2.4　有利于设计的标准化,使设计的整体布局更加完美

标准化的舱室单元设计是先进技术的结晶,它的不断更新引领着产品设计的不断进步。模块化的舱室单元设计,规范了不同专业间的信息接口,提高了设计工作的标准化。随着时代的发展和技术的进步,舱室设计不仅仅满足于设计的实用性,现代化的设计需要综合考虑美观、施工、安全、质量、成本等多种因素,运用多种设计手段,完成美观化的设计布局。舱室单元设计通过照明布局的统一,家具布局的统一,管线、电线布局的统一,有效解决了各设计人员自由发挥、图纸质量参差不齐的问题,使得整体布局更加一致,提高了设计质量。

3　舱室单元在大型海洋工程产品上的设计要素

船舶建造,设计先行。要实现前文所述的种种优点,良好的设计是重要的前提,下面就从设计方面阐述一下舱室单元设计所需考虑的主要要素。

3.1　舱室单元设计

舱室单元设计的前提是产品定员多、房间的规范化程度高、甲板间高度满足设计要求、舱室单元吊运上船有保障。以上条件都具备,可以考虑进行舱室单元设计。在设计时,应考虑以下几点:

(1)舱室单元内部的设计要合理,充分考虑人的活动空间,符合人机工程学的标准;

(2)舱室单元预制时,因没有地面敷料,所有的家具等房间内设施均固定在围壁上,因此家具的设计、围壁上的固定都需要单独考虑,以保证吊运时不会产生永久变形甚至损坏;

(3)对于围壁和天棚上的开孔,根据实际项目的噪声要求,采取对应的处理措施,以保证隔音效果;

(4)对舱室单元的电气、通风、管系进行集成连接设计,设计集中、统一的接口,同时要考虑接口位置的维修空间,便于船东维护和保养。

3.2　舱室单元周围的结构设计

舱室单元作为整体模块安装到船上,受其整体布局影响,结构上必须减少钢围壁的设计,但钢围壁的减少势必会影响到结构强度,所以为了保证整体的结构强度不受影响,通常会选择增加结构立柱以及甲板下扶强材加大的方案进行结构加强。立柱的设计要考虑位置的合理性,既能够保证结构强度,又能够有利于舱室单元的安装,如图3所示。当然,立柱的数量和立柱的位置布置,能否满足强度要求都需要通过规范要求加以校核。

3.3　舱室单元的顶部空间设计

舱室单元吊运上船后,其高度较高,因此天花板以上需要预留足够的空间用来布置风道、电缆托架等设施。通常情况下,海洋工程平台的甲板下由于钢围壁的减少,扶强材的规格都比较大,如果想在甲板下预留足够的空间,那么就需要足够的甲板间高度,如果条件不具备的情况下,则需要考虑在强横梁上开减轻孔(图4),所有的风道、电缆等设施均布置在减轻孔内,以节省空间占用。

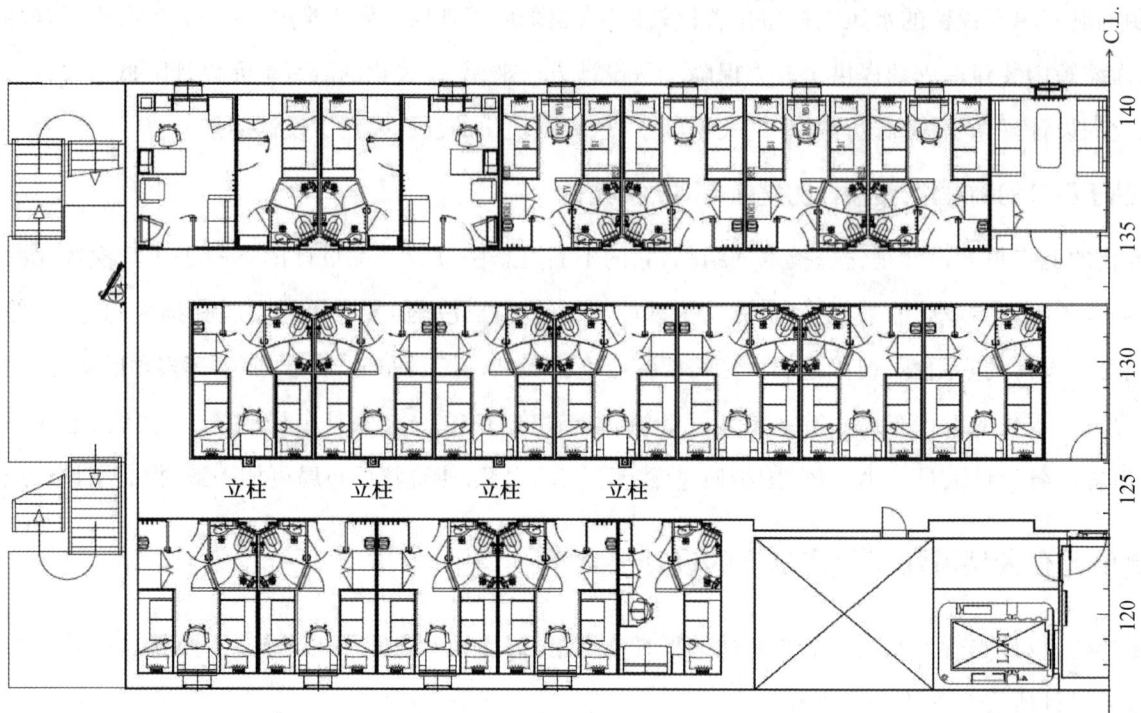

图3 结构加强方案

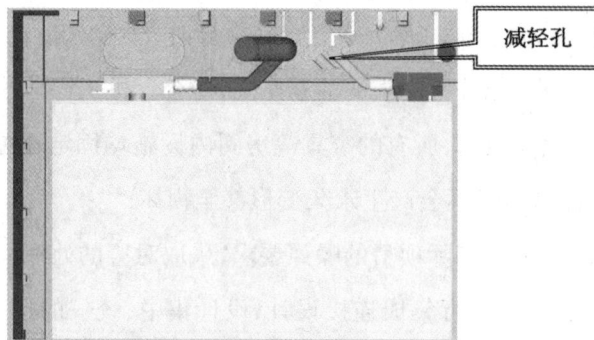

图4 管子穿越减轻孔

3.4 舱室单元的工艺设计

舱室单元的工艺设计主要包括转运、吊运、安装顺序等内容。舱室单元作为一个整体模块,体积大,重量也大,所以吊运和移动到位是需要考虑的重要因素。舱室单元虽然是个整体模块,但中间相当于是空的,所以吊运前必须设计好吊运方案,吊鼻子的位置要保证各点受力均衡,测算出哪些地方需要加强。

通常情况下,设计会按照舱室单元的体积大小,先通过吊车将舱室单元吊运至适合单元进出的最佳位置,并率先考虑在合适的位置开工艺孔,用来完成舱室单元的搬移和定位,如图5所示,该图是舱室单元在海洋工程平台上左舷位置的吊运移位图,首先将单元吊运至开有工艺孔的初始位置,再按照设计好的路线按照从1至19的顺序将舱室单元移动到位,移动顺序一定要合理,否则会出现移动不到位或互相碰撞的情况。

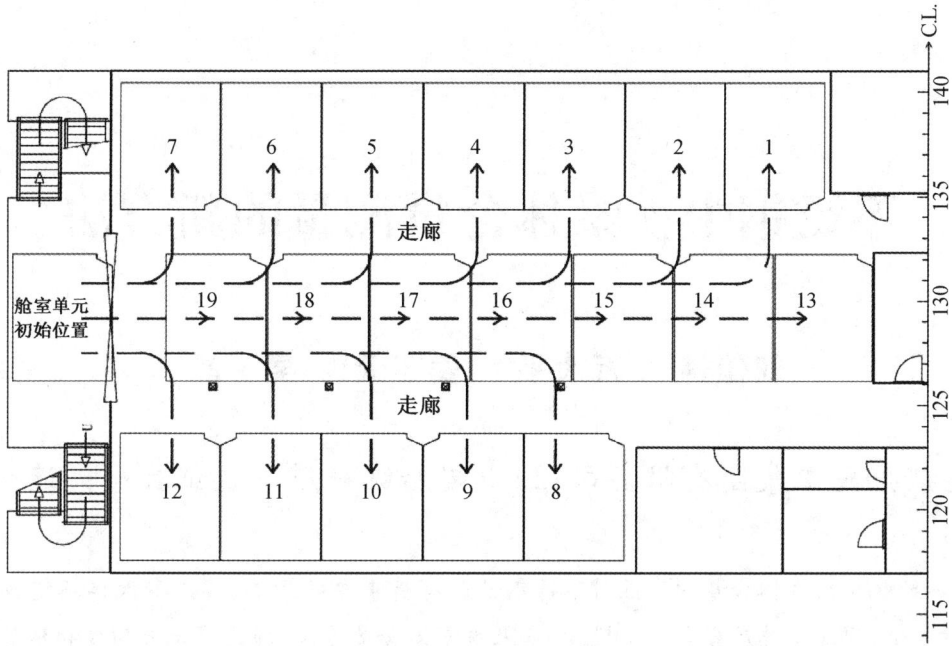

图5 舱室单元定位

4 结束语

　　舱室单元为我们的大型海工产品建造提高了质量的同时,还降低了建造成本、缩短了建造周期,其模块化的设计理念为设计创新奠定了良好的基础。随着船舶舒适性的不断提高,模块化设计的不断推进,舱室单元的应用将更加广泛。

不锈钢中铁素体含量测量的新方法

刘佳林[1]　万太平[1]　姜丁元[1]　吴　晶[2]

（1. 大连船舶重工集团有限公司；2. 中国船级社质量认证公司大连分公司）

摘　要： 不锈钢中铁素体含量的高低对不锈钢性能有着重要的影响，其中奥氏体不锈钢如果铁素体含量太低，焊缝受热后容易产生裂纹；如果铁素体含量过高，焊缝将丧失韧性和延展性。为了满足大批量检测需求选择软件测量的方法对铁素体含量进行测量，这种方法需要在金相显微镜下观察并在软件中正确地提取铁素体组织，因此需要选择能够清晰显示铁素体组织的侵蚀剂，通过三种侵蚀剂的对比结果，选择合适的侵蚀剂对其进行腐蚀、染色；同时为了保证软件测量的准确性，选择相同的检测视场与金相割线法进行对比，得到正确的检测结果。

关键词： 铁素体含量；侵蚀剂；腐蚀；金相割线法；对比

1　概述

　　根据奥氏体不锈钢和双相不锈钢用途的不同，对铁素体含量的要求也不相同，铁素体含量的高低会直接影响不锈钢构件的整体性能。一般奥氏体不锈钢的铁素体含量要求控制在5%以下，而双相不锈钢的铁素体含量一般要求在40%~60%之间。目前普遍使用铁素体测量仪或者金相割线法来对铁素体含量进行测定。使用铁素体测量仪进行测量会存在一定的误差，对于标准规定较为宽泛并且检测结果不在临界值的（如：双相不锈钢），可以使用铁素体测量仪来进行铁素体含量的测定；对于标准规定范围较小的材料（如：奥氏体不锈钢），应当使用金相割线法对铁素体含量进行测量，这种方法虽然比较精确，能最大限度地减小随机误差，但是测量过程相对烦琐，工作效率较低，不适合大批量的检测工作。

2　检测方法

　　奥氏体不锈钢的金相组织一般为奥氏体加少量铁素体。《定量金相测定方法》（GB/T 15749—2008）标准中规定了图像分析仪测定法，该方法主要是采用图像分析仪进行测量，对侵蚀试样要求待测物相衬度明显且轮廓线清晰。如果采用常规的腐蚀方法，铁素体和奥氏体在光学显微镜下均呈现白色，不容易区分；使用图像分析仪定量检测时，铁素体和奥氏体两种组织亮度差别不大，会呈现互相融合的状态，图像处理方法复杂。

3　试验方案

　　以奥氏体不锈钢为例，利用相关化学反应原理，配制不同的腐蚀溶液对相同材质、同一批号的试样进行腐蚀、染色处理并通过试验分析，确定能够准确显示铁素体组织的腐蚀溶液，对试样进行腐蚀和染色处理，然后使用金相分析软件和图像处理软件对染色后试样的铁素体含量进行测量，从而确定铁素体具体含量的百分比，并且使用金相割线法与之进行对比，以确定检测结果的准确性，使此类检测更加高效、准确。

3.1 试样制备过程

选取在奥氏体不锈钢钢管上截取金相试样,因试样尺寸较小,不方便手持,利用镶嵌机对其进行镶嵌处理。先通过粗磨获得一个平整的表面,然后依次使用240#、600#、800#和1000#金相砂纸进行磨制,再使用抛光剂进行精抛,经清水和酒精冲洗后吹干,待检。

3.2 试样腐蚀

利用相关化学原理,使用不同的腐蚀溶液对奥氏体不锈钢试样进行腐蚀和染色,找出能够准确显示金相组织的腐蚀剂。在金相显微镜下观察铁素体和奥氏体两种组织的对比度,并使用计算机软件对腐蚀后的铁素体组织进行分辨和测量。

3.3 腐蚀剂的选择

3.3.1 4%硝酸酒精溶液侵蚀剂

采用的侵蚀剂是由4 mL硝酸加入无水乙醇至100 mL制得,结果显示奥氏体和铁素体均未被腐蚀,两种组织亮度没有差别,因此无法进行图像分离处理,如图1所示。

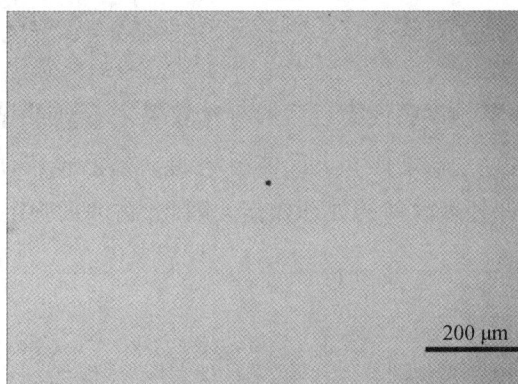

图1 硝酸酒精溶液侵蚀结果(100×)

3.3.2 氯化铁盐酸水溶液侵蚀剂

侵蚀剂是由5 g氯化铁加入50 mL盐酸再加入100 mL蒸馏水配制而成,结果显示奥氏体晶界和铁素体均被腐蚀,两种组织亮度明暗相间,呈现杂乱交错的状态,因此无法对奥氏体和铁素体组织进行明确分辨,如图2所示。

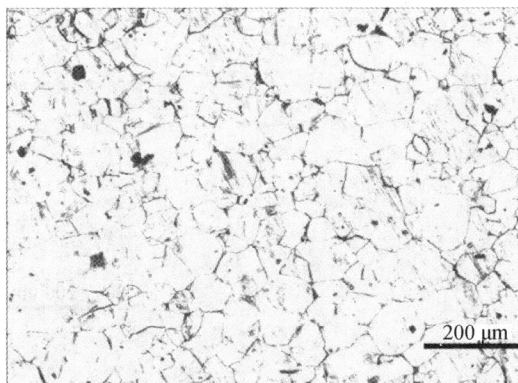

图2 氯化铁盐酸水溶液侵蚀结果(100×)

3.3.3 高锰酸钾-氢氧化钠溶液侵蚀剂

侵蚀剂是由4 g高锰酸钾和4 g氢氧化钠再加入100 mL蒸馏水配制而成,先将该腐蚀剂加热至沸腾,再将抛光后的不锈钢试样放入其中煮沸 1~3 min,最后用蒸馏水将不锈钢试样冲洗干净并吹干。腐蚀后的结果显示铁素体受到腐蚀后呈现出褐色的深色系,奥氏体基体未被腐蚀呈现出纯白色,图像分离处理较为容易,如图 3 所示。

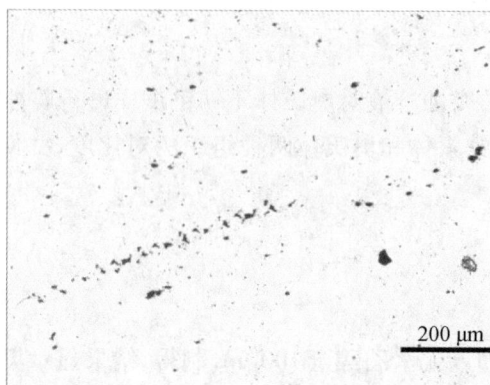

图3　高锰酸钾-氢氧化钠溶液侵蚀结果(100×)

3.4　腐蚀剂的确定

通过使用三种腐蚀剂对奥氏体不锈钢腐蚀染色后的对比效果来看,使用高锰酸钾-氢氧化钠溶液腐蚀剂对奥氏体不锈钢试样进行腐蚀、染色后,铁素体和奥氏体组织的金相色彩、灰度、形态差异较为明显,便于金相组织的定性判别,更加易于后续图像处理软件的处理操作。因此,腐蚀剂确定使用高锰酸钾-氢氧化钠溶液腐蚀剂。

4　方法对比

4.1　软件测量方法

使用金相显微镜和计算机软件配合对腐蚀后的不锈钢试样进行拍照、图片采集,图片采集应当符合 GB/T 15749—2008 的规定。利用 Photoshop 软件对金相组织图片进行采集,因为基体组织是连续分布的,从而可以快速将奥氏体基体选中。通过容差值来控制奥氏体基体和铁素体中间过渡区域的像素的选择范围;使用反选得到铁素体的方式将铁素体"抠出",得到铁素体精选区,如图 4 所示。

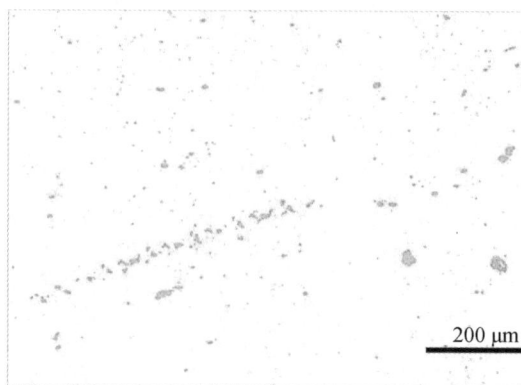

图4　高锰酸钾-氢氧化钠溶液浸蚀结果:铁元素精选区(100×)

最后利用 Photoshop 软件的直方图得到调节亮度后的铁素体精选区的像素数量,即铁素体像素的数量,铁素体像素的数量除以图片总像素的数量即得到铁素体含量的百分比。采用软件测量方法检测的奥氏体不锈钢在金相显微镜 10 个视场中的铁素体含量平均值为 1.25%。

4.2 金相割线法

金相割线法是定量金相法之一,在金相显微镜放大倍数不小于500倍的情况下,使用带有100个刻度(格)的测微目镜或有100个分度的目镜片上的分度直尺(线)切割到的相对量(被切割到的铁素体占据100格中的多少格),所得数值即为该视场内铁素体的相对含量。

移动载物台变换到不同位置处的视场,可以选择测量任意视场中的铁素体含量,一般选择不少于10个具有代表性的视场,即在整个测量部位的范围内,选择均匀分布在该区域内的且铁素体分布较为均匀的视场(铁素体为零的视场除外)。取其平均值作为该试样中铁素体的平均含量,按以下公式计算:

$$\Phi = \sum \phi P_i / d \times 100\%$$

式中 Φ——铁素体含量的平均值;

d——选择测量的视场数目;

$\sum \phi P_i$——d个视场中被切割到的铁素体占据直标尺格数的总和。

在一个视场内,当铁素体分布不均匀时,需将测微目镜的直尺沿水平和垂直方向各测量一次,取平均值作为该视场内平均格数。当铁素体在视场内呈明显的方向性分布时,需要将直标尺与此方向成45°角测量一次。

按照金相割线法测量该不锈钢试样的铁素体含量,测得数据如表1所示。

表1 金相割线法测量铁素体含量

视场	1	2	3	4	5	6	7	8	9	10
每个视场切割到的铁素体占据格数	1.5	2.5	0.5	0.5	1.0	2.0	3.5	1.0	0.5	0.5

即 $\Phi = (1.5 + 2.5 + 0.5 + 0.5 + 1.0 + 2.0 + 3.5 + 1.0 + 0.5 + 0.5)/10 \times 100\% = 1.35\%$

采用金相割线法检测的奥氏体不锈钢在金相显微镜10个视场中的铁素体含量平均值为1.35%。

5 结语

综上所述,对于奥氏体不锈钢中铁素体含量的测定,使用软件测量和金相割线法所得到的结果比较接近。软件测量方法主要是通过腐蚀后金相组织的确定、对比及提取来确定铁素体的具体含量,因此对侵蚀剂的选择就尤为重要,通过三种侵蚀剂的对比结果来看,利用高锰酸钾 – 氢氧化钠侵蚀剂对不锈钢进行腐蚀染色处理后,用图像分析软件通过分析不同金相组织像素数量的占比,检测不锈钢铁素体含量的新方法科学有效,试验数据相对准确。而金相割线法虽然比较准确,但检测周期较长,效率低,对于大批量的检测不能满足生产进度的需求。因此,在今后的检测工作中对于大批量的检测可以使用软件测量的方式,而对于结果处于标准临界值的检测可以使用金相割线法。

修船企业物资库存管理探讨

刘　岩　车德新

（大连船舶重工集团山海关船舶重工有限责任公司）

摘　要：面对修船市场复杂的环境和激烈的竞争，修船企业所面临的困难和压力不断增加。确保修船的物资供应并切实降低采购供应成本是提升船企市场竞争力的重要一环，而针对短平快的修船业务特点做好物资库存管理是解决修船供应链管理问题的焦点所在。本文旨在探讨通过有效的库存管理来平衡相互矛盾的库存管理目标，实现在最小的成本环境下的利益最大化。

关键词：修船；库存管理；计划；储备

0　前言

修船生产周期短，船舶原始资料少，而且船东需求也时常变化，工程项目往往是边生产边明确的过程，工程承接和生产间隔短，导致了生产准备期非常短，而物资需求又是少量、类型杂、标准繁多、数量不确定，生产人员对物资需求时间的描述通常是"现在就要"。需求的特殊性明显提升了采购难度并增加了采购成本，修船库存成为修船供应链上各种问题的焦点，必须通过有效的库存管控，以保供与成本的平衡为中心，达到既能满足生产需求，又尽可能将库存成本压至最低的要求。

库存状况是供应链各种问题的终端体现，是计划和管理执行到不到位的体现，做好库存管控的关键在于强化采购管理职能，科学制定采购计划，库存储备合理，加速资金周转，切实降低供应成本，最终实现提升船舶修理和改装的市场竞争力的目标。

1　强化采购管理职能，为库存管控创造有利条件

长期以来，修船企业的采购部门普遍被定位为后勤辅助部门，一般认为采购就是简单的持币购物，这种定位极大地限制了采购工作管理的提升。为了应对修船行业日趋激烈的市场竞争环境，必须要明确采购部门是保供降本、提升核心竞争力的重要部门，要将采购的重点由关注买的动作转向做好采购管理，计划、存货管理往往就是采购管理工作中被弱化的一环，而这恰恰就是做好库存管控的关键环节。

2　加强信息化建设，为库存管控提供必要支持

通过 ERP 系统物流管理模块的应用，实现库存实时动态精细化管理，保证数据的一致性，并实现数据在各业务环节之间高度共享。同时对 ERP 系统提出个性化需求，通过设置计重物资的双单位，启用了项目管理模式进行供应过程管控，设置物料状态便于后续推进换代利用以及积压处置工作的开展等，同时不断优化改进以实现库存管理细化目标。

3　明晰物资库存分类,夯实物资库存管理基础

本文所探讨的库存,是指公司物资仓储部门储存的货物,按照物资用途分为通用库存和项目库存,按物资状态分为正常和积压。积压状态是指根据历史需求情况与库存变化状况,在过去一年内无动态或预计未来一年内无动态的物资。

修船涉及的物资种类繁多,重点关注的是对生产起决定作用的关键物资,我们用 ABC 分类法进行库存物资分类。ABC 分类法源于帕累托曲线,即所谓"关键的少数和次要的多数"的问题,下面以修船的某一时间点的库存为例,将物料分为 A、B、C 类,如表 1 所示。

表 1　物资库存 ABC 分类占比

物资分类	序号	物资类别	库存资金占比/%	库存物资品种占比/%
A	1	钢板	65.71	1.38
	2	焊材	2.17	0.57
	小计		**67.88**	**1.95**
B	3	型材管材	11.88	12.26
	4	船舶辅件	1.57	4.53
	5	阀门	0.36	0.83
	6	有色金属	1.24	2.48
	小计		**15.05**	**20.10**
C	7	管件	4.07	12.92
	8	杂品	3.53	16.00
	9	电料工具	6.53	9.98
	10	标准件	1.35	37.35
	小计		**15.48**	**76.25**

4　科学制定采购计划,解决库存管控核心问题

按照供应、成本与计划构成的库存控制三角形理论,采购计划的制订是有效控制库存的关键,重点在于确定什么时候采购多少物料。

4.1　采购调查及供应市场分析是科学制订采购计划的前提

首先要进行物资采购调查,采购调查有助于进行预测分析,是制订采购决策的基础。关注的焦点集中在 A 类重要物资,通常来说涉及物料的用途、生产特点、需求情况、技术质量要求、价格水平、运输方式、保管要求等等。

其次是市场及供应商调查,了解物资的市场状况及供应商状况,包括供应商性质、生产(销售)规模、地理位置、销售业绩等等。

最后进行综合分析预测,结合物资需求、储备、工程余料、在途、历史用量、未来预期,充分考虑市场现状和供应商状况,进行全局预测形成采购计划。

4.2　合理设置物资储定额是科学制订采购计划的关键

修船企业需要设置库存,但还要加速资金周转,减少资金占用,这就需要科学合理设置储备定额。

兼顾物料的重要性及采购、仓储特点,结合其对生产影响的重要程度,按照 ABC 分类法的分类,确定库存储备物资的种类。同时要充分考虑市场状况及供应商情况;还要考虑进货成本,可以按照最小包装或者经济批

量方式进行设定;对于生产周期长、采购困难、保质期短,占库容、涉及安全的物资,一事一议。

针对特定阶段的批量项目,可建立专项储备,如在船舶压载水处理系统装置和船舶尾气处理装置改装需求爆发式增长阶段,建立专项储备,但需要关注工程进展状况及时进行调整及转出。

标准化选型有助于减少库存储备种类,以常用的标准或者相对通用的标准进行选型,在采购价格差异可接受的前提下可以考虑质量要求以高代低进行储备。

4.3 推进策略性采购,是采购计划高效实施的辅助手段

推进策略性采购,船板等大宗物资签订战略协议,锁价锁交期,同时掌握钢厂现货资源;通用类物资通过年度协议采购,提高工作效率,缩短交货时间,降低采购成本。

4.4 具体问题具体分析,因地制宜制订采购计划

根据生产实时需求以及以上研究分析,结合具体情况制订采购计划,由于修船需求的极大不确定性,为了选择恰当的订货时机和订货数量,通常会综合考虑订货成本及库存成本,借鉴批量经济订货的理念,根据物资类别的不同,选用定期订购法(通常是月或者季度)、定量订购法制订采购计划。

5 关注日常库存管理,实现库存管控有力保障

5.1 物资仓储管理

通过强化出入库管理和持续循环盘点等常态化规定动作提高库存准确度,切实做到账物相符,先进先出,为采购计划制订提供可靠的基准;加强盘点工作中质量状态核查,结合库龄分析,对于呆滞物资及时进行库存状态调整;关注物料质保期,单独建账管理并进行预警提示,减少保管不善产生的损耗。

5.2 物资存货管理

推行定期库存分析和动态预警,关注各类物料资金占比的合理性,完善储备定额和库存指标控制体系,特殊情况要及时响应,如疫情期间根据生产需求短期内大幅缩减,可以按照储备减半执行;同样是疫情期间,考虑运输时间和成本的大幅增加,对于部分物资可以适当加储。

5.3 项目统计分析

项目完工后要及时进行统计分析,检查需求、计划制订、采购、领用及库存情况,及时调整物资用途及状态,如定制产品等可及时调整为积压,以便于后续利用和处置。

5.4 积压物资管理

积压物资是库存管理中的"老大难"问题,要引起高度重视,要通过公司建章立制形成理念和机制:单独建账、单独标识存放、动态管理、信息实时共享,同时明晰奖惩制度和生产成本核算办法,将成本意识灌输到每一个员工心中。对于难以正常利用的物资,及时降级、变更用途或进行销售处置。

6 开展库存借用转移,做好库存管控必要补充

船舶修理企业往往涉及造船等其他业务范畴,造船工程在建库存和余料能够为修理提供最有力的物资支援,还可考虑兄弟船企及下游供应商库存作为紧急情况的保供手段,同时通过加强供应商关系管理,从对立竞争向相对稳定、合作共赢转变,在保证供应的前提下降低库存成本。

6.1 实施供应商代储库存

与供应商建立合作关系,实现共享其库存。与合作供应商建立战略伙伴关系,供应商代储部分必需物资,按需求分批次及时送货进厂。

6.2 实施供应商寄售

对于战略合作供应商,可将供方物资存于我方仓库内,物资使用后方才上账付款,定期将未使用部分进行

返厂调换。在降低库存金额的同时延长了付款周期,同时随用随取,以空间换时间。

6.3 库存管控工作前置

针对可能存在批量余料及较短保质期等特殊情况,商务谈判阶段约定余料回收事宜,在合同中增加相关要求条款,如批量油漆的采购要约定完工后无附加条件将余料返回供应商,达到从源头控制余料和积压的产生。

如因设计变更或船东工程调整,出现批量可能呆滞的余料,第一时间与供应商沟通,进行调换货或者折价处置,尽可能降低损失。

6.4 探讨供应商管理库存

作为供应商寄售的升级管理,对于有一定需求量的物资,有合作良好的战略供应商,可以考虑由供应商代管库存,提供历史经验数据及未来需求预测,由供应商进行计划和库存管理,按照生产使用情况与供应商进行结算。

7 结语

成本管理是企业经营的永恒命题,其中采购成本的控制无疑是重中之重,而库存管理是采购管理的重要组成部分。对于修船企业来讲,做好库存管控,才能保证修船生产的及时供应,才能提高修船生产的效率,降低修船物资供应成本,进而直接提高了修船项目的利润率。但是库存管控的方法手段还要具体问题具体分析,管理上没有放之四海皆准的方法,离开了特定环境,仅仅是他山之石,希望本文探讨的库存管理思路可以攻玉。

参考文献

[1] 周云.采购成本控制与供应商管理[M].2版.北京:机械工业出版社,2014.

玻璃钢结构设计理论综述

刘扬[1]　曲晓娇[2]　薛亮[2]

（1.大连松辽玻璃钢船艇有限公司;2.大连松辽船厂）

摘　要:本文阐述了材料力学原理在玻璃钢结构设计中的运用,为玻璃钢结构的直接计算提供理论依据,并在此基础上,结合玻璃钢材料各向异性特点,为铺层设计合理、优化选材提供参考方法。

关键词:材料力学;三明治结构;单向布;斜纹布

1　引言

玻璃钢船艇的结构设计主要执行相关规范,但规范中涉及的强度计算方法和施工工艺很大程度上是由材料力学原理衍生而成的,对设计者而言如仅是遵循规范的硬性规定死板套用,而不能理解其理论意义,便很难做到对船艇结构设计的改进和优化,尤其对于一些高性能船舶结构设计,熟练掌握并应用这些理论与实际相结合尤为重要。

针对规范中玻璃钢材料的力学应用,并结合施工中的实例分析提出改进措施,综述其主要内容如下。

2　力学原理

规范对船体结构中板或骨材的尺寸要求,归根结底是使其所承受的力学应力要满足材料自身的机械性能要求,而其力学模型主要以材料力学中的梁的变形为基础参考,并以梁的纯弯曲理论及其推广得出,同质均匀梁在弯曲时横截面上任意一点的正应力和平均剪应力分别为

$$\sigma = \frac{M \cdot y}{I} = \frac{M}{SM} \tag{1}$$

式中　M——弯矩;

　　　I——横截面对中性轴的惯性矩;

　　　y——计算点到中性轴的距离;

　　　SM——计算点处剖面模数,或称抗弯截面系数。

$$\tau = \frac{F \cdot Q}{I \cdot b} \tag{2}$$

式中　F——剪力;

　　　Q——计算点以外横截面对中性轴的静矩;

　　　b——受剪宽度。

对于玻璃钢材料,层板间存在性能差异,可引用材料的弹性模量将上述公式细化,引申为

$$\sigma_i = \frac{M \cdot E_i \cdot y}{EI_{NA}} = \frac{M}{SM_i} \tag{3}$$

式中　E_i——计算点处层板的弹性模量；

　　　EI_{NA}——弯曲刚度，为各层板对中性轴的惯性矩之和；

　　　SM_i——计算点处层板的剖面模数。

同理，亦可推导出平均剪应力为

$$\tau = \frac{F \cdot EQ}{EI_{NA} \cdot b} \tag{4}$$

式中　EQ——计算点以外各层板对中性轴静矩之和。

3　规范计算

规范中对玻璃钢板材厚度的要求是在板长度方向上取单位宽度（1 mm/1 cm）做分析单元，将宽度方向视作梁的弯曲来计算的。

当分析单元各层板机械性能差异不大时，公式（1）中对正应力的要求，可转为对剖面模数的要求，即

$$SM = \frac{M}{\tau} = \frac{I}{y} = \frac{\frac{t^3}{12}}{\frac{t}{2}} = \frac{t^2}{6} \tag{5}$$

如将板格边界条件视为四周刚性固定，则

$$M = \frac{Pb^2}{12} \tag{6}$$

式中　P——计算压力；

　　　b——板材宽度。

注：上式中板格为不带曲率，且长宽比≥2时，故弯矩不做折减。

将公式（6）代入公式（5）中可得关于板格厚度 t 的要求，即

$$t = b\sqrt{\frac{P}{2\sigma}} \tag{7}$$

将材料所能承受的极限弯曲强度 σ 乘以安全系数得到许用弯曲强度代入上式，即可转换为规范中对板材的厚度的要求。

同理，亦可推导出规范对骨材剖面模数和腹板面积的要求，即

$$SM = \frac{Pl^2 s}{12\sigma} \tag{8}$$

式中　l——骨材跨距；

　　　s——骨材间距。

$$A_w = h_w t_w = \frac{I \cdot t_w}{Q} = \frac{F}{\tau} = \frac{Pls}{2\tau} \tag{9}$$

4　理论应用

当玻璃钢各层板机械性能差异较大时，上节所述计算方法将不再适用，须引入公式（3）和公式（4），其相关参数可由下面方法取得。

4.1　板材

如图1所示，可以求出分析单元中性轴距基线高，即

$$z_{NA} = \frac{\sum (E_i \cdot t_i \cdot z_i)}{\sum (E_i \cdot t_i)} \tag{10}$$

式中　t_i——各层板厚度；

z_i——各层板中心距基线的距离。

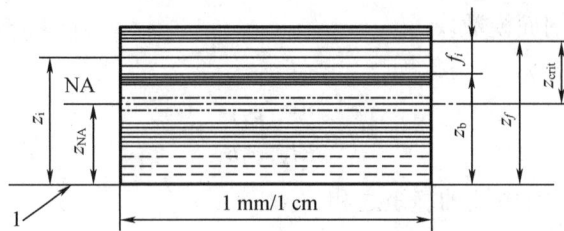

图1 轴距基线高

注:图中所示1代表基线,为船体外露面板最外侧,不包含胶衣面。

由惯性矩平移公式可知,分析单元对基线的惯性矩为

$$EI_{base} = \sum (E_i \cdot t_i/12) + \sum (E_i \cdot t_i \cdot z_i^2) \tag{11}$$

同理可得,分析单元对中性轴的惯性矩(弯曲刚度)为

$$EI_{NA} = EI_{base} - z_{NA}^2 \times \sum (E_i \cdot t_i) \tag{12}$$

各层板临界面距中性轴的距离为

$$z_{crit} = z_i - z_{NA} - t_i/2, z_i \leqslant z_{NA} \tag{13}$$

$$z_{crit} = z_i - z_{NA} + t_i/2, z_i > z_{NA} \tag{14}$$

各层板临界剖面模数为

$$SM_{ii} = EI_{NA}/(z_{crit} \cdot E_i) \tag{15}$$

各层板对中性轴静矩之和为

$$EQ = \sum [E_i t_i (z_i - z_{NA})] \tag{16}$$

4.2 骨材

对于骨材,其计算原理和过程与板材基本相同。如4.1所述,板材采用单位宽度作为分析单元,因此计算中涉及面积的相关参数只需用层板厚度代替,将其应用于骨材的面积计算,则取相应位置处的宽度(面板)或高度(腹板)与厚度的乘积即可。

4.3 应用要点

对于常规规范计算,构件产生正应力值最大的位置位于离中性轴最远的点,但是当层板性能差异较大时,应对每一层板进行校核,其原因可用胡克定律解释,即

$$\sigma = E\varepsilon \tag{17}$$

式中 ε——弹性应变。

对有着相同线应变而机械性能不同的层板,弹性模量大者所承受的正应力越大,但各层板具备的极限正应力并不相同,因此应将两者应力之间的比值作为衡量标准,校核各层板的相对强度比,而对其剪切应力的检验亦适合此准则,即

$$\tau = G\varepsilon \tag{18}$$

式中 G——剪切模量。

对于板材和骨材而言,弯曲变形时相邻层板间 ε 近似(面板)或相等(腹板),因此距离中性轴最远位置处层板的相对弹性强度比未必最小,而中性轴位置处的剪切强度也要依据各层板的特性,转化为相对剪切强度较小的层板来校核。由此可见,设计中合理选择玻璃钢积层的材料种类并将其有效搭配,是非常重要的。

5 实例研究

对于常规玻璃钢船艇,普遍设计为等宽距板格的布局(一般肋骨或纵骨间距不大于500 mm),积层工艺为

短切毡与正交布交替铺设成型,采用这种方式用于一些高性能或大尺度船舶,往往会出现一些弊病,如船体重量大、刚性不足、施工烦琐、材料浪费等,因此可以利用不同种类玻璃钢材料具备各向异性的特点加以弥补,现将公司65尺高速游艇的一些改进方法介绍如下。

5.1 板材优化

将三明治结构方式应用于该船型的板材设计,实现减轻艇体重量的同时,使结构具备高强度、高刚度的特性。其工作原理可由第2节所述力学原理推导得出。当板材弯曲时,由于上下两端的面板与中间芯材的弹性模量相差较大,所以面板承载全部的拉伸或压缩载荷,而芯材承载全部的剪应力载荷,因此通过增加芯材厚度,仅需使用较薄的面板,即可使整体板材获得更高的刚度(EI),从而减小面板的正应力承载。现将设计建造中使用的芯材的机械性能进行罗列,如表1所示。

表1 芯材机械性能

类型	单位	M130	G100	PET90
平均密度	kg/m³	140	100	94
压缩强度	MPa	2.31	1.9	1.27
压缩模量	MPa	111	101	60
拉伸强度	MPa	2.85	3.1	1.66
拉伸模量	MPa	176	136	112
剪切强度	MPa	1.98	1.5	0.7
剪切模量	MPa	59	40	19
剪切断裂伸长率	%	43	38	39

本艇船底选用M130泡沫,作为一种SAN材料,有更高的剪切断裂伸长率和力学性能,更有利于高速船航行中承受波浪拍击的作用力。对于舷侧及甲板,其受力相较船底依次减小,对剪切强度的要求也可逐渐降低,可分别选用G100和PET90泡沫代替。

5.2 骨材优化

玻璃钢船艇主要采用帽型骨材,由顶部面板和两侧腹板组成,类似于工字钢面板承载平面压缩或拉伸荷载,腹板承受剪切载荷,这与5.1中所述三明结构基本原理一致。依然遵循第2节所述力学原理,对本艇材料的选取进行优化,摒弃常用的玻璃纤正交布(方格布),替换为单向布与斜纹布的组合。现将这几种玻纤材料的机械性能进行罗列,如表2所示。

表2 玻纤材料机械性能

类型	单位	M300 300 g/m² 短切毡	WR600 600 g/m² 正交布	DB600 600 g/m² 斜纹布	UD500 500 g/m² 单向布
纤维含量	%	30	50	50	50
拉伸强度	MPa	85	197	95	430
压缩强度	MPa	117	147	95	315
弯曲模量	MPa	6 400	14 000	6 300	22 500
剪切强度	MPa	62	78	140	50
剪切模量	MPa	2 750	3 090	5 600	2 155

如表 2 所示,对比其各自性能,不难得到以下结论:

(1)单向布相较正交布在平行于纤维方向的拉伸和压缩性能更优秀,更适合于构件受拉或受压部位,即骨材的面板;

(2)斜纹布相较正交布的剪切性能更优秀,更适合于构件受剪部位,即骨材的腹板;

(3)将单向布与斜纹布相结合,即可减轻骨材重量的同时,满足其结构强度要求。

6 总结

综上所述,将材料力学理论作为结构设计的指导原则,能够更好地理清设计思路,通过对材料合理选择及有效搭配,充分发挥材料的突出特性继而进一步优化设计,将船舶性能提高的同时,节约造船成本,创造经济效益。

参考文献

[1] 孙讯方,方孝淑,关来泰.材料力学:Ⅰ、Ⅱ[M].5 版.北京:高等教育出版社,2009.

[2] 陈铁云,陈伯真.船舶结构力学[M].上海:上海交通大学出版社,1991.

吊称法测算小型船艇质量重心研究

刘 扬[1] 薛 亮[2] 曲晓娇[2]

(1. 大连松辽玻璃钢船艇有限公司;2. 大连松辽船厂)

摘 要:本文详细论述了使用吊称法替代倾斜试验,利用简单力矩平衡和相似三角形性质测算船艇质量与重心位置,为不易进行倾斜试验的船艇提供了可替代的方案。

关键词:小型船艇;倾斜试验;质量;重心

1 引言

近几年来国内小型玻璃钢及铝合金船艇发展如火如荼,其主要尺度为 5～15 m,因其主尺度小、排水量低,所以在海面上做倾斜试验时相比大型船舶会有较大误差。主要因素体现在:

(1)甲板面积小,不利于安放移动摆锤、阻尼水箱和试验重物;

(2)风浪作用下,不利于读取艏艉吃水并确定艇体浮态;

(3)操作人员占空船排水量的比重大,作业时严重影响艇体浮态,不利于读取试验数据。

对于此类船舶,可采用两次吊装称重法代替原有倾斜试验方法来测算该艇的质量及重心位置,其主要原理和操作方法具体如下。

2 主要原理

2.1 力矩平衡

如果物体处于平衡状态,那么物体所受到力的合力矩的代数和是零,如图 1 所示。

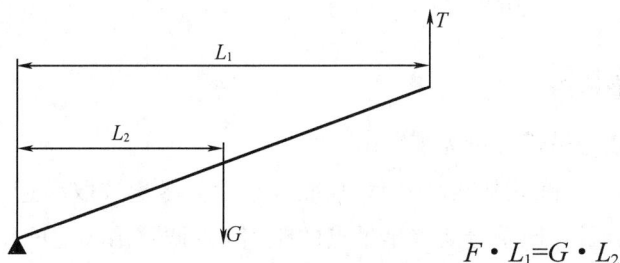

$$F \cdot L_1 = G \cdot L_2$$

图1

2.2 相似三角形性质

相似三角形对应角相等,对应边成比例,如图 2 所示。

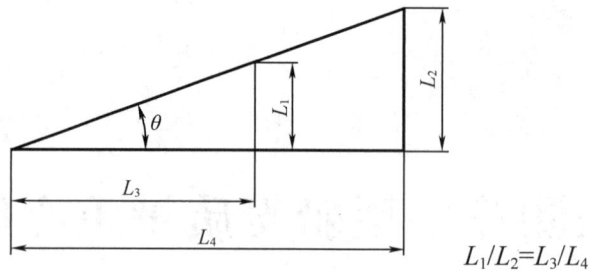

$$L_1/L_2=L_3/L_4$$

图 2

3 操作方法

3.1 测量设备

艇架:船艇装配和吊装一般是在艇架上完成的。为了定位准确,方便吊装,制作艇架通常会与船体正浮状态相吻合,首尾分别各设两个吊点,如图 3 所示。

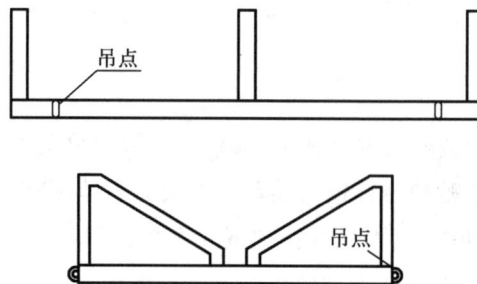

图 3

吊勾式电子秤:用于称量吊装质量方便读取,由于船体质量小,电子秤质量上限可为 10 t,准备两个;

桥式吊车:梁上设两个吊车,用于起吊重物;

吊带:用于电子秤吊钩和艇架吊点间的连接;

激光自动安平标线仪:校核水平方向;

摆锤:校核铅直方向;

米尺:测量距离。

3.2 测算艇体质量及重心纵向位置

为了叙述方便,现假定艇架与吊带质量为零。

首先使用激光自动安平标线仪确立基准水平面,基准水平面应尽量选取靠近地面位置。将完工后的艇体按照正浮状态固定在艇架上,测量并记录艇架首尾吊点的距离 L。调整吊车之间距离使之等于 L,将电子秤挂在两个吊车的吊钩上,用吊带连接电子秤与艇架,分别从首尾吊点起吊艇体。当艇架脱离地面后,调整吊点高度,直至艇架底面与基准水平面平行。此时两吊带与铅直方向平行,并通过铅锤校核方向。

读取两个电子秤上的数值 T_1 与 T_2,其和值 (T_1+T_2) 等于艇体质量 G。根据力矩平衡,求得艇体重心与吊点间的距离 L_1 和 L_2,从而确定重心纵向位置,如图 4 所示。

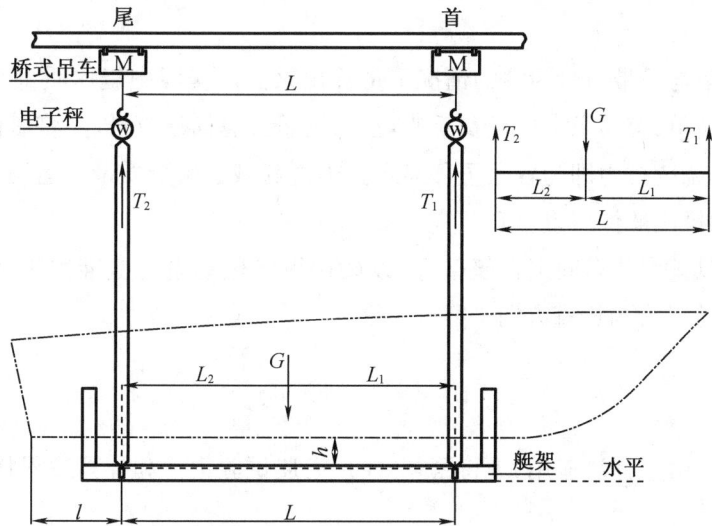

图4

$$G = T_1 + T_2, L = L_1 + L_2$$

由力矩平衡 $G \cdot L_1 = T_2 \cdot L$ 推出 $L_1 = T_2 \cdot L/G, L_2 = L - T_2 \cdot L/G$。

注: h 为吊点连线距基线距离。

3.3 测算艇体重心垂向位置

确定重心纵向位置后,记录尾吊点距基准水平面高度,此后保持船首吊车不动,启动船尾吊车,起吊艇架尾吊点。当倾斜角度达到5°左右后停止起吊。调整尾吊车位置,使吊带与铅直方向平行,并通过铅锤校核方向。记录尾吊点高度,从而求得高度差 H。

读取两个电子秤上的数值 T_3 与 T_4,其和值($T_3 + T_4$)亦等于艇体质量 G。根据力矩平衡和相似三角形性质,同样推算出艇体重心垂向坐标 Z,如图5所示。

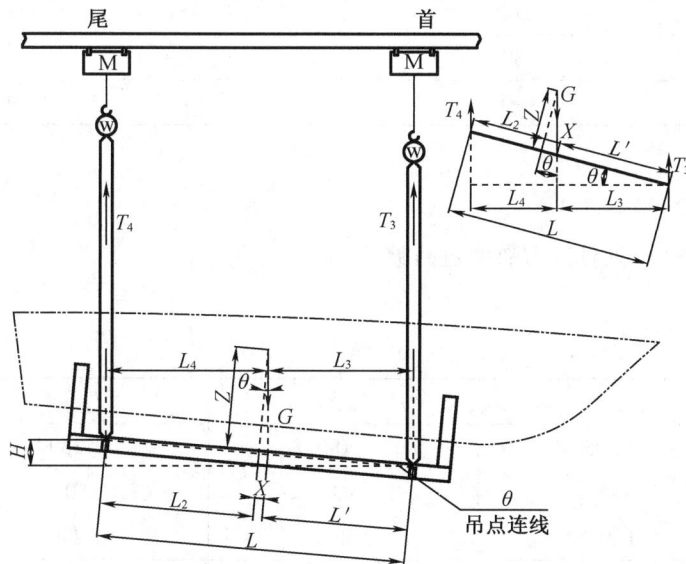

图5

$G = T_3 + T_4, \tan\theta = H/(L^2 - H^2)^{1/2}$,由力矩平衡 $G \cdot L_3 = T_4 \cdot (L_3 + L_4)$ 和相似三角形性质 $L_3/(L_3 + L_4) = L'/L$ 推出 $G \cdot L' = T_4 \cdot L, L' = T_4 \cdot L/G$。

已知 $L = L_2 + L' + X$,式中 L_2 即为已求艇体重心距尾吊点距离,由此 $X = L - L_2 - L' = L - L_2 - T_4 \cdot L/G$。

重心垂向位置 $Z = X/\tan\theta$,$\tan\theta$ 已知从而得到 Z。

3.4 注意事项

以上公式是在假定艇架与吊带质量为零的情况下推算出来的。实际中艇体质量小,计算时应将以上因素考虑在内。由于艇架结构简单,容易求得质量及重心位置,为了计算简便,可以先将艇体和艇架作为系统看待。同时吊带沿铅直方向平行,系统拉力即为各电子秤显示拉力之和减去吊带质量。运用3.2与3.3阐述原理,首先求得系统质量重心,从而推出艇体质量重心。

试验前必须保证艇体以正浮状态固定在艇架上,以确保纵向坐标系与基准水平面平行(亦与艇体基线平行),且记录数据时必须保持吊带与铅直方向平行。

4 实例计算

为了便于读者进一步了解吊称法应用,现将公司24尺游艇试验记录和计算过程整理如下:

(1)艇的主尺度

总长 $L_{oa} = 7.02$ m

型宽 $B = 2.50$ m

型深 $D = 1.15$ m

吃水 $T = 0.45$ m

(2)计算参数(表1)

首尾吊点距离 $L = 3\ 010$ mm

吊点连线距基线高 $h = 150$ mm

尾封板顶点距尾吊点水平距离 $l = 490$ mm

表1

项目	质量/kg	重心位置(距尾吊点)/mm	
		纵向 X	垂向 Z
艇架	260	1517	78
首吊带	80	—	—
尾吊带	90	—	—

(3)系统质量计算(表2)

由于吊带沿铅直方向平行,应对拉力数值进行修正。

表2

系统拉力	T_1/kg	T_2/kg	T_3/kg	T_4/kg
修正前	1 295	1 180	1 330	1 145
修正减值	80	90	80	90
修正后	1 215	1 090	1 250	1 055

$$系统质量 G = T_1 + T_2 = T_3 + T_4 = 2\ 305 \text{ kg}$$

(4)系统重心纵向位置计算

$$L_1 = T_2 \cdot L/G = 1\ 423 \text{ mm(距首吊点)}$$

$$L_2 = L - L_1 = L - T_2 \cdot L/G = 1\ 587 \text{ mm(距尾吊点)}$$

（5）系统重心垂向位置计算

尾吊点距基准水平面起始高度　　　　$H_1 = -95$ mm

尾吊点升高后距基准水平面高度　　　　$H_2 = 100$ mm

高度差　　　　　　　　　$H = H_2 - H_1 = 195$ mm

$$\tan \theta = H/(L_2 - H_2)1/2 = 0.065$$

$$L' = T_4 \cdot L/G = 1\,378 \text{ mm}$$

$$X = L - L' - L_2 = 46 \text{ mm}$$

$$Z = X/\tan \theta = 704 \text{ mm}（距首尾吊点平行线）$$

（6）艇体质量及重心位置计算（表3）

表3

项目	质量/kg	纵向 X/mm	垂向 Z/mm	纵向力矩/（kg·mm）	垂向力矩/（kg·mm）
系统	2 305	1 587	704	3 657 150	1 622 756
艇架	260	1 517	78	394 420	20 280
艇体	2 045	1 595	784	3 262 730	1 602 476

由此可知：

艇体质量 = 2 045 kg

艇体重心纵向位置 = $X + l$ = 2 085 mm（距尾封板顶点水平距离）

艇体重心垂向位置 = $Z - h$ = 634 mm（距基线）

5　比较分析

5.1　试验目的

称重法和倾斜试验的都是为了测定空船质量与重心位置,因此目的具有统一性。

5.2　试验原理

称重法以理论力学和解析几何为依据,通过力矩平衡和相似三角形性质结合测量数据推导出船体质量与重心位置。

倾斜试验以船体静力学为依据,通过船体受质量移动产生的倾角与力矩、力臂的比例关系和重心与浮心平衡状态下的位置关系,结合测量数据和《静水力曲线表》推导出船体质量与重心位置。

由此可见,无论是哪一种方法,都有公认的理论作为指导依据。

5.3　试验条件

5.3.1　环境条件

称重法是在车间内进行的,因此不受室外天气影响。试验准备时的人员安排、试验工具等要求简便。

倾斜试验是在水中进行的,试验人员须在船上操纵作业,试验工具的读取对船体状态有严格要求。

因此,称重法对于小型船艇比倾斜试验更易操作。

5.3.2　状态条件

称重法要求船体以正浮状态固定在艇架上,倾斜试验同样要求船体尽量呈正浮状态,二者都是为了测量船体重心位置是在以基线为纵向的理论坐标系内,因此位置上具有统一性。

5.4 试验过程

5.4.1 质量测算

称重法的质量只需计算吊点位置处两个电子秤显示的质量之和,即可方便求出艇体系统质量,减去艇上多余质量(艇架及吊带质量)求得空艇质量。

倾斜试验是根据艇体在水中呈现的浮态,记录吃水,在《静水力曲线表》中查得相应吃水状态下的艇体质量,减去艇上多余质量(试验人员、移动重物及压载)求得空艇质量。

在不考虑误差影响时,两个试验的质量计算结果是一致的。

5.4.2 重心位置测算

称重法的纵向重心位置通过已知两吊点的距离和一端起吊质量,得到相对于另一端吊点的作用力矩,结合计算出的艇体质量,由力矩平衡计算求解,得到重心相对于基线的纵向位置。

称重法的垂向重心位置通过保持一端吊点不动,起吊另一端吊点得到倾斜角度 θ,围绕这个角度找出物理数学模型中的相似三角形,由力矩平衡和相似三角形性质计算求解,得到重心相对于基线的垂向位置。

倾斜试验求重心位置时,通过艇体受试验质量移动产生的横向倾角与力矩、力臂的比例关系首先得到试验状态下的初稳性高 GM,结合《静水力曲线表》查得 KM,并对纵倾进行修正得到二者之差即为重心相对于基线的垂向位置。再根据重心与浮心平衡状态下的位置关系,结合《静水力曲线表》查得浮心位置并对纵倾进行修正,推导出重心相对于基线的纵向位置。

由此可见,称重法和倾斜试验采用的计算方法和测量数据不同,但得到的结果都是重心相对于基线的位置。值得注意的是,以上两种试验都需要进行空艇条件下对多余质量的形心修正。

6 结论

综上所述,称重法和倾斜试验尽管在试验原理、试验条件和试验过程中有差异,但是并不影响试验结果。同时,称重法对于小型船艇比倾斜试验测质量重心更易操纵,得到的试验结果更精确。

目前,这种试验方法由我公司推广,得到了中国船检部门的认可并被多家同行采用,为不易采用倾斜试验的船艇提供了可行的替代方法。

参考文献

[1] 盛振邦,刘应中. 船舶原理:上册[M]. 上海:上海交通大学出版社,2003.

[2] 王永岩. 理论力学[M]. 北京:煤炭工业出版社,1997.

[3] 同济大学数学教研室. 高等数学:下册[M]. 4 版. 北京:高等教育出版社,1996.

带式输送机跑偏分析和防治措施分析

韩建新

（中国船级社实业公司大连分公司）

摘　要：带式输送机的基本原理使得其在运行中会因为局部摩擦力的大小或者方向变化而导致其发生跑偏事故。因此在采取措施防止跑偏时应当从引起跑偏的因素入手进行调整。

关键词：带式输送机；跑偏；防治措施

1　带式输送机的原理和跑偏原因分析

带式输送机是一种常见的运输机械，这种机械主要是利用胶带作为承载和牵引的连续式运输设备。其完成运输的主要原理就是摩擦力，即通过滚筒和托辊对胶带产生的摩擦力而带动胶带的运行，这样就完成了运输功能，特点就是承载和传动都是由胶带完成。

分析实际生产中的带式输送机跑偏的原因可以看出，其跑偏的直接性原因有两个：第一，传输皮带两侧的驱动力出现不平衡，导致皮带在传动过程中出现不一致的情况；第二，胶带所受的外力在皮带宽度方向上的合力不为零，或垂直于皮带宽度方向上的拉应力不均匀，从而导致托辊或滚筒等对皮带的反力产生一个向一侧的分力，在此分力的作用下引起皮带向一侧偏移。下面就这两种情况进行分析。

1.1　两侧受力不平衡的情况

（1）设备的张紧装置在安装和调试中出现误差。皮带的张紧装置安装和调试不到位就会导致皮带的两侧张拉牵引力不协调，因此在运行时就会出现跑偏的情况，这是最为常见的跑偏原因。

（2）皮带运输时物料落料不均匀。在带式输送机正常空载运行时情况正常，而在有负载运输时发生跑偏，这时应当从物料落料的情况展开调查，因为在带式输送机运行过程中这种情况也是极为常见的。给料不均匀就会导致皮带的局部压力增加而导致摩擦力增加，自然就会出现运行不平衡。

（3）传送带本身的质量问题。皮带本身出现质量问题也会导致皮带的两侧张力的不均衡，如皮带本身不直、接头不齐等，这样皮带就会向张紧拉力大的一侧跑偏，在皮带接头和不直处最严重。

（4）皮带出现老化而松弛。皮带是一种具有弹性特征的材料，因此在经过一段时间的使用后就会出现老化或者永久变形的情况，而这时就会使其出现松弛和张拉力下降的情况，这就会导致皮带内部的应力出现不均衡，从而引起跑偏。

（5）滚筒或者托辊污染。在皮带运输的物料中往往会存在一些黏性物料，这种物料有时就会粘在滚筒或者托辊上，这样就会导致滚筒或者托辊的直径或者摩擦系数发生变化，这时皮带的张拉力就会出现不均匀，由此造成皮带跑偏。这种情况常见于短距离运输中。

1.2　滚筒或者托辊产生侧向力引起跑偏

支撑皮带运输作用的滚筒或者托辊因为安装原因导致位置偏差，就会引起皮带在传输途中受到侧向力的影响而跑偏,造成这种情况的因素较多,例如以下几种。

（1）滚筒或者托辊安装时位置出现位移。当承载托辊的安装位置与带式输送机中心的垂直线出现偏差,或者滚筒轴线与带式输送机的中心线的垂直度出现误差时,皮带在承载后就会出现向一侧跑偏的情况。在转向滚筒或者托辊的位置这种跑偏较为严重,而且无论是承载还是回程阶段都会出现跑偏,越往前现象越不明显。驱动滚筒如果引起这种跑偏则较为严重。

（2）滚筒或者托辊和皮带的中心线出现错位,尤其是在机械的尾部采用重锤进行张紧的情况下,在尾部转向滚筒的浮动形式,因此容易产生跑偏。

（3）机械支架出现安装偏差或变形。这种情况主要是机架出现安装偏差或变形,包括两侧高低差误差、中心线偏移等,这种情况都会导致皮带受到侧向力而出现跑偏。

2 带式输送机防止跑偏的措施

针对前面引起跑偏的因素,在生产中就应当采取必要和针对性的措施来防治带式输送机的跑偏事故。从根本上看是消除皮带在两侧受力不均衡和侧向力的影响,这样才能从根本上完善皮带输送设备的工作性能,因此,消除跑偏的主要措施就是提高安装质量、实行技术改造、提高养护意识等,这样才能保证带式输送机运行的安全和可靠性。具体的措施如下。

2.1 调整托辊系统

为了方便与调整可以将托辊支架两侧的安装用圆孔改成长孔,这样可以避免机架安装偏差、变形及物料不均匀或者机械振动产生的带式输送机跑偏。针对托辊架不正引起的跑偏,可将跑偏那边的托辊架向胶带前进方向移动一点,一般移动几个托辊就能纠偏。跑偏严重时则需要重新校正托辊架,使托辊组水平误差控制在允许偏差之内。如果是固定托辊架的螺栓松动引起的皮带跑偏,将松动的螺栓重新紧固好就可解决。

2.2 适当调整驱动滚筒的位置

调整滚筒安装位置,使滚筒轴线垂直于胶带的纵向中心线并与水平面平行。以首轮滚筒为例,如果胶带往哪侧轴承座跑偏,就把那一侧轴承座向胶带的运行方向移动,或将另一侧轴承座向运行的反方向移动。但要注意,调整前必须确定滚筒的中心线与胶带中心线的实际偏移量,以保证调整后的滚筒位置正确。

2.3 设置调心托辊

在传输带出现跑偏的时候,如中部出现跑偏还可以采用另一种方法来控制和预防,即在设备上增加安装调心托辊来预防。这个原理就是利用托辊在水平面上的转动而产生一个横向力,让托辊机构围绕中心轴转动成弧度,而根据皮带运行时不垂直托辊的情况,让皮带自动向中心移动,由此完成了对跑偏的调整。该方法通常在较短的带式输送机上适用。

2.4 调整皮带的张紧度

张紧度也是影响皮带跑偏的因素,因此可以根据张紧机构的差异采用合理的方式进行跑偏防治。在重锤张紧机构中可以分为尾部张紧和中部张紧,而机械性张紧则是指螺旋张紧。在重锤张紧的形式中,转向滚筒处理要求与皮带纵向相垂直外,还应当与重锤的重力垂线相垂直,这样才能保持轴线的水平。而采用螺旋张紧时,不论怎样改变张紧滚筒的位置,其中心线都需要与皮带纵向垂直。

2.5 对物料的转载点和落料位置进行调整

当物料卸载点不在胶带中间时,由于偏载使得胶带受力沿纵向中心线两侧的分布不均匀,二者之差较大时,将直接导致输送带在运行中发生跑偏。如果输送带在空载时不跑偏,而重载时总向一侧跑偏,说明输送带已出现偏载。此时应调整接料斗或输送机的位置,使输送带均载,以防止其跑偏。

2.6 加强对安装过程的质量控制

安装时加强对机架、托辊组、滚筒、拉紧装置的质量控制,使其中心线处于同一切面上,调整皮带机的机头、机尾、中间架,使三者的中心在同一条直线上,机架的同截面水平度要符合规范的要求。在制造时托辊组的两侧安装孔都加工成长孔,以便安装时进行调整。

3　结语

综上,在预防皮带跑偏的过程中首先要从调整设备的硬件入手,对滚筒、托辊、张紧装置等进行优化或者调整,使之能够提高对作业环境的适应性,同时从外部环境上调整物料添加的方式,以综合性的预防措施防止皮带跑偏,这样才能做到全面而安全地避免事故的发生。

参考文献

[1]　韩同鹏,陈英凯,郑英,等.皮带机跑偏原因分析及防偏技术研究[J].农业装备与车辆工程,2009(1):37 – 39.

[2]　张琪伟.皮带机跑偏原因分析及处理[J].科技资讯,2010(5):138.

[3]　王立海.皮带机打滑回溜故障的处理[J].港口装卸,2010(1):43.

Se75 射线源在船舶小径管探伤中的应用

黄德顺

（中国船级社实业公司大连分公司）

摘 要：在 LNG 运输船的建造过程中会有大量的小径管焊缝需要进行射线探伤，小径管壁厚较小，射线探伤通常采用 X 射线机，可以取得较高的透照灵敏度，但由于 X 射线机体型和重量较大，普遍应用于车间预制部分管口探伤。而在船舶合拢装配时，往往是高空作业，空间狭小，X 射线机探伤难度较大、效率低。本文拟通过对 Se75 射线源特性的分析和透照灵敏度对比试验，分析研究 Se75 源在船舶小径管射线探伤中的具体应用情况。

关键词：Se75 射线源；船舶；小径管；射线探伤灵敏度

0 引言

船舶管道焊缝的质量状态关系着整个系统的安全运行，小径管焊缝的内部质量主要利用射线（X 射线、γ 射线等）探伤，射线源的选择在整个探伤环节中尤为重要。

1 Se75 射线源特性

Se75（硒75）原子质量数为 75，其原子核中含有质子数为 34，种子数为 41，它是一种人工放射性同位素，由中子俘获反应所得，Se75 的半衰期是 120.4 天，比活度为 1.45×10^4 Ci/g，Se75 射线源平均能量为 0.206 MeV，主要能谱线有 9 根，能量分别为 0.066 MeV、0.097 MeV、0.121 MeV、0.136 MeV、0.199 MeV、0.265 MeV、0.280 MeV、0.304 MeV、0.401 MeV，相当于 200 kV 的 X 射线，衰减系数 μ 较大，射线检测对比度 D 较大，射线照相的固有不清晰度 μi 小，清晰度较高。Se75 射线源所辐射的是线状谱，线质较硬，比起相同能量的 X 射线，它的穿透力更大，因此有较大的透照厚度上限值，特别是透照 5~40 mm 的钢，所得影像质量较高。

2 Se75 射线源和 X 射线透照灵敏度对比试验

小径管试件规格：ϕ33.7 mm×5 mm，ϕ60.3 mm×3 mm，ϕ26.9 mm×4 mm，ϕ76.3 mm×7 mm 对接缝。

参考规范：挪威船级社《入级指导》NO.7 无损检测。

BS/EN ISO 17636—2013：《焊缝的无损检测放射线检验》。

胶片类型：AGFA – D5。

增感屏:Se75 采用 0.1/0.2 mm,X 射线机采用 0.03/0.1 mm。

2.1　透照方式

采取双壁双影垂直透照,焦距为 600 mm,像质计放在射线源侧,暗袋背面加 2 mm 铅皮,如图 1 所示。

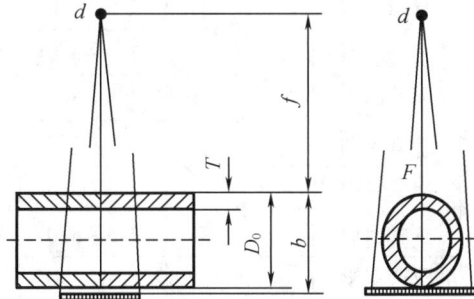

图 1　垂直透照

2.2　设备参数及曝光条件

(1)XXG - 2005 X 射线探伤机(电压区间 120 ~ 200 kV)参数及曝光条件,如表 1 所示。

表 1　XXG - 2005 X 射线探伤机参数及曝光条件

试件编号	规格/mm	管电压/kV	曝光时间/min	焦距/mm
1	$\phi 33.7 \times 5$	125	5	600
2	$\phi 60.3 \times 2.5$	120	2	600
3	$\phi 26.9 \times 4$	120	4	600
4	$\phi 76.3 \times 7.5$	160	5	600

(2)Se75(25 Ci)参数及曝光条件,如表 2 所示。

表 2　Se75(25 Ci)参数及曝光条件

试件编号	规格/mm	曝光时间/s	焦距/mm
1	$\phi 33.7 \times 5$	465	600
2	$\phi 60.3 \times 2.5$	350	600
3	$\phi 26.9 \times 4$	435	600
4	$\phi 76.3 \times 7.5$	510	600

2.3　暗室处理及黑度范围

采取同等条件下手工冲洗,将各检测条件下底片黑度控制在 2.3 ~ 3.5。

2.4 试验数据记录与分析(表3)

表3 Se75 源和 X 射线小径管焊缝射线检测试验数据记录表

试件编号	规格/mm	射线源	透照方式	有效透照厚度/mm	黑度	标准要求 IQI	实际 IQI	底片影像
1	$\phi 33.7 \times 5$	X 射线	双壁双影	10	2.5~3.0	W13(0.20)	W15(0.125)	较清晰
		Se75	垂直透照		2.5~3.0	W13(0.20)	W14(0.16)	清晰
2	$\phi 60.3 \times 2.5$	X 射线	双壁双影	5	2.5~3.0	W14(0.16)	W16(0.10)	较清晰
		Se75	垂直透照		2.5~3.0	W15(0.125)	W15(0.125)	清晰
3	$\phi 26.9 \times 4$	X 射线	双壁双影	8	2.5~3.0	W13(0.20)	W15(0.125)	较清晰
		Se75	垂直透照		2.5~3.0	W13(0.20)	W14(0.16)	清晰
4	$\phi 76.3 \times 7.5$	X 射线	双壁双影	15	2.5~3.0	W12(0.25)	W15(0.125)	较清晰
		Se75	垂直透照		2.5~3.0	W12(0.25)	W14(0.16)	清晰

底片样例:

(1)试件 $\phi 60.3 \times 2.5$ 底片对比,如图 2 所示。

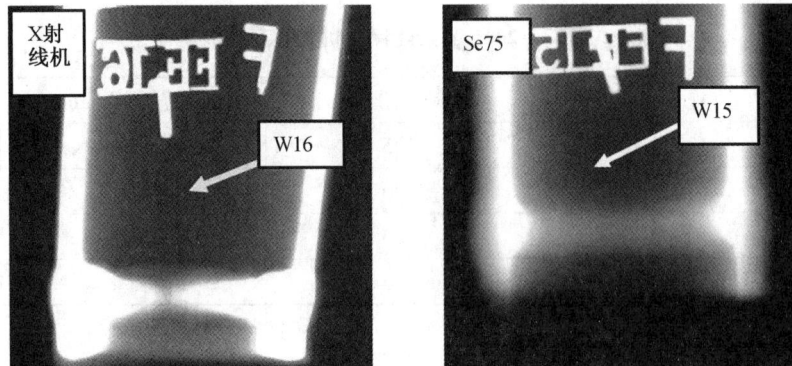

图 2 试件 $\phi 60.3 \times 2.5$ 底片对比

(2)试件 $\phi 76.3 \times 7.5$ 底片对比,如图 3 所示。

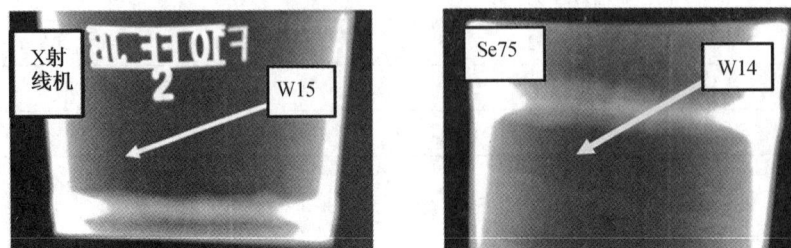

图 3 试件 $\phi 76.3 \times 7.5$ 底片对比

2.5 试验小结

从试验数据可以看出,在选用 AGFA - D5 胶片检测时,使用 Se75 射线源底片基本接近或达到 X 射线时的像质指数,相同透照厚度 Se75 射线源底片像质指数较 X 射线低一根线径,满足标准对底片的透照灵敏度要求。

3 结论

通过 Se75 射线源和 X 射线机在小径管透照灵敏度的对比试验,以及 Se75 射线源的特性,可以得出在小径管射线检测中 Se75 射线源具有以下几点优势:

(1)透照厚度 5~15 mm 时可以接近或达到 X 射线透照灵敏度,满足检测标准的要求(Se75 检测范围一般为 10~40 mm,欧盟标准最低透照厚度可降低到 5 mm);

(2)与 Ir192 放射源相比,Se75 发射的能谱较软,γ 射线照射率常数较小,操作禁区较小,可用于空间受限制的区域,设备轻便,操作简便可靠,大大提高了检测效率;

(3)Se75 射线源具有半衰期长,可减少换源所需要费用和运输引起的衰变损失,尤其是偏远地区及海上作业;

(4)用 Se75 时设定的辐射防护隔离范围较小,有关安全防护、储存和人员剂量控制都比较容易,安全性较高。

因此,无论从技术角度还是从实用性方面考虑,Se75 射线源在船舶小径管探伤中的应用具有较高优越性。

参考文献

[1] 李衍.新一代同位素(75)Se 源的特性和应用[J].无损检测,2003(6):313-316,319.

海上风电运维船施工设计审查应关注点

李圣宝

（中国船级社实业公司大连分公司）

摘　要:风电运维船在建造过程中要加强控制点,因此要采取控制措施从过程中的关键点入手进行控制。

关键词:海上风电运维船;设计审查;关注点

1　海上风电运维船概要

海上风电运维船是对海上风力发电机组进行运行维护的专用船舶。该船舶在波浪中应具有良好的运动性能,在航行中具有很好的舒适性,能够低速精准地靠泊到风力发电机组的基础,防止对基础造成较大冲击,并能够与基础持续接触,安全便利地将人员和设备运送到风力发电机组;船舶甲板区应具有存放工具、备品备件等物资的集装箱或风力发电机组运维专用设备的区域,并可以进行脱卸;船舶还应具有运维人员短期住宿生活的条件和优良、舒适的夜泊功能。

高速专业双体运维船用于离岸 20 n mile 以上的海上风电场运维专业船舶,此种船舶典型特征为航速较高(25 kn 以上);螺旋桨推进,船体为小水线面机构,耐波性好(能在 8 kn 风 3 m 海浪中正常航行),靠泊能力强,抗风浪强,船体为全铝构造,可做日常运维船,也可做居住船的交通船及应急救生船;缺点是建造与运营成本略高。

2　20 m 高速双体运维船施工设计的关键点

（1）对施工设计不细致,由设计的差错而造成返工浪费,影响船舶安全航行、安全作业和污染水域,甚至导致重大恶性事故时有发生,所以对图纸中影响船舶安全航行的隐患要剔除,尽量减少损失。

（2）现场建造过程中对关键点不予以控制,不给予足够重视,会出现质量不达标现象,同样会造成不良后果和影响。这种情况常见是因为对相关规则、规范的掌握及建造过程中控制点明确程度不足。

2.1　高速风电运维施工设计关注点

（1）送审目录应按照《沿海小型船舶检验技术规则(2016)》中的审查要点执行,不应缺项。

（2）总布置图按照规则要求驾驶室顶部有设备,进行维修应有栏杆扶手保护;本船属于高速船,所有的乘客和船员均有座位,并配以安全带。

（3）总体说明书等设计文件中关于设计船舶主尺度数据应规范,并与技术规格书、投标文件等保持一致。

（4）船体结构规范计算书乘员配备人数应与技术规格书一致。

（5）防火分隔图,驾驶室的防火分隔(为控制室)与乘员舱之间的甲板防火等级应符合规则要求,本船防火绝缘和保温材料的使用满足规则要求。

(6)主要设备说明书,舾装件配备拖缆数量应为1根,应满足规则要求。

(7)典型横剖面图按照《沿海小型船舶检验技术规则(2016)》,船体纵向构件应尽可能在全船范围内保持连续,技术规格书、规则要求一致性,重点关注。

(8)基本结构图,考虑到小船的艉部设探出船底的龙骨,对艉部船底进行加强,方便艉部狭小空间的实际使用情况,应满足施工工艺要求,对突发情况安装规范要求采取相应补救措施。

(9)锚泊设备图,舱室密性主体内的锚链舱应保持水密,并对结构加以保护,布置收锚位置,在FR17、FR18处设锚而不是布置在船首,应避免锚链碰到船体。

(10)焊接规格表,淡水舱等液体舱内构件,应用双面连续焊,满足材料规范中防腐要求。

2.2 各专业施工设计审查容易忽视关注点

各专业审图人员在审完本专业图纸后,相互协调、配合处理施工过程中的难点并予以解决。但各专业图纸审查的不一致性,没有对全船状况有明确的看法,会成为建造过程中的难点。

(1)轮机排烟管穿越纵桁时,对穿越船体结构时考虑不周而造成排烟管与结构间隙过大,导致相应结构进行更换。

(2)电气专业一层甲板室横梁电缆穿越开孔后应修补的厚度与穿越横梁的厚度一致,现场会忽略这一要求,导致局部结构强度破损,会产生不利因素。

(3)舾装件带缆桩施工过程中带缆桩内部结构未优化于基本结构图内,给现场施工造成极大不便,造成施工难点。

(4)管系专业各管路穿越舱壁时位置考虑不周,舱室空间狭小,穿舱时空间不足,造成焊接困难,管路难以实现双面焊。

(5)锚链舱巡检发现,壁板与外板之间的过焊孔过大,需要封堵并保证舱室水密性。

这些都是建造中关键控制点。

3 建造过程中控制关键点的措施

(1)审图意见与图纸优化的一致性。审图根据中华人民共和国海事局《沿海小型船检验技术规则(2016)》,对设计任务书、技术规格书、中国船级社规范、法规及相关标准、船舶建造合同进行逐条对照设计图纸及计算资料,查明是否有错误和遗漏之处,并注意相关图之间的一致性以及图纸与计算书之间的一致性,达到完整准确的审图目的。在审图中应注意图纸画法的正确性,对计算中的各种数据、结论进行核对和核实,不能只看计算结论。

(2)各专业审图人员在审完本专业图纸后,应组织所有审图人员交换审图情况,保证各相关专业图纸审查的一致性,并对全船状况有明确看法,各专业相互协调、配合解决施工过程中的难点问题。

(3)建造过程中要对现场施工加强巡检力度,出现不一致的情况要及时沟通、反馈达成一致。

4 结语

综上,在运维船建造过程中,以前期准备工作的各专业对图纸审查意见一致性为起点,到由专门人员组织所有审图人员交换审图情况,协调各相关专业图纸审查的一致性,再到加强建造过程中现场巡检,确保建造过程中不会造成返工浪费。以此保证船舶安全航行、安全作业和不会污染水域、不会发生重大恶性事故,剔除图纸中影响船舶安全航行的隐患,减少损失。

参考文献

[1]　中华人民共和国海事局.沿海小型船检验技术规则2016[S].北京:人民交通出版社,2016.

无损检测在船舶中的应用

刘 帅

（大连海安船舶与海洋工程技术服务公司）

摘 要：无损检测是检测船舶结构建造质量是否符合标准的一种先进技术，同时该技术手段也能作为一种判别依据，验证船舶是否满足标准要求。众所周知，我国科技发展迅猛，造船业也随着这些先进技术和设备的发展在国际船业界迅速崛起，这也大力推广了无损检测的应用，为了提高产品质量，实践中需要更精湛的技术水平。本文通过研究国内外船舶检测的现状，介绍了几种无损检测方法，并在文章末尾提出几种无损检测技术，希望在未来的船舶修造中无损检测能够拥有更广泛可行的前景。

关键词：无损检测；船舶；应用

0 前言

无损检测是船舶行业发展必不可少的有效工具，在一定程度上反映了船舶行业的发展水平，无损检测的重要性已得到公认。研究发现，常规检测方法包含磁粉检测（MT）、渗透检测（PT）、超声检测（UT）和射线检测（RT）。其中射线和超声检测能够检测材料内部缺陷，磁粉检测可以检测材料表面和进表面缺陷，渗透检测材料表面开口缺陷。以上检测方法较为广泛地应用于船舶建造和使用中，本文通过调查分析，对实际情况进行探讨。

1 无损检测在质量控制中的应用

1.1 船舶设计中的无损检测

在研究船舶质量时，人们往往会考虑设计质量的优劣，确保质量的适应性达到最佳水平。而设计质量高低的参考指标为维修性和可靠性两种。设计往往能够对产品的性能、可维修性、可靠性、检查和试验的方法、验收标准、结构形式、产品固有质量等方面有着决定性的影响。此外，无损检测的实际水平通常影响着船舶设计人员的设计方向，进而确保无损检测的灵敏度、可靠性和分辨力与其结构设计标准要求相适应。

1.2 船舶制造中的无损检测

在船舶制造过程中，制造部门接收到设计图纸、资料，然后以此为依据利用原材料生产出相应的产品，最终将化学、力学、无损检测等方面的技术要求和船舶研发、供应等部门的要求进行编制和交流。

为了确保船舶制造过程中各方面能够满足要求，比如冷热加工和无损检测技术等方面，相关部门中的制造人员、工艺人员、结构分析人员等都应彼此加强联系和沟通，确保产品质量能够达到相关要求。产品工艺和原材料的不同直接决定着最终产品的性能，进而对产品无损检测的方法、技术指标、评判结果等方面也有着间接的影响。因此，我们应该将更多的精力投入到船舶无损检测技术方面，这主要受限于我国船舶行业的实际工艺水平。

1.3 船舶使用中的无损检测

为了大幅提高船舶的使用寿命和性能,船舶设计人员必须对制造部门所采用的无损检测方法和使用环境有着较为深入的了解和研究,在特定的周期和工艺方法之下,确保船舶的可靠性能够达到设计水平,实现船舶制造、检测、设计水平三方面持续增长。在船舶使用过程中,导致其失效的一个重要原因是疲劳损伤。因此,在制定船舶报废标准的过程中,设计部门和检验部门必须以先进的无损检测技术为基础,对船舶各方面的性能参数进行详细、深入的分析,比如如何对船舶的使用寿命进行延长。

1.4 船舶维修中的无损检测

在船舶制造过程中,设计的优劣、制造工艺水平的高低以及船舶维修质量的好坏直接决定着船舶的使用寿命。因此,在对使用时间达到规定周期的船舶进行定期维修过程中,必须严格遵守相应的维修方案和检测内容。

超声波测厚是指对船舶甲板、内部构件、外板、肋骨、重要部位的板厚以及机座等部分进行检测;无损检测则是指对船舶的焊缝、主机等重要部位的内部构件、各种压力容器等进行检测。由此可以看出,船舶维修质量的高低受到无损检测优劣的直接影响。

2 船舶无损检测常规技术

2.1 渗透检测

在进行表面缺陷检验过程中使用时间最长的非渗透检测①莫属。在检验过程中,利用毛细管②作用将荧光染料或着色染料均匀喷洒到零件表面,经过一段时间渗透之后,零部件表面开口的缺陷中会含有相应的渗透液;将显像剂喷洒到除去多余渗透液的部件表面,在毛细管的作用下,残留在缺陷中的渗透液会回渗到显像剂中。在特定光源的作用下,缺陷的形貌和分布状态就会一览无余。

2.2 超声波检测

超声波检测主要是基于超声波在工件中的传播特性:超声波在特定材料中的传播速度是固定不变的,不同材料具有不同的声速。在均质材料中,超声波沿直线传播。当超声波从一种材料跨入另一种材料时,在两种材料的界面处发生折射和反射,这时超声波遵循的物理原理和光波相同。

在该方法中,当探头晶体受到由脉冲发生器发出的电脉冲之后,就会产生相应的超声波,并且会在零部件内部进行传播。其中,由缺陷反射回来的波叫作缺陷波,由零部件下表面反射回来的波叫作底波。然后用感应设备将接收到的各种波形显示到荧光屏上,根据显示的位置不同,得出相应的缺陷部位。

2.3 磁粉检测

磁粉检测利用工件上的漏磁场与检测介质作用来发现铁磁性材料工件表面或近表面的不连续的无损检测方法。当工件被磁化后,由于不连续的存在,使工件表面或近表面的磁力线发生畸变而产生漏磁场,吸附施加在工件表面的磁性颗粒,在适当光照下形成目视可见的磁粉图像,显示出不连续的位置、形状和大小,从而达到对工件进行检测的目的。

2.4 射线检测

我们所谓的射线探伤技术也被称作射线检验技术,是一种利用射线可穿透物质的特性和在物质中衰减的特性,来发现工件中缺陷的一种技术手段。它既可以检测金属和非金属材料,也可以检测其加工制品内部出现

---

① 渗透检测:是一种以毛细作用原理为基础的检查表面开口缺陷的无损检测方法。
② 毛细管:凡内径很细的管子叫"毛细管"。通常指的是内径等于或小于 1 mm 的细管,因管径有的细如毛发故称毛细管,在这里是应用在了渗透检测材料上。

的问题,例如在焊接的金属材料上出现气孔、夹渣等缺陷。

现阶段船舶行业应用最为广泛的就是 X 射线胶片照相检测技术。这类检测方法的原理是利用密度不同的物质对 X 射线吸收效果的差异,当零件整体被 X 射线照射后,根据底片上呈现的接收射线强度不同对零件进行缺陷分析。

3 其他先进无损检测方法

3.1 涡流检测

当对金属零部件或者缺陷靠近表面的零部件进行检测时,人们通常采用涡流探伤的无损检测方法。该方法以电磁感应为基础,对处于交变磁场中的零部件的物理性能如振幅、相位等进行检测,进而得出产品中缺陷的尺寸、位置等。

在该方法中,零部件内部的焊接裂纹、夹杂物、气孔能够明显的显现出来,同时,能够通过产品的各种物理性能得出缺陷的相关尺寸和大小,如导磁率、硬度、热处理状态等。此外,该方法还能够对零部件表面各种图层的厚度、直径等进行测量。

3.2 相控阵超声检测技术

相控阵超声由很多个超声探头压电晶片组成,这些压电晶片有规律地排列,在工作时各个压电晶片按照事先预定的延迟时间逐个被激发,这些晶片发射的超声波会组成一个整体波阵面,从而能够有效地控制波阵面的方向和形状,可以让波束聚焦、偏转和扫描。对于任何金属结构物体、非金属结构物体进行检测时都可以完整地将器件内的缺陷进行勘测。

现今,相控阵超声技术已被广泛应用于检测船舶焊接缺陷,在保证船舶结构安全上发挥着巨大的作用。它现在已被成功运用于各种焊缝的探伤,并在某些特定条件下替代射线检测技术。

4 总结

经过调查发现:

(1)在船舶使用中,绝大多数的灾难性失效起源于零部件的表面。因此,磁粉检测和渗透检测的价值绝不可以被低估。对于靠近表面的缺陷,超声波检测由于缺陷信号被工件表面反射的边界信号所掩盖,故而不能很容易的检出。这时,需要采用磁粉检测或渗透检测来最大限度提高检测结果的可靠性。

(2)无论哪种无损检测方法都无法避免地受到操作人员的技能水平和工作态度的影响,进而影响检测结果的准确性。对于无损检测的操作人员一方面要加强专业技能的培训,另一方面加强职业道德的教育也是必不可少的。

(3)随着"绿色造船"的理念不断扩大,无损检测的环保意识也应不断提高。除了对检验过程中产生的危废品应严格落实专业处理外,在检测过程中应做到尽量减少对周围人员和环境的污染范围。

(4)随着船舶行业的发展逐步迈向更高端市场,无损检测必将拥有更为广阔的应用空间。机遇与挑战并存,我国的船舶制造业也在不断向大型化、复杂化和高科技化发展,无损检测面临更高端化的科技以及更复杂的工件结构,新型无损检测技术也必将会有更大的发展和应用空间。

参考文献

[1] 曾平. 船舶材料与焊接[M]. 哈尔滨:哈尔滨工程大学出版社,2006.

[2] 张燕宏,李志远. 焊接结构件焊缝缺陷的无损检测技术研究[J]. 机电产品开发与创新,2003(2):27-29.

[3] 王春华. 焊接技术在船舶修造中的应用[J]. 中外船舶科技,2009(4):6-9.

辅助鼓风机电机问题分析

崔克营　王　晖　梅继川　车正良

（大连船用柴油机有限公司）

摘　要：根据保单及船上跟踪报告,总结辅助鼓风机使用损坏原因及一些其他损坏的原因。本文主要针对这个技术问题进行系统的分析和研究,得出结论供其他项目参考。

关键词：二冲程低速柴油机;低负荷运行;辅助鼓风机

1　前言

招商 7G80ME‐C 系列主机,部分主机发生过鼓风机电机烧毁的情况。但各条船的情况各不相同,统计后,经仔细分析这些损坏还是可以避免的,具体情况简述如下。

招商某船,主机过质保期后,又运行一段时间后才出现辅助鼓风机电动机烧毁问题。而同系列中另一条也出现相同问题,经调查,船东改变主机运行模式,修改为低负荷长期运行。

招商某船,试航期间第一次辅助鼓风机电机及控制箱烧毁,运营一段时间后在 2018 年 11 月,#1 号鼓风机电机再次因过热而被烧毁(此时鼓风机负荷也很大,但主机转速已控制在不致频繁启动鼓风机的范围)。再次换新辅助鼓风机电机后,船东一直认为电机烧毁的根本原因是功率偏小,烧毁的电机质量或许有问题,不再考虑其他可能。因此,此船之后尽量不让鼓风机高负荷运行(频繁启停或扫气压力临界点)。2019 年 9 月,我厂服务工程师上船换了 2 台 105 kW 电机。但也未进行详细检查,试运转正常。

最近一次,2019 年 2 月,在抗台备车航行期间,某轮发生了 #1 号辅助鼓风机接触器烧毁故障,当时在控制箱内对电机进行了相对地、相对相绝缘测量,均正常,但是三相的阻值不同。海况好转后,降速测试鼓风机,#1 号鼓风机接触器直接跳掉,未能正常启动。此次在电动机上进行测量发现 U&W 相间短路,确定电动机问题。

因为在只有一台鼓风机的情况下,主机尚可运行。如果两台出现故障,主机将无法运行,会造成船东和租家巨大的信誉和经济损失,更无法保证船舶和船员的生命安全,所以通过本次总结归纳,给我厂以后处理类似问题提供丰富的处理经验。

2　辅助鼓风机电机问题分析

2.1　辅助鼓风机电机的检测

对出现问题的船舶进行统计,发现都是运行状态进行调整后出现的问题。主机可以不做任何修改,进行低负荷持续运行(10% ~40% 低负荷运行)。虽然在这种主机操作模式下,船舶运营可以节约燃油,但对主机燃烧部件及排烟系统相关的部件都存在损害。在常规工况下运行的主机,其预先的调整和必要的观察都必须谨慎进行。辅助鼓风机的自动停止点在主机 40% 负荷左右,鼓风机负荷也很大,主机转速在频繁启动鼓风机的范围内,鼓风机电机容易因过热而烧毁或因频繁起动而瞬间绝缘击穿(运行很长一段时间后绝缘老化)。保单质量问题反馈如表 1 所示。

表1　保单质量问题反馈

序号	机型	交船时间	问题发生时间	问题描述
1	7G80ME – C#	2016.05.19	2018.01.08	NO.2 鼓风机电机烧毁
2	7G80ME – C#	2016.05.19	2018.10.23	NO.2 鼓风机电机再次烧毁
3	7G80ME – C#	2017.07.11	2017.08.13	NO.1 鼓风机电机烧毁
4	7G80ME – C#	2017.07.11	2018.05.28	NO.1 鼓风机电机再次烧毁
5	7G80ME – C#	2018.08.29	2018.10.12	NO.1 鼓风机电机烧毁
6	7G80ME – C#	2018.08.29	2018.11.24	NO.1 鼓风机电机再次烧毁

而 7G80ME – C#出现控制箱和电动机烧毁问题,经过此问题分析,反推出上述 6 台出现二次烧毁的原因。7G80ME – C#出现问题记录如下。

#1 号主机辅助鼓风机使用中跳闸,经检查,主接触器接线烧糊严重(图1)。

图1　主接触器烧毁现状

测量电机各相对地绝缘正常,测量各相间绝缘正常。

测量各相绕组电阻值(图2)分别为:0.0 ~ 0.1 Ω、0.4 ~ 0.5 Ω、0.8 ~ 0.9 Ω,当时不能确定电机是否正常。

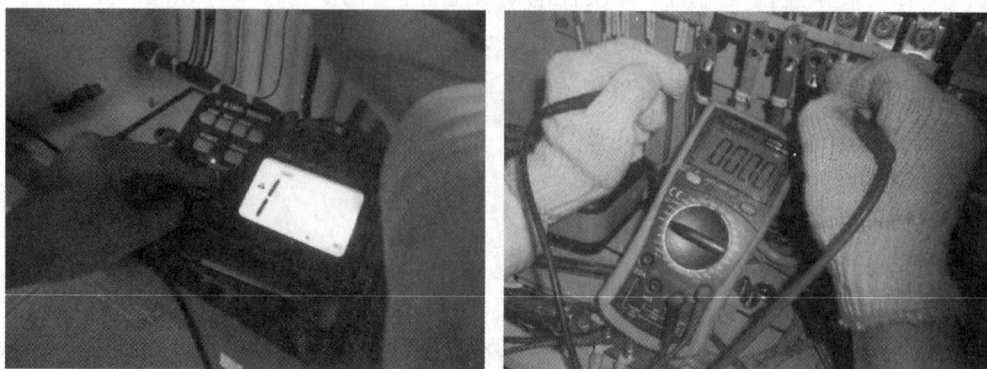

图2　控制箱测量各相绕组电阻值情况

为了正常航行,船上暂无该型接触器备件,故将其他设备类似型号的主接触器进行安装,更换接触器后,因风浪影响当时并未测试。平稳后,启动测试发现不能用,启动开关即跳闸。

将控制箱电机侧的接线全部拆卸(图3),将控制箱转本地,按启动按钮,启动程序正常运行,且不会跳闸,证明故障不在控制箱。

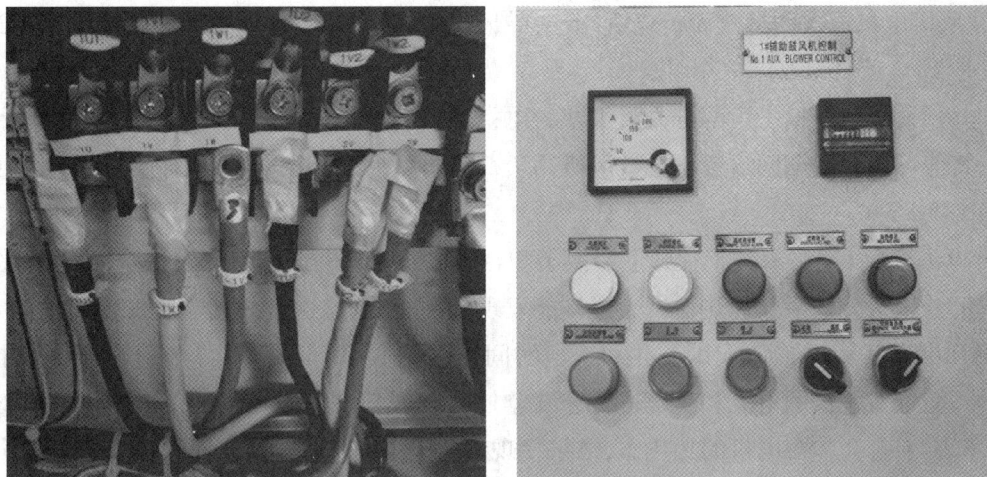

图3　去除电机侧控制箱后的运行情况

将电机接线盒拆开,拆除各接线后,测量各相对地绝缘(图4),未见异常。测量相相之间绝缘,发现 U 和 W 两相间绝缘为 0。

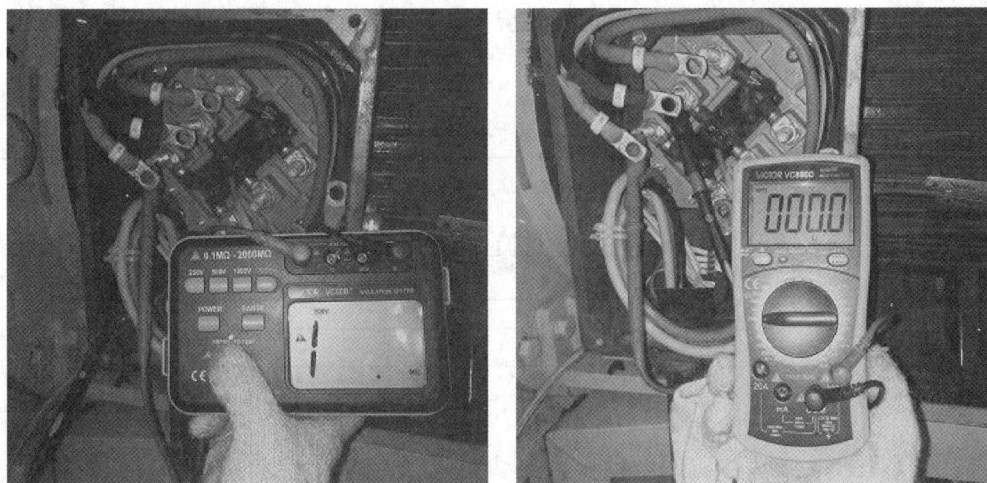

图4　电机绝缘电阻情况

故确认 7G80ME－C#辅助鼓风机控制箱和电机全部烧毁,之后更换新控制箱和电动机后,此系列船无任何问题。因此,再次思考最初 3 台主机出现反复烧毁是否还有其他原因。

2.2　原因是否同电机功率无关

某台主机#1 号鼓风机电机连续烧毁及更换的进程(包含一些总结)如下:

(1)从试航到第一次电机烧毁之前,鼓风机加热器都未开。如果开的话,加热器保险丝可能也会烧毁。

(2)从船上的报警清单来看,当时的确是电机负荷大(同时还存在频繁启动,因此导致电机线圈过热),并且#2 号鼓风机电机 PTC 已动作,避免了#2 号电机被烧毁。此时,#1 号鼓风机电机同样负荷大(但尚未观察到过载继电器动作),此时电机已发热严重,但 PTC 因接错未起到最终的保护作用导致电机烧毁。

(3)第一次换电机后,加热器依然未打开,否则保险丝当时就会烧毁,电机也无法在备车时运行,当时船上怀疑线接错了。在某一天,当加热器被打开,瞬间保险丝烧毁,加热器指示灯仍在熄灭状态,却没有任何警报,但当时鼓风机因主机处于高负荷也未运行,所以并未引起太多关注,然而实际上由起动电路可知鼓风机已无法正常启动。正是这次开加热器导致第二个烧毁电机的 PTC 阻值电机 686 Ω。

(4)当主机降速时,需鼓风机运行,但警报显示#1 号鼓风机无法启动,这正是第 3 项的结果,当时错误认为是加热器烧坏导致(另一份保单),结果关闭加热器运行风机。

(5)#1 号鼓风机电机再次因过热而被烧毁(此时鼓风机负荷也很大,但主机转速已控制在不致频繁启动鼓风机的范围,只是 PTC 仍然无热保护作用)。

再次换新电机后,船东包括工厂部分人员都认为电机烧毁的根本原因是功率偏小,烧毁的电机质量或许有问题,不再考虑其他可能。这期间尽量不让鼓风机高负荷运行,加热器也未开,一直坚持到天津换大功率电机(我厂统一更换 105 kW)。

(6)2019 年 9 月 14 日我厂服务工程师上船换了 2 台 105 kW 电机。当时也没有全面检查,在加热器未打开的状况下,试运转正常。如果开加热器试验或许能发现问题,直到这次开加热器后发现问题。

(7)从天津开出尤其是新加坡开出后,主机有段时间连续跑低速(低负荷运行),2 台鼓风机持续运转。为了防止再出意外,船上对电机的电流和温度进行连续监控并发现都在正常范围内。但同时也发现 2 台鼓风机的加热器都未开,船上打开 2 台电机的加热器,结果发现#2 号鼓风机正常运转,而#1 号鼓风机的加热器保险丝烧坏导致无法运行(再次运行时烧毁保险丝)。换保险丝并关闭加热器后鼓风机可以正常运行。此现象和 2018 年 10 月 24 日的状况一样(详见 GC M－31,当时认为是加热器烧坏了导致保险丝烧毁)。考虑到此台鼓风机电机曾经两次被烧毁,加热器也一直未开,提出了疑问:为什么两次烧毁的都是#1 鼓风机电机呢? 而加热器为何一直未用呢? 加热器一经使用就损坏呢? 船上仔细研究电机启动电路图后,同实物接线进行仔细检查,确认是电机的 PTC(热敏电阻)和加热器的电路相互接错的原因。

2.3 7G80ME－C#13 主机热敏电阻和加热器实际情况

分析图 5 的电路图,具体如下。

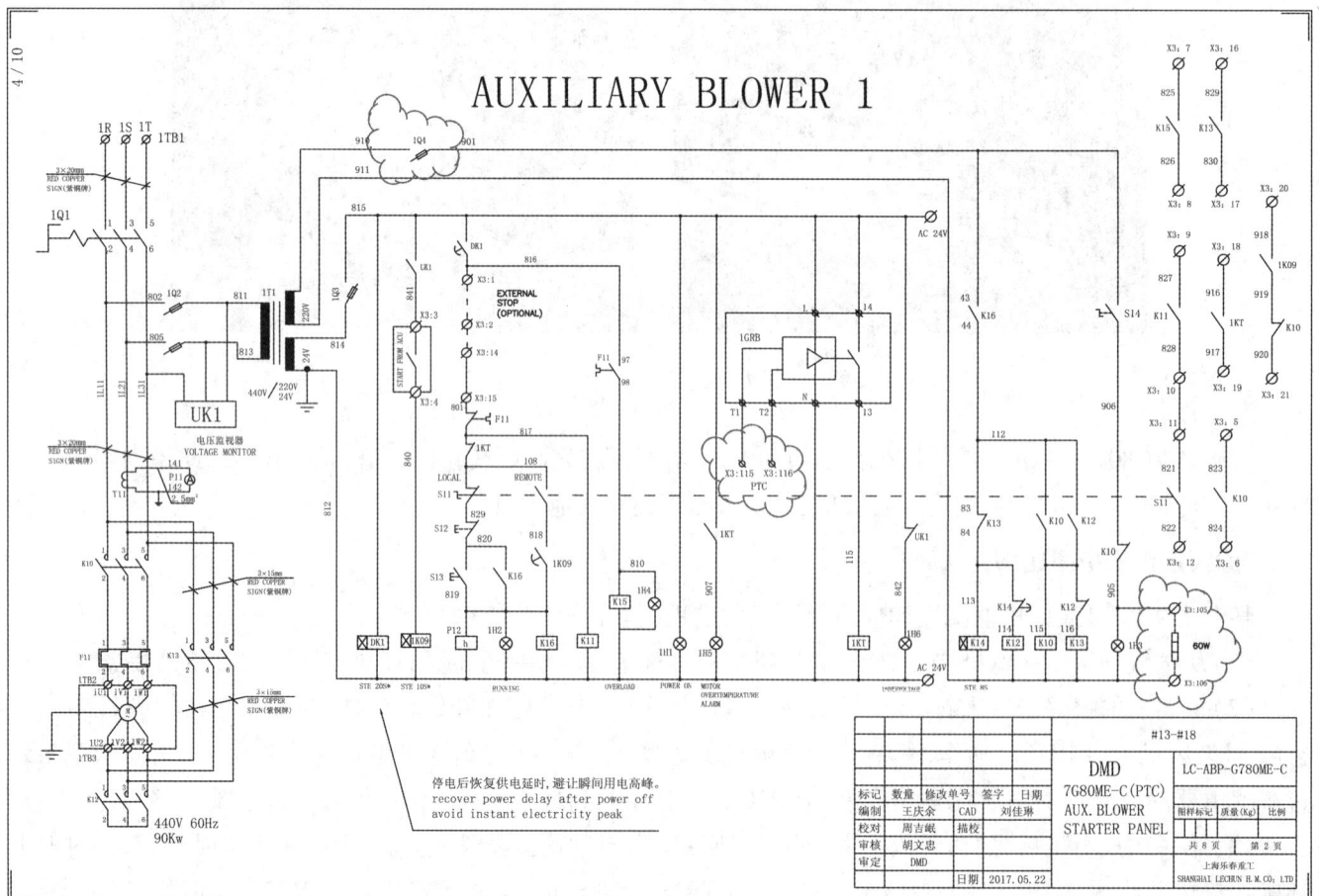

图 5 控制箱接线图

根据电路图很容易得出结论,如果接错的话:

(1)PTC 未接到控制控制箱,电机受不到热保护的作用,这可能就是两次马电机烧毁的根本原因;

(2)220 V 电压直接接在 PTC 上导致保险丝瞬间烧毁,电机也无法运行,如果换保险丝后再关闭加热器,则电机可以继续运行;

(3)加热器一直在低电压下运行(DC12 V),功率很小,发热少,但不是电机烧毁的主要原因。

为了验证以上推测我们主要进行以下工作:

仔细检查#1 鼓风机的 PTC 和加热器的接线(图6),结果发现马电机接线盒内的确是接错了,我们调换接线后开加热器及鼓风机都能正常运转。船员曾经换过马电机,但端子通常会做记号,接线与出厂时不同的概率极低。

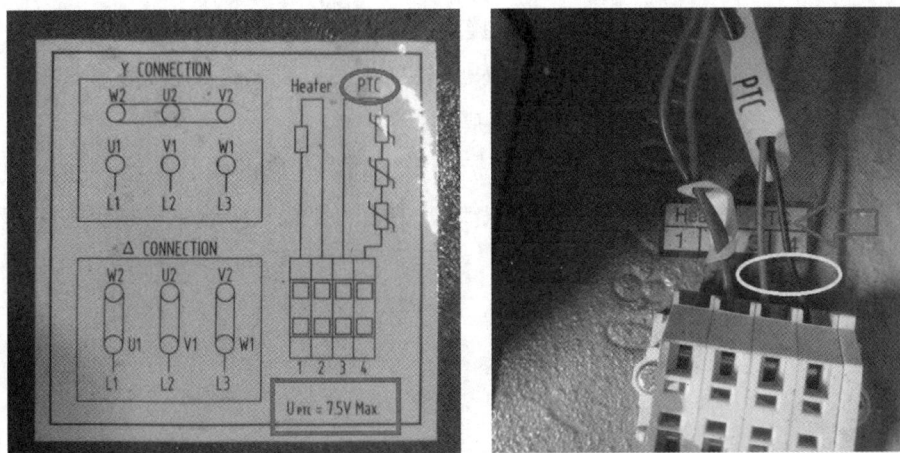

图6　PTC 和加热器接线

我们同时测量了所有鼓风机马电机(包括被烧毁的)的 PTC 和加热器的电阻,结果如表2所示。

表2　电阻测量表

电机名称	PTC 电阻/Ω	加热器(heater)电阻/Ω
第一次烧毁的电机	252	533
第二次烧毁的电机	686	530
No.1 旧式电动机(更换)	230	537
No.2 旧式电动机(更换)	280	511
No.1 新式电动机 105 kW(运行)	527	523
No.2 新式电动机 105 kW(运行)	185	530
新式电动机 105 kW(备件)	195	540

参考电机端子图示及实际的 PTC 接线的颜色(蓝黑,丹东科亮),本台 PTC 最大工作电压是 7.5 V,额定动作温度 155 ℃,但通常用作电机热保护的热敏电阻(三芯的),常温(25 ℃)下电阻都在 300 Ω 以下。如果对 PTC 施加高电压后,可能导致短路击穿;而超过规定的电流,则可能出现不可恢复的高阻值继而可能失效。

因此,船上用 220 V 电压模拟控制电路(外接 1 A 保险丝,同时并联一个指示灯)短暂接到第一次烧毁的马电机的 PTC 后,保险丝立即熔断,再测电阻为 1 780 Ω(未接前是 252 Ω)。再试第二次,保险丝又立即熔断,阻值变为 3 000 Ω,可见此款 PTC 施加远高于最大工作电压(7.5 V)后,虽未击穿,但阻值已发生很大变化且无法恢复。

由以上所测数据和试验结果再结合 PTC 特性可知如下。

(1)加热器(99 W)正常电阻是 530 Ω 左右,可见即使电机烧毁,加热器也正常,故加热器的保险丝烧毁并不是因为加热器烧坏,而是由于错接到 PTC 线路造成的。

(2)除了第二次烧毁的和在用的#1 号电机,其余电机 PTC 电阻值都小于 300 Ω。结合试验结果也可推测出第一次电机烧毁之前,加热器一直未打开;第二次烧毁的和在运行的#1 号电机 PTC 阻值高的根本原因是开了加热器的结果(热敏电阻和加热器错接)。

3 结论

通过以上分析,7G80ME－C#所有#1 号鼓风机电机连续烧毁的根本原因是热保护失效所致(错接线),而电机功率偏小、频繁启动或者接触器状况不好只是可能原因之一。从船上将换下的电机仍然作为备件继续使用,就可以证明此点。

7G80ME－C#的控制箱接触器更换后,整体重新接线,船舶已经正常航行一年有余,未发生任何问题。其他烧毁电机也是由于机械原因造成的,如 7G80ME－C#的 NO.1 鼓风机电机烧毁,经船员拆检发现电机轴承咬死无法转动,风机叶轮与外壳之间有非常明显的剐蹭痕迹。

总之,造成辅助鼓风机电机烧毁的原因就是不良运行模式和不正确的安装使用。如果船东长期低负荷运行主机,应按照我厂推荐进行操作,避免给主机造成损坏。正确的安装和接线也是辅助鼓风机正常运行的必要保证条件。

联合创新工作室在质量管理工作中的效用

孙贵学 王 君 李 博 高 峰

（大连船用柴油机有限公司）

摘 要：我们与车间联合成立的技师工作室,仅在一年时间内便创造性地改造了库存闲置多年的扁钻杆,在满足加工质量要求的同时成功替代了新购钻杆。另外,还将大批拟报废的丝锥延长了寿命,提升了钻孔质量和工作效率。作为公司当前唯一的联合技师工作室,在成立当年就为公司解决了仓储积压问题还节省了采购费用,其成功模式为员工们提升创新理念、增强质量意识起到示范引领作用。

关键词：联合;技师工作室;创新;质量意识

1 成立背景

大连船柴的技师创新工作室是根据中国船舶集团创新驱动发展战略要求,进一步发挥技能人才示范带头作用,大力提升公司自主创新能力和员工整体技能水平而设立的,其中自然也包括对质量管理与产品质量方面的提升。

根据相关文件规定,我们所在的仓库管理部门在当时并不具备独自创建技师工作室的条件,但是这里汇聚了来自生产一线具备实际操作经验和大专毕业具有较高理论知识水平的多个员工,同时这个刚成立不久的部门也存在着亟待研究的实际课题。鉴于此,我们按文件要求与相关制造部门的技师联合创建了"工具、刀具集配管理创新工作室"。

2 工作室的建设情况

我们联合成立的技师工作室,在现阶段的首要任务就是通过引进技师并通过其经验与能力,保证我们所改造的库存刀具的质量,并确保用改造后的刀具所加工出的主机产品能够满足专利公司的质量标准要求,同时达到有效降低库存刀具资金占用量、降低公司采购成本的目的。

该工作室的显著特点就是联合创新、确保质量,为本部门也为兄弟部门解决相应的难点问题。工作室完全不同于一般维修部门的单纯维护与修理,而是作为质量管理提升与技能创新的一个平台,不但能够提升本部门仓储人员的一岗多能水平,使本部门非生产一线的人员能够了解、熟悉、掌握并具备一线工作人员的多项技能。能够为公司相关产品的生产、加工、维护、质量稳定等进行小技、小改、小发明、小创造、小革新,并且能够立足本部面向全公司,针对实际工作中存在的问题,采取边学习、边建设、边发展、边壮大的策略,逐步扩大研究对象和领域,逐步扩大成员吸纳范围,使工作室逐步成为公司范围内具有较强影响力的理论研究、技能改造、提升质量的创新机构,成为公司内部横向联合、有效培养具备提升产品质量、加强质量管理水平且富有创新精神与能力人才的典范。

为了有效培养掌握多项技能的人才,工作室采取了以下方法:

一是根据公司科协、创新工作室的工作方针目标与培养方案进行学习、工作,包括听报告、参加业务交流、现场实际操作演练、外送培训等。二是通过开展 QC 小组活动进行有针对性的问题分析、研究与制订对策、确定解决方案等。三是主动通过大连市企业大学 App、大连市机械行业协会网站进行网上视频学习或阅读相关专业书籍等方式进行自学。四是适时进行理论探讨、观点交流,定期进行总结汇报。五是积极参加公司科协组织的科技论文征集活动,在公司内刊、省市级以上刊物发表论文,进行技术攻关立项,提交优秀提案等方式进行经验交流、成果共享、理论探讨等。即进入学习、研讨、实践、创新、总结、交流再创新这一循环过程。

工作室成立以后,首先制订出了年度工作计划,逐步出台了工作室活动办法、会议管理制度、激励机制和考核管理等 4 个制度办法,同时制作出了人员构成图。这些规章制度与要求等已经上墙明示,从而为日常工作的开展、任务的按计划完成增加了保障性条件。

3 工作室在质量管理工作中的效用

该工作室自成立以来,成员们发挥聪明才智,群策群力,边建设边研究边发展,成功有效地为公司的质量管理控制工作提供了解决办法和可行性措施。他们不但创造性地改造了库存闲置多年的刀具用于产品加工,而且还为公司节省了采购费用,实现了不购买新刀具也能够确保主机部件加工质量的最终目的。

3.1 成功改造库存闲置扁钻杆,替代订制品完成新型主机部件钻孔加工任务

2018 年,机械加工部在加工新机型 5G60ME－C 机座贯穿螺栓孔时(ϕ66 mm 深 200 mm)遇到难题。按照加工工艺的指导方法,应该用扁钻进行加工,但现有该尺寸的扁钻杆为莫氏锥柄扁钻杆,此种扁钻杆没有中心内冷功能,加工效率低,且铁屑无法及时排除,影响加工质量,无法达到图纸要求。

为满足生产需要,需要立即定制该型扁钻杆。咨询厂商并经过计算,该型钻杆的有效寿命是 120 h,加工一台主机(5G60MEC 为例)机座的贯穿螺栓孔、瓦台孔、缸体的缸头孔、连杆的曲轴端孔共需要 34 h。而使用现有的麻花钻头,加工一台 5G60ME－C 主机相关部位的工时远超过 34 小时且粗糙度不达标,也无法满足生产节点要求。

该工作室通过对贯穿螺栓孔等具体加工部件和库存刀具情况进行研究分析,发现通过改造库存闲置多年的组合扁钻杆切实可行。如对 DMD－TAHDS－D64/D72－300 钻杆进行改造后,扁钻杆尺寸达到 ϕ60 mm ×300 mm,适合工件尺寸和粗糙度要求。相关费用仅消耗改造工时,无须采购费用。

具体改造样式如图 1 所示。

(a)改造前的DMD-TAHDS-D64/D72-300   (b)改造后的ϕ60 mm×300 mm

图1 改造前后对比图

3.2　延长丝锥使用寿命,节省采购费用,提高工作效率

自从原隶属于各制造部的仓库统一归至集配中心管理后,该工作室发现几乎每天都能够收到总装制造部返库的不同型号规格的钻头,数量不等。日积月累,数量较大。原来,总装制造部在主机装配过程中,相关班组需要使用多种型号规格的钻头进行施工,不可避免地造成大量钻头出现崩刃、钝化等情况。为不影响生产,工人会立即取下这些无法继续工作的钻头到集配中心工具室进行更换。

以李博、高峰为代表的该创新工作室人员,几乎都有在机械加工部从事与刀具相关的工作经历,积累了丰富的刀具使用、修复经验和技术。因此,面对返回的这些钻头,他们认为直接报废掉是非常可惜的,其中绝大部分经过技术处理还是可以继续使用的。于是,工作室提出了对磨损钻头进行二次修磨和对新购钻头进行主切削刃夹角、横刃和横刃处前角进行修磨的处理方式,以延长钻头的使用寿命,并能够极大提高钻头的工作效率和孔径表面质量。

经实际调查了解并根据操作者反馈,修磨后的钻头使得工作效率提高50%,使用寿命提高一倍以上。用操作工人的话来说,就是使用修磨后的钻头干活,明显感觉到省力、耐用。总之得到了总装制造部使用人员的一致好评。

2019年,该工作室累计修磨钻头215根。

3.3　编制了富有大连船柴特色的工具手册

根据公司总经理办公会上关于“逐渐实现工人劳动工具标准化,按个人、班组、部门、公司等四个层次进行合理配置”和“加快劳动工具配置标准化进度,按照从事工种的需要,制定大柴公司劳动工具配置清单并整理成册”的工作要求,集配中心责成该工作室担负该项工作的调研、分析、汇总任务,并征求、吸纳技术中心、质量合规部、机动保障部、各制造部等部门的意见,在2020年年初完成了《大柴公司劳动工具手册1.0版》和《大柴公司劳动工具配置手册1.0版》的编制工作。

《大柴公司劳动工具手册1.0版》收录电动工具、气动工具、手动工具、量具四大类共1 142个规格。《大柴公司劳动工具配置手册1.0版》按照目前公司实际情况分为公司级、部门级、班组级、个人级四级配置。公司级配置指价值较大且有多个部门使用的劳动工具,目前收录69个规格;部门级配置指价值较大且使用部门唯一或价值一般且使用频次较低的劳动工具,目前收录353个规格;班组级配置指价值一般且使用频次较高或价值较低且使用频次较低的劳动工具,目前收录405个规格;个人级配置指价值一般或较低的劳动工具,目前收录315个规格。两本手册的作用是规范劳动工具的采购、发放、更新,进而实现标准化配置和管理。

该工作室在成立当年便超额完成年初设定的目标,不仅能够解决实际问题,而且还能动手将其成功经验总结成文共同交流。2018年至2019年,申请专利1项;提交5项提案,其中2项被评为公司级优秀提案;其成员共撰写或参与撰写了8篇科技论文,其中在公司级专业内刊上发表了4篇,在省级和国家级刊物上各发表了2篇。

鉴于这样的表现,该联合创新工作室被评为2019年度公司优秀创新工作室,在全公司引起了大家的关注。其解决的问题,也成为部门间有效协同合作提升质量的例证。

4　对创建联合技师工作室的体会与建议

对创建工作室的体会如下:

(1)目标清晰明了;

(2)组织架构合理;

(3)责任分工明确;

(4)动力源泉丰沛;

(5)经验可以借鉴。

以技师为带头人的创新工作室是技师展示技能才华的平台,是创新工作者们沟通交流的平台,同时也是促

进质量管理工作提升的一种有效方式和途径。技师工作室最显著的特点就是注重实效,能切实解决与生产、质量相关的实际问题。实践证明,我们联合注册成立的技师工作室是值得推荐与学习的,其特点如下:

(1)解决了因技能等级问题导致的部门无法独自注册成立工作室的难题;

(2)跨部门组建的联合工作室,便于解决多部门间存在的问题,工作协调更加方便;

(3)联合工作室能够合力为各相关部门解决本部门各自的实际问题。

关于进一步发挥技师工作室的辐射带动作用,更多更好地为企业高质量发展服务的建议如下:

(1)围绕目标问题选定课题或任务;

(2)根据目标任务由带头人组建工作室;

(3)逐步完善机制,制订激励政策,施行支持鼓励措施。

5　结束语

虽然技师工作室的运行取得初步成效,但目前尚处在探索中,有很多问题还需解决。因此,坚持质量第一效益优先,以生产为依托,以问题为导向,以技师为引领,以变革性思维、创新性理念,把握牵引性项目,突破标志性课题是我们的目标。

船用低速柴油机装配工装开发与应用

白同玖　张　勇　崔世强

（大连船用柴油机有限公司）

摘　要：随着船用低速柴油机市场的逐渐复苏，主机生产订单不断增加，公司主机生产任务也在不断地加重。公司随即提出了"降本增效"、提升生产效率的目标，进而提出了地面预装扩大化要求。为了切实做好机架地面预装工作，我们将在地面完成管系施工、电气施工、地板安装施工、主机机架内部运动部件安装等工作。但机架上部施工往往因机架自身高度导致施工存在困难。本项目意在通过开发装配工装解决这一问题，方便施工者进行预装施工作业，这样不仅能够使主机施工更加快捷方便也能够使主机建造过程更加安全。

关键词：工装；安全防护；提升效率

1　前言

　　船用低速柴油机特别是大型柴油机因自身特点，在进行主机装配作业时往往会存在施工不便或施工存在潜在危险的情况。如7G80MEC主机机架部件，高度为5.3 m左右。这就使得整个机架配套作业如管系施工、电气施工、地板安装施工、主机机架内部运动部件安装等需要在机架上半部进行施工的相关地面预装装配作业存在着施工难度大、施工危险等问题。

　　为了能够更好完成船用柴油机机架地面预装工作，提升机架地面预装装配效率和装配质量。我们针对目标机型7G80MEC主机机架施工作业设计工装，进而在确保施工者施工安全的前提下实现整个主机机架地面预装施工作业高效、高质量地完成。

2　研究目的

　　本项目将针对7G80MEC主机机架地面预装过程中的部件安装因高度差过高导致的预装施工困难的情况，意在通过合理化的计算和设计，设计出符合实际需求的主机装配工装。在完成合理化施工，高效、快速、高质量地完成主机装配工作的同时，消除主机装配过程中的安全隐患，加强安全防护意识。同时利用车间废旧材料制作工装，实现废物的再利用，切实的做到"降本增效"的目的。

2.1　方便施工者进行机架地面预装施工

　　通过80MEC主机机架外部焊接图我们可以知道，机架外部焊接主要集中在机架3 m左右的位置。机架长度达到11 m，对于需要进行大跨度的电气施工作业，因梯步工作区域的限制，在进行电气施工时就需要不断地往复和移动梯步。这样不仅存在安全隐患，如因梯步站立面积限制导致坠落事件发生，同时也会造成施工进度的延缓。

　　通过本项目的完成，我们将设计出符合人体工程学，便于拆卸的主机预装装配工装。工装将使用贯穿设计，避免了反复移动梯步增加施工时间,进而提升了主机施工效率。同时,该工装不仅可以满足电气在此高度进行施工作业,也能够满足管系等其他工种的施工。相对于以往使用梯步的作业方式,使用装配工装进行施工可以轻松地完成主机机架贯穿作业。因工装设计充分考虑到人体工程学原理,这就使得整个机架预装施工者施工起来更加的舒适。

2.2　实现模块化装配

工装的设计不仅需要满足使用要求,同时也应该能够更加方便组装和拆卸。本项目在设计之初就在充分考虑满足施工中的实际需求的情况下实现模块化的装配。

实现模块化的工装装配不仅可以最大程度降低工装自身重量,同时,也能够更加方便地实现工装的快速拆卸、转场和装配。在实现其自身功能性的前提下,模块化的装配工装可以最大限度地实现工装应用的多样化,增大其使用范围和应用场景。使施工工装可以尽量满足不同的使用情况。同时,使用模块化装配理念设计的工装也为后续主机施工工装的设计提供很好的借鉴意义。

2.3　实现废物的再利用

通过该项目工装研制工作的完成,能够在更好地实现快捷、简便、安全的机架地面预装工作的同时,实现废物的再利用,物尽其用。很好地实现了工装成本的控制。

同时为了能够更好地实现废物的再次利用,我们在整个工装设计过程中告别以往的二维制图的模式,将采用三维 UG 模式进行制图工作。通过模型的模拟,了解工装的各种数据极限,再通过相关的数据整合,挑选符合要求的废旧材料进行工装的制作,以便达到在满足使用要求的前提下的废物再利用,切实达到"降本增效"的目的。

3　实施过程

3.1　数据收集,完成初步设想

为了能够使预制工装能有个更好的通用性和使用范围,我们充分收集了各类型船用低速柴油机机架图纸,了解各机型机架部套的布置通性和施工位置分布,了解各机型施工中需要在 2 m 以上高度进行施工作业的内容(表1)。进而确定工装的固定方式及固定位置。

表1　机架部件施工高度统计

	50MEC	60MEC	70MEC	80MEC
管系	2 m 以上	2.5 m 以上	3 m 以上	3.4 m 以上
电气	2 m 以上	2.5 m 以上	3 m 以上	3.4 m 以上
地板	2 m 以上	2.5 m 以上	3 m 以上	3.4 m 以上

根据统计表格我们发现,目前建造的主要机型的机架预装施工高度均在 2 m 以上,针对 2 m 左右的施工工作尚可使用梯步进行施工,但是对于 70MEC 和 80MEC 的大型主机来说 3 m 以上的施工高度就存在了危险。因此我们将主要针对 70 mm 以上缸径的大型船用主机进行预制工装的研制工作。

同时,根据大型船用柴油机机架部件的结构特点,我们发现,在机架中部存在梯蹬用于主机安装到船体后进行主机检验使用。同时,其焊接位置正好能够满足机架相关施工作业的合适高度要求。因此我们决定将其确定为我们工装的实际安装位置,用于安装工装。

为了能够更好地实现工装的通用性,扩大工装的使用范围,提升工装的简便性。我们提出模块化装配理念。通过模块化设计有效降低了工装的自身重量。同时,通过模块化的设计也能够更好实现工装的功能性和工装便拆卸、便安装、便转场的设计理念,更好实现工装的实用意义。

3.2　制作 UG 模型

根据我们前期的数据收集,确定了目标机型和工装的安装位置。为了更好的展示工装的实际成品效果,同时也为了更好的检测工装设计完成后是否能够符合现场实际安装要求,我们将建立 UG 模型。

通过 UG 模型完成整个预制工装的设计工作,能够了解不同材质对于整个工装质量和使用效果的影响,切实做好各项准备工作。

通过 UG 模型(图1)完成的工装设计,能够很好地向工装制作者展示整个工装的三维形态,展示工装的特点,了解工装的逻辑关系,真正做到制作过程的可视化、形象化、具象化。使制作完成的工装更加符合设计要求。同时,也能够有效避免工装制作者的错误施工,降低二次返工情况的发生率。

图1　工装支架 UG 模型

3.3　利用废旧材料制作工装

为了能够更好地实现"降本增效",降低工装成本的目的,我们对整个工装的制作将采用废旧材料再利用的方式进行,这样不仅可以满足设计设想,更能通过工装的制作减少废旧材料的堆积,继而实现工装制作成本的有效控制,实现多重目的。

通过实现工装制作的废物再利用,不仅能够为公司开辟工装制作新模式,同时也为公司废旧材料处理提供了新的方向。虽然废旧材料再利用制作的工装在外观上存在不够美观的问题,但是对于其满足工装的功能性不会产生影响,有些时候很能够更好地满足工装的设计要求。现场制作的工装如图2所示。

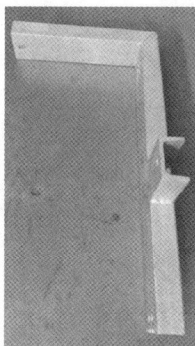

图2　现场制作的工装

利用废旧材料制作的工装能够有效地为公司节省主机建造成本。根据市场行情来看,整套工装新制费用约为3 000元。而使用废旧材料进行改制,不仅能够节省此费用,还能够有效提升公司废旧材料的再利用率。同时,因新工装的使用,使得施工作业时间节省了40%左右,有效实现了"降本增效",提升生产效率的目的。

3.4　优化、固化工装

实践是检验真理的唯一标准,工装是否适合现场实际的生产需要同样需要不断地检验。通过现场的实际应用(图3),整个工装投入使用后电气施工作业、管系施工作业、地板施工作业等相关的机架预制作业均得到了很好的施工作业空间。施工效率得到了很大提高,如电气施工作业由原3人3天施工时间有效地降低到2

人 2 天就可施工完成。

图3　工装安装效果

施工效率的提升为整个机架预制施工作业的质量提升奠定了基础,同时对缩短主机建造时间、提升生产效率贡献了不小的力量,也为降本增效的有效实现打下基础。

4　总结

目前,通过多台主机的实际应用,整个工装的设计理念得到很好的实现。方便了施工,缩短了主机预制时间,提升了主机装配效率。同时获得了施工者的一致好评。

通过前期的使用,我们将在后续进行工装的继续优化,增加侧面护栏,使施工者在施工过程中的安全性再提升一个台阶。

通过此项目的完成我们对于自制工装的使用和设计有了全新的认识和提高,我们将继续发现主机建造过程中的问题,及时提出设计方案,投入使用,以便可以使公司的整体制造水平进一步提高,达到同行业的先进水平。

焊接机械手臂在机架单片焊接中的应用

王 珏 王 鹏 张明伟 范献辉

（大连船用柴油机有限公司）

摘 要：随着工业自动化水平的不断提升,焊接机械手应运而生,主要被用于焊接工作,大大提升了焊接效率和焊接质量。本文主要介绍了钢构制造部对焊接机械手臂的应用,同时在原有机械手臂的基础上加装地轨、改造地线,提高了现场作业的安全性,成功实现应用机械手臂焊接机架单片焊缝。

关键词：焊接机械手臂;应用;机架单片

1 引言

在欧美、美国和日本等工业发达国家,钢结构企业早已实现机器人焊接制造,钢结构焊接制造的机械化、智能化程度高。例如早在2007年,日本钢结构焊接机器人就已经超过3 000台。与工业发达国家相比,我国钢结构行业的焊接机器人应用尚处于起步阶段。

随着钢结构用量的持续增加和人工成本的不断攀升,开展机器人智能化焊接技术在钢结构领域的研发和应用已成为共识,许多钢结构制作施工企业与科研机构、大专院校或设备厂商联合攻关,取得了一些成果。但相比于汽车、工程机械、锅炉压力容器等焊接机器人利用率较高的行业,钢结构行业机器人焊接技术的应用发展较为迟缓,这一点和除日本之外的大多数国家相同。

早在1986年,由冶金部建筑研究总院与北京市机械施工公司合作开发的自动横焊设备,应用于第一个由国内施工单位实施总承包管理的"京城大厦"全钢结构超高建筑,这是国内焊接自动化设备在建筑钢结构施工现场的首次应用。在"鸟巢"工程施工期间,由北京石油化工学院和浙江精工钢结构集团有限公司共同研究开发的焊接机器人在钢结构现场施工中得到了应用,此焊接机器人具有焊缝轨迹示教、焊接工艺参数存储记忆、焊接电源联动控制等功能,基本满足了"鸟巢"钢结构焊接现场施工的要求。针对箱型钢结构施工安装现场的环焊缝焊接问题,清华大学和中铁建设集团有限公司联合开发了一种箱型钢结构焊接机器人系统,并提出了综合轨迹规划法,使机器人以最少的自由度在箱型钢结构环缝焊接时实现焊枪任意空间位姿调整功能,焊接轨迹规划更加简便高效。

综合分析钢结构工程应用情况可以看出,现阶段在桥梁钢结构领域尤其是桥梁板单元的焊接制造中,焊接机器人的应用已比较成熟,得到行业普遍认可。在建筑钢结构领域尚处于应用初始阶段,机器人焊接小批量、复杂构造或制造和安装精度较低的构件存在各种问题,尚不成熟。但随着钢结构构件标准化设计程序的提升、机器人智能化程度的提高以及焊接数据库的丰富,机器人焊接技术必将在钢结构行业发挥重要作用。

钢构制造部对新购的武汉迪曼机械手臂进行了研究,增加了地轨装置,同时对机械手臂的功能进行了开发,在克服大量困难后成功将机械手臂应用到机架单片焊缝焊接中,最终完成中间壁板与导滑板焊缝、中间壁板与三角板焊缝、斜筋板与导滑板焊缝、斜筋板与三角板的填充盖面工作,在同行业达到先进水平。

2 焊接机械手臂简介

2.1 焊接机械手臂的构造

2.1.1 焊接机械手臂的组成

焊接机械手臂的构成如图 1 所示,主要有五个组成部分。第一部分是迪曼机器人,第二部分是控制器,第三部分是清枪器,第四部分是电源,第五部分是焊丝盘。

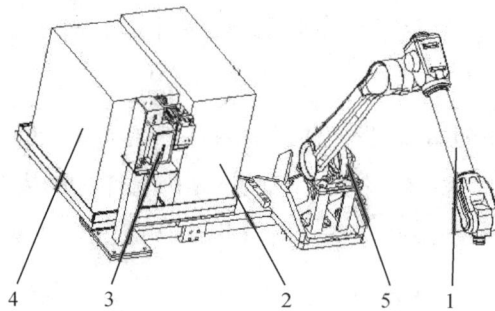

图 1　焊接机械手臂的组成

2.1.2 示教器的使用

焊接机械手臂需用示教器进行操作,示教器如图 2 所示。具体按钮代表的含义如下:

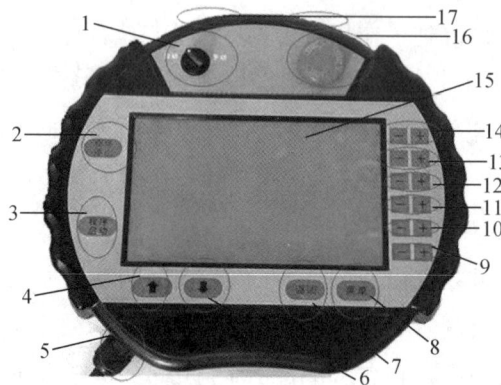

图 2　示教器

1——模式转换开关,可切换"手动"和"自动"工作模式;

2——"程序停止"物理按键,可让"运行"中的程序停止;

3——"程序启动"物理按键,可让"程序"启动"运行";

4——"UP"物理按键,暂时没使用;

5——示教盒出线口,与控制盒中"RS422"接口相连;

6——"DOWN"物理按键,暂时没使用;

7——"返回"物理按键,可返回到上一步;

8——"菜单"物理按键,在"程序管理"中"插入"程序时可设置曲线"起点";

9——分别是"J6 –"和"J6 +"物理按键,上"使能"后可控制 J6 关节运动;

10——分别是"J5 –"和"J5 +"物理按键,上"使能"后可控制 J5 关节运动;

11——分别是"J4 –"和"J4 +"物理按键,上"使能"后可控制 J4 关节运动;

12——分别是"J3 –"和"J3 +"物理按键,上"使能"后可控制 J3 关节运动;

13——分别是"J2 –"和"J2 +"物理按键,上"使能"后可控制 J2 关节运动;

14——分别是"J1 –"和"J1 +"物理按键,上"使能"后可控制 J1 关节运动,设置了附加轴时可控制 J7 关节运动;

15——触摸屏,系统中大部分数据输入、功能切换等的操作都是通过触摸屏实现的;

16——急停开关,在"紧急情况"下可按下"急停",停止系统及伺服的一切操作;

17——使能开关(有 2 个),给伺服上"使能"。

在关节模式下,可以通过六个轴控制机械臂的运动方向,具体各轴如图 3 所示。运动速度可手动调节。此时若选中扩展轴选项,最上面一行" +"" –"的运动变为地轨移动。

图 3　焊接机械手臂各轴

在工具坐标系模式下,前三组按钮变为沿轴向运动,即每一组分别控制手臂沿着 X/Y/Z 轴运动,后三组按钮则可保证此时焊枪最尖部这一空间上的定点不动,进而通过各轴联动调节焊枪角度。

一般情况下先使用关节运动使机械臂到达合适位置,然后使用工具坐标系进行细微调整。

2.2　地轨的安装

根据生产现场实际情况,我们为两台迪曼机器人配备了 16 m 双机器人地轨,具体如图 4 所示。此地轨的备料、切割、焊接、组立均由我部门独立完成,节约了大量成本。地轨所需备料件共 37 种,累计零件数量 180 个,板厚从 10 ~ 70 mm 不等,累计吨位达 4 t,地轨从画零件图到组装完成共用了约一个月时间,生产效率极高。

图 4   16 m 双机器人地轨

2.3   地线的改造

机座、机架单片的大部分焊缝都在 3 m 左右,厂家自带的地线过短,焊接时需时刻防止地线随机械手臂移动而掉落,为施工增加了很大风险。为此我制作部决定对原有地线进行改造升级加长地线,同时为了提高安全性及美观度将其穿入坦克链中,如图 5 所示。

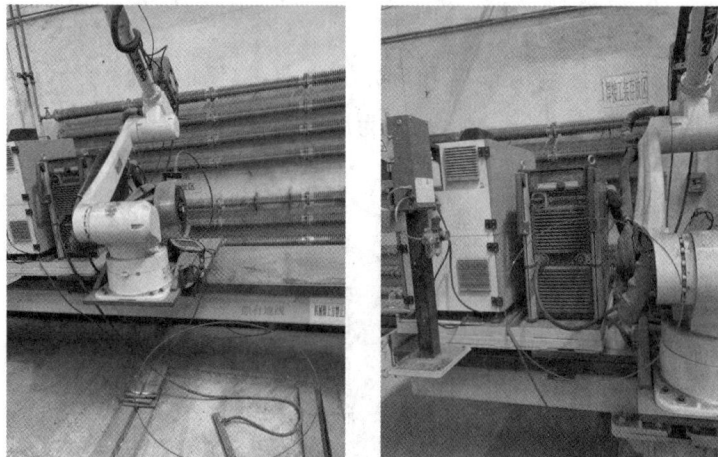

图 5   地线改造

第一次更换地线后发现焊接超过半小时后地线明显过热,由于电阻过大采用原有焊接工艺包无法满足焊接需求,需重新调试焊接程序。为此我们更换了更粗的地线,更换地线后通过试电再次更新并简化了相应焊接工艺包。

3   焊接机械手臂的应用

3.1   电流电压的调试

本台机械手臂只能设置焊接电压大小,无法直接设置焊接电流大小,需要通过设置焊丝干伸长度和送丝速度影响电流。同时实际焊接电压略小于显示电压,编程时需适当增加电压值,给我们的参数设置制造了很大麻烦。为此我制造部做了大量实验,通过在同一干伸长度(16 mm)下观察不同电压及不同送丝速度的焊缝成型情况掌握相关规律,完成电流电压的调试工作。

此外我们规范了各参数程序名称,采用先送丝速度,再焊接电压的命名方式,如 10_33,就表示送丝速度为 10 m/min,焊接电压为 33 V。

3.2　应用于主机机架单片焊缝的焊接

3.2.1　机架中间壁板与导滑板焊缝

机架中间壁板与导滑板焊缝也成功做到应用机械手臂焊接。以6S70ME-C主机为例,接头形式中间壁板与导滑板材质均为B级板,采用平焊的方式进行焊接。此焊缝与中间体耳板焊缝类似,需人工立焊打底,背面贴衬垫。衬垫拿掉后我们用机械手臂打底,同样填充两次,盖面两次,具体设置参数如表1所示。

表1　机架中间壁板与导滑板焊缝参数

序号	类型	电压/V	送丝速度/(m/min)	机械手臂运行速度/(mm/s)
1	打底	31	10	5
2	填充	35	13	4
3	填充	35	13	4
4	盖面	31	10	5
5	盖面	31	10	4

3.2.2　机架中间壁板与三角板焊缝

机架中间壁板与三角板焊缝和导滑板类似,区别是三角板所开坡口较小。以6S70ME-C主机为例,中间壁板与三角板材质均为B级板,采用平焊的方式进行焊接。钉焊后为提高效率需要人工进行打底,之后填充两次,盖面两次,具体设置参数如表2所示。

表2　机架中间壁板与三角板焊缝参数

序号	类型	电压/V	送丝速度/(m/min)	机械手臂运行速度/(mm/s)
1	填充	31	10	4
2	填充	35	13	4
3	盖面	31	10	5
4	盖面	31	10	5

3.2.3　机架斜筋板与导滑板焊缝

因为机架斜筋板是经加工后进行焊接,故斜筋板与导滑板焊缝焊接难度较小,焊接成型效果更好。以6S70ME-C主机为例,斜筋板与导滑板材质均为B级板,采用平焊的方式进行焊接。钉焊后仍需进行人工打底,之后填充两次,盖面三次,具体设置参数如表3所示。

表3　机架斜筋板与导滑板焊缝参数

序号	类型	电压/V	送丝速度/(m/min)	机械手臂运行速度/(mm/s)
1	填充	33	11	4
2	填充	35	13	4
3	盖面	31	10	5
4	盖面	35	13	4
5	盖面	31	10	4.5

3.2.4 机架斜筋板与三角板焊缝

由于采用横焊的焊接手法,机架斜筋板与三角板焊缝成型较上几个焊缝稍差,但通过经验的积累我们成功固化了焊接此焊缝时的相关参数。以6S70ME－C主机为例,斜筋板与导滑板材质均为B级板,填充两次,盖面三次,具体设置参数如表4所示。

表4　机架斜筋板与三角板焊缝参数

序号	类型	电压/V	送丝速度/(m/min)	机械手臂运行速度/(mm/s)
1	填充	33	11	4
2	填充	35	13	4
3	盖面	31	10	5
4	盖面	31	10	5
5	盖面	28	9	6

4 结束语

机械手臂焊接效率高于人工焊接,大大提高了劳动生产效率,改善了工人的工作环境,降低了工人的劳动强度,同时焊接稳定性好,焊接质量高,为高质量发展提供了可靠保障。但现在仍有很多问题未解决,如合理使用电弧寻位、如何提高编程效率等。后续我们将积累更多经验,进一步拓展机械手臂的应用,争取早日将数字化作业普及整个车间。

参考文献

[1] 许燕玲,林涛,陈善本.焊接机器人应用现状与研究发展趋势[J].金属加工(热加工),2018(8):32－36.

[2] 黄政艳.焊接机器人的应用现状与技术展望[J].装备制造技术,2017(3):46－48.

[3] 徐向军.机器人在钢结构焊接中的应用[J].金属加工(热加工),2015(12):29－30.

提高7G80MEC缸盖冷却水套加工精度

侯新华 曲 冲 任 超 张广瑞

（大连船用柴油机有限公司）

摘 要：船用低速柴油机的缸盖冷却水套是大直径薄壁类零件，7G80MEC主机直径最大，刚性最弱，精加工后经常会变形超差，圆柱度最大超差量达0.8 mm。本文通过排查分析和试验，找到影响冷却水套精度的主要因素，通过改进工艺流程，改善装夹方式，减小切削抗力，调整检验状态等工艺方法，将冷却水套的加工后变形量由原来的0.8 mm，降低到0.2 mm以内，能够稳定的满足图纸精度要求。

关键词：薄壁件；找正；装夹；圆柱度

1 前言

　　7G80MEC缸盖冷却水套，属于大直径薄壁件，自身刚性很弱，在加工、吊转和存放过程中都会发生较大的形变，导致圆柱度超差，最大超差量约0.8 mm，极大影响了报验和制造成本。该冷却水套在工作中承担密封冷却水的作用，不稳定的精度给生产制造及检验环节都带来了极大的困扰，攻克其变形难题已经刻不容缓。

2 冷却水套结构及精度超差原因分析

2.1 冷却水套结构特点及尺寸精度分析

　　从冷却水套结构上分析，其直径达到1 100 mm，壁厚最薄处只有15 mm，刚性差。从图纸公差看，冷却水套上下密封环台孔的尺寸公差为0.2 mm，精度要求相对较高。冷却水套装配位置及加工图，如图1所示。

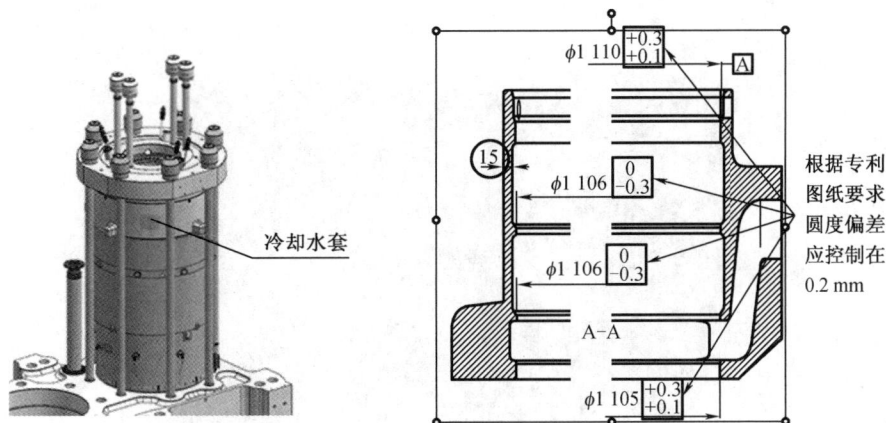

图1 冷却水套装配位置及加工图

2.2 冷却水套精度超差原因分析

根据冷却水套尺寸精度及结构特点分析,导致其超差的原因主要有以下几点:(1)大直径筒形结构,在装夹过程中的径向夹紧力会导致工件变形;(2)薄壁件加工相对去除量占比较大,约能达到30%,工件内应力重新平衡的形变较大;(3)工件刚性弱,较大的切削抗力会导致冷却水套不规则变形,失去精度;(4)工件受自重会发生变形,检验时应保持与加工状态相同,否则检测结果会失真。

3 冷却水套精密加工的改进措施

针对上述分析出的导致冷却水套精度超差的原因,我们通过加工时精修定位面、改变装夹力方向;调整工序流程、人工时效释放加工应力;试验选择合适刀具角度、合适加工参数减轻切削抗力;在平台上放平检验等方式,对水圈的加工变形量进行控制。

3.1 冷却水套的装夹改进

3.1.1 冷却水套的径向装夹改进

工件在精车内孔之前,首先要在较小的径向夹持力下将端面车平,作为内孔加工的平面装夹基准。因工件刚性弱,径向装夹时,我们做了改进增大夹持面积的方式,使装夹变形尽量小,如图2所示。

3.1.2 冷却水套的轴向装夹

在精车内孔时,端面已成品具备了轴向装夹的条件。轴向装夹能使夹紧力作用在筒形工件刚度相对较大的轴向,装夹过程中要精细调整压杠的水平和螺栓的竖直,使工件不受偏斜力,如图3所示。

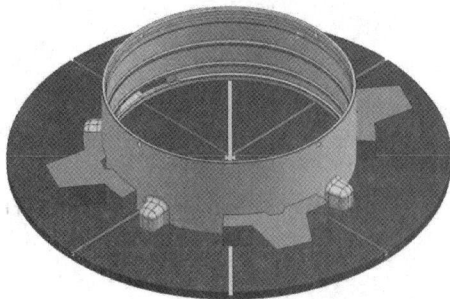

图2 冷却水套径向装夹改善示意图

图3 冷却水套轴向装夹示意图

虽然冷却水套轴向刚性大于径向,但因为壁厚最薄处只有15 mm,夹紧力依然不能太大,需要对夹紧力进行检测。在冷却水套的内孔表面安装百分表,轴向夹紧时时刻关注表针变化,当表针发生变化时,立即停止上紧,要控制表针变化量小于0.02 mm,如图4所示。

图4 专用找正工装示意图

3.2 工件内应力形变的释放和消除

3.2.1 粗车内孔过程中松开装夹释放形变

之前的粗车工步是加工到尺寸后再松开装夹,重新找正夹紧后精车。这种方式虽将形变释放出来了,但会造成在精加工时吃刀深度不均匀性过大,影响成品加工精度,如图5所示。

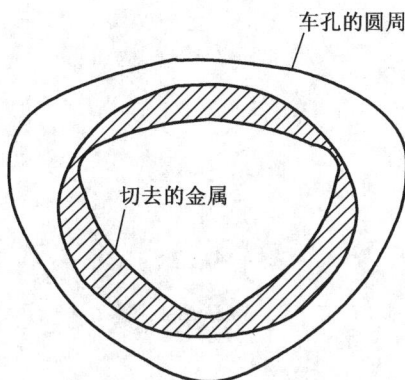

图5　粗加工形变后精加工去除量各处不均

为解决此问题,我们将粗加工分成了两步,第一步将水腔的荒量全部去除,四道带公差的环台留 $\phi4$ mm 余量。然后松开压杠,让工件的内应力通过形变释放,再按水腔重新找正夹紧,半精车四道环台留 $\phi2$ mm 余量。这样将精车不均匀度由 $\phi0.8$ mm 下降至 $\phi0.2$ mm。

3.2.2 调整工艺流程,进行人工时效尺寸稳定精度

原工艺流程在内孔成品后还有铣镗序,其间还要进行 2 次翻个,对最难控制的内孔精度保持不利。为此我们对工艺流程进行了调整,将内孔的精加工调换到最后一个工序,这样粗加工、半精加工距离成品加工的应力释放时间更长,之前的工序加工振动和翻转也有助于工件的内应力充分释放,更有利于冷却水套成品后的精度稳定,如图6所示。

原工艺流程:

现工艺流程:

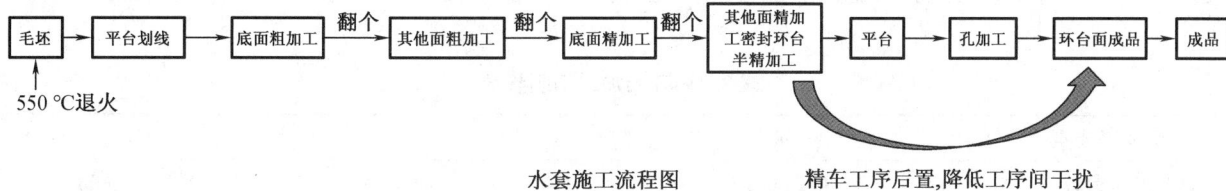

水套施工流程图　　　　　　精车工序后置,降低工序间干扰

图6　冷却水套加工工艺流程调整

3.3 减小切削抗力,提高切削稳定性

3.3.1 刀具参数优化

水套在进行车削过程中,刀具几何角度的选择,不仅会影响切削力的大小,也会影响车削过程中产生的热变形程度。刀具的主偏角越接近90°径向切削分力越小,适合于刚性弱工件的切削加工。刀具的前角越大越锋利,但刀尖不抗磨损,尤其加工铸铁件前角不能过大,要适中。刀具的后角略大能减轻磨损,减少切削热。刀尖半径越小,切削抗力越小,但越不耐磨损,表面粗糙度越不好。

经过理论分析、经验积累和实际试验,综合考虑刀具的耐磨损性能和表面粗糙度,冷却水套内孔精加工选定的刀具为菱形可转位涂层刀具,如图 7 所示。选定的刀具参数如表 1 所示。

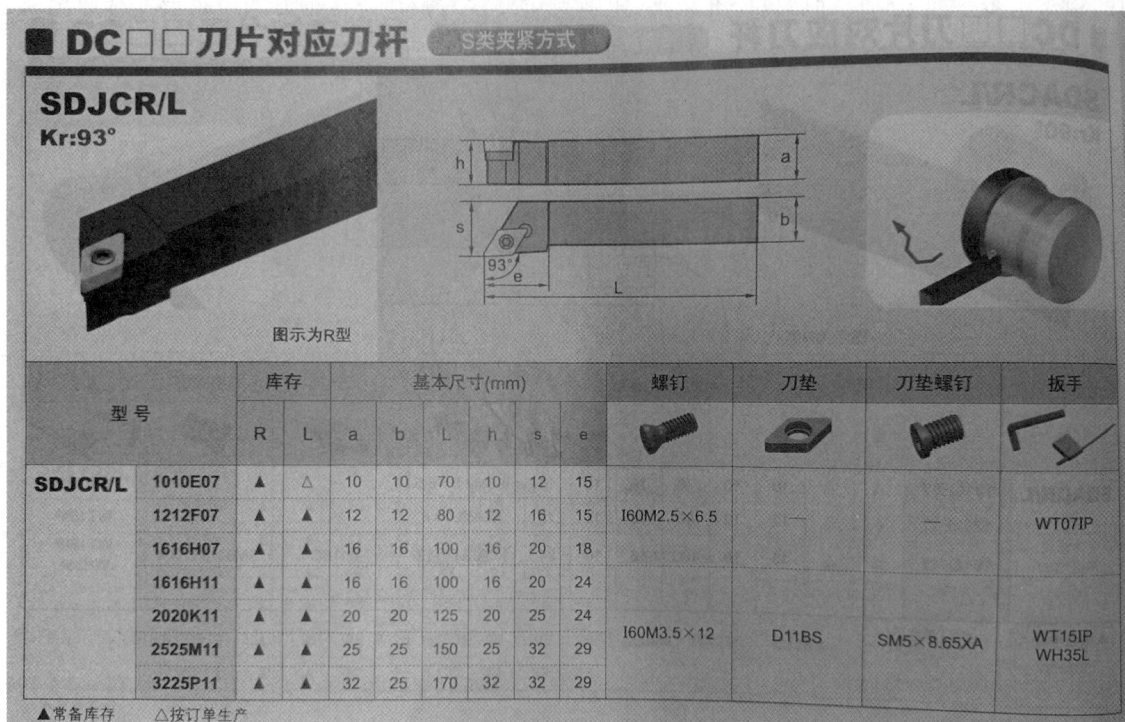

图 7 精加工刀具形式

表 1 刀具参数的选择

刀具参数	前角	后角	主偏角	刀尖半径/mm
理论范围	0° ~ 10°	2° ~ 12°	30 ~ 95°	0.4 ~ 2
实际选用	0°	8°	93°	0.8

3.3.2 切削参数改进

切削力 Fz 的大小与切削用量是密切相关的,背吃刀量 ap、进给量 fn、切削速度 Vc 是切削用量的三个要素,合理选用三要素能够减少切削力,稳定加工精度和提高表面粗糙度。选定的切削参数如表 2 所示。

表 2 内孔精加工切削参数

切削三要素	ap	fn	Vc
实际参数	0.2 mm/r	0.16 mm/r	80 m/min

3.4 改善检验状态

在不绝对平的地面上测量,刚性弱的冷却水套受自重会发生扭曲,测量偏差很大,最大偏差接近 0.3 mm。将冷却水套放置在平台上,测量环境与机床工作台相同,避免了工件自重变形,又与装配使用环境相一致,圆度偏差测量结果明显改善。

4 结论

通过采取改进工艺流程,改善装夹方式,减小切削抗力,调整检验状态等上述措施,冷却水套的加工精度已经完全满足图纸要求,尺寸分布在图纸要求的 0.2 mm 精度范围内,最小的偏差达到 0.12 mm,如表 3 所示。

表 3　改善前后圆柱度数据对比

水套编号	1	2	3	4	5	6	7
之前各冷却水套的圆柱度偏差							
7G80MEC#44	0.56	0.78	0.63	0.58	0.66	0.82	0.75
采取改善措施之后各冷却水套的圆柱度偏差							
7G80MEC#41	0.18	0.20	0.16	0.17	0.14	0.18	0.19
7G80MEC#49	0.12	0.15	0.14	0.17	0.15	0.17	0.13

　　该工艺方法属于基础类加工能力的研究,提升了我司对薄壁套类零部件的精密车削能力,在该过程中积累的装夹方式、变形控制经验数据等对其他易变形零部件的加工具有很好的借鉴意义。该工艺方法可推广到其他薄壁套类零部件的加工,使我司具备了承接相似薄壁类协作零部件的能力。

参考文献

[1]　袁哲俊,刘华明.刀具设计手册[M].北京:机械工业出版社,1999.

圆弧形螺旋槽加工工艺

姜世锋　刘日明　刘　强　关政权

（大连船用柴油机有限公司）

摘　要：圆弧形螺旋槽的深度较深，宽度大、螺距大，采用数控系统自带的标准螺纹切削指令编制加工半圆形螺旋槽或圆弧圆心角大于180°的圆弧形螺旋槽时，程序编写较复杂烦琐，而且当圆弧形螺纹的导程、公称直径、长度、螺纹槽深、牙宽、圆弧半径等参数中任何一值不同时，就需要重新编制程序。如果能编制出圆弧螺纹加工的通用宏程序模板，就可以解决这一问题。且可以简化程序，提高生产效率，降低加工成本。

关键词：圆弧形螺旋槽；数控加工；宏程序

0　引言

数控系统中常用的螺纹切削指令主要是编制内外圆柱螺纹、圆锥螺纹和多线螺纹等较规则和螺距较小的常用连接螺纹的加工程序，且螺纹的牙形也仅限于三角形。多采用直进式进刀。

圆弧形螺旋槽的深度较深，宽度大、螺距大，采用数控系统自带的标准螺纹切削指令编制加工半圆形螺旋槽，或圆弧圆心角大于180°的圆弧形螺旋槽时程序编写较复杂烦琐，而且当圆弧形螺旋槽的导程、公称直径、长度、螺纹槽深、牙宽、圆弧半径等参数中任何一值不同时，就需要重新编制程序。如果能编制出圆弧形螺旋槽加工的通用程序模板，就可以解决这一问题。且可以简化程序，提高生产效率，降低加工成本。

1　圆弧形螺旋槽的基本形式

如图1所示，这是为某船厂600T吊车项目中加工的上小车钢丝绳卷筒圆弧形螺旋槽简图。

圆弧形螺旋槽导程为47 mm，槽底直径ϕ2 112 mm，螺旋长度6 345 mm，螺旋槽深16 mm，圆弧半径23 mm，螺旋槽旋向为右旋。

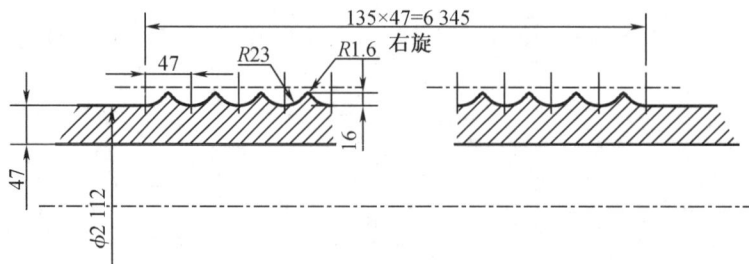

图1　单一旋向螺旋槽简图

圆弧形螺旋槽旋向还有左旋，有时左、右旋可同时在一个卷筒上采用，如图2所示。

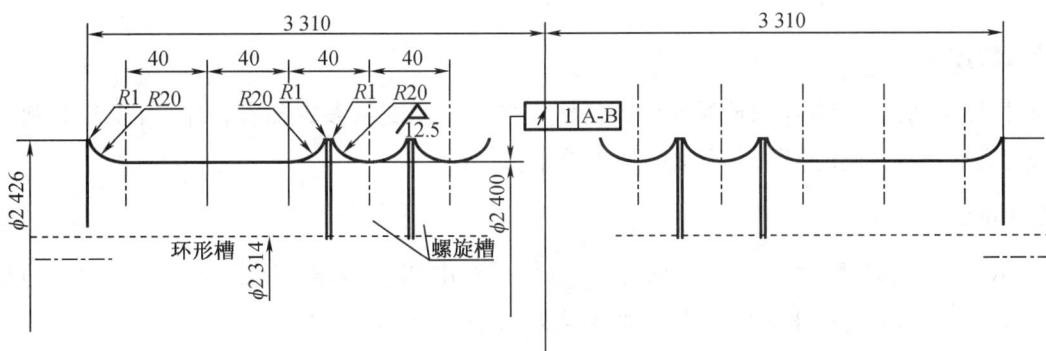

图2　左右旋向螺旋槽简图

根据绳槽的深度,小于半径为标准绳槽,大于半径为加深绳槽。只有当钢丝绳有脱槽危险时才采用加深绳槽。

2　圆弧形螺旋槽的加工工艺性分析

2.1　圆弧形螺旋槽加工方式

由于圆弧形螺旋槽的牙型较深,宽度较大,螺距较大,车削圆弧形螺旋槽时切削余量和切削抗力均比较大。为尽量避免车削热和车削阻力给加工带来的误差,以及切削过程中刀具刃口损伤,车削多采用低速方式。当工件较长时,为避免加工时产生更大的切削力而产生颤振,需采用"一夹一顶"的装夹方式,甚至还需要上中心架。

车削圆弧形螺旋槽时,虽然圆弧形车刀圆弧刃每一点都是圆弧形车刀的刀尖,刀具可以三面车削,但为了防止刀具损伤,要求在加工螺纹时切削力不能太大,否则极易产生应力变形,严重影响产品质量。因此不能仅仅简单使用螺纹切削指令G33来进行直接加工。

相比之下,采用普通车床加工螺纹的分层切削法,则可以克服传统加工方法的缺陷,有效减少刀具受力。其走刀过程是先将螺纹Z向分成若干层,每层Z向再分成若干次进刀,这种方法使刀具单向受力,工件平稳,不易产生振动。而且可将圆弧形螺旋槽的切削进刀过程规律化,编程思路清晰。

2.2　刀具选择

加工圆弧形螺旋槽时,使用标准数控机夹车刀是根本不行的。尖形车刀和宽度较小的普通切槽刀尚可勉强使用。但若遇到螺纹的弧形大于或等于半圆时,使用尖形车刀和普通切槽刀就会发生干涉。

圆弧形车刀可以用于车削内外表面,特别适合于车削各种曲线光滑连接(凹形)的成型面。其特点是构成主切削刃的刀刃为一圆度误差或线轮廓误差很小的圆弧,该圆弧刃每一点都是圆弧形车刀的刀尖,因此刀位点不在圆弧上而在该圆弧的圆心。注意对刀时应以圆弧的圆心为刀位点对刀。选择车刀圆弧半径时应考虑两点:

(1)车刀切削刃的圆弧应小于或等于零件凹形轮廓上的最小曲率半径,以免发生加工干涉;

(2)为留有一定的调整和精车余量,圆弧车刀半径小于圆弧形螺旋槽的半径,但也不宜太小,否则不仅制造困难,还会因刀尖强度太弱,或刀体散热能力差而导致车刀损坏。

经过多次试验后,在加工圆弧半径为20～30 mm的圆弧形螺旋槽时选用R8机夹可转位车刀最为经济实用。不仅可以保证刀具的刚度和韧性,而且可以保证刀具的使用寿命。

3 程序设计

3.1 变量及宏程序

变量及宏程序是西门子 840D 数控系统中的高级功能。使用变量参数和宏程序,可以充分利用数控系统中的数学指令,灵活编程,简化操作,大大提高加工效率。

3.2 程序设计特点

如图 3 所示,圆弧螺旋槽截面特点为圆弧形,依据数据密化原理,根据曲线公式表达出曲线上点的坐标值,然后用螺纹指令 G33,沿着这些坐标值依次车削就能走出圆弧螺旋槽。

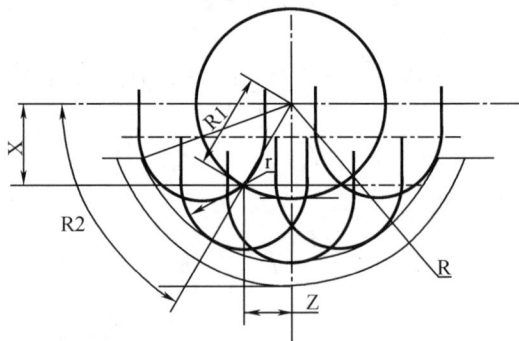

图 3　程序简图

3.3 卷筒圆弧螺旋槽精加工程序节选

```
S20  M4  T1  D1
G0 X140
Z0
R1 = 15;圆弧半径
R2 = -15;入刀角度
R3 = 3;增量角度
R4 = 50;刀数
FF1:G0 G90 G22 X70
Z0
X = SIN(R2) × R1   Z = COS(R2) × R1
G33 Z -6500 K = 47
G0 X70
Z0
R4 = R4 -1 R2 = R2 -R3
IF R4 >0 GOTOB FF1
M02
```

程序中 R1 是圆弧半径,轨迹上某一点的坐标为(X,Z),利用三角函数原理可以计算出 $X = SIN(R2) \times R1$ $Z = COS(R2) \times R1$。把刀具在车削圆弧的起始角度和终止角度之间分成若干等分,只要分割的角度足够小,就能插补出较为光滑的圆弧螺旋槽。

程序中 R2 是起始入刀角度。

程序中 R3 是增量角度。R2(起始角度) + R3(增量角度)在宏程序中通过 R4 循环次数(50 次)R3 累加 50 次完成加工。

公式:R2(15) + R3(3 × 50) = 175(终点角度)程序完成。

宏程序中 IF R4 > 0 GOTOB FF1，IF 是跳转指令,R4 > 0 是指程序在 0 以前程序终止。

注解:程序中 R4 = 50,R4 = R4 - 1,是指该程序循环 50 次。GOTOB 是向后跳转指令,FF1 是跳转到 FF1 程序段。

注解:程序中 R1 = 15 是加工螺旋槽半径尺寸,图纸要求半径是 23,刀具半径是 8,所以 R1 = 15(加工半径) + 8(刀具半径) = 23(成品半径)。

该程序是精加工程序(成品程序)。粗加工是通过 R1 = 0 开始不断变量到 R1 = 15 成品,其中 R2 起始角度不断变化,R3 增量角度不断变量,R4 循环次数由少到多来完成。

4　工艺应用

本工艺已获得国家发明专利(专利号 2475005),并在国内外许多关键项目上成功应用。如为世界最大的 FAST 大型望远镜项目加工的 6 个卷筒,其槽底直径公差为 0.2,且 5 个右旋,一个左旋,目前运行良好。国内外众多核电项目中的卷筒圆弧螺旋槽,加工精度均要求较高,工况不良,国内许多厂家无法完成,采用我司的专利技术,即可圆满解决。为大船重工完成的 600 t 吊车项目,被用户誉为其现有吊车最好的一部。以上介绍的仅是本工艺实际应用的范例。目前采用该工艺加工的产品已成为公司新的利润增长点。

参考文献

[1]　孙健,曾庆福. 机械制造工艺学[M]. 北京:机械工业出版社,1982.

[2]　华南工学院,甘肃工业大学. 金属切削原理及刀具设计:上册[M]. 上海:上海科学技术出版社,1980.

[3]　史美堂. 金属材料及热处理[M]. 上海:上海科学技术出版社,1980.

安装动态平衡流量控制阀的试验研究

刘新芳　张明香　赵巍巍

（大连船用柴油机有限公司）

摘　要: 对于整个主机的参数、油耗(SFOC)情况、满足 NOx 排放证书、保持高水平水冷凝来确保最好的气缸状态等方面,输送到扫气空冷器中冷却水的量是非常重要的因素。安装动态流量平衡阀能够保证正确的水流量和分配量,所以 EGR 主机安装动态流量平衡阀是标准的设计。使用节流孔板来实现水流量的分配调节,仍可以作为一种选择设计,但是需要通过流量测量来进行验证。

关键词: 低速柴油机;动平衡;空冷器

对于 EGR 主机,由于 EGR 空冷器和扫气空冷器结构和尺寸设计的不同,造成两个不同类型的空冷器所需要的水量也各不相同。但供给主机的总共冷却水量,需在 EGR 空冷器和扫气空冷器之间进行动态分配。

目前,解决分配问题仅靠在两个空冷器之间安装节流孔板来控制冷却水的分配量。

此种方法调整分配量非常困难,每一个新系列主机(每一个装置号主机)当定义确切节流孔板尺寸时,部件的详细设计,例如详细管系的布置、阀和空冷器的详细参数都需要经过计算。

如何选择一种新设计解决此复杂问题,成为目前迫切的需求。

1　扫气空冷器和 EGR 空冷器管路上的动态流量平衡阀的设计

根据最新调查数据,由于系统中部件的正确信息很难获得导致不能得到准确的水流量分配。

过用动态流量平衡阀来代替静态的节流孔板,在扫气空冷器和 EGR 空冷器之间正确的冷却水分配量能够保证,如图 1 所示。

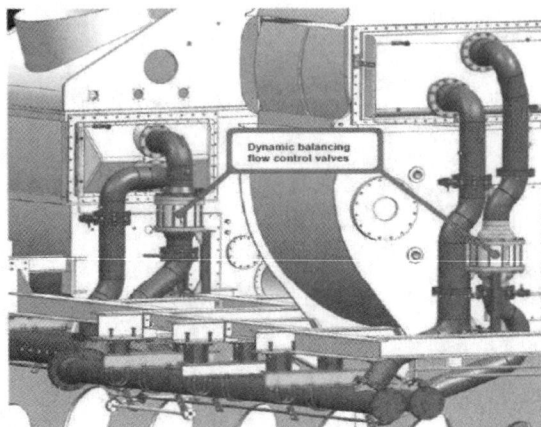

图1　冷却水系统的动态流量平衡阀

在系统压差作用下保证过流面积随压差变化而自力式改变,选择的动态平衡法具体结构如下所示。

FlowCon 型的冷却水恒流阀由标准的精确度阀胆组成,如图 2 所示。具体阀胆样式,如图 3 所示。

图 2　带标准阀胆的动态流量平衡阀(FlowCon 型)

Spring-operated cup with orifice area

图 3　单独的阀胆详图

Frese 型的冷却水恒流阀由标准的精确度阀胆组成。

工作原理(图 4)已经定义了一个完整的针对不同空冷器类型所要求的不同流量要求的 wafer 恒流阀的覆盖范围。

100 m^3/h 及以下,每间隔 5 m^3/h 一种规格。

100 m^3/h 以上,每间隔 10 m^3/h 一种规格。

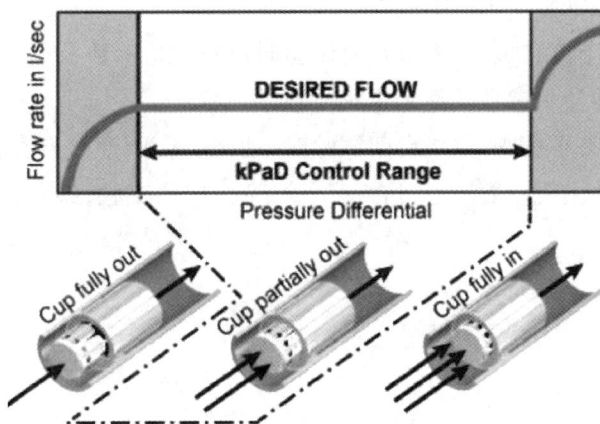

图 4　工作范围和功能原理

目前,安装节流孔板的管路压损大约 0.2 bar,类似于图 4 中动态流量平衡阀中"Cup fully out"模式。所以,在安装动态流量平衡阀管路系统中的压力损失不会提高。

主机参数文件和容量表中定义的中央水泵的泵头压力为 2.5 bar,不会因此提高,0.2 bar 的压损是在计算泵头压力和使用安全裕度范围内。

为了优化 EGR 主机的冷却水系统,节流孔板方式将被动态流量平衡阀所取代。

7G80ME - C 9.5 EGRTC(案例 1)主机空冷器系统冷却水管采用节流片的形式,来满足常规空冷器与 EGR 空冷器之间水量的分配。常规空冷器冷却水消耗量为 191 m^3/h,节流片的孔径为 122 mm。EGR 空冷器冷却水的消耗量为 248 m^3/h,节流片的孔径为 145 mm。从上述两组数据可以看出冷却水消耗量大的空冷器相应管路的节流片的孔径也相应大,冷却水流量大。

6G70ME - C 9.5 EGRBP(案例 2)主机空冷器冷却水系统安装动态流量平衡阀来满足常规空冷器与 EGR 空冷器之间水量的分配。常规空冷器冷却水消耗量为 186 m^3/h,动态流量平衡阀型号为 F324275,流量为

190 m³/h。EGR 空冷器冷却水的消耗量为 160 m³/h,动态流量平衡阀型号为 F324125,流量为 170 m³/h。从上述两组数据可以看出,冷却水消耗量大的空冷器相应管路的动态流量平衡阀流量越大,冷却水流量越大。

7G80ME – C 9.5 EGRBP (案例 3)主机空冷器冷却水系统安装动态流量平衡阀来满足常规空冷器与 EGR 空冷器之间水量的分配。常规空冷器冷却水消耗量为 223 m³/h,动态流量平衡阀型号为 F324135,流量为 230 m³/h。EGR 空冷器冷却水的消耗量为 280 m³/h,动态流量平衡阀型号为 F324158,流量为 280 m³/h。从上述两组数据可以看出,冷却水消耗量大的空冷器相应管路的动态流量平衡阀流量越大,冷却水流量越大。

流量阀在较宽的压差范围内(也称为阀门的控制区域)进行自我调节,以自动将流量限制在最大设计范围内。

阀胆由精确开孔的过流孔板活塞筒、不锈钢弹簧及支撑件构成。过流孔板活塞筒与不锈钢弹簧配合动作,在系统压差作用下保证过流面积随压差变化自力式地改变。压差增大,过流面积减少;压差减小,过流面积增大;从而在工作压差范围内保证流量恒定。

其控制原理是基于简化了的流量公式如下:

$$Q = Kv \cdot \sqrt{\Delta p}$$

流量控制元件实际保证了流量是恒定的。

动态流量平衡阀在压差范围之内流量误差限制为 ±5%。

动态流量平衡阀的验证不需要特殊的昂贵仪器来检测流量。

2 结论

结合动态平衡阀的工作原理,分析上述三个案例主机的参数、管路设计、安装布置等特点,案例 1 主机安装节流孔板,案例 2 和案例 3 主机安装动态平衡阀。

由于案例 1 的主机是安装节流孔板,在主机台机试验时进行主机参数及空冷器水的参数调整,最终确定节流孔板的尺寸,来保证主机空冷器水参数及整个主机参数。

案例 2 和案例 3 是安装动态平衡阀,主机台架试验时,动态平衡阀通过自身自动调节,控制进入空冷器的水量,来满足空冷器参数及整个主机参数。通过台架试验,主机成功交验,参数满足主机设计要求。

船用主机连杆新型车削装夹工艺的开发

栾金华　赵　涛　衣　莎　李　斌

（大连船用柴油机有限公司）

摘　要：船用主机连杆是发动机的重要运动部件，车削装夹工艺的开发着重研究了车削装夹对于加工质量、工艺改进、人工、物耗的影响。结果表明：通过对车削装夹策略的不断优化，无论对车削质量的提供、加工工艺的可控性，还是对生产成本及耗材的控制方面都产生了非常积极的影响。

关键词：船用主机；连杆；切削加工；装夹；质量

船用主机连杆，是将活塞上产生的压力及惯性力传递给曲轴。作为主机动力的重要传递部件，连杆无论在材料选择还是在机械加工方面都提出了严格的要求。在具体的加工中，因其工件体积大、质量重，车削加工装夹方法的适用性及效率、成本都面临着较大的挑战。本文主要通过影响工件找正、装夹工艺和效率的分析，论述了装夹方式对加工效率及质量影响的主要原因，并提出了解决这一问题主要技术方案。

1　早期装夹工艺

连杆车削加工的装夹方法，通常采用的是"一夹一顶"的传统装夹方式，这种方法是经过验证的典型的装夹工艺，它能保证较好的加工质量，以及安全性要求。但是该方法对于不同种的工件有着不同的要求，特别是卡盘方向，如果有比较规则的外圆工件，可以直接利用卡爪对工件进行直接夹压，尾部可直接顶尖顶固。但是船用主机连杆（曲轴端）有扁平结构设计，且中间部位镂空，无法使用卡爪，导致工件无法直接利用卡盘进行装夹，如图1所示。

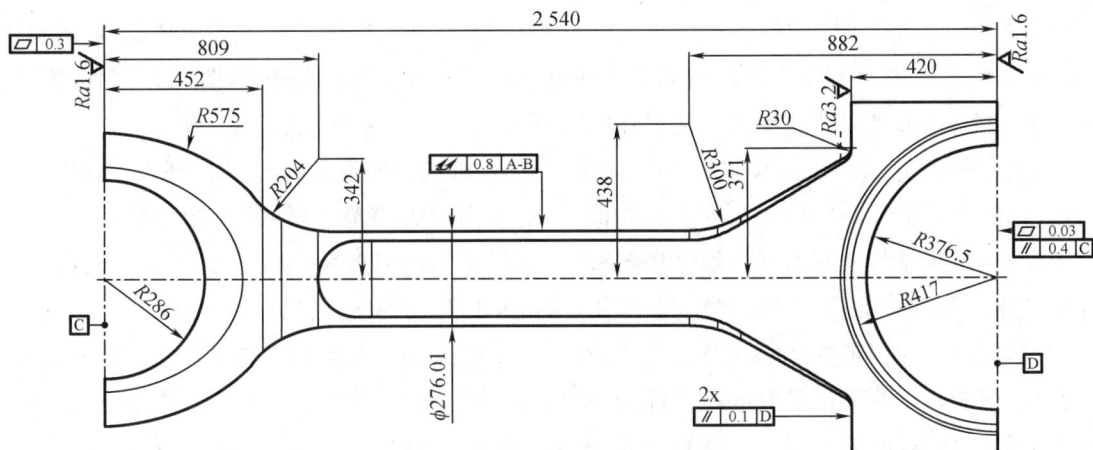

图1　船用连杆加工图

连杆工件外形不利于卡盘爪直接夹压,导致夹压不稳,存在较大的安全风险。早期的连杆车削装夹工艺采用的是"胎具固定"法,即设计并制造相关专用胎具,将该胎具与连杆固定后,整体置于机床装夹,卡盘端卡爪夹固胎具,进而通过胎具对连杆整体进行夹固。该装夹工艺,无论从装夹安全角度出发,还是车削力的抵消方面,都可达到预期要求,具体装夹示意图,如图2所示。

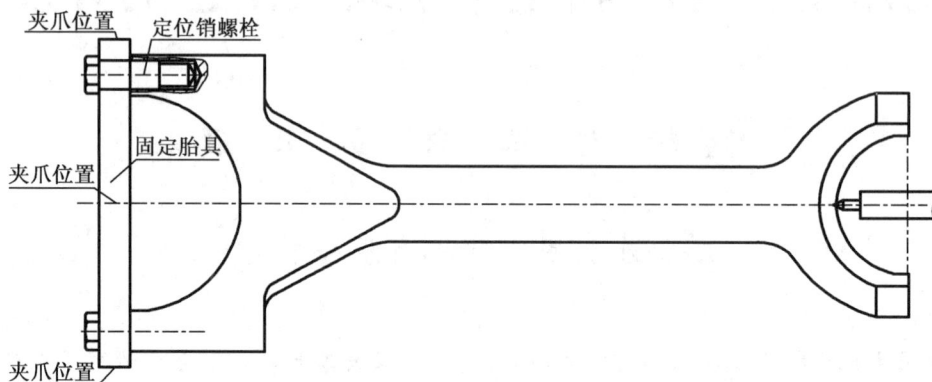

图2　早期连杆装夹示意图

根据图2所示的连杆装夹示意图,该种装夹方法虽然能满足装夹最基本的安全及夹紧力方法的要求,但经过实际运用,所反映出的具体问题还是比较突出的。首先,该胎具在设计上虽然满足了安全性及刚性的要求,但没有考虑到该胎具质量大,体积大,单人无法独立完成其安装及拆卸,需要两名操作者,并借助吊车才能完成胎具的安装工作,耗时,耗力,耗物,整体效率不高。另外,该胎具在与工件的定位及连接需要前期连杆本体的工艺孔进行物理结构的支持,即连杆与胎具连接面需要事先加工出满足尺寸及粗糙度要求的工艺孔,该孔需要仔细计算,必须为最终成品孔留足加工余量的前提下,还必须保证定位销孔与螺纹底孔的同轴度要求,这对于事先的工艺计算及镗床的加工精度要求都是比较高的,同样对于胎具定位销孔的加工精度及形位要求也是等同的,该装夹方法对于工艺孔及定位胎具的加工精度要求是超出实际预想的,需要进行较多的工艺干预及加工装备,并且对于每种机型的连杆都需要制造该机型连杆所专用的胎具、定位销,以及相应的工艺孔加工规范,整体过程过于烦琐,并且对辅助工序依赖程序较大,虽然满足了基本的装夹及切削要求,但该装夹方法由于上述两方法的局限性,无论在加工的整体效率及加成本控制的方法上都未能达到预期的理想效果。

2　装夹工艺的创新开发

采用传统的定位胎具进行车床加工的装夹,虽然满足了基本的加工要求,但在效率、加工成本的控制,以及人工劳动强度的侧重力度还是不够的,难以摆脱缺点,无法体现装夹工艺的优点。所以需要对装夹工艺进行创新式开发。对早期装夹工艺的实际使用效果进行了分析,我们意识到,以往的装夹胎具体积大、质量大,需辅助安装设备,无法单人完成,并且对工件及胎具的工艺孔有严格的尺寸及形位公差要求,实际操作加工比较困难,人为增加了加工成本,这都是以往装夹方工艺存在的不足之处。针对这些实际问题,我们需要开发出一整套全新的装夹工艺,它必须满足:重量轻,体积小,易于安装,无须额外的工艺孔加工要求。基于上述理论,我们制订了相关的方案:即将以往笨重的定位胎具完全摒弃掉,而用结构更为简单、轻便的焊接夹胎,上、下各安装一个在对称卡爪上面,通过夹胎将连杆曲柄销端已经粗铣的扁部位夹紧,另外两点卡爪撑紧工件瓦孔,轴向方面可以利用为镗床工序预留的装夹孔,安装简易的定位块进行轴向固定,如图3所示。

从图3中可以看到,在保证整体刚性及强度的前提下,我们采用了材料更为普及,成本更为低廉的普通铸钢材料,该材料不但满足了我们所需要的机械性能,并且具有很好的焊接性,为我们的备料及相关胎具的定型工作提供了很大的选择空间,制造起来也比较简单、快捷,夹胎的制造工差及形位公差要求极低,有较强的宽容度。

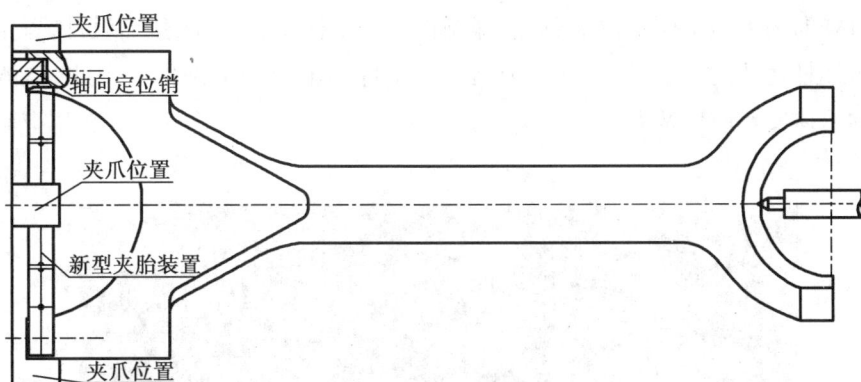

图3　新型连杆装夹装置想象图

该夹胎在设计定型时,优点还在于它可以根据主机连杆尺寸相近的范围内只制造一种夹胎即可满足2～3种的主机连杆车削装夹要求,展现了很好的兼容性及经济性。

通过新型夹胎,很好地解决了工件径向装夹的约束要求,那么为了解决装夹中轴向的约束,我们利用上道工序中为镗床留下的装夹工艺孔,设计了一组阶梯轴垫。该轴垫装入工艺孔中,另一端顶压在卡盘面上,通过尾座的顶尖压力,使整个工件顶靠在卡盘上,很好地解决了工件装夹轴向的约束问题。新型连杆装夹装置实际工作图,如图4所示。

图4　新型连杆装夹装置实际工作图

该新型夹胎设计简单,便于制造,轻巧简便,只用一名操作者在吊车的配合下,即可一次完成一台主机连杆(6～7根)的夹胎安装工作,装夹效率大大提升,而且摆脱了工艺孔及定位销的依赖,在整体的加工工艺中可以减轻上道工序的工作量。可以说新型夹胎无论在制造成本、装夹效率、还是整体的工艺成本控制方面都有着很好的提升与进步。

3　装夹装置的深入改进策略

经过对该新型夹具的实际使用情况跟踪,我们发现:虽然新开发的夹具很好地解决了夹胎装置的轻量化等问题,但是在轴向方面的定位块不能很好地约束工件轴向力,导致加工质量不稳定。

根据现场对装夹装配的进一步研究分析,我们发现由于上道工序中,在加工镗床预留装夹工艺孔时,并未将连杆曲柄销端端面进行铣平加工,致使工件被顶紧后轴垫出现偏置,即一面接触到卡盘面,另一面出现悬空现象,导致两个约束轴的形位公差不达标,进而影响连杆整体的车削加工质量。

鉴于此原因,我们认为,两处约束轴向力的方法存在缺点,且过于依赖上道工序,没有从根本上解决整体装夹的通用性与宽容度要求,有必要完全抛开对工艺面和工艺孔的依赖,从而彻底掌握装夹的主动性。轴类件中,单点定位好于两点或多点定位,因为多点定位会产生很多的不确定因素,甚至会使工件产生过定位,影响工件的整体切削质量。

于是我们考虑将轴向约束力由两点改为单点,即制作一个顶杆,头部为圆弧形设计,置定于卡盘中心,装夹工件时圆弧部分顶于连杆瓦孔内壁,与尾座顶尖力组合成工件的轴向约束条件。至此,整体的优化策略完成,图5为该改进策略的具体实际应用情况。

图5　装夹装置改进后实际工作图

4　结论

船用连杆中的车削装夹工艺性直接影响连杆车削装夹的整体质量。我们通过自主研发、设计、制造及改进,形成了一整套科学有效的装夹工艺及装置,不仅解决了装夹的实际性需求,也减少了工人的劳动强度,在保证整体加工质量的同时,提高了加工效率,大大降低了生产成本。

参考文献

[1]　鄂中凯.机械设计手册:第1卷[M].5版.北京:机械工业出版社,2010.
[2]　曾正明.机械工程材料手册:金属材料[M].6版.北京:机械工业出版社,2003.
[3]　樊铁镔,李振加,刘玉福,等.重型切削实用技术手册[M].北京:机械工业出版社,1996.

W6X72 型主机燃油泵故障原因分析

孟祥瑞　张永旭　王宏超　赵　磊

（大连船用柴油机有限公司）

摘　要：本文针对 W6X72 型主机在试车过程中出现的燃油泵拉伤问题，逐步试验、排查，最终找出拉伤燃油泵柱塞的首要原因是异物堵塞共轨单向阀，次要原因是燃油管路清洁度不达标所致，最终实现主机成功交验，为公司挽回了声誉和损失。

关键词：燃油泵；柱塞；燃油清洁度；燃油黏度

1　前言

某 W6X72 型主机运行时，在主机负荷从 25% 到 50% 提升过程中，出现燃油泵执行器红灯报警，1#燃油泵卡死，更换燃油泵总成后，在主机负荷 100% 到 110% 提升过程中，再次出现相同情况。该情况严重影响主机运行，为避免导致更加严重的后果，公司决定停止动车，彻查问题原因。

2　燃油泵介绍

燃油泵为 Win G&D 主机核心部件之一，功能是在主机运行过程中为主机提供高压燃油。其内部主要结构由柱塞和套筒偶件组成，通过柱塞在套筒内上下往复运动，完成主机燃油进油、压缩、供油、回油过程，并通过执行器齿条与柱塞底部齿圈的相互配合，以改变进油孔与柱塞顶部斜槽的空间大小来实现供油量的控制，燃油柱塞一旦卡死，将无法对主机进行供油，会影响主机整体运行情况。

3　燃油泵卡死原因分析

燃油泵卡死的表象为柱塞与套筒之间产生拉伤，拉伤部位因为其尺寸和表面状态的变化，导致两件精密偶件之间无法按要求进行配合，使其卡死失效。经过对卡死燃油泵的拆解检查，确认其卡死状态确为柱塞拉伤，如图 1 所示。

3.1　常见柱塞拉伤原因及分析检查

为确认柱塞拉伤的根本原因，我们首先对常见的柱塞拉伤原因进行了分析，并对分析结果逐一排查确认。

原因一：偶件加工尺寸不符合图纸要求。

如果偶件加工尺寸超差，可能导致部件在运行过程中意外磨损、油膜厚度不足导致的润滑实效等原因使柱塞产生局部拉伤，为此我们对柱塞和套筒分别进行检测，测量数据如表 1 所示，检测结果满足图纸要求，基本排除此项原因。

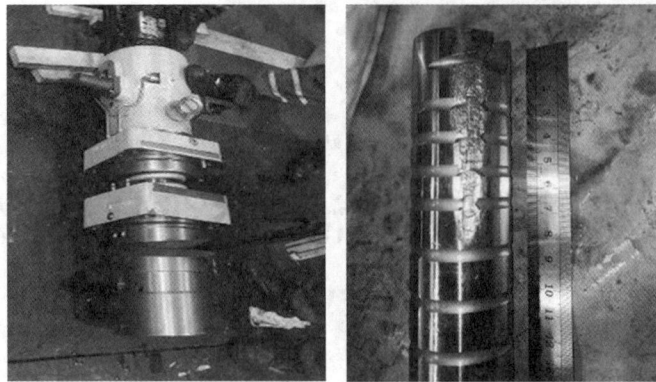

图1　燃油泵拆解后柱塞拉伤状态

表1　柱塞及套筒内径尺寸测量

部件名称	测量记录		
	柱塞 $\phi 40$	套筒 $40(0 \sim +0.016)$	检验结论
006/B/828P	40	40 + 0.01	合格
008/B/828P	40	40 + 0.01	合格

原因二:柱塞热处理不当,硬度不符合图纸要求。

柱塞偶件属于长时间往复运动,为保证其运行的可靠性,图纸要求柱塞表面渗氮处理,硬度大于 800HV。我们将拉伤的柱塞和套筒在实验室对实物表面进行了硬度测量,测量结果均超过 900HV,满足图纸要求,基本排除此项原因。测量过程如图2所示。

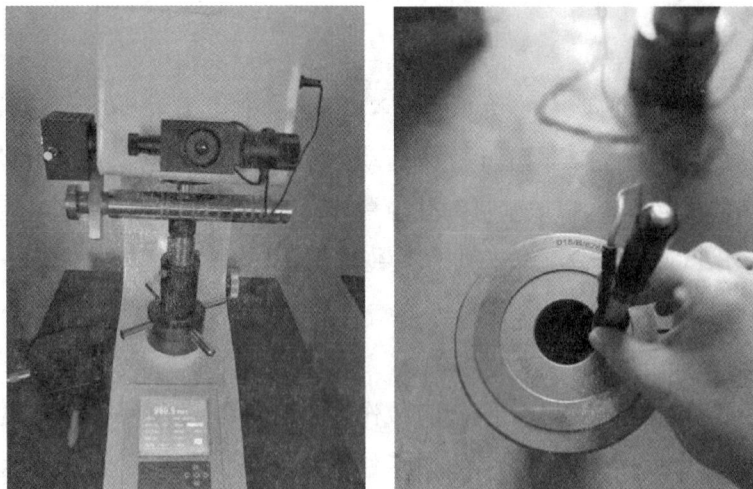

图2　柱塞和套筒的硬度检测

原因三:燃油质量不达标,黏度超出指标范围。

因柱塞和套筒间采用燃油润滑,如燃油润滑性能不足,使偶件之间润滑失效,也会导致拉伤现象。对此,查询了燃油出厂报告,根据报告显示,燃油黏度在指标范围之内,基本排除此项原因。

原因四:铁屑或其他异物进入偶件缝隙。

异物侵入也是燃油泵柱塞拉伤的常见原因之一。将主机上的所有燃油泵分解后,在套筒与壳体之间的蓄压腔内检查发现金属铁屑,通过现场分析,判断铁屑来源基于两种渠道:燃油泵总成装配时遗留的铁屑异物和燃油系统带入的铁屑异物。

为确认铁屑来源,分别对燃油泵总成和燃油管路系统进行检查。

将供货商提供的后续主机的燃油泵总成进行分解检查,内部清洁良好,未发现任何异常。

对主机燃油进油管路等拆开检查,发现进油管末端存在大量铁屑。该铁屑存在的原因可能为燃油串洗压力不够,无法保证管系内存在的铁屑完全被清除出去。因此可以确定,燃油泵内存在的铁屑主要为燃油系统带入。存在的铁屑可能在动车过程中随燃油一起进入到燃油泵中,侵入柱塞和套筒间隙内,导致柱塞的划伤。

通过原因分析,暂时判断为燃油清洁度不够,带入铁屑导致的燃油泵柱塞拉伤,为确保后续燃油清洁,车间采取了以下处置措施:

首先修改工艺方案,将原来的主机燃油管系清洁度检查罐从辅助试验台上移位至供油单元燃油侧,直接连在机体管系末端,减少过渡工装,这样可以更为精确地判断铁屑来源。

其次重新清洁燃油管系、滤器以及试验台燃油管系。不仅对燃油检查罐内检查袋进行清洁检查和油样化验,还根据实际情况,增加对供油单元燃油管系末端打开检验,使用磁铁棒或内窥镜查看,确保燃油系统彻底清洁,如图3所示。

图3　彻底清洁并检查燃油管路系统

3.2　分析效果验证

经过以上处置后,检查燃油进油管路,里面的铁屑已经彻底清洁。为验证分析效果,该主机再次动车,在主机负荷增加至100%时,1#燃油泵执行器再次出现红色报警,燃油柱塞出现相同的卡死现象。该现象的复现说明铁屑异物并不是燃油泵卡死的主要原因,还需要对根本原因做进一步分析排查。

3.3　对1#燃油泵管路的整体排查

针对燃油泵单件已经进行了分解和分析,在确认燃油泵本体可能导致拉伤的原因基本排除后,车间对1#燃油泵整体管路进行了排查,在排查过程中发现1#燃油泵管路的温度明显高于其他燃油管路。

通过图表可以看出,在燃油温度升高后,燃油黏度明显下降,导致其润滑效果降低,润滑失效,说明柱塞的拉伤极有可能是因为润滑失效导致的。在之前我们考虑过燃油润滑失效的原因,但燃油本身符合要求,导致润滑失效的主要原因为温度升高导致的黏度变化。

在三路供油管路中,只有1#管路发现异常,可见原因应该集中在1#管路本身,而温度升高一般由于压力加大引起,可能是因为1#管路的局部堵塞或其他原因,导致了1#管路内压力异常升高,进而使燃油温度升高。经过与车间商议,决定根据燃油管实际在主机上的布置,从顶部开始进行排查,逐一拆解。在拆解至1#高压燃油上行管末端与燃油共轨连接处的单向阀时,发现阀体内进油孔存在异物,两个油道孔被堵住一个。

该位置为1#油路上行通道,单向阀存在两个进油孔,当进油孔堵住一个之后,燃油上行通道被截流,使得该油路的压力显著升高,压力升高导致燃油温度升高,黏度下降,致使燃油泵柱塞润滑失效,引起拉伤卡死。

3.4 再次验证

为确保该管路正常,车间更换了新的单向阀,并对整体管路进行了检查,确认各连接部位以及油管内保证清洁。之后对该主机再次进行动车验证,动车过程中,随时监测三根供油管路状态。再次动车过程中,三根油路均保持温度正常,各燃油泵工作正常,故障得以彻底排除。

3.5 异物分析

通过调查对比,堵塞单向阀进油孔的异物被确认为管系卡箍的紧固螺栓,该螺栓可能为施工过程中不慎掉入燃油管内,随燃油上行至单向阀处,在高压燃油冲击作用下嵌入进油孔,并将进油孔堵塞。

4 结语

通过多次的分析和验证,最终得出燃油泵拉伤的根本原因:由于高压燃油上行管进入共轨单元的燃油被异物截流,导致供油不畅,高压上行管内压力升高,温度升高,使得燃油温度升高,黏度下降,导致柱塞表面油膜无法建立,润滑不良,同时柱塞顶部受到反向的压力冲击,最终导致出现柱塞偶件拉伤卡死的现象。

常言道"千里之堤毁于蚁穴",微小的失误可能造成严重的后果。通过对此次燃油泵故障问题的解决,使我们对于质量问题的分析开启了一个新的方式,认识到在整个产品系统中,各个关联部件的状态都可能引起广泛的连锁反应。而日常工作中细节的清洁、防护、检查不到位也会对主机造成严重的影响。该案例为今后同类型问题的处理提供了新思路。也为工作中的清洁、安装过程质量控制和养成施工人员良好的工作习惯起到了警示作用。

豪斯勒机架吊装工艺开发

聂恩伟　　侯新华

（大连船用柴油机有限公司）

摘　要:本文通过对机架的计算、模拟翻身过程,保证机架在车间内吊装、翻身等工作顺利有序进行,确保施工安全。

关键词:机架;吊装;工艺;开发

0　前言

豪斯勒机架是我公司承接的吨位最大的加工钢结构件,具体重量和尺寸如表1、图1所示。三十里堡机械加工部两台吊车副钩为100 t,两台吊车钩头配合使用吨位为正常吊重的75%,因此我公司现有的设备无法完成机架的翻身吊装工作。经研究,采用外雇两台汽车吊,我公司使用两台200 t行吊配合的吊运方案。

表1　机架的质量及尺寸

部件名称	长度/m	宽度/m	高度/m	重量/t
机架	27.6	3.5	6	348/365

注:质量后面数值加入了3%的焊肉重及2%吊索具重。

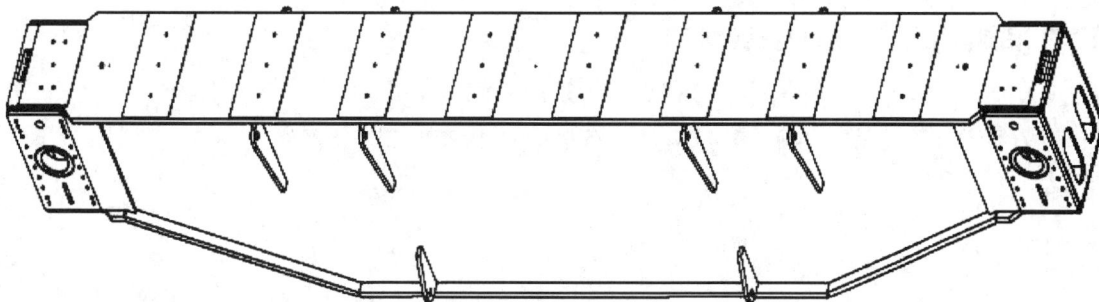

图1　豪斯勒机架

1　吊装技术及安全要求

(1)吊装作业前,生产部门、安环部门、起重指挥者进行全面检查,检查合格后,方可安排进行吊装作业。

(2)吊装作业前,必须要对各吊点位置、索具、卸扣情况进行检查,必须符合安全管理要求。

(3)吊耳探伤合格后方可进行吊装作业。

(4)吊装作业前,应检查机架内外的杂物是否清理完毕,检查合格后方可进行吊装。

（5）吊装过程中要始终对吊索具的状态进行观察，发现异常立刻停止作业，参与吊装作业的人员要听从起重指挥者口令，起重指挥下达命令必须清晰、明确、及时，起重手势必须准确。

（6）在作业过程中，生产部门应对现场进行封闭管理，任何无关人员不得在起重物下面或受力索具附近停留或通过。

（7）吊物翻身所需现场作业面，必须提前铺垫钢板，以备翻身作业时地面塌陷或破坏车间地面。

（8）吊车进入现场作业时，支腿下必须铺垫自备路基板。

（9）目前，该工件侧置放在三十里堡车间内，加工完第一工位后，需将"凸"字工件翻90°立起，加工完成后再翻90°放躺。一共需要90°翻2次。

2 技术参数及设备工具

2.1 吊物质量

347.231（图纸质量）+ 焊缝质量 + 吊耳 + 钢丝扣和卡环 ≈ 365 t

2.2 起重设备

车间 200 t 行吊 2 台；QAY300 t 全路面汽车起重机 2 台。

2.3 吊索具

（1）行吊选用 4 根环形 10 m（ϕ90 mm），单根起重量 81.4 t（5 倍安全系数）的钢丝绳。

（2）2 台 300 t 汽车吊选用 4 根环形 4 m（ϕ90 mm），单根起重量 81.4 t（5 倍安全系数）钢丝绳。

（3）150 t 弓形卸扣 4 个。

（4）机架自重 358 t，采用 4 个点吊装（4 个吊耳，每个吊耳承受 150 t）每个吊点承重约 90 t。

（5）2 根环形钢丝绳吊一个点承重 162 t > 90 t。

2.4 计算载荷

$$G_{j} = KG_{0}$$

式中　G_{j}——计算载荷；

　　　G_{0}——被吊物的质量、吊具质量之和；

　　　K——多台吊车抬吊不均衡系数，$K = 1.1$。

机架：$G_{j} = KG_{0} = 1.1 \times 365 \text{ t} = 402 \text{ t}$。

2.5 计算汽车吊和行吊吊重、吊运方式（图2）

$$2\,387X = 3\,553Y, X + Y = 402$$

X 为汽车吊（两台）最大吊重 240 t，Y 为两台行车最大吊重 201 t，均未超载。

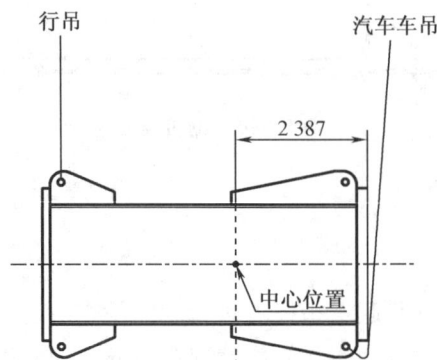

图 2　豪斯勒机架吊装方式

3 吊装过程

（1）行吊200 t指定位置成工作状况，4根10 m环形钢丝绳分别挂在吊钩上，将2个300 t弓形卸扣连接在钢丝绳扣上。

（2）行吊吊高约15.5 m，机架翻身时，所需吊钩下平面高度13.5 m，如图3所示。

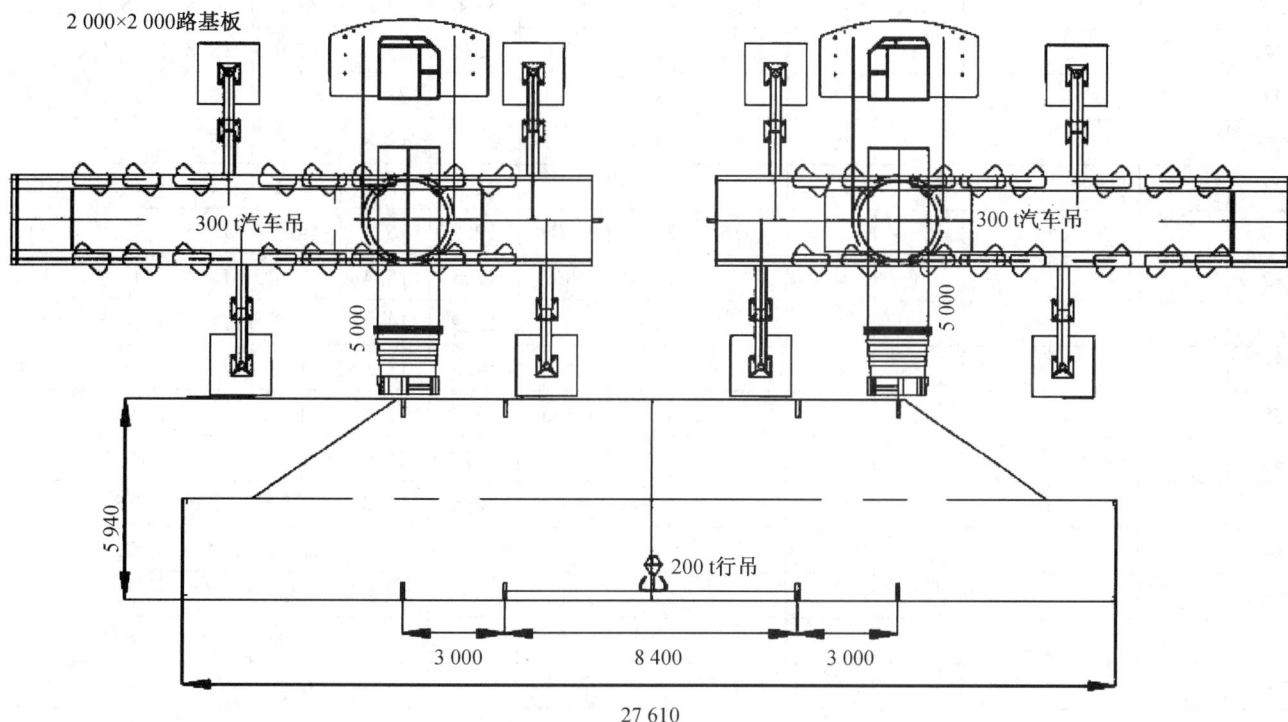

图3 汽车吊与行吊位置示意图

（3）汽车吊1#、2#以先后顺序进入翻身现场，按指定位置支吊成工作状况，4 m环形钢丝绳分别挂在1#汽车吊2根，2#汽车吊2根，将2个150 t弓形卸扣分别连接在1#、2#钢丝绳扣上，出臂18 m，水平距离5 m，起重量145 t，如表2所示。

表2 300 t吊车臂起重性能

半径	基本臂72 m													
/m	13.5	18	22.5	27	31.4	35.9	40.4	44.9	49.4	53.9	58.4	62.8	67.3	72
3	300													
3.5	177	150	150											
4	170	150	150	135										
4.5	160	150	14	130	116									
5	156	145	130	125	116									
6	133	135	120	120	108	92								
7	110	118	110	111	99.5	87	71							
8	95	103	100	103	91.2	82	70.7	58.1						
9	80	91	90	91	85	77	67.9	56.7	48					
10	71	81	80	81	78	70	65.1	54.6	48	43				
12		66	65	66	66	65	59.2	53	48	41.9	33	26		

表 2（续）

半径 /m	基本臂 72 m													
	13.5	18	22.5	27	31.4	35.9	40.4	44.9	49.4	53.9	58.4	62.8	67.3	72
14		55	55	56	57.8	57.1	54.1	47.1	42.3	36.6	31.1	25.7	20.8	18
16			46	47	49.3	48.6	47.8	41.7	37.6	32.4	28.6	24.1	19.9	17.1
18			39	40	42.7	41.8	42	37.1	34	29	25.8	22.5	19	16.6
20				35	37.5	36.7	36.7	33.4	30.6	26	23.3	20.8	18.2	16
22				31	33.1	32.2	32.5	30.6	28	23.6	20.9	18.8	16.9	15.3
24					29	28.1	28.9	28.1	25.5	21.6	19.3	17.1	15.6	14
26					25.6	24.8	25.6	24.7	23.6	19.8	17.6	15.8	14.3	13
28						22	22.8	22	21.6	18.1	16.1	14.5	13.2	12
30						19.6	20.4	20	19.5	16.7	14.9	13.5	12.3	11
32							18.3	18.1	17.5	15.4	13.8	12.4	11.4	10.1
34							15.7	16.3	15.9	14.2	12.8	11.5	10.5	9.5
36								14.9	14.5	13.3	12	10.6	9.9	8.9
38								13.5	13.4	12.4	11.1	10	9.1	8.1
40									12	11.6	10.4	9.4	8.5	7.7
42									10.5	10.6	9.8	8.6	8	7.2
44										9.8	9.1	8	7.5	6.7
46										8.8	8.5	7.5	7	6.2
48											7.9	7	6.7	5.9
50											6.2	6.7	6.2	5.5
52												6.2	5.9	5
54												5.8	5.5	4.7
56													5.2	4.5
58													4.5	4.2
60														4
62														3.7

（4）行吊 2 台主钩起钩，吊重显示达 20 t 停，观察吊索具各吊点及吊物有无异常。无异常后，2 台汽车吊车同时起钩吊起吊物离开地面 200 mm 时停，观察索具、各吊点及吊物有无异常。无异常后，行吊起钩将吊物离开 200 mm 后停。2 台汽车吊车同时起钩，行吊始终保持离地面高度 200 mm，并同时向汽车吊方向做水平移动，将机架 90° 立起为止。平稳后，4 台吊车同时作业，将机架垂直放到地面上，平稳后摘钩，如图 4 所示。

4 结论

整个施工过程安全、顺利完成，与我们模拟、计算的结果完全吻合。此次大型结构件吊装工艺的开发，为公司积累了宝贵的经验，为今后公司施工大型结构件具有重要的指导意义。

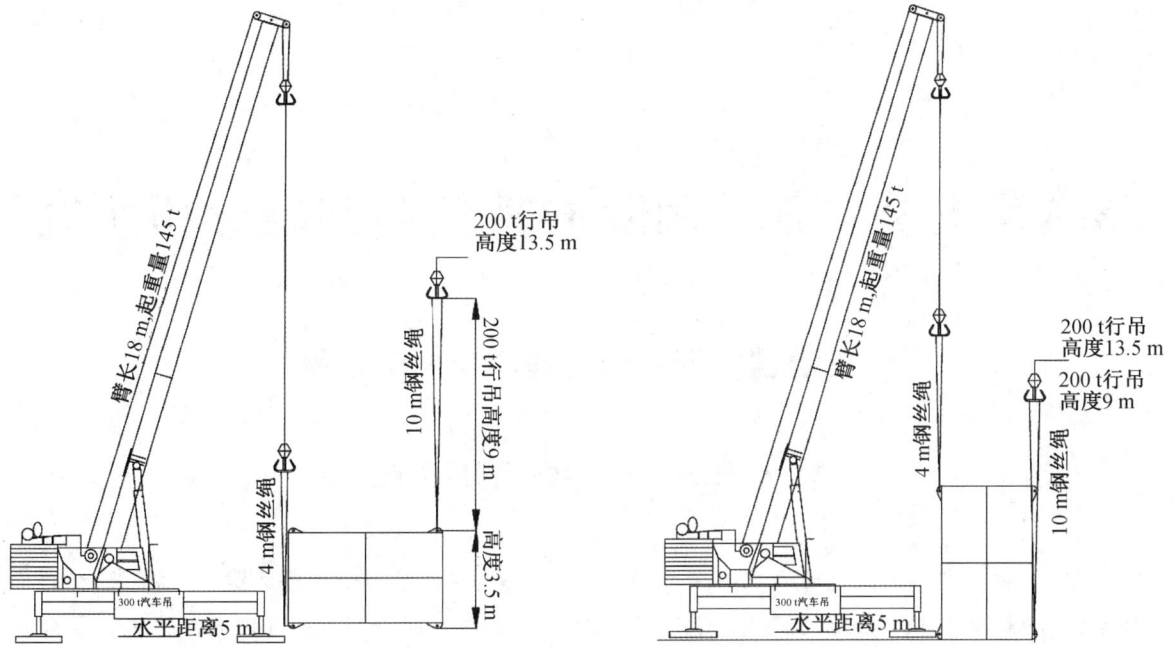

图 4 过程示意图

MAN 主机主轴承间隙异常偏差问题分析研究

王清波　张军伟　徐国成　于金平

（大连船用柴油机有限公司）

摘　要:针对某型船用低速柴油机主轴承间隙异常现象,实施了间隙调整方案,经过验证和效果评估,成功解决了本次出现的问题。通过对主轴承盖取样试验分析,对相关材料的化学成分和力学性能进行对比,确定了主轴承盖材质不达标是导致此次问题发生的根本原因,做到了技术归零,为船用低速柴油机制造企业解决同类问题提供了宝贵经验。

关键词:主轴承间隙;异常偏差;分析研究

前言

低速柴油机主轴承的作用是支撑曲轴,保证曲轴工作的轴线,使曲轴在转动的过程中以小的摩擦传递动力。主轴承的工作条件恶劣,承受到曲轴来自主机缸内的爆发压力以及连杆十字头总成的往复惯性力的作用,承受高负荷。同时曲轴在主轴承孔中旋转转动,还受到摩擦力的作用。主轴承不仅决定曲轴的轴线,而且主轴承的中心线与活塞缸体的中心线必须保证垂直相交的准确性,这决定着曲轴、连杆、活塞和缸体之间的正确位置关系。因此进行主轴承间隙的测量是柴油机装配过程中的重要工序之一。保证主轴承间隙在正常要求的范围内,主机在运行过程中主轴承与曲轴主轴颈形成足够的润滑油膜,防止主轴瓦异常拉伤以及更严重的“抱轴”现象,预防发生重大的质量安全事故。下面针对 MAN 某型主机主轴承间隙偏差问题进行分析研究,从根本上杜绝该类问题的发生。

1　主轴承装配间隙异常现象描述

MAN 某型低速船用柴油机完成机座、机架、缸体三大件合拢安装后,发现 3# 主轴承间隙超差,实测值为 0.15 /0.30;后续又发现 6# 主轴承间隙超差,前后端实测值均为 0.10 mm 不入。具体测量数据(表1)与理论值(图1)对比情况如下所示。

表 1　测量数据　　　　　　单位:mm

1#(前/后)	2#(前/后)	3#(前/后)	4#(前/后)	5#(前/后)	6#(前/后)	7#(前/后)	8#(前/后)
0.30/0.30	0.25/0.25	0.15/0.30	0.25/0.25	0.25/0.25	0.10 不入	0.25/0.30	0.30/0.30

根据图纸要求,主轴承前后端标准值 0.20 ~ 0.50 mm,而上述某型柴油机贯穿螺栓拉紧后 3#、6# 主轴承间隙均不在标准值范围内,间隙异常。

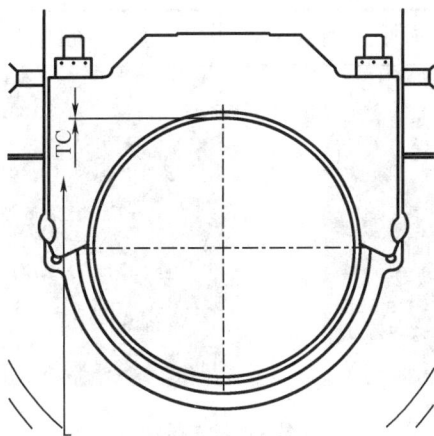

理论值：0.20~0.50

图1　理论值

2　初步检查分析

根据工艺要求，主轴承间隙测量若不在图纸理论值要求范围内，要进行常规检查，具体操作如下。

（1）利用0.05 mm塞尺检查3#、6#主轴承前后端瓦底，无异常。

（2）松开3#、6#主轴承螺栓，检查主轴承上瓦、瓦口安装情况，无异常。

（3）检查3#、6#主轴承瓦盖大小面间隙情况，无异常。

（4）检查3#、6#主轴承瓦盖机加工镗孔尺寸，无异常。

（5）检查3#、6#主轴承螺栓硬度测试，无异常。

（6）检查3#主轴承瓦盖硬度：

①目视——3#主轴承瓦盖螺母与瓦盖接触表面有明显压痕，且主轴承瓦盖斜面与中间体接触面有压痕，如图2所示。

②仪器测试——利用硬度仪测试3#主轴承瓦盖上表面硬度在174HB～185HB范围；瓦盖下表面硬度在140HB～150HB范围（注：瓦盖材质是S20S；硬度标准值115HB～160HB）如图3所示。

图2　瓦盖螺母与瓦盖接触表面有明显压痕

图3　瓦盖硬度测试

（7）检查6#主轴承瓦盖硬度：

①目视——6#主轴承瓦盖螺母与瓦盖接触表面有明显压痕，且主轴承瓦盖斜面与中间体接触面有压痕，如图4所示。

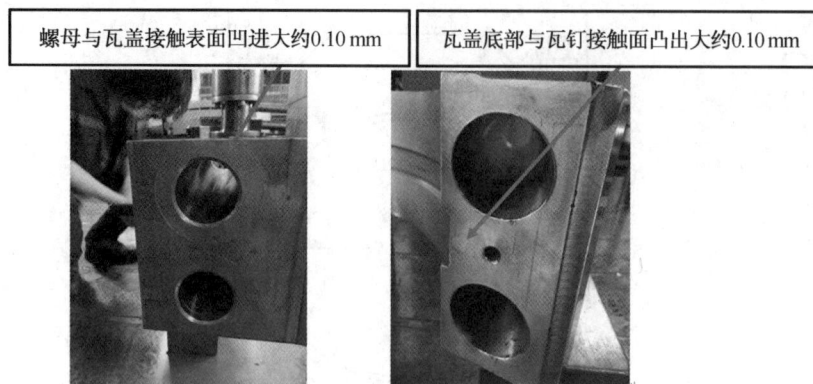

图 4　瓦盖压痕

②仪器测试——利用硬度仪测试 6#主轴承瓦盖上表面硬度在 104HB～105HB 范围;瓦盖下表面硬度在 114HB～112HB 范围。

经过上述检查,主轴承加工尺寸以及装配情况均满足要求,可以排除主轴承瓦盖加工和装配问题。但瓦盖确实存在明显的压痕,因此初步怀疑主轴承瓦盖材质存在问题。

3　间隙调整实施方案

从理论角度考虑:解决该问题是进行拆机后机座转到加工车间进行主轴承孔的镗孔检查,但是由于建造周期非常紧迫。从解决问题的角度考虑,目前要调整好 3#、6#主轴承间间隙,满足要求,最有效的办法是修理主轴承上瓦盖。

3.1　3#主轴承瓦盖返修方案的确定和实施

根据主轴承瓦盖、主轴承间隙测量情况,确定 3#主轴承瓦盖修复方案,共进行了两次返修。

第一次:如图 5 所示,以主轴承瓦盖后端为基准(-0.05),向主轴承瓦盖前端扫偏(-0.20)。对修理后的 3#主轴承瓦盖进行复装,并测量主轴承间隙:前端 0.25 mm;后端 0.15 mm。通过此次修理主轴承瓦盖前端间隙达到要求,后端间隙没有达到要求,因此需要进行第二次返修。

图 5　3#主轴承瓦盖 1 次返修

第二次:如图 6 所示,以主轴承瓦盖前端为基准(-0.20),向主轴承瓦盖后端扫偏(-0.30)。对修理后的 3#主轴承瓦盖进行复装,并测量主轴承间隙:前端 0.35 mm;后端 0.35 mm。通过第二次返修,3#主轴承间隙均达到图纸要求。

图 6 3#主轴承瓦盖 2 次返修

3.2 3#主轴承瓦盖能否应用验证

首先,我们此次进行主轴承瓦碾压变形试验验证:

主要目的是防止主轴承盖加工后,对轴瓦的紧固力出现问题,出现轴瓦滚动,从而引起轴瓦以及曲轴严重损伤及过热现象,导致严重的主机质量、安全事故,具体如图 7 所示。

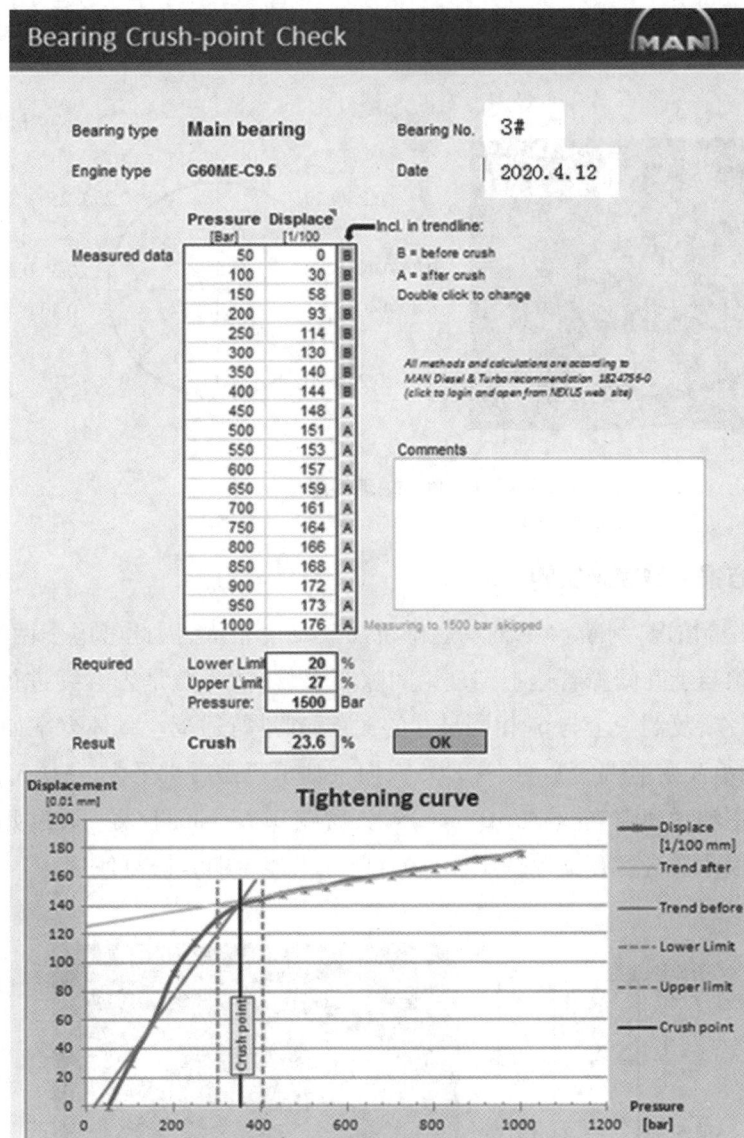

图 7 3#主轴承瓦碾压变形曲线

我们通过上图的曲线图,可以看出 CRUSH 点是 23.6%,该数值介于理论值 20%~27% 之间,符合要求。

其次,进行主轴承瓦盖及轴瓦着色确认:

将修复的 3#主轴承瓦盖复位并进行了着色,情况良好。如图 8 所示。

图 8　3#主轴承瓦盖着色情况

着色结束,再次复装瓦盖,测量 3#主轴承前、后间隙为 0.35 mm、0.35 mm。

最后,进行主轴承瓦口及间隙确认:

将修复的 3#主轴承瓦盖进行了瓦口、瓦侧、瓦底等间隙确认,情况良好。如图 9 所示。

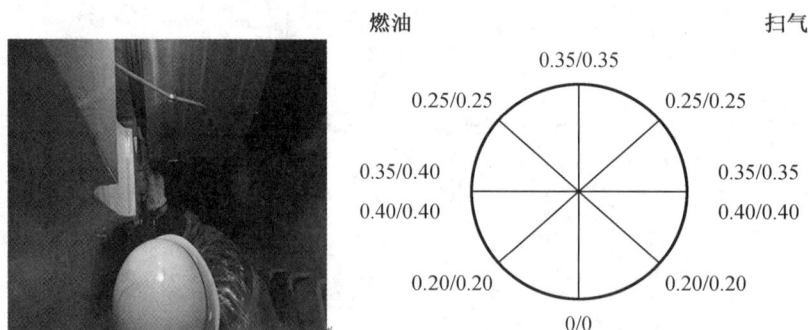

图 9　3#主轴承间隙确认

3.3　6#主轴承瓦盖返修方案的确定和实施

根据 6#主轴承实际测量情况,判断 6#主轴承返修机加工难度很大,因此考虑了两套方案。(1)将 6#主轴承返机加工修理,曲轴轴颈与上瓦间隙若达不到理论间隙要求,评估瓦盖是否继续进行修复工作;(2)若 6#主轴承瓦盖不能进行修复工作,复制一个与 6#相同尺寸的瓦盖,并进行适配。具体方案如下:

如图 10 所示,以主轴承瓦盖前端为基准(−0.35),向主轴承瓦盖后端平去(−0.35)。对修理后的 6#主轴承瓦盖进行复装,并测量主轴承间隙:前端 0.10 mm 不入;后端 0.15 mm 不入。通过此次修理,主轴承瓦盖前后端间隙没有明显变化,因此要进行瓦盖评估工作,确定此瓦盖能否继续修复使用。

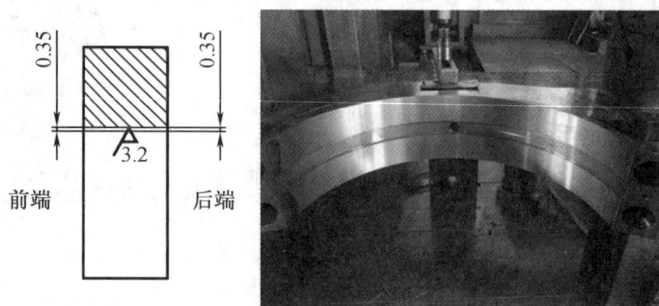

图 10　6#主轴承瓦盖返修

评估 6#瓦盖是否继续进行修复使用工作：

（1）液压上紧 900 bar 时瓦盖前端间隙 0.15 mm,后端间隙 0.25 mm;液压上紧 1 200 bar 时瓦盖前端间隙 0.15 mm 不入,后端间隙 0.20 mm;液压上紧 1 500 bar 时瓦盖前端间隙 0.10 mm 不入,后端间隙 0.10 mm;通过数据说明在上紧 900 bar 时瓦盖前端间隙已近不满足要求,而且当达到 1 500 bar 工作拉力时,前端间隙 0.10 mm 不入,后端间隙只有 0.10 mm。

（2）通过目视我们发现,6#主轴承瓦盖螺母与瓦盖接触表面压痕比之前更加严重,且主轴承瓦盖大小面与中间体接触面的位置压痕也加大。具体情况如图 11 所示。

图 11　6#主轴承瓦盖压痕

根据评估情况,6#瓦盖不能再次进行修复工作,不能使用。因此考虑执行第二种方案:"复制"一个与 6#相同尺寸的瓦盖,并进行瓦盖适配验证。

通过数据测量,某机型同系列主机 3#主轴承瓦盖与该 6#瓦盖数据相同,并且瓦盖硬度(146HB ~ 175HB)较好,因此选取某机型同系列主机 6#主轴承瓦盖进行适配验证。具体方案如下:

将某机型同系列主机 6#主轴承瓦盖安装后并测量主轴承间隙:前端 0.10 mm(紧);后端 0.15 mm。同时确定返修方案,具体如下:

如图 12 所示,以主轴承瓦盖前端为基准(- 0.40),向主轴承瓦盖后端扫偏(- 0.30)。对修理后的 6#主轴承瓦盖进行复装,并测量主轴承间隙:前端 0.40 mm;后端 0.45 mm。

图 12　某机型同系列主机 6#主轴承瓦盖返修方案及实施

3.4　6#主轴承瓦盖适配应用验证

首先进行主轴承碾压变形试验验证,如图 13 所示:

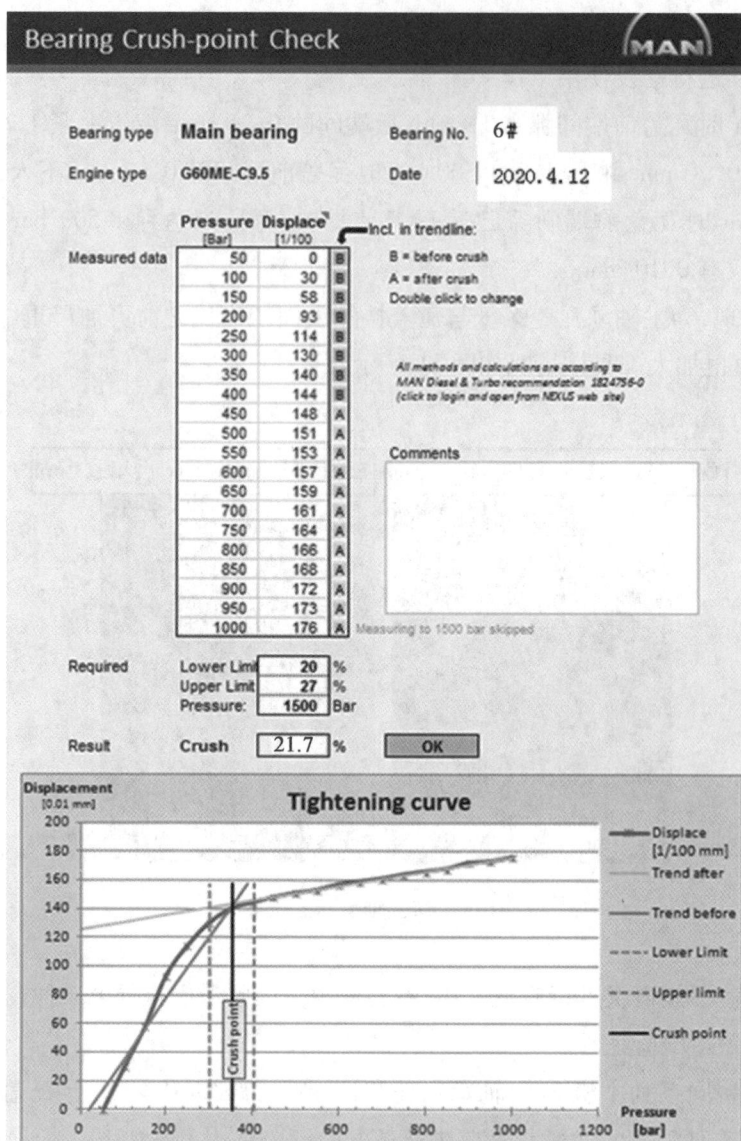

图 13　6#主轴承瓦碾压变形试验验证

通过上图的曲线图,我们可以看出 CRUSH 点是 21.7%,该数值介于理论值 20% ~27% 之间,符合要求。

其次,进行主轴承瓦盖及轴瓦着色确认:

将修复的 6#主轴承瓦盖、大小面进行了着色,情况良好。如图 14 所示。

图 14　6#主轴承瓦盖着色情况确认

着色结束后,我们再次复装主轴承瓦盖,测量该主轴承前、后端间隙为:0.40 mm、0.45 mm。

最后,进行主轴承瓦瓦口及间隙确认:

将修复的 6#主轴承瓦盖进行了瓦口、瓦侧、瓦底等间隙确认,情况良好。如图 15 所示。

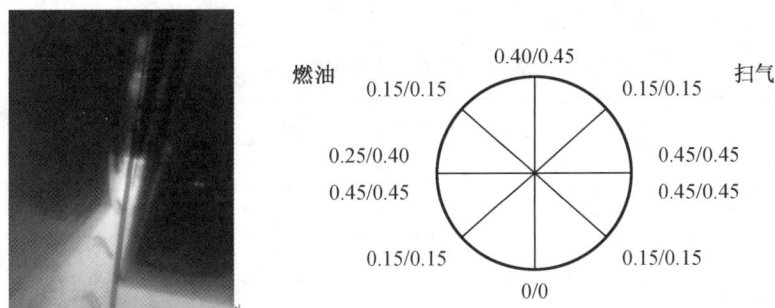

图 15　6#主轴承瓦盖间隙确认情况

3.5　效果评估

通过间隙调整方案的实施,某型柴油机 3#和 6#主轴承间隙满足图纸间隙要求,并且通过了应用验证。为了进一步评估该主机运行期间主轴承瓦磨合状况,因此试车后拆检了 3#主轴承瓦和 6#主轴承瓦,如图 16 所示,具体效果如下。

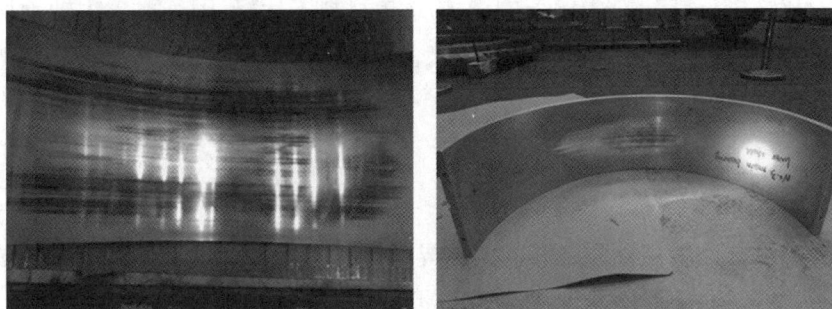

图 16　主机试车后拆检主轴承瓦情况

在试车后主轴承瓦拆检情况综合评估,效果非常好。

4　轴承盖取样和材质性能分析

通过方案实施和验证,虽然主轴承间隙超差问题得到了有效解决,但是间隙超差的具体原因还是没有定论。为了进一步确定主轴承盖材质存在问题,需要对主轴承瓦盖进行取样,并做力学性能试验。试样分别取自某型低速船用柴油机 3#主轴承瓦盖。

在对试样进行试验分析后,对相关材料的化学成分和力学性能进行对比,用来判断主轴承盖材料和性能是否符合相关要求。

相关材料化学成分对比,如表 2 所示。

表 2　相关材料化学成分对比(质量分数)

		C/%	Si/%	Mn/%	P/%	S/%
S20S(MAN 标准)	Nominal:0.22		0.35	0.8	—	—
	Max: -		—	—	0.035	0.035
Q235B		0.12~0.20	≤0.30	0.30~0.70	≤0.045	≤0.045
Q345C		≤0.20	≤0.55	1.00~1.60	≤0.035	≤0.035
3#主轴承瓦盖试样		0.19	0.20	0.53	0.011	0.007
供方报告		0.19	0.20	0.53	0.011	0.007

相关材料的力学性能对比,如表 3 所示。

表3　相关力学性能对比

	屈服强度 Re Min/Mpa	抗拉强度 R_m Min/Mpa
S20S(MAN 标准)	240	430
﹡Q235B	﹡185	335～450
﹡Q345D	﹡265	﹡450～600
3#横向主轴承瓦盖试样	222	367
3#竖向主轴承瓦盖试样	249	355

因 Q345C 在厚度大于 250 mm 后未提供屈服强度数值,因此表中选取 Q345D 作为对照。

Q235B 和 Q345D 板材在厚度不同时屈服强度要求不同,因毛坯材料大于 250 mm,因此屈服强度选取均为大于 250 mm 时标准要求。

表中数值来自 MAN 标准、机械手册、GB/T 1591—2008。

根据实际试验和对比结果,该问题原因确定为主轴承盖材料不达标,图纸要求主轴承材料为 S20S 钢,实际主轴承瓦盖材料为 Q235B,且材料中 Si、Mn 的有益元素含量远低于 20 钢要求,导致其力学性能差,无法达到使用要求。

5　结论

在对某型柴油机主轴承与曲轴主轴颈之间的间隙异常进行两次原因检查分析、解决方案的实施、验证、效果评估,以及最终的原因判定,总结该型柴油机出现质量装配主轴承间隙异常偏差的原因。主要原因:供货的材料存在问题。力学性能低于正常材料 S20S 的力学性能要求。

在对某型主机主轴承间隙偏差的问题分析研究时,不仅解决了该类主轴承间隙超差问题,而且在一定程度上推动公司解决质量问题实现技术归零,为后续主机建造过程中质量问题的处理提供了一个很好的解决问题的思路,为建造精品主机提供可靠质量保障。

参考文献:

[1]　李斌. 船舶柴油机[M]. 大连:大连海事大学出版社,2008.

[2]　刘明威. 工程力学[M]. 武汉:武汉大学出版社,2000.

[3]　成大先. 机械设计手册:第 1 卷[M]. 6 版. 北京:化学工业出版社,2016.

MAN 低压 SCR 主机匹配关键点分析

徐　民　　林光琦　　孙洪波　　刘春旭

（大连船用柴油机有限公司）

摘　要：低速柴油机配备低压 SCR 系统是船舶为了满足在排放控制区运行所采取的降低废气中 Nox 含量的措施之一，本文通过某标题船在海试期间 Tier Ⅲ 模式运行时发生的主机排气阀后排烟温度偏低，经过增压器后的排烟温度达不到 SCR 系统所要求的设定温度，SCR 系统不能连续正常工作事宜，从系统原理入手，关键重点在于母型主机在试验台匹配期间所有调整的关键点要控制好，配机人员必须全面掌握匹配原理，保证主机性能参数达到设计要求。

关键词：低压 SCR；废气旁通 EGB；匹配

缩写词：

SCR	Selective Catalytic Reduction	EGB	Exhaust Gas Bypass(Valve)
MOP	Main Operating Panel	ERCS	Emission Reduction Control System
AMS	Alarms and Monitoring System	LP	Low Pressure
ECS	Engine Control System	MPC	Multi Purpose Controller

0　前言

根据国际海事组织要求，Tier Ⅱ 模式需满足 Nox 含量低于 14.36 g/(kW·h)，Tier Ⅲ 模式需满足 Nox 含量低于 3.5 g/(kW·h)。低压 SCR 系统是完完全全安装于主机之后的独立的单元，主机控制系统也是有两种运行模式，Tier Ⅱ 模式和 Tier Ⅲ模式。Tier Ⅱ 模式的调整和常规主机相同，Tier Ⅲ 模式是废气从主机增压器出来后，经过 SCR 系统的反应器和定量喷入的尿素溶液进行催化还原反应，生成 N_2 和 H_2O，以此降低废气中的 NO_x 含量，再排出到大气中。

低压 SCR 系统位于主机废气涡轮增压器之后，相对于主机来说，经过 SCR 系统大约增加 300 mmWC 的背压。低压 SCR 主机通常都配备废气旁通阀（EGB），当 EGB 打开时，主机定压管内部分废气经 EGB 管路越过增压器直接汇入到增压器后的废气总管路中，即增加了反应器前管路的废气温度，利于 SCR 系统工作。在这种情况下，通过增压器的废气流量变少，增压器转速降低，故主机扫气压力会降低，也利于提高废气温度。低压 SCR 主机所有工况正常准许尿素溶液喷入的最低温度要求 225 ℃，因此经过主机增压器后，到 SCR 反应器前的排烟温度不能低于此值，这就要求主机在台架调整的时候要重点注意排烟温度是否符合要求，而且，每个负荷点温度趋势是否符合设计要求，如图 1 所示。

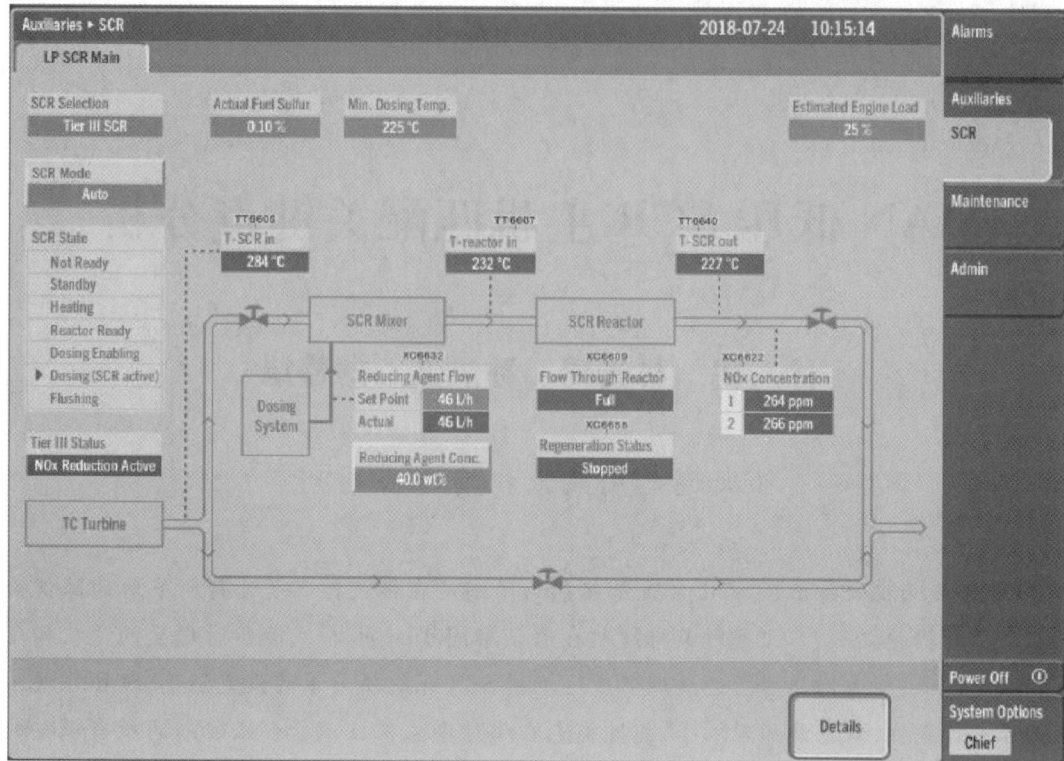

图1 低压 SCR 系统原理图

1 EGB 阀位在不同模式运行时的特性

（1）Tier Ⅱ 模式运行：EGB 仅仅是在高负荷打开，负荷 80% ~ 90% 对应 EGB 打开位置 0% ~ 100%。在 100% 负荷通过 EGB 阀位位置控制旁通过 3% 的废气流量。

（2）Tier Ⅱ 模式准备 SCR 阶段：允许 ERCS 打开 EGB 给 SCR 系统加热。低负荷 EGB 全开通过 6% 的废气流量，100% 负荷通过 3% 流量。

（3）Tier Ⅲ 模式运行：为了增加排烟温度 EGB 阀总是打开状态。低负荷 EGB 全开，通过调节 EGB 节流板孔径的大小旁通过 6% 的废气流量，满负荷则通过 3% 的废气流量。

2 EGB 阀的打开降低了废气涡轮增压器效率

在 Tier Ⅱ 模式下，低压 SCR 的曲线和 Low Load EGB 主机配机曲线相同，在 Tier Ⅲ 模式的 100% 负荷下，增压器效率曲线也同 Low Load EGB 主机配机曲线相同。

3 温度、压力变化情况

SCR 系统工作时，由于管路和设备阻力，主机背压会增加，故会导致排烟温度少许增加，在 100% 负荷大约增加 15 ℃。在 Tier Ⅲ 模式运行时，部分负荷下的排烟温度较 Tier Ⅱ 模式增加大约 50 ℃。由于 EGB 的开启，在 75% 负荷，将会引起扫气压力降低大约 0.4 bar。

4 控制参数设定

在 SCR 准备运行时期，SCR 系统需要较高的排烟温度来加热反应器，为了便于这样，ERCS 会发送"SCR Increase Exhaust Energy"信号给 ME – ECS，此信号是 ERCS/ME – ECS Modbus 通信接口的一部分，是低压 SCR ERCS 的硬编码。这个信号必须在 ME – ECS 构置里设定，通过 SCU 参数"Use LP SCR Inc. Exh. Energy Signal"必须设置为"Yes"。这个信号要么是 0，要么是 100%。另外，这个信号也与"PscavLoadTtrlYes WHR/

EEC/LPSCR = NO"相关联,必须设置为"No"。

为了在 SCR 系统加热阶段获得足够高的排烟温度,达到期望的 EGB 控制位置,在 Running Mode 1 中,"Minimum Bypass Area Ref. Curve"和"Maximum Bypass Area Ref. Curve"表值应该不一样。同时为了按照负荷要求达到固定的 EGB 位置,在 Running Mode 2 中,"Minimum Bypass Area Ref. Curve"和"Maximum Bypass Area Ref. Curve"表值应该设置为一样。

主机运行在 Tier Ⅲ 模式时,当 EGB 阀打开后,增压器转速将会降低,故扫气压力降低,压缩压力 Pcom 和爆发压力 Pmax 将会降低,Pcom 是由压缩比 Pc/Psc 来控制,Pmax 由压力升高 Prise($\Delta P = Pmax - Pcom$)来决定,都是由 ECS 软件参数决定。100% 负荷两种模式的控制参数基本相同,其他负荷为了保持 Pcom 和 Pmax 和 Tier Ⅱ 相同,Tier Ⅲ 压缩比 Pc/Psc 较 Tier Ⅱ 会增加少许。

5 带低压 SCR 系统的主机匹配的关键点一

正确匹配 EGB 节流板孔径的大小和确定 EGB 阀位的位置,使之满足 Tier Ⅱ 和 Tier Ⅲ 模式运行性能参数要求,首制机节流板尺寸按照如下程序操作决定,后续机要应用首制机调整后的参数,和首制机保持一致,无须再重新匹配。

5.1 匹配节流板孔径大小

主机运行在 Simulate Tier Ⅲ Enable 模式下,MOP 显示 Running Mode 2。运行到 75% 负荷,在 MOP 上如图 2 所示,在 Scavenge Air/Main/Bypass Mode 界面上,由 Auto 转成 Manual,手动改变 EGB 位置由 0% 为 100%,确认扫气压力的变化,要求满足压降:0.3 ~ 0.45 bar,如果不满足,则需要调整节流板孔径大小,可以通过面积的比值和压力的比值估算所需要的加工尺寸。

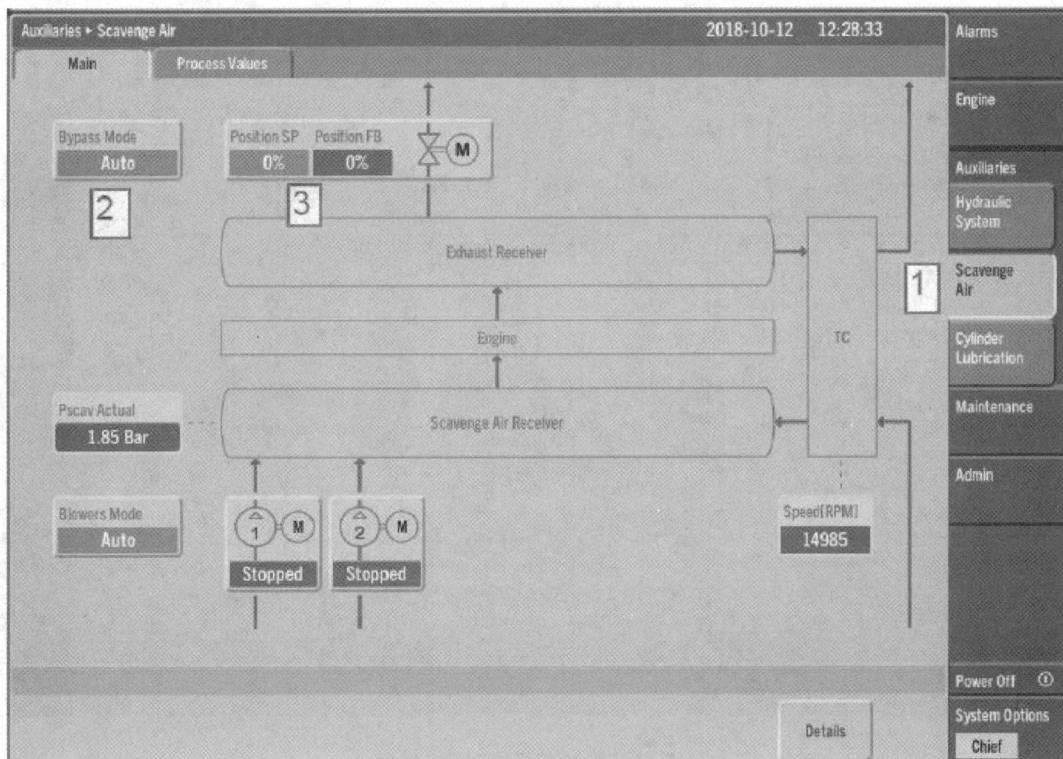

图 2　EGB 阀位置界面

5.2 确定 EGB 阀位位置

Simulate Tier Ⅲ 模式下的 EGB 旁通 6% 的匹配完成后,主机运转 Tier Ⅱ模式,ME - ECS "Running Mode 1",主机运行在 75% 负荷,手动设定 EGB 阀位置由 0% 慢慢逐渐开启,每次操作不超过 5%,直到扫气压力较之前降低

0.1～0.22 bar,稳定后,记录下 EGB 开启面积的大小,通过 ME－ECS MOP＝＞Auxiliaries＝＞Scavenge Air＝＞ Process Values "Rel. Flow Area",将此值输入 ECS 控制参数. spaf 内,注意旁通面积和阀位开启位置不一定是一样的数值。其中 Running Mode 2＝＞WHR/EEC/LPSCR Parameters＝＞Maximum/Minimum Bypass Ares Ref. Curve 100%～110% 负荷点输入此值,Running Mode 1 里的 90%～100%～110% 负荷点输入此值,如图 3 所示。

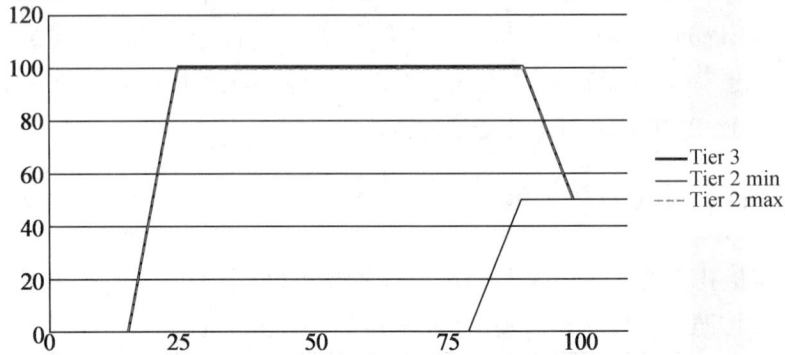

图3 不同模式下 EGB 旁通面积参考曲线

无论是 Tier Ⅱ 模式还是 Tier Ⅲ 模式,主机其他负荷点的调整标定通过各自模式下的 ECT(Engine Commissioning Tool)来操作,如图 4 所示,①Modify Power Calc.＝＞②Pcomp Pscav ratio＝＞③Pmax＝＞④Load point state。

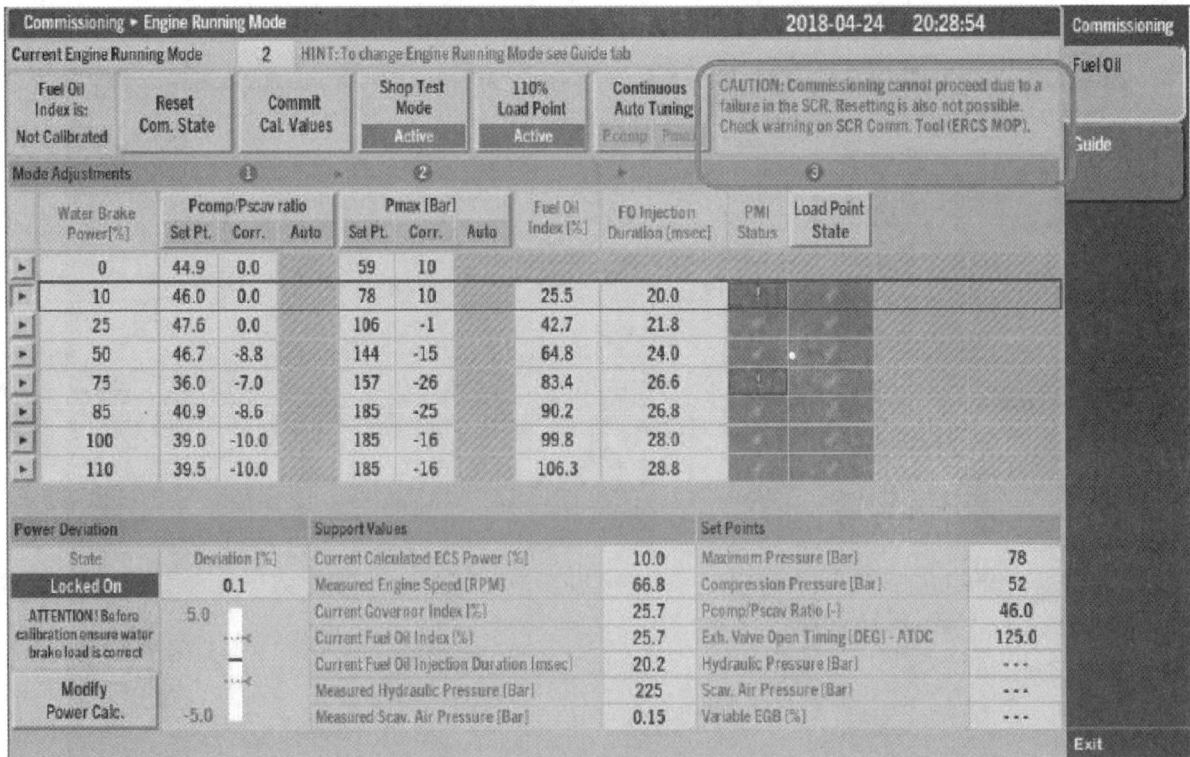

图4 ECT(主机调试工具)界面

6 带低压 SCR 系统的主机匹配的关键点二

正确设定尿素溶液的喷入量。

6.1 首制机

在 Tier Ⅱ 模式下所有负荷都调整、标定结束后才可转入 Tier Ⅲ 模式,打开 ERCS MOP ECT 界面,如图 5 所示:

(1)主机运转在某负荷点,不喷入尿素溶液时,测量 Nox 的流量并将此值输入图 5 的①Measured Nox ISO Corrected［g/(kW·h)］栏内;

(2)输入喷入尿素溶液的目标期望值②Target Nox Values［g/(kW·h)］,再次确认正确后,则期望的 NO_x 浓度值就会显示在相应的负荷点上;

(3)启动尿素喷射,等待一段时间,系统按照启动程序启动;

(4)确认经过 SCR 系统后实际的 NO_x 浓度③是否在期望的目标值内,如果超出范围,调节尿素溶液的喷入量;

(5)尿素溶液喷入后,测量实际的 NO_x 浓度并将此值输入④Measured NO_x Values［g/(kW·h)］栏内;

(6)此负荷调整结束,停止尿素溶液喷入,进行下一个负荷的标定。

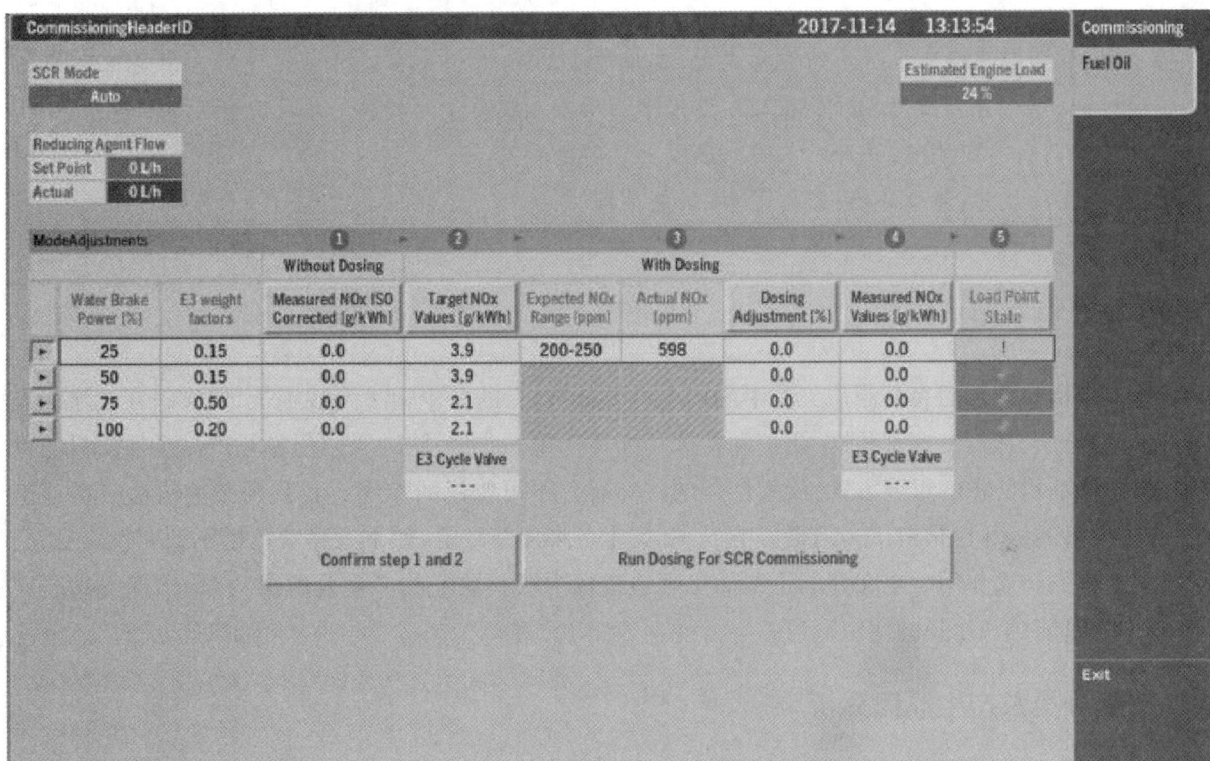

图 5 低压 SCR 主机尿素溶液喷射设定界面

6.2 后续系列主机的标定

由于首制机完成后,后续主机台架试验不再安装 SCR 系统部件 Reactor not installed,但 Tier Ⅲ 模式的主机控制参数还需要调节,按照如下程序执行:

(1)Tier Ⅱ 模式所有负荷点标定完成后,主机运转到 100% 负荷;

(2)在 ME MOP ECT 上选择 Simulate Tier Ⅲ enable,调整主机背压使之达到首制机 100% 负荷 SCR 工作时的背压值,调整完后,在 ERCS MOP ECT 内确认背压调整正确;

(3)确认 EGB 为 Auto 控制模式,则大约延迟 90 s 后转变为 Tier Ⅲ Running Mode 2 模式,在 ECT 内可以进行正常所有负荷点的调整了。

7 总结

对于低压 SCR 主机来说,匹配最重要的关键点就是 EGB 阀位位置的设定和尿素溶液喷入量的调节控制,匹配好了,能完全满足船舶运行在排放控制区的要求。

船用柴油机漆膜缺陷及对策分析

尹绍福　刘　忠　李东超　周锦闯

（大连船用柴油机有限公司）

摘　要：作为船用柴油机防护的重要方式,漆膜质量的好坏有着不可忽视的作用。但是在生产制造过程中,难免会出现各种外在及内在因素影响着漆膜质量的好坏。本文分析了柴油机生产过程中的各种漆膜缺陷,并针对不同缺陷提出了解决对策。

关键词：漆膜质量;漆膜缺陷;影响因素;解决对策

1　前言

涂装是工程机械产品的表面制造工艺中的一个重要环节,目的在于通过涂装施工,使涂料在被涂物表面形成牢固、连续的涂层,从而发挥其装饰、防护和特殊功能等作用。防锈、防蚀涂层质量是产品全面质量的重要组成部分。作为柴油机防护的重要方式,漆膜性能的好坏有着不可忽视的作用。我公司柴油机涂装贯穿整个生产主线,漆膜质量的好坏也是由诸多因素影响的,会产生各种漆膜缺陷,如果漆膜缺陷得不到有效修复,会导致整个涂层系统丧失防腐作用。本文介绍了柴油机制造过程中漆膜缺陷的产生及解决对策,确保得到高质量的涂装产品,并尽可能延长涂膜的使用寿命。

2　漆膜缺陷分类及产生原因分析

2.1　流挂

湿涂膜受重力驱动造成的流痕叫作流挂,如图1所示。在被涂面上或线角的凹槽处,涂料产生流淌,形成漆膜厚薄不均,严重的时候,涂层似撕开般向下移位,轻者如串珠泪痕。由于流挂的驱动力是重力,因此它多发生在垂直面、棱角处、水平面与垂直面交接的边缘处等。

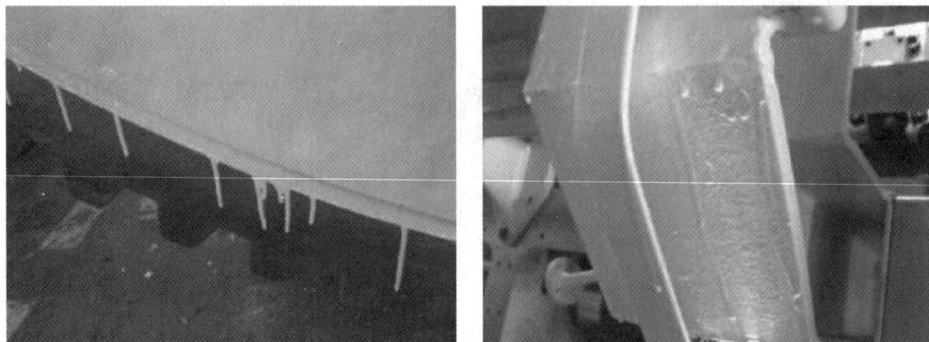

图1　流挂

产生原因分析：

（1）一般是使用了干燥速度慢的稀释剂或使用了过量的稀释剂；

（2）喷枪与喷涂表面的距离过近，或喷枪移动的速度过慢，均会出现流挂现象；

（3）喷涂环境温度过低，喷涂的漆层不易干燥，或一次性喷涂的漆层太厚，导致漆层干燥速度过慢；

（4）喷涂后续漆层时，前度漆未表干，不满足最小重涂间隔要求。

2.2　不干或慢干

涂料涂刷后，经长时间干燥（自干或烘干）后的漆膜表面仍滞留黏性的现场叫作不干或慢干。

产生原因分析：

（1）被涂面含有水分，在机座机架加工后，进行涂漆前，需要使用水清洁油漆表面的冷却液残留物，若擦拭后未彻底干燥就进行涂漆，会导致漆膜将水分锁住，导致漆膜不干；

（2）固化剂加入量太少或忘记加固化剂，现有机座机架内部油漆配套为环氧油漆，是双组份聚酰胺加成物固化环氧漆，基料与固化剂配比比例为3:1，若调配油漆时比例错误，极可能导致漆膜不固化或干燥缓慢；

（3）温度过低，湿度太大，不满足干燥条件，冬季气温低，缺少必要的加温设施，工件喷漆后不及时转至温度较高的厂房内，则会产生漆膜不干情况；

（4）一次涂膜过厚，或层间间隔时间短。

2.3　漆膜脱落、剥落、起鼓、起皮

由于漆膜层间附着、结合不良，会产生漆膜脱落、剥落、起鼓、起皮等病态现象。

产生原因分析：

（1）底、面漆不配套，造成层间附着力欠佳，环氧油漆涂覆在醇酸底漆上时会出现油漆不配套产生漆膜脱落，如图2所示；

（2）物面不洁，沾有油污、水分或其他污物，加工后或装配时进行补漆时，表面清洁处理不到位会产生污物残留，漆膜涂覆完成后仍会产生脱落现象，如图3所示；

图2　底面漆不配套出现脱落

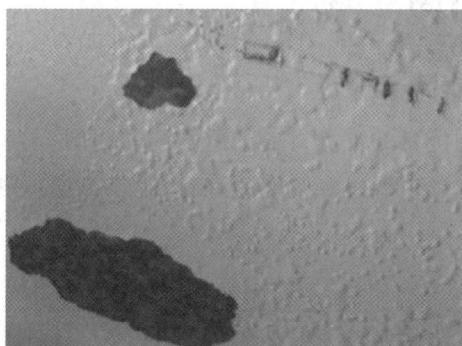

图3　漆膜剥落

（3）工件表面处理不当，如钢板表面未经打磨就涂漆，钢材表面的污垢、油脂、铁锈、氧化皮、焊渣残留在表面，或钢板表面过于光滑，涂层漆膜附着力得不到有效保障；

（4）底层未干透即涂面漆，日久因底层面层收缩率不一致而开裂从而影响层间附着力，底漆太坚硬或底漆很光滑未经打磨就直接涂装面漆。

2.4　刷痕

涂抹干燥后表面有严重的刷涂痕迹或辊筒痕迹，影响漆膜的手感和干遮盖力的现象叫作刷痕。

产生原因分析：

（1）涂料的黏度过高、稀释剂的挥发速度过快；

（2）选用的油刷过小、刷毛过硬或油刷保管不善使刷毛不齐或干硬；

（3）油漆体积固体含量过高刷涂困难，例如乙烯酯超强耐酸高温漆，体积固体含量高达 96±2%，刷涂后很容易产生刷痕。

2.5 漆膜破坏性损伤

工件受到撞击、刮划等外力作用，使漆膜受到破坏损伤。

产生原因分析：

（1）吊索具划伤，机座机架等喷涂完成后，需要转到其他工序进行加工、组装等，在吊挂过程中，由于钢丝绳的钢丝端头会接触到漆膜表面，会对漆膜造成严重的划伤破损，留下线状凹痕；

（2）加工铁屑划伤，在加工过程中，加工切削下的铁屑会四处飞溅，冲击到漆膜表面时会对漆膜造成线状及分散点状划损；

（3）硬物砸伤，在装配过程中，拖拽工件，叠放不当，工具、螺栓等硬物掉落到漆膜表面时会对漆膜造成砸伤损害；

（4）踩踏污损，涂漆完成后的工件摆放在地面，作业人员带有油污的鞋底直接踩踏在工件表面上，会对漆膜造成污损；

（5）烧焊打磨，在装配过程中，由于图纸修改、现场演配要求等原因，需要进行烧焊，会对漆膜造成严重烧损，在打磨去除烧损漆膜时，也会在油漆表面留下条状打磨痕迹。

2.6 漆膜表面不平整

涂漆后，漆膜表面凹凸不平等现象。

产生原因分析：

（1）钢板底材存在锈蚀凹坑，轧制鱼鳞纹等情况，未进行及时打磨处理平顺，导致涂漆后漆膜将不平整状况放大显现出来；

（2）漆膜施工后，被水或溶剂浸泡，导致漆膜起皱、脱落等。

3 漆膜缺陷对策分析

3.1 流挂的对策

（1）选用优良的油漆材料和适量的稀释剂。

（2）施工环境温度和湿度适宜，控制施工温、湿度。油漆施工温度如表1所示。

表1　油漆施工温度

油漆代号	13200	52140	15700	45141	45143	85671
施工温度	5 ℃以上	5 ℃以上	−10～40 ℃	15～35 ℃	−10～15 ℃	10 ℃以上

（3）在施工中应尽量使基层平整，磨去棱角。刷涂时，用力刷匀，先竖刷，后横刷，不要横涂乱抹。在线角、棱角处要用油刷轻轻按一下，将多余的油漆蘸起刷开，以免漆膜过厚而流淌。喷涂时控制好喷枪与工件的距离及运行速度。

（4）喷涂时对边角等部位进行提前预涂，减少边角部位喷漆量。

（5）当漆膜未完全干燥，在一个边或一个面部分油漆有流挂时，可用铲刀将多余的油漆铲除后，再刷一遍。如漆膜已完全干燥，对于轻微的流挂，可用砂纸磨平，对于大面积流挂，采用风动工具打磨平顺后进行补涂。

3.2 不干或慢干的对策

（1）待水分完全干后再喷涂或刷涂。

（2）使用厂家提供的配套稀释剂,13200 醇酸底漆和 52140 醇酸面漆采用 08080 稀释剂,45141 常温环氧漆和 45143 低温环氧漆采用 08450 稀释剂。

（3）在正常室温内喷涂。

（4）按比例加固化剂进行油漆的配比,如表 2 所示。

表 2　油漆配比表

名称	代号	配比
常温环氧漆	45141	基料 45148/固化剂 97820 = 3/1（体积比）
低温环氧漆	45143	基料 45148/固化剂 97430 = 3/1（体积比）

（5）两次或多次施工,保证重涂间隔满足要求,漆膜若长时间无法干燥,则应将涂层铲去或用抹布沾稀释剂清洗掉再进行涂漆。重涂间隔时间表如表 3 所示。

表 3　重涂间隔时间表

	+40 ℃		+30 ℃		+20 ℃		+10 ℃		0 ℃	
	min	max	min	max	min	max	min	max	min	max
13200			4 h	1.5 d	8 h	3 d	16 h	6 d		
52140			4 h	2.5 d	8 h	5 d	16 h	10 d		
45141	75 min	无	2 h	无	4 h	无	10 h	无		
45143	100 min	无			2 h	无	4 h	无	10 h	无

3.3　漆膜脱落、剥落、起鼓、起皮的对策

（1）选择配套的底漆、面漆,机座机架内部涂 45141/45143 环氧底漆,45141/45143 环氧面漆,机座机架外部涂 13200 醇酸底漆和 52140 醇酸面漆。

（2）基材表面处理时要进行两次清洁及打磨拉毛,增加附着力,把油污、水分或其他污物彻底清除。

（3）机座机架要经过喷砂后再进行喷漆,喷嘴与工件保持大约在 200～250 mm 左右的距离,应保持 60°～80°的倾斜角度,喷嘴与工件之间移动的速度一定要均匀平稳、缓慢移动,对于那些难以清除的部位要反复喷打,加强监控。

3.4　刷痕的对策

（1）调整涂料的施工黏度,选用配套的稀释剂。

（2）要选用较软的油刷,理油动作要轻巧。油刷用后,应用稀释剂洗净并妥善保管,刷毛不齐的油刷应尽量不用。

（3）发现有刷痕时应用砂纸轻轻打磨平整,并用干净的抹布清理灰尘,再刷涂一遍。

3.5　漆膜破坏性损伤的对策

（1）吊运时对钢丝绳接触油漆部位进行隔垫防护,或采用吊装工具。补漆时,使用砂布对破损漆膜进行打磨光顺,后进行补漆。

（2）利用薄板对油底壳、导滑板等进行必要的防护,减少损伤,对于轻微破损,使用砂纸进行打磨平顺后,进行补漆处理。

（3）外购件成品进厂时,使用缠绕膜、泡沫等进行工件的缠绕防护,避免直接在地面拖拽工件,装配时工具、螺栓不要放在油漆表面或垫一层防护后再放,减少对漆膜的损伤。

（4）进入机座机架内部时,穿戴脚套,避免鞋底污物污染漆膜。

(5)烧焊时对非烧焊部位进行隔挡,避免漆膜烧损,烧焊部位进行打磨平顺,再进行清洁后补涂油漆。

3.6 漆膜表面不平整的对策

(1)钢板进厂前进行喷砂预处理,涂无机硅酸锌底漆,避免钢板长期放置产生锈蚀。

(2)对有缺陷的钢板进行打磨抛光后进行涂底漆及面漆。

(3)工件表面有水及其他溶剂时及时进行擦拭,避免油漆长期浸泡在液体中。

4 结语

由于涂装质量受原材料、施工方法、施工人员、气候条件、环境等诸多因素影响很大,因此在涂装施工过程中,不可避免地出现各种施工缺陷。我们通过分析缺陷形成的原因,提出预防措施及修复方法,对提高涂层质量有很大的帮助,为保证涂层系统完整性、提升柴油机使用寿命提供有力保障。

参考文献

[1] 齐祥安.涂装涂层系统制造阶段的质量控制(I)[J].现代涂料与涂装,2009(7):47-52.

[2] 谭正秋.工程机械涂装新工艺[J].涂料工业,2000(9):22-25.

[3] 叶扬祥,潘肇基.涂装技术实用手册[M].2版.北京:机械工业出版社,2003.

[4] 吴贤官.涂料防腐蚀与涂装[J].腐蚀与防护,1999(12):293-295.

[5] 刘玉福,郭春生.机械产品涂装技术手册[M].北京:机械工业出版社,1996.

主机主轴承液压拉伸器泄压问题研究

仇 林 马英军 周 会 聂恩伟

（大连船用柴油机有限公司）

摘 要：本文主要介绍了柴油机液压拉伸器原理，我司首制的7G80ME－C主机主轴承液压拉伸器是新设计而且液压拉伸力比之前提高很多。7G80ME－C主轴承使用2 200 bar压力泵紧，之前机型都是1 500 bar，通过分析、检查找出造成7G80ME－C主轴承拉伸器故障的关键因素，再针对关键因素进行对策实施，解决7G80ME－C主轴承液压拉伸器故障问题。

关键词：7G80ME－C；主轴承液压拉伸器；泵紧压力2 200 bar

0 前言

柴油机曲轴落入机座后，安装主轴承盖，主轴承盖由螺柱、螺母紧固，使用液压拉伸器泵紧。液压拉伸器必须适合高强度、高压力的频繁操作，对拉伸的可靠性要求非常高。我司之前制造的主机主轴承液压拉伸器都是1 500 bar的工作压力，近期承接的7G80ME－C主机主轴承压力提升至2 200 bar，工作压力提升很多，出现了拉伸器工作期间泄压现象，影响工作进度，我们希望解决拉伸器在工作中的泄压问题。

1 柴油机原理介绍

柴油机原理如图1所示。

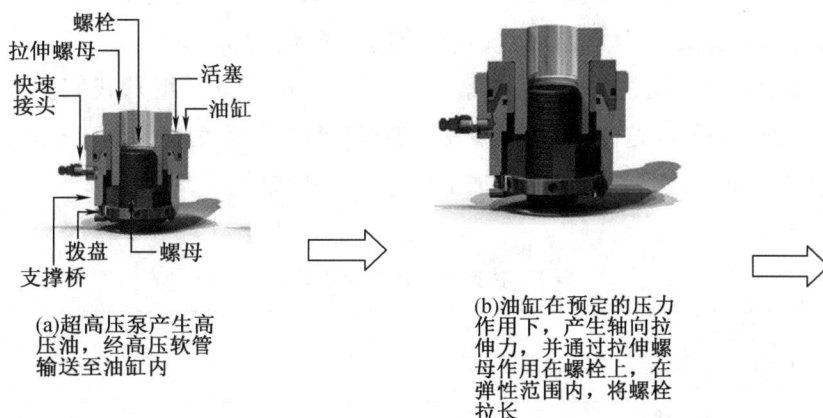

(a)超高压泵产生高压油，经高压软管输送至油缸内

(b)油缸在预定的压力作用下，产生轴向拉伸力，并通过拉伸螺母作用在螺栓上，在弹性范围内，将螺栓拉长

图1 柴油机原理

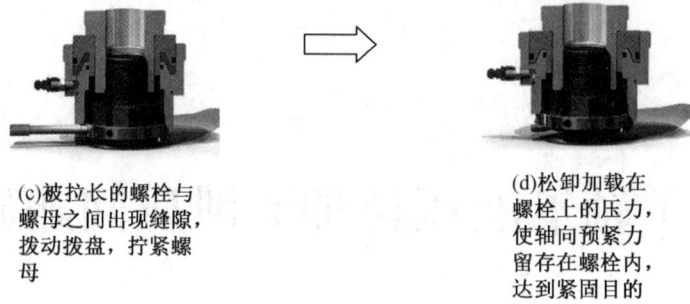

(c)被拉长的螺栓与螺母之间出现缝隙，拨动拨盘，拧紧螺母

(d)松卸加载在螺栓上的压力，使轴向预紧力留存在螺栓内，达到紧固目的

图1（续）

2 现状调查

现我司生产的主机，使用的液压拉伸器都是发往船厂的随机工具，使用随机工具的目的也是验证工具的可靠性，我司的随机工具都是向外协单位采购。

正常7G80ME－C需要泵紧8组主轴承盖，3台7G80ME－C机的主轴承液压拉伸器在我司使用过程中，出现不同程度的泄压情况，平均泵紧3组主轴盖就出现拉伸器泄压问题，泄压后需要拆开拉伸器，更换密封圈，每次耗时2 h左右，7G80ME－C主轴承液压拉伸器使用统计表如图2所示。

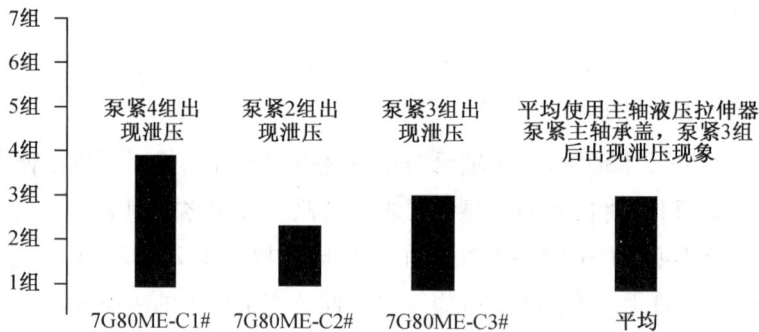

图2　7G80ME－C主轴承液压拉伸器使用统计表

我们对拉伸器泄压问题进行现场调查，在拆检过程中发现有的拉伸器内有金属杂质，有的拉伸器密封圈有破损，我们对拆卸的拉伸器检查其活塞、油缸尺寸，发现有的尺寸不达标。

每台7G80ME－C主机泵紧8组（推力端需泵紧2组，其余各缸泵紧一组），我们调查了3台7G80ME－C主机，共需泵紧24组，由表1可知在这24组使用中发现造成泄压的原因为拉伸器内有杂质、形位公差不达标，而且密封圈磨损也可能是金属杂质磨损密封圈和加工尺寸不对造成的。

表1　拉伸器泄压原因统计表

泄压原因	组数
密封圈磨损	1 组
形位公差不达标	3 组
拉伸器内有杂质	5 组

通过使用3台主机，24组拉伸器，我们可以得出密封圈破损也是由于拉伸器内有金属杂质和形位公差不达标造成的，所以通过详细的调查我们得出造成7G80ME－C主轴液压拉伸器泄压的主要原因是拉伸器内金属杂质、形位公差不达标。

3 要因确认

通过关联图分析,如图3所示,得出如下末端因素:

(1) 设计配合间隙过大;

(2) 拉伸器活塞加工过程中尺寸超差;

(3) 拉伸器油缸加工过程中尺寸超差;

(4) 拉伸器油缸、活塞材质硬度低;

(5) 清理工具清理不到死角;

(6) 施工过程中未加防护;

(7) 泵紧拉伸器的液压电动泵使用前未清理干净。

下面我们逐一对各末端因素进行分析,找出造成拉伸器故障的要因。

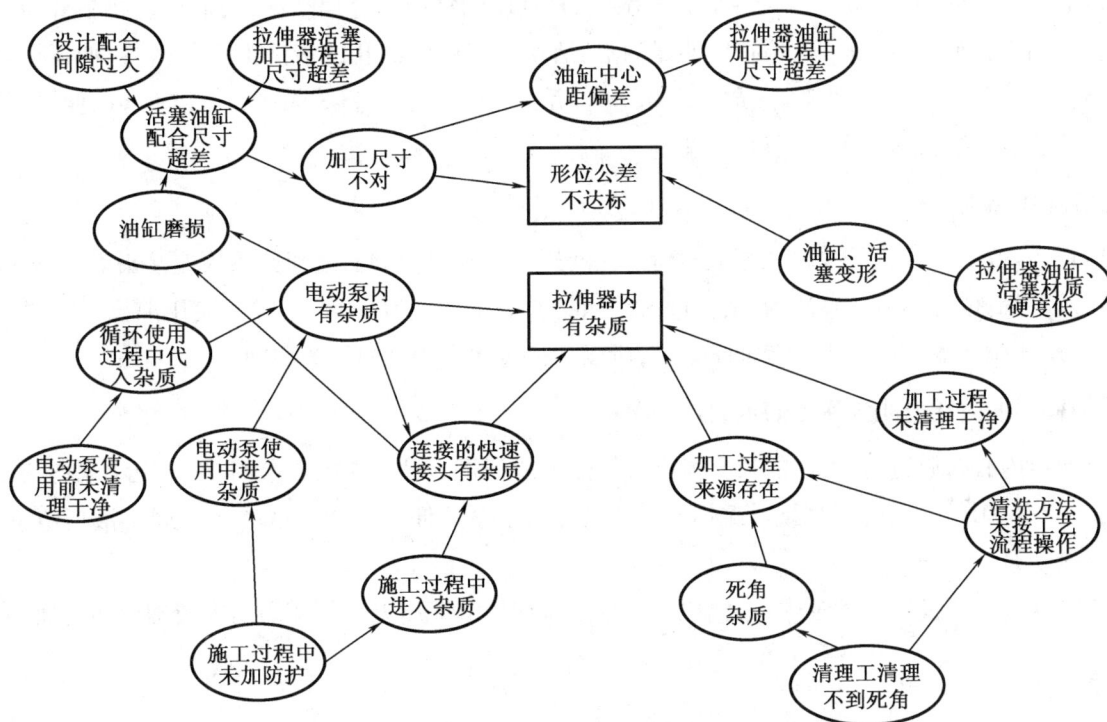

图3 造成拉伸故障的关联图

3.1 设计配合间隙过大

我们经过 UG 模拟计算、分析设计间隙问题,也与专利公司沟通,专利公司也确认了设计的正确性。

大船集团也采购了韩国制造的主机,我们去测绘韩国主机的液压拉伸器,尺寸与专利公司一致,没有改动。这说明设计配合间隙过大为非要因。

3.2 拉伸器活塞加工过程中尺寸超差

现场将泄压的 7G80ME - C 拉伸器拆解,使用机床与量具检查活塞尺寸。我们制作了 7G80ME - C 主轴承液压拉伸器关键尺寸检查表,将需检查的拉伸器活塞重要加工尺寸及形位公差和检查位置标明。

检查拉伸器活塞加工尺寸和形位公差后发现满足图纸设计要求,拉伸器活塞加工过程中尺寸超差为非要因。

3.3 拉伸器油缸加工过程中尺寸超差

现场将泄压的 7G80ME - C 拉伸器拆解,使用机床与量具检查油缸尺寸。我们制作了 7G80ME - C 主轴承液压拉伸器关键尺寸检查表,将需检查的拉伸器油缸重要加工尺寸及形位公差和检查位置标明。

检查发现拉伸器油缸中心距加工尺寸偏差不能满足图纸设计要求。严格按照设计要求重新制作新的拉伸器油缸配合原活塞,使用后进行试验不再泄压。拉伸器油缸加工过程中尺寸超差为要因。

3.4 拉伸器油缸、活塞材质硬度低

检查泄压的 7G80ME－C 拉伸器材质报告,并现场使用硬度计检查拉伸器油缸、活塞的硬度。

检查发现拉伸器材质报告合格,材质内部组织符合要求,现场测量拉伸器油缸、活塞硬度,硬度都满足设计要求。拉伸器油缸、活塞材质硬度低为非要因。

3.5 清理工具清理不到死角

通过图纸和拆检拉伸器发现,拉伸器油缸内油压孔特别小,直径只有 3mm,加工时的金属杂质容易残留在孔内,液压拉伸为高精密部件,若有小杂质在拉伸器内,拉伸器持续工作会磨损油缸、活塞的接触面,造成间隙变大,油压建立不起来。

在我司拆解泄压的 7G80ME－C 主轴承液压拉伸器,发现油缸内有金属杂质,我们决定再去外协单位确认杂质来源。我们去拉伸器生产厂家,检查拉伸器油缸、活塞加工后对油孔的清洗工作,发现拉伸器厂家只是用滑油冲洗油孔,达不到清洁油孔去除杂质的目的,现场拆检装配完成的 7G80ME－C 主轴承拉伸器,发现金属杂质。综上所述清理工具清理不到死角为要因。

3.6 施工过程中未加防护

我们检查 7G80ME－C 液压电动泵泵紧过程,在液压电动泵与拉伸器之间使用快速接头连接,发现快速接头随意放置,放置的位置环境不整洁,有杂质进入快速接头。由于放置环境不整洁,使用前操作人员也没有清理快速接头,发现拉伸器快速接头处有金属杂质,所以施工过程中未加防护为要因。

3.7 泵紧拉伸器的液压电动泵使用前未清理干净

发现拉伸器内有杂质,拉伸器内的杂质很有可能随液压油进入到液压电动泵内,再从电动泵内再次进入拉伸器内。所有 7G80ME－C 都在我司总装制造部 3 区装配,泵紧拉伸器使用三区的一个固定液压电动泵,我们拆解此液压电动泵。

拆解此电动泵液压发现电动泵内有金属杂质,泵紧拉伸器的液压电动泵使用前未清理干净为要因。

4 对策实施

针对上述要因确认,我们确定拉伸器油缸加工过程中尺寸偏差为要因,清理工具清理不到死角为要因,施工过程未加防护为要因,泵紧拉伸器的液压电动泵使用前未清理干净为要因,我们对上述要因进行对策实施。

4.1 协助外协单位提升加工精度,达到设计要求

(1)外协单位使用精密数控机床替换旧机床。

(2)帮助外协单位修改加工工艺,提升加工精度。

(3)我司质量部检查者严格检查,控制来货质量。

通过双方共同努力,拉伸器油缸、活塞加工尺寸及形位公差达到设计要求。

4.2 增加清洗设备,清理拉伸器油缸内的杂质

(1)要求外协单位增添清洗油孔的工序和设备。

(2)要求外协单位注重拉伸器装配过程中的清洁度,避免装配过程杂质进入拉伸器内造成二次污染。

采用新的清洗装置后,完全清除了拉伸器内的杂质。

4.3 清理液压电动泵

(1)配合、监督总装制造部清理液压电动泵及其附属设备。

(2)总装制造部建立制度,定期检查、清理液压电动泵。

总装制造部清理完成电动泵及其附属设备,确认液压泵内无杂质。

4.4　在液压拉伸器电动泵使用过程中对其及附属设备进行防护

(1)清理工作环境,防止因环境问题造成电动泵污染。

(2)要求总装操作人员施工前检查液压电动泵管接头清洁度。

措施实施后,我司生产了6台7G80ME－C主机,如表2所示,都没有出现在泵紧主轴承盖时出现拉伸器泄压现象,而且在船厂复装时使用液压拉伸器泵紧主轴承盖,也同样没有出现拉伸器泄压问题。

表2　7G80ME－C主轴承液压拉伸器使用统计表

机型、机号	出现主轴承液压拉伸器泄压现象	未出现主轴承液压拉伸器泄压现象
7G80ME－C 5#		★
7G80ME－C 6#		★
7G80ME－C 7#		★
7G80ME－C 8#		★
7G80ME－C 9#		★
7G80ME－C 10#		★

5　结论

我们通过努力解决了7G80ME－C主轴承液压拉伸故障问题,提升了我司总装制造部装机效率,避免了主机在船厂复装主轴承盖耽误船厂装机时间,提高了船厂对我司的满意度。

Mark10.5 机型连杆异型孔工艺开发

赵雪壑 刘 胜 梁 勇 姜启方

（大连船用柴油机有限公司）

摘 要：创新特殊异形孔加工工艺方法，合理选配适用于此孔腔加工的刀具，编制适用于特殊异形孔的数控加工程序，降低刀具成本，提高生产效率。

关键词：异型孔；刀具；切削参数；高速；表面粗糙度

1 异型孔简介

MAN 系列主机的 6S70ME – C、6G70ME – C 及 6S60ME – C 的 Mark10.5 型主机连杆，设计了可使连杆工作中的应力能够均匀分布的异形孔，如图 1 所示。

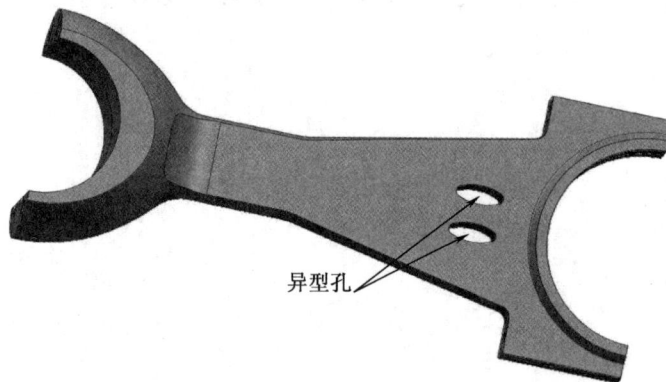

图 1 6S70ME – C10.5 连杆异型孔示意

该异形孔呈橄榄球状，为通腔设计，由相互交错的圆弧、斜线、直线交替形成。且表面粗糙度要求较高，如图 2 所示。

现无成熟工艺流程及加工程序。通过粗略的工艺计算，加工单个异形孔至少需要 5 种刀具，加工时长至少为 8 小时。加工效率低下，加工成本高昂。

2 机床、刀具的确定

2.1 机床的确定

根据连杆的形状、加工的位置，并考虑与其他工序的衔接，选择数控龙门铣床在扁面仿形粗铣后、精铣前完成异型孔的全部加工内容。

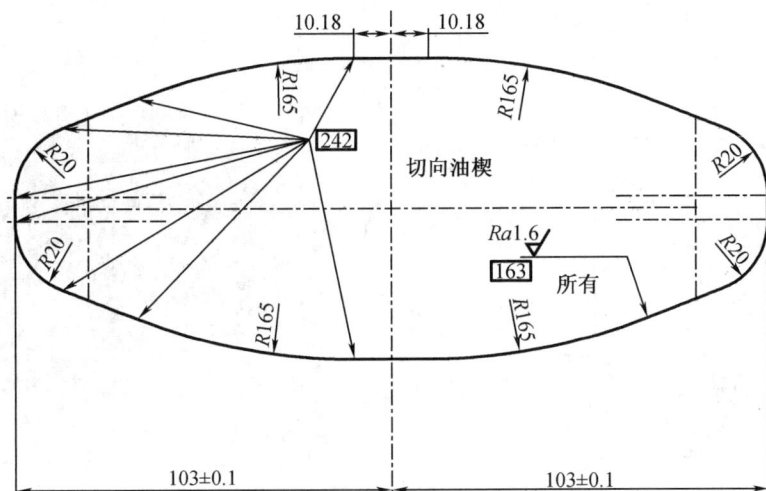

图2 异型孔的设计要求

2.2 加工刀具的选择

根据相近型号主机的连杆异型孔设计参数,可选择3种型号主机连杆通用的刀具。经相关人员仔细选型比对,最终选择 MFH32 – M16 – 10 – 3T 铣刀。该铣刀为高速磨具铣刀,冷却方式为内冷,最高切削速度、最大切深、最大斜向切深角度等性能参数,完全可满足连杆异形孔的加工要求。

连杆异形孔孔腔深度超过最小圆角半径的9倍以上,再考虑连杆其他部位与机床主轴、滑枕可能会产生的干涉,加工过程中必须要有的避让等因素。刀具厂商现有的标准规格刀柄,不能满足现场加工需要。定制非标刀柄订货周期长,因需加急定制,购买成本也非常高。为不影响生产进度,我们利用废旧刀柄改制了该高速磨具铣刀的专用刀柄,如图3所示。

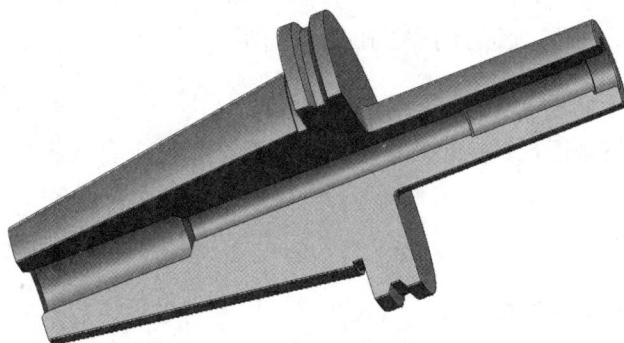

图3 自改刀柄示意

3 确定加工流程

3.1 加工方式

连杆异形孔孔腔深度超过最小圆角半径的9倍以上,为尽量减小加工深度,采用深度两端相对加工的方式。如此,可减小刀柄长度,提高刀具的刚性,在切削时可选用较大的切削用量,提高加工效率。

每个半深加工(未通)时,属盲腔加工,切屑不能及时从腔内排出,会大量积存在腔内,随着腔深增加,积存的切屑也会增加。大量积存的切屑会使刀刃频繁、无规律的承受非常大的冲击,从而降低刀刃的有效切削寿命。如使用压缩空气辅助吹出切屑,需人工手持吹管随时对准,工人劳动强度增加的同时,发生机械伤害的概率也大大增加。为此,先根据异型孔轮廓选用合适的内冷浅孔钻刀具,预钻通孔,可有效解决切屑积存问题。同时可有效缩短刀具的"满载"时长,提高刀具(刀片)使用寿命的同时,可提高加工速度。钻孔示意和实际钻孔效果如图 4 所示。

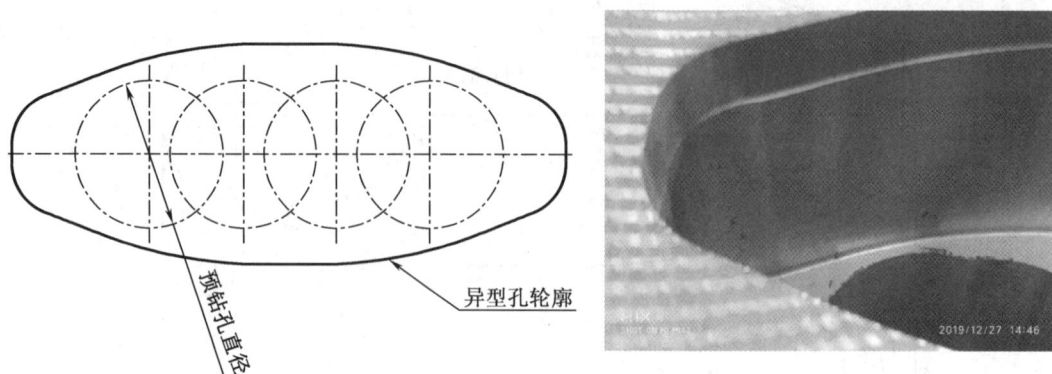

图 4　钻孔示意和实际钻孔效果

预钻通孔后,使用高速磨具铣刀,采用"层切法"粗铣异型孔轮廓,最后使用加长合金立铣刀,通过调整刀具半径补偿的方式,将异型孔加工成品,并保证其尺寸公差和表面粗糙度要求。

3.2　其他方案的尝试

使用刀尖圆角较大的铣刀,通过增加"层切法"的层数,同样可保证 $Ra1.6\ \mu m$ 的表面粗糙度的要求。通过计算,如使用 R5 刀尖角的刀具,每层切深最大不得超过 0.25 mm,如此一来,每个异形孔的加工时长最少为 183(异型孔深) ÷ 0.25(每层深度) × 40 s(每层铣削大致时间) ÷ 3 600 ≈ 8 h。

此种方案的优点是,使用刀具最少,仅 2 种刀具(浅孔钻,R5 刀尖角的磨具铣刀)即可完成加工。同时,辅助时间最少,工人参与度最低,加工内容一致性最高。

最大的缺点就是,加工时间太长。如果采用预钻—粗铣—精铣的方案,将层深加大 4 倍,则加工时长可减少 4 倍。最后立铣刀精铣时,算上调整刀具半径补偿、试切测量等辅助时间,也不会超过 0.5 h。如此,一个异形孔的加工工时可控制在 3 h 以内。远远低于之前的工艺计算工时。

3.3　加工方案的确定

通过两方案的功效比,最终采用预钻—粗铣—成品的方案。

4　程序编制

4.1　计算机辅助编程与手工编程的选择

如利用计算机辅助编程,则出来的程序非常大,程序的可读性、可修改性、可调整性非常差,工人在执行程序时,不能根据工况随时调整进给速度、每刀切深等参数。如程序意外中断,可续性同样不好。

如使用参数编程,则通过设定可调整参数,工人可根据实际情况,随时调整各项参数,加工效率最高。

4.2　进刀点的选择

如图 5 所示,选择该点为进刀点,在完成圆弧 R165 mm 轮廓加工时,同时完成深度进给,因在整个轮廓中,该圆弧最长,在斜向进刀深度一定时,进刀角度最小,刀具轴向受力最小。

4.3　程序编制

在程序中设置最少的需要根据实际情况来调整的参数,可使程序的可读性提高,因此在程序中仅设置了一个可调整参数。

R1 = 90;切层数,可调整参数。根据实际工况随时调整,但是调整后的数值不宜过小,因为层数的减少,意味着每刀切深的增加。

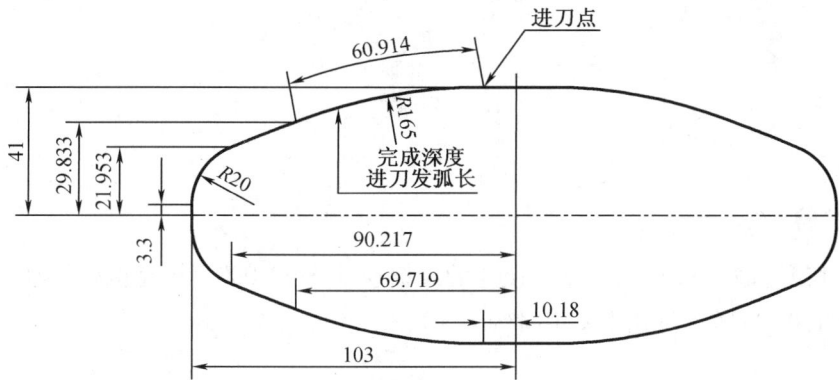

图5　异型孔轮廓坐标

R2 = 0;计数器。在程序中作计数器使用,并参与计算,在程序意外中断需要继续执行时,可根据查阅机床当时的 R2 数值,对该参数进行修改。例如:程序意外中断,并且程序复位,刀具抬起。此时我们无法根据中断时的 Z 坐标和每刀切深来计算已经加工的层数。我们根据此时的机床 R2 数值,来判断已加工至某一层。通过修改 R2 的初始赋值,来继续执行中断的程序,减少因程序从头执行而导致的冗余时间。此时 R2 的初始赋值应为机床 R2 数值减去 1,因程序中 Z 向进刀需要安全距离。

R3 = 183/2;异型孔半深。不可随时调整,根据连杆扁面厚度方向余量,设定后不需更改。

R4 = R3/R1;每层深度。计算参数,根据 R1 数值的变化而变化。

```
T1 D1
G0 G90 Z50
G0 G90 G40 X0 Y0
G0 G90 G41 X -10.18 Y41;刀具急行至进刀点,并完成刀补计算。
G0 G90 Z2
M3 S1000
G1 G90 Z = -(R2 * R4)F100;程序正常执行时,刀具贴合工件表面。意外中断,再次执行时,从上次中断时的 Z 深度继续
```
执行。
```
SDXH:R2 = R2 +1
G3 X -69.719 Y29.883 Z = -(R2 * R4)CR =165 F500;完成圆弧轮廓的同时完成 Z 向进刀。
G1 X -90.217 Y21.953 F1000
G3 X -103 Y3.3 CR =20
G1 Y -3.3
G3 X -90.217 Y -21.953 CR =20
G1 X -69.719 Y -29.883
G3 X -10.18 Y -41 CR =165
G1 X10.18
G3 X69.719 Y -29.883 CR =165
G1 X90.217 Y -21.953
G3 X103 Y -3.3 CR =20
G1 Y3.3
G3 X90.217 Y21.953 CR =20
G1 X69.719 Y29.883
G3 X10.18 Y41 CR =165
G1 X -10.18
IF R2 < R1 GOTOB SDXH;条件判断,返回。
G0 G90 Z50
```

M5

M2

5 加工效果

5.1 加工时长理论计算

异型孔轮廓线的长度约为 482 mm,程序中设定的进给速度 $F=1\,000$。根据两者可计算每层的大致走刀时间约为 30 s。按每孔 180 层计算,每孔粗铣用时约 1.5 h。

5.2 粗铣加工

粗铣后,孔壁表面纹理粗糙。此种状态可减少成品立铣刀的"吃刀"面积,减少立铣刀铣削时的径向受力。因刀具径向受力而产生的轮廓锥度为最小。

在实际中,粗铣时根据实际工况随时调整进给速度,一般在程序设定的 80% ~ 120% 范围内调整。当刀刃较为锋利时,将进给速度提高,当刀刃磨损时,适当调低进给速度。综合来看,实际粗铣时间与工艺计算时间几乎相等。

5.3 精铣加工

因选用铣刀长径比较大,因此刀具刚性较差,不能一次将异型孔半深轮廓加工完成,需要分为至少 3 次才能完成半深的轮廓成品加工。因此每刀之间会产生"接到台",经实际测量,"接刀台"高度约为 0.005 mm,可人工打磨去除。

6 结束语

我们通过创新特殊异形孔加工工艺方法,合理选配适用于此孔腔加工的刀具,编制适用于特殊异形孔的数控加工程序,降低了刀具成本,提高了生产效率。

通过开发深腔异形孔的加工新工艺,单件连杆的异形孔加工时间缩短至 6 h。按每台机 6 件连杆计算,每台份连杆异形孔加工可缩短 60 h,以重型数控龙门铣小时单价 600 元计算,加工每台份连杆异形孔可节约将近 3.6 万元,如果每年有 20 台 Mark10.5 机型,则可节约制造成本 72 万元左右,可创造极高的经济效益。

参考文献

[1] 陈宏钧.机械工人切削技术手册[M].北京:机械工业出版社,2010.

[2] 李益民.机械制造工艺设计简明手册[M].北京:机械工业出版社,1994.

船用轴系连接孔的高精合镗加工

邹子俊　赵延君　宁　智　邓　伟

（大连船用柴油机有限公司）

摘　要：大型船舶中主机与螺旋桨之间通过艉轴和中间轴进行连接，而艉轴和中间轴是通过相互配合的法兰上锥形液压螺栓连接的，为保证主机的平稳运转，两轴的连接法兰孔加工精度要求较高，主要体现在相互配合的连接法兰孔的同轴度上，因此加工时必须将两轴连接后进行合镗，常规加工方法是使用专用设备进行，但因加工效率低，成本较高，为此我们选用高精度数控龙门铣床进行轴连接法兰的合镗加工，保证加工质量和精度要求。

关键词：轴系合镗；定位精度；安装胎；同轴度

1　合镗孔方案确定

船舶轴系是船舶动力装置的基本组成部分，在推进装置中，从发动机的输出法兰到推进器之间以传动轴为主的一整套设备称为轴系。基本组成为传动轴，包括推力轴、中间轴和艉轴，而推力轴是大型的低速柴油机设在柴油机机座的推力挡内（曲轴），其连接中间轴，中间轴连接艉轴，艉轴连接螺旋桨，曲轴在柴油机机座内旋转，带动中间轴旋转，中间轴带动艉轴，艉轴连接螺旋桨，通过螺旋桨推动海水推进船舶前进或后退。

通过了解，之前中间轴和艉轴联连孔合镗在船厂需用大型装配机来合镗完成，加工周期较长，为 8 天左右。在我司接到中远川崎船厂 6G70 主机轴系的加工任务中，包含轴系中间轴和尾轴连接孔的合镗加工，为保证加工质量，提高加工效率和节约成本我们制订如下加工方案：首先，在大型数控车床精加工轴系外圆和端面成品；其次，利用数控镗床铣车床加工不到的端面成，钻镗连接孔半精成品，孔直径为 79.5 mm，孔径按成品 ϕ85 mm 单边留 2.5 ~ 2.75 mm 两轴连接加工余量；最后，到大型 S20 数控龙门铣床合镗两轴连接孔成品，在镗两轴连接孔时主要是保证中间轴与尾轴联孔的同心度和孔径尺寸误差。

2　连轴孔合镗的精度要求

在中间轴和艉轴连接后，合镗后孔的尺寸要求范围较大，为 ϕ85（0 ~ 0.5）mm，但是每一组连接孔的大小和同轴度要求为 ϕ0.01 mm，由于连接的所有孔在数据铣床上无法一个工位完成，所以在加工完一部分孔后，工件需旋转角度加工剩余的孔，由于工件较大，在旋转过程中必须要保证已加工成品孔的同心度，孔内壁不能产生错牙。

为保证两轴旋转时的同心，加工时必须打表检测两轴已成品外圆面以保证轴必的直线度，同时为保证在现场加工完后，到船上两轴方便装配，加工时保证两连接法兰面间隙为 0.03 mm 塞尺不入，外圆错牙小于 0.02 mm，且象限对应侧外圆台阶落差量相同。

3 胎具的设计与轴系调整摆放

龙门铣床合镗连接孔成品前,根据两轴合镗要求,在合镗过程中要调整两轴的轴心,加工过程中需要旋转工位,且根据中间轴与尾轴轴经尺寸和轴端面外圆直径尺寸差值,分别设计了一对可调整胎具和一对不可调整胎具,如图1、图2所示。

图1 不可调胎具

图2 可调胎具

由于两轴连接前在机床吊运过程中较耗费人力和物力,因此在加工前设计好工件的放置方位和等高垫的摆放位置,主要考虑有以下两个方面:首先是确定垫放置的轴向位置,要方便工件的加工找正,此时考虑机床加工用铣头和刀具的长度;其次是确定垫放置的高度,此过程比较关键,由于设计的可调胎具调节量较小,且考虑放置垫的平稳性,在设计中考虑采用500 mm等高垫放倒的350 mm高度,最为平稳和方便操作,因此确定等高垫高度以后再根据轴的直径确定胎具的跨距来保证轴的中心;最后,为了方便调整和保证轴的稳定性,我们在每个轴上都放置一个可调胎具和不可调调胎具,具体轴的放置方位如图3所示,在实际摆放中也取得了较好的效果。施工如下。

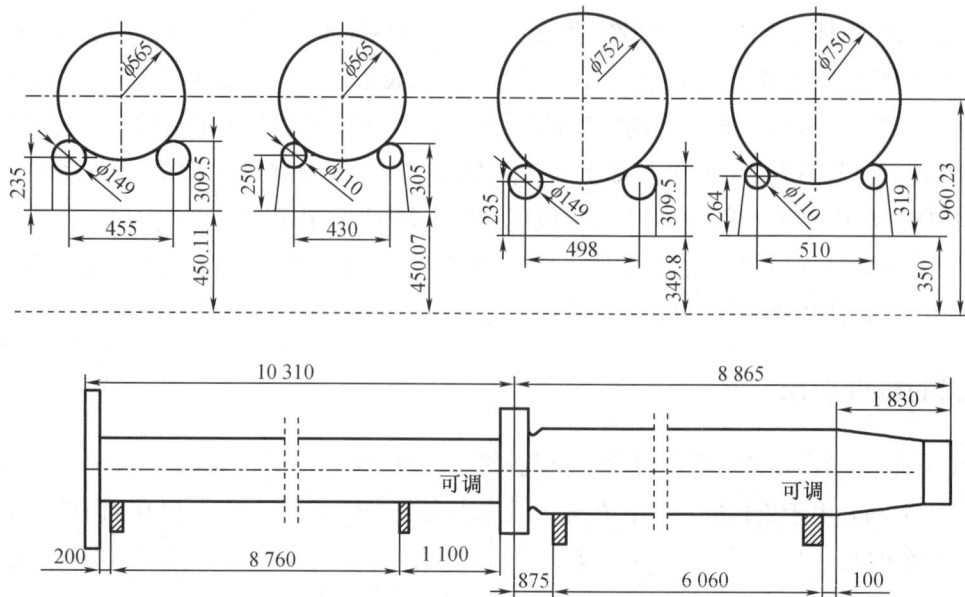

图3 轴系摆放位置图

轴系上机床前,机床操作者先通过卷尺测量不可调整胎具两铜柱内侧尺寸为498 mm,再通过打百分表测量机床床面到不可调胎具铜柱上面最高点尺寸为610 mm,保证两铜柱上表面等高后,通过压杆固定好不可调胎具。

用卷尺测量可调胎具到不可调胎具长度尺寸,保证轴可有效地固定在胎具上。同理,操作者根据尾轴轴径值把可调胎具上两铜柱调整为 310 mm,并通过打表测量床面到胎具铜柱上表面尺寸为 669 mm,并保证两铜柱面等高,通过打表测量不可调胎具铜柱内侧表面到可调胎具内侧表面尺寸,保证两内侧表面等高尺寸相同,来确定不可调胎具与可调胎具的直线正,并通过压杆固定可调胎具。通过这种找胎具找正的方法,使得尾轴落到胎具上直线的水平正不超过 0.3 mm,尽量减轻机床操作者工件找正辅助时间和劳动强度,用同样胎具找正方法来固定中间轴下方可调和不可调胎具。

4　轴系找正

4.1　艉轴找正

轴系加工时,机床操作者先把艉轴落到胎具上,通过百分表测量艉轴端面上下垂直度和左右直线度,确定艉轴的垂直度和水平正,通过可调胎具的三个螺栓调整艉轴的垂直正,通过可调胎具两侧面螺栓来调整尾轴约直线正,精调到百分表测量上下面差值与左右面差值均不超过 0.01 mm,通过前后两端轴径上方支撑压杆固定尾轴。

4.2　中间轴找正

通过吊车吊装中间轴落胎具上,中间轴与尾轴连接端面跟离尾轴连接端面相差 10 mm,机床操作者在中间轴与曲轴连接端面连接孔穿一根支撑棒,通过机械千斤顶来调整中间轴与尾轴连接端面孔位置,并用千斤顶支撑在中间轴与曲轴端面,从而调整中间轴与尾轴连接端面的距离,达到两连接端面上下左右通过塞尺测量在 0.2 mm 后,用 4 根 79 螺栓连接两轴,连接后两轴端面缝隙塞尺 0.03 mm 不入。

4.3　法兰外圆和轴心找正

机床操作者通过百分表测量中间轴轴径侧面到尾轴轴径侧面值来确定两轴直线正,并通过可调整胎具的侧面两螺栓来调整两轴直线度,用百分表测量两轴轴径上表面值来确定两轴水平正,并通过可调胎具上三个螺栓来调整,保证两轴直线和水平控制在 0.1 mm 以内。最后通过百分表测量两轴连接端面两侧面和上面打表控制在 0.01 mm 以内,从而确定两轴连接后的直线与水平正,再进行连接孔合镗加工。

5　加工刀具与切削用量选择

5.1　加工用铣头和刀具选择

在对中间轴与尾轴端面连接孔合镗时,选择使用加工机架导滑板和侧边的弯脖附件铣头#38,因为该附件铣头刀具中心到机床主轴中心位置为 250 mm,并且有#38.1 和#38.2 两个加工位置面,附件铣头只需旋转 180° 就可以尽可能地完成多个孔合镗成品,因此我们选用#38 附件铣头来完成孔合镗加工。

5.2　刀片和切削用量选择

因为该 12 个连接孔,合镗孔深为 250 mm,所以选择 BG 镗刀杆有校长度为 280 mm,因为刀杆接杆过长,在合镗孔时极容产生蹦刀现象,刀片损耗和孔光洁度不可控。对比 BG 单刃成品镗刀片和 $R0.4$ mm 与 $R0.8$ mm 双刃半精加工刀片的试切,通过调整转速和进给量与刀具每转吃刀量,最后确定选择 $R0.8$ mm 半精加工金属陶瓷刀片,该刀片韧性好,耐磨耐冲击,在孔合镗加工过程中不易磨损,可保证孔径尺寸大小和孔光洁度,吃刀半径为1.2 mm,转速控制在 140~180 r/min 之间,这样才能压住刀,有校防止孔合镗时产生蹦刀现象,并在合镗时辅助使用冷却液镗孔。经多次试切削,孔的光洁度达到图纸要求,孔径前后尺寸误差值为 0.01 mm 以内,孔同心度为零。

6 连接孔合镗加工

6.1 第一工位连接孔合镗

合镗孔前,两轴法兰面通过四根直径为 79 螺栓连接,再次确定两轴连接后的水平和直线正后,通过附件铣头和精密量具量块在两轴连接端面侧表面和上表面确定连接轴的中心。再通过探头找一个孔分中确定该连接轴的起始孔角度,先加工两个假成品细孔,孔径尺寸为 80 工艺孔,两孔角度为 180°,通过车床车磨两细孔螺栓,螺栓外圆直径尺寸小于工艺细孔直径 0.01 mm。先通过两工艺螺栓固定工艺孔,这样可以有校保证两轴在胎具上旋转后,连接孔不易错位,从而保证合镗成品后孔的同心度。再分别利用#38 附件铣头两个可利用加工位置面,旋转铣头 180°尽可能多加工孔成品,留 3~4 孔待中间轴和尾轴在胎具旋转近 180°再加工成品。

6.2 第二工位连接孔合镗

连接轴孔在第一次加工 8~9 孔成品后,并且之前加工的紧配孔在不拆卸的条件下,通过吊车用吊带穿过成品孔吊装旋转近 180°后,重新打表确定中间轴与尾轴直线、水平正后,再通过上述加工方法合镗切削其余各孔成品,拆下紧配孔螺栓,最后将紧配孔全镗成品,等待船东床检报验,如图 4 所示。

图 4 合镗孔成品

7 合镗孔成品后的报验和总结

该工件加工成品后床检报验,船东通过检验机床测量中间轴与尾轴直线和水平正,使用内径百分表测量孔径前后误差值,尺寸和形位公差精度都满足了加工要求。s20 龙门铣床一次报验成品合格,加工周期为三天,生产效率提高一倍以上,大大提高生产效率,降低生产成本,并为我司今后在轴系类连接孔合镗积累到了宝贵的加工经验。目前,我们正在研究探索曲轴与中间轴连接孔能否在大型龙门铣床合镗加工成品。

30万吨VLCC主机缸体换新修理

李国旗 惠 飞 王禹皓 郑博文 张 力 朱赫男

（大连船舶重工集团长兴岛船舶工程有限公司）

摘 要：文章针对某在营运中的VLCC30万吨原油船主机缸体出现裂纹需要换新的问题，通过实船勘验数据，结合主机说明书及相关的船体建造图纸，制订实际可行性的缸体换新修理方案，并为今后类似修理项目提供参考。

关键词：主机；缸体；换新

0 引言

某VLCC30万吨原油船的主机（7缸，缸直径φ820 mm）缸体在营运中出现多处裂纹，经过修理暂时满足了使用要求。为了彻底解决缸体的问题，需要对缸体整体进行换新，由于可借鉴的资料有限，同时也要求在45天内完成缸体换新工作，为了能及时有效完成缸体换新，我们在查阅相关资料并与各相关方商议后，编制了主机缸体换新修理方案。

1 主机缸体换新施工前准备

（1）主机缸体上平面到机舱天棚顶下平面的净高距离约18.5 m，根据主机各部质量及机舱净高尺寸须准备，缸体吊运用30 t葫芦4个；额定载荷30 t的钢丝绳＋卸扣＋吊索具等4组；扫气箱总成用额定载荷10 t钢丝绳4根，额定载荷20 t钢丝绳2根，长度均约15 m；10 t葫芦6个，20 t葫芦2个；共轨平台用额定载荷5 t钢丝绳14根，长度约15 m；5 t葫芦17个，吊运缸体吊耳D30 t型4个；扫气箱总成吊运、固定吊耳D20 t型2个，D10 t型4个；共轨平台吊运、固定吊耳D5 t型17个；其他工艺吊耳D10 t型4个。以上所准备的吊耳、葫芦、吊索具等均应检验合格并正确使用。

（2）船舶在进坞前及修理工程结束后船舶漂浮48 h，在海况平静，风力不大于4级（7.9 m/s），船舶相同吃水状态下，测量主机、轴系轴承负荷及主机臂距差，记录测量时环境温度、船舶吃水及测量数据等数据，轴承负荷测量须准备百分表，额定载荷100 t的液压千斤顶以及与其匹配的液压泵等测量器具，所有使用的百分表、压力表等均应在有效的检验期内。负荷测量时，在各轴承下端安放液压千斤顶，千斤顶底座应有足够的强度（底座平面上可铺设钢板），轴颈上安装校验合格的百分表，百分表应有适当的压缩量，百分表支架座安放位置应有足够的强度和刚度并与轴无接触。调整百分表外圈读数为"0"，液压千斤顶的中心线必须通过轴的中心并与百分表的位置在同一横断面上。如图1所示，当1#缸（靠近飞轮端）活塞处于上止点时，测量图1所示的1#、2#及3#轴承负荷，当1#缸曲柄处于排烟侧水平位置时，测量图1所示的4#及5#轴承负荷。正式测量前先做顶升测试，测量时应确认测量工具安装的正确性，压力表以及百分表在手动液压泵压力全部泄放后，两表指针应回到测量前的数值"0"后，方可进行正式测量。

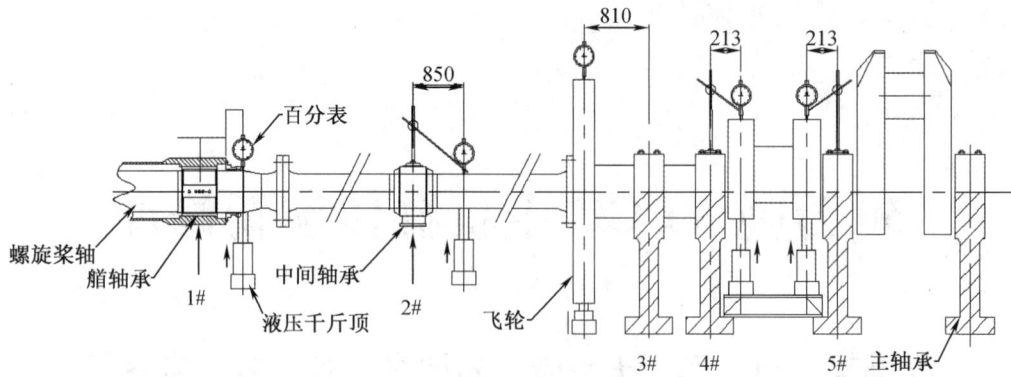

图 1 轴承负荷测量

（3）测量运动部件间隙,测量时,应排除十字头销与固定板的内侧间隙,使用滑块夹紧工装将滑块向内侧夹紧,夹紧位置应靠近十字头销与滑块之间的固定板,确保固定板与十字头销内侧贴合,并记录。

（4）在机舱主甲板以 FR30 + 200 的原板焊缝为起始至 FR36 止,以 L3 + 225 至 L − 3 + 225 开 3 200 mm × 5 500 mm 的吊装工艺孔,开口位置焊接临时挡水板 10 mm × 100 mm,开口处做好防风雨、跌落护栏等防护措施。

（5）在机舱内天棚顶主机正上方沿船中纵剖面布置缸体吊运吊耳,如图 2 所示。

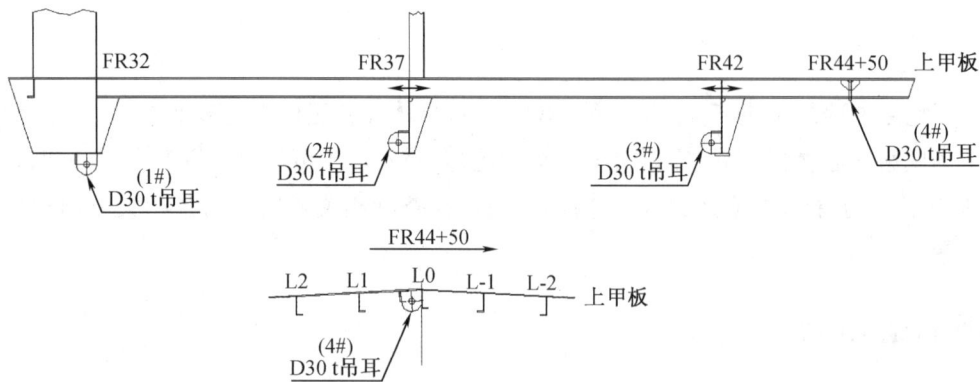

图 2 主机缸体吊运用吊耳布置图

（6）扫气箱总成与共轨平台吊运、固定吊耳机舱内天棚顶焊接位置,如图 3 所示。

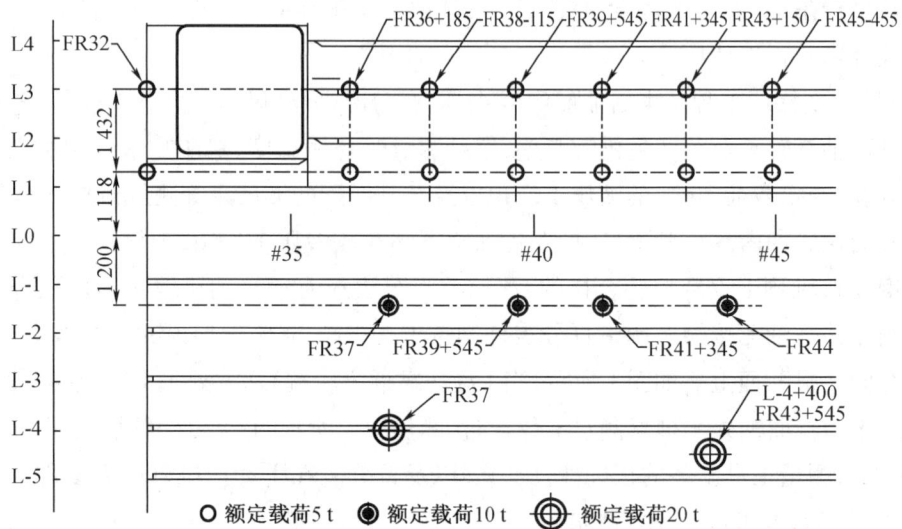

图 3 扫气箱及共轨吊运用吊耳布置图

（7）施工中所有涉及的吊耳与母材焊接时均采用手工电弧焊焊接，其中 D5 t 型吊耳无须开坡口，焊脚尺寸为 8 mm，D10 t 型吊耳无须开坡口，焊脚尺寸为 10 mm；D30 t 型吊耳按 GB/T 985.1—2008 中的相关要求开 K 形坡口并深熔焊，焊脚尺寸为 16 mm，其中 D10 t、D30 t 形吊耳须对焊缝处磁粉探伤，应无影响使用安全的缺陷存在。

2 主机缸体换新施工

（1）排空与主机连接的燃油、滑油、起动风、冷却水等外部管系，关闭与主机连接的所有设备的电力，并挂牌提示，以免影响拆卸施工的顺利进行。拆卸与主机连接的外部燃油、滑油、起动风、冷却水以及电缆等管线，拆除的均应详细标记并保管，管口用盲板封堵，拆卸缸盖、活塞组、缸套、增压器，排烟管等主机零部件，吊运出机舱并转运至车间保存或修理，转运及存放过程中所有零部件应做好防护，大型零部件吊运时应系绑缆防绳，以便能及时控制吊运的零部件的方向。

（2）测量拆卸后的缸套、活塞、活塞环、密封填料函等运动配合零部件的间隙，对于超过标准安装值的应予以换新或者修理，所有数据均应详细记录并提交。

（3）以扫气箱及共轨平台为基面搭设脚手架至天棚顶，脚手架的搭设应能满足天棚顶上的管路、线缆、甲板绝缘等的拆卸以及不同位置吊耳的焊接外，还应不影响吊索具的正确安装。连接吊运葫芦到扫气箱总成并有适当的预紧拉力，拆去扫气箱总成与机体的所有连接，成自由状态。用葫芦将扫气箱总成与缸体吊离 100～150 mm 的距离并固定，在扫气箱底部焊装临时支撑，支撑位置根据现场实际确定，支撑处不少于 4 个，如图 4 所示。

（4）连接葫芦到共轨平台并有适当的预紧拉力，共轨平台整体拆落成自由状态，用葫芦将共轨平台固定到与主机缸体距离约 400 mm 处，在下平台焊接临时支撑，以便于后续施工，如图 5 所示。共轨平台整体移动时应确保所有葫芦受力均衡，以免因葫芦受力不均引起平台变形，进而影响整个共轨系统工作时的完整、可靠性。

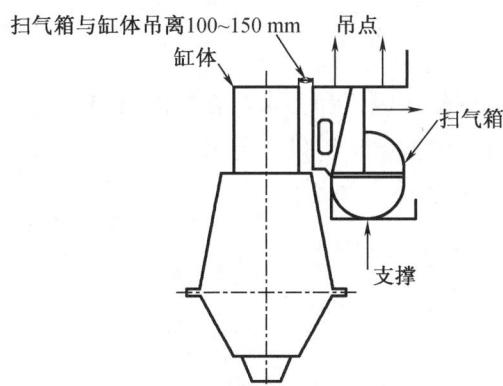

图 4 扫气箱吊运及固定支撑   图 5 共轨平台吊运及固定支撑

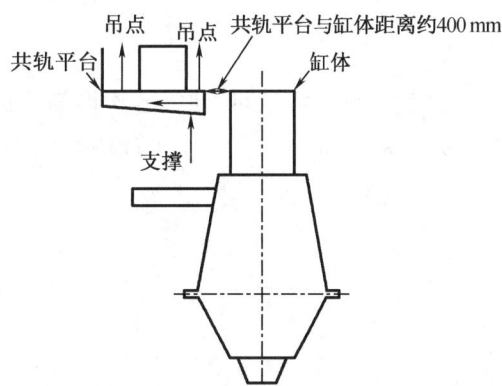

（5）拆去缸体与缸体间的连接螺栓，用专用工具松开主机贯穿缸体与机架的连接螺栓，缸体与机架、缸体与缸体间布置加热板，脱开缸体成自由状态，防护所有机架内部的十字头、导滑板、曲轴等，拆除缸套后，使用厚木板或其他硬质材料覆盖缸体顶面并警示，避免人员误踏造成伤害。

（6）缸体吊运

①缸体按飞轮端段、中间段及自由端段三部分，分别出舱，吊装工具与缸体应接触良好，固定螺栓与吊装工具紧密贴合，螺栓、吊装工具及缸体在任何状况下均不能相对移动。

②飞轮端缸体质量 27.6 t，外形尺寸 3 160 mm×2 200 mm×2 250 mm，分别连接 1#和 2#葫芦（葫芦编号依次为从船尾向船首 1#、2#、3#、4#）到 1#与 2#缸的吊装专用工具上，待缸体成自由状态后，吊起缸体约 50 mm，检

查吊索具、葫芦、吊装工具等无影响起吊安全的问题后,缓慢、平稳起吊缸体约 2 800 mm。起吊过程中,两葫芦受力应均匀,时刻注意缸体姿态,防止触碰贯穿螺栓,必要时应做好防护,连接岸吊到 1# 与 2# 缸的吊装工具上,当缸体重量完全由岸吊承担后,摘去葫芦,缸体上系装缆防绳,岸吊与缆防绳配合使缸体平稳、缓慢旋转 90° 后,吊运出舱到指定的位置。

③中间端缸体质量 37.7 t,外形尺寸 4 515 mm×2 200 mm×2 250 mm,分别连接 1#、2# 和 3# 葫芦到 3# 与 5# 缸的吊装工具上,转运过程采用空中接力的方式,利用 1#、2#、3# 葫芦互相配合将缸体移向舱口方向,转运过程中待缸体重量完全由 1#、2# 葫芦均匀承担后,方可摘掉 3# 葫芦,连接岸吊到 3# 与 5# 缸的吊运专用工具上,其他应满足之前的相关要求。

④自由端缸体质量 27.9 t,外形尺寸 3 160 mm×2 200 mm×2 250 mm 连接 2#、3# 和 4# 葫芦到 6# 与 7# 缸的吊运专用工具上,转运过程满足之前的相关要求,所有旧缸体出舱到指定位置后,做好防护。

⑤吊运人员必须具有有效的资格证书,具备吊运各型设备的能力。吊运时,要求一人为总指挥,其余人员必须服从总指挥的命令。风、雨、雪大以及能见度差,吊运时的风速大于 12.8 m/s(6 级)的情况下,应停止吊运施工。施工区域内的工作人员应做好防护工作,防止火灾、高空坠落,高空坠物等意外发生,施工人员应及时清理施工过程产生的废油、废物等污染物,并按要求分类处理。

⑥清洁主机机架与缸体、缸体与扫气箱及共轨平台的接触面,按照逆顺序吊运中间端新缸体进机舱到机架座后,调整缸体与机架内曲轴中心线的对中,满足说明书的要求后,加工缸体与机架的定位销孔按照逆顺序分别吊运两端缸体到机架座上。机架与缸体、缸体与缸体接触面应涂抹耐油密封胶,在机架内安装缸体与机架的连接螺栓、定距套等。螺栓螺纹部分涂抹润滑脂,液氮冷装缸体与缸体的连接螺栓,按照要求再次搭设脚手架。拆卸所有吊索具及吊耳,并做油漆防护后,按照拆卸前的标记恢复绝缘、管系电缆等,恢复扫气箱总成与共轨总成到机架上,紧固各部螺栓,主机贯穿螺栓使用液压拉伸。按照说明书要求的顺序及安装后的伸长量进行安装,按照拆卸的逆顺序安装主机各部零部件,外接系统到主机机体进行滑油系统串油清洁。串油过程中检查各部润滑的状况,确保需要润滑的零部件均有滑油流出,待所串滑油品质满足说明书的要求后,连接船上管路整体串油,并再次检查各部润滑状况。检查各传感器、报警器、起动、燃油、冷却等系统均能满足主机正常起动。

3 结束语

方案经过各相关施工方认可,使得此次换新修理有了明确的作业流程和要求。在各施工单位、施工人员的群策群力下,仅用 40 天便完成了此次缸体换新工程,也为今后的类似施工提供了参考。

航母动力装置的类型及选用原则

胡 苏[1] 孙长虹[2]

（1.大连船舶重工集团舾装有限公司;2.渤海船舶重工有限责任公司）

摘 要:本文介绍了国外航母动力装置的技术体系、类型、工作原理、主要特点、使用特性及选型原则,分析了各类动力装置在使用中可能遇到的问题及应对措施。在综合分析的基础上指出了航母动力装置的未来发展趋势,可为航母动力装置选型及保障提供参考。

关键词:航母;动力装置;选型

1 引言

动力装置选型是航母总体设计和动力系统设计时最重要的环节之一。由于受到航母总体布置的限制,航母轴系的数量不能过多,一般不超过4根轴系。这就造成航母航行时所需的巨大推进功率只能分摊在数量少的几根轴系上,每根轴系所承担的功率必然很大。由于航母轴系对主机功率要求非常高,使得功率较小的主机如柴油机等就难以用作航母的推进装置。目前可用作大、中型航母推进装置的动力装置主要有两种技术体系:一种是蒸汽动力装置,包括常规蒸汽动力装置和核动力装置;另一种是燃气轮机动力装置。为了适应航母各种航行工况的需要,这两种体系的动力装置又可相互联合成为各种混合式的动力装置,具体选用哪种动力装置要根据各国海军的总体战略和实际情况,综合考虑多方面的情况后才能确定。下面对国外航母常用动力装置的类型、特点及选型原则进行介绍与分析。

2 国外航母动力装置主要类型

2.1 常规蒸汽动力装置

常规蒸汽动力装置具有单机功率大、工作可靠、寿命长、转速调节方便等优点。常规蒸汽动力装置不需要增添特殊的装置就可以实施倒车,对燃料也没有特殊的要求,可以使用低质重油,整个装置的效率在25%左右。航母采用蒸汽动力装置还可以方便地向弹射装置提供蒸汽。因此,常规蒸汽动力装置很早就在美国航母上得到了应用,具有悠久的历史,技术也非常成熟。与燃气动力装置相比,常规蒸汽动力装置的缺点是重量大、占用的舱室空间大,美国海军在常规蒸汽动力装置的研制和使用方面积累了丰富的经验,俄罗斯现役的库兹涅左夫号航母也采用了常规蒸汽动力装置。

2.2 核动力装置

与常规蒸汽动力相比,核动力装置以核反应堆和一次回路设备取代了常规蒸汽动力装置的锅炉,故它也属于蒸汽动力体系。考虑到技术的成熟性和安全性,舰用核动力装置常采用压水型反应堆,以水作为一次回路的冷却剂和二次回路的交换热源。由于二次回路的工质是低压饱和蒸汽,故仍存在效率较低的缺点。

核动力装置由反应堆、主冷却剂泵、蒸汽发生器、蒸汽稳压器、一次屏蔽、二次屏蔽以及其他一次回路辅助系统和设备等组成,其体积和质量比常规蒸汽动力装置锅炉大得多,而且二次回路的蒸汽参数低,发出相同功率的蒸汽量也比常规装置多。核动力装置的管路和设备要比常规蒸汽动力装置更显得笨重庞大。目前核动力装置单位千瓦功率的重量约为 48 kg,比常规动力装置大好几倍,其所占的体积也大得多。

核动力装置还有一个缺点就是存在着放射性泄露和污染的风险。反应堆和一次回路是不允许人们接近的,只能采取遥控或自动化措施,从而提高了装置的造价。此外,公众普遍存在恐核心理,核动力舰船的运行和停泊可能受到种种无形的限制。实践表明,随着核技术的发展和长期运行所积累起来的丰富经验,目前采取的多重措施还是安全有效的。在正常运行过程中,核动力装置对环境的污染甚至比其他常规动力装置都低得多。近年来,这种未来型动力装置正在逐渐为更多国家的海军所理解和接受。核动力装置除了具备常规蒸汽动力装置公认的优点外,还具有以下特点:

(1)核动力装置一次装载燃料可连续运行十几年甚至几十年,即使在高航速下其续航力也几乎是无限的,省去了常规动力航母频繁海上燃油补给的麻烦,大大节省了开支;

(2)核动力航母不需要排烟,大大减少了对舰载机甲板作业的干扰,在受到核攻击或化学攻击时,舰体容易封闭和清洗,航母的生命力也会有所增强;

(3)核动力航母节约下来的舰用燃油装载空间可用来装载更多的航空燃油、武器和弹药;

(4)核动力装置储能大,没有吸气和排烟噪声,不排出任何有毒气体,充足的能量可用于空调、海水淡化等生活保障设施,能大大改善航母上人员的生活条件;

(5)核动力装置省去了燃油装载、运送以及燃油自身的各种费用,其全寿命期费效比较高。

2.3 燃气动力装置

燃气动力装置是最有潜力与蒸汽动力装置一争高低的舰船推进装置。舰船用燃气轮机的结构和飞机上使用的涡轮螺旋桨发动机类似,其主要优点是系统简单、结构紧凑、易于维护;具有优良的启动性能和加速性能,具有很高的功率/体积比和功率/重量比。燃气轮机在高负荷下的效率较高,油耗虽略高于柴油机,却大大低于蒸汽动力装置。

燃气动力装置的明显缺点是巡航等低负荷工况时效率较低、油耗大。舰船以巡航速度航行的时间约占总航行时间的 80% 左右,该缺点成了燃气动力装置的致命弱点。为了克服这个缺点,国外一方面从燃气轮机自身着手进行改进,最近几年开展的中冷回热式(ICR)燃气轮机的研究已有了突破性的进展。另一方面则是在舰船上采用多台燃气轮机组成燃 – 燃联合使用动力装置(COGAG)或燃 – 燃交替使用动力装置(COGOG),用不同数量的燃气轮机来满足不同负荷工况的需要,尽量避免燃气轮机处于低负荷工况。

英国"无敌"级轻型航母主动力装置就采用了燃 – 燃联合动力装置(COGAG)。该级航母首舰"无敌"号建于 20 世纪 70 年代,共建造了 3 艘,分别是"无敌"号、"卓越"号和"皇家方舟"号。该级航母共有 2 根主轴,采用 4 台英国罗尔斯·罗伊斯公司生产的"奥林斯普"TM3B 型燃气轮机驱动,该型燃气轮机单机功率为 18.12 MW,每 2 台燃气轮机通过联轴器和齿轮箱驱动一根主轴。

燃气动力装置的另一个缺点是其进气和排除烟尘通道所占用的空间比同功率的蒸汽动力装置大 60% 左右。对于多轴系统的大型航母,燃气轮机数量多,占用的空间将会更多,给飞行甲板和上层建筑的布置带来很大困难。此外,燃气轮机的高温排烟还会给舰载机起降带来一定影响,甚至会引起飞行事故;高温排烟还增加了航母被敌方红外探测传感器发现的概率。燃气动力装置不能为飞机弹射器提供充足的蒸汽源也是它的缺点之一。

2.4 综合电力推进装置

近年,美、英等国正在展开新型综合性电力推进、发电和配电系统研究,主张采用大功率半导体、永磁电机等新技术把电力推进和日用电力合成统一的综合电力系统,以实现高指标并大幅减少动力装置的费用,充分发挥舰船电力推进的长处。综合电力推进系统先后在英国皇家海军"无畏"驱逐舰和美国海军"朱姆沃尔特"级驱逐舰上应用。这种系统有一个重要的特点,就是采用多台分散布置的先进燃气轮机来驱动发电机,并联后向舰船推进电机供电。采用燃气发电机分散布置的方式有利于改善燃气动力装置固有的排烟问题。未来,电磁弹射技术的发展及舰载机起飞性能的进一步改进,将会弥补燃气轮机无法向舰载机提供弹射蒸汽问题的缺点。所以燃气动力仍是中小型航母动力推进装置的选项之一。但燃气动力单机功率不大,目前燃气动力装置主要用于轻型航母动力推进装置。

2.5 联合动力装置

将不同体系的动力装置联合起来,取长补短,提高综合性能,是舰船新动力装置研发时一个很重要的思路和方法。联合动力装置的类型很多,有些还处于研究阶段。目前主要的联合动力装置有以下几类。

（1）蒸 – 燃联合动力装置（COSAG）

蒸 – 燃联合动力装置利用燃气轮机的废气作为热源,在废气锅炉中产生蒸汽,作为常规锅炉的补充,推动汽轮机做功。蒸汽轮机和燃气轮机组成联合动力装置后,可兼蓄二者的长处,既从废气中回收了热量,又可大大提高热效率,使联合动力装置无论在高功率或低功率输出时油耗都大大降低。蒸 – 燃联合动力装置具有输出功率大、油耗低的特点,但体积质量指标均大于常规蒸汽动力装置。

（2）程氏循环动力装置

程氏循环动力装置与 COSAG 类似,也以燃气轮机的废气为热源,但所产生的蒸汽与燃气混合后进入燃气轮机做功。蒸汽和燃气一起被加热到很高的温度,所以单位重量蒸汽做功的能力要比 COSAG 高,其输出功率可提高到 50% 左右,效率比一般燃气轮机提高 20% ~40%,但目前还有不少关键技术有待研究解决。

（3）核 – 燃联合动力装置

核 – 燃联合动力装置的设计思路是利用价格便宜,且体积较小的燃气轮机来保证航母短时间的高速航行,核动力装置则用来提供巡航速度及以下工况的推进功率。利用减少核动力额定功率的办法来降低核动力装置的制造费用,并降低所占据的空间与重量。该动力装置兼具核动力和燃气动力二者的长处。两种动力装置的状态都不需做大的变动,主要依靠齿轮减速装置并车工作,只需增设一套烟气蒸汽过热器和给水预热器,以充分利用燃气轮机废气的余热。核 – 燃联合动力装置可以达到较高的费效比,但需解决两种动力装置功率的合理匹配、系统配置、参数选择等一系列具体技术问题。

3 航母动力装置的选型原则

由于不同国家的海军战略及承担的使命任务有所不同,其航母动力装置的选型原则和目标存在较大差别,但选型时都应该从本国的实际情况出发,反复比较并综合权衡性能、体积、重量、全寿期费用、国家工业水平等多方面因素,从众多方案中择优确定适合本国海军的动力系统选型方案。

通过分析认为航母动力装置选型主要原则如下:

（1）要符合本国海军的战略和长远发展目标,为本国航母长期运行提供可靠的动力保障;

（2）必须考虑并满足航母总体性能需要,根据舰总体设计需求及航空系统对动力装置的需求,来合理选型,以最大限度地发挥舰载机的作战效能,轻型航母、中型航母、重型航母对动力装置需求存在很大差别;

（3）要考虑本国在舰船动力领域的技术成熟度和长期的维护保障能力,因为航母动力系统的维修保障是一个长期的关键问题;

（4）要考虑航母动力系统全寿期费用问题,既要满足航母总体性能及航空作战需求,又要考虑建造后的运行、保障及退役费用问题,如核动力航母退役后处置费用就远高于常规动力。

（5）航母动力装置系列型号最少原则,因为一个系列型号就要配备一套设计、制造、维护、保障方面的队伍,型号越多、越杂,全寿期所需的保障资源消耗就越大,会给国家带来沉重的经济负担,如美国经过多年发展,只保留了核动力装置一种动力装置系列,并集中资源开发出了性价比最优的核动力装置。

4 结束语

综上所述可以看出,航母常规动力装置已经发展到非常成熟的水平,今后的发展空间已非常小,发展速度也将是非常缓慢的。航母燃气动力装置尚有一定的发展潜力,能不能更广泛地采用燃气轮机不但取决于燃气轮机自身的发展,而且还与航母舰载机未来起飞方式的发展变化有着密切的关系。目前世界上新研制的大型航母均向核动力方向发展。核动力装置及其以核动力为基础的联合动力装置将是最具有竞争能力的航母动力推进装置,在未来的航母特别是中大型航母上,将会有更多的应用。而联合动力装置很好地兼顾了航母巡航时的低航速需求和作战时的高航速需求,既充分发挥了不同类型动力装置的优点,又有效降低了动力装置所占用的舰艇空间和排水量,具有非常好的发展前景。

舰艇的生活保障与人员防护研究

李法忠[1]　邓丽珍[2]　房燕飞[3]

（1.某部战区参谋部训练处；2.4801工厂黄埔军械修理厂；3.91315部队）

摘　要：本文对比介绍了美国海军潜艇、补给舰、航母等不同型号舰船的居住和生活保障条件，展示了美国海军舰艇当前的生活环境及其存在的问题。与此同时，分析了美国和法国核动力航母上配备的形形色色防护服及其作用。在此基础上探讨了美国海军在改善舰艇生活环境、提高舰员防护方面的新思路和新技术。

关键词：舰艇；生活保障；人员防护

1　引言

　　目前，美国海军拥有超过270余艘各型舰艇，32.5万名现役军人及10万余名预备役军人，是世界上规模最庞大、装备及技术最先进的现代化海军。虽然美国海军人员众多，装备精良而庞大，但由于美国海军奉行的是全球战略，从而使得其一直是世界上最忙碌的海军，美国海军一次出海执行任务时间长达几个月甚至半年属家常便饭，如有作战需求部署时间还有可能进一步延长。在这种情况下，如何保证长期在舰艇上工作、生活的官兵身体健康、士气高昂就显得非常重要。几十年来，美国海军不断完善并改进舰艇上的生活环境，想方设法营造出一个宽松愉悦的工作和生活氛围，持续保持了舰艇上官兵的健康与士气，为海军舰艇长期保持战斗力提供了有力的支撑，并在这方面积累了非常宝贵的技术和经验。

2　"弗吉尼亚"级潜艇上的生活环境

　　"弗吉尼亚"级潜艇是美国海军现役最新一代核动力潜艇，是世界上最先进、攻击力最强的水下装备，每艘艇上配有120名士兵和14名军官。与水面舰船不同，潜艇与外界的通信受到严格的管理和限制，主要是防止在部署期间或执行隐蔽任务时暴露自己的位置。

　　"弗吉尼亚"级潜艇上的居住标准与"洛杉矶"及"海狼"级潜艇基本类似。其内部因布置了大量各型设备而使活动空间非常狭小。但美国海军潜艇内部舱室布置得非常精细，力求空间利用率最大化，并考虑到了内部环境对长期执行任务的舰员情绪的影响，努力营造出一个宽松愉悦的环境氛围。

　　潜艇上狭窄的通道和厕所与客机上经济舱的通道和洗澡间很相似，艇内的空气也难以保持新鲜。由于空间有限，必须尽可提高设备的自动化程度，减小设备的尺寸和重量，最大限度地压缩艇员的总人数。潜艇上睡觉的地方也非常小，甚至一张床铺由几名艇员轮流使用。有时一些艇员不得不睡在鱼雷下面的储物架上。通常，一旦潜艇下潜，艇员们会连续数周甚至是数月无法与家人取得联系，见不到阳光，见不到绿色。

　　为缓解艇员长期在封闭狭小空间的生理和心理压力，生活舱室设计建造时，尽可能地提高舱室的生活气息，有些大型潜艇上甚至还设有健身房、游泳池、咖啡厅等。

3 潜艇补给舰的作用及其上的生活环境

美国海军非常重视潜艇补给舰的设计与研制工作,"兰德"级潜艇补给舰是美国海军在役的 3 艘潜艇补给舰之一,其母港位于南印度洋的迪戈加西亚岛。虽然现代核动力潜艇理论上具有无限的航行能力,但受食品、淡水、药品等生活消耗品储备量的限制,核潜艇也需要定期进行补给,潜艇补给舰可以为在大洋中长期执行任务的潜艇提供所有必需的后勤与补给。"兰德"级潜艇补给舰上配有 50 余个修理车间,包括潜艇维修保养的各类设施,淡水、油料、食品、蔬菜、药品等,还设有法律咨询室、邮局、超市等服务设施。士兵餐厅是补给舰上最显眼、最具标志性的舱室,就餐区域不仅宽敞明亮,还特别装饰成"复古风格",家的味道特别浓厚,让就餐的士兵有"宾至如归"的感觉。在舰长看来,努力提升舰上官兵的生活环境,对舒缓官兵情绪、提振士气、提高工作效率、持续保障战斗力非常重要。

4 "尼米兹"级核动力航空母舰上的环境建设

目前,美国共有 10 艘"尼米兹"级核动力航空母舰在役,每艘航母上配备了包括舰载机联队官兵在内的 5 000～6 000 名舰员,这相当于一个小城镇的人口。在舰上的士兵都是多人合住一个舱室,分上下铺,每个士兵都有一个储藏柜,用于存放个人物品。军官根据级别住在不同等级的舱室内,舰长住单人间,其他军官有 2 人间或 3 人间。航母上有多个餐厅,每天提供 20 000 份餐饮,每天开放 23 h,另外 1 h 用于打扫卫生。由于航母部署期较长,为了让航母上的官兵在工作之余生活得更加放松,缓解紧张情绪,美国海军在改善航母上生活环境方面下了很大的功夫。因为在几个月甚至半年的部署期内,舰员们除了面对舱壁和冰冷的设备外,几乎看不到其他事物。大多数时间内飞行甲板禁止非舰面工作人员前往,特别是在舰载机起飞和回收时间。在可能的情况下,机库也是舰员进行体育活动的场所。在航母上可以通过卫星电话与家人和朋友进行沟通联系。在航母上装备了海水淡化设施,以便为几千名舰员及舰上各类设备提供淡水。此外,还在航母上设置了咖啡厅、理发室、医院、网吧、健身房等设施。

为便于提供后勤保障支援及运送高级别人员与岸上联系,配备了"灰狗"运输机,运输机也为临时有事下舰或生病舰员到岸上治疗提供了便利,还能为舰员带来精神食粮——家信。

5 航母上形形色色的防护服

为了保证舰艇上官兵的身体健康,美国和法国核动力航母上均配有形形色色的防护服。

5.1 电离辐射防护服

包括放射性污染防护服和中子防护服,主要供在核反应堆舱室作业的舰员及核战时舰员的防护。

5.2 非电离辐射防护服

航母上还配有非电离辐射防护服,主要用于在雷达、通信设备和微波辐射区作业的舰员使用。包括强电磁辐射防护服、微波防护服、电磁辐射背心等。

5.3 核、生、化防护服

美国海军 2006 年为每位舰员配发了新型核、生、化防护服,具有防护化学战剂(芥子气、VX 神经毒剂、沙林毒气等)功能。该防护服既能有效防护 X 射线和 γ 射线,又能防护 α 粒子与 β 粒子,是一种多功能防护服。该防护服采用 RST 公司发明的一种高分子面料制作,其外层是尼龙棉混纺抗撕裂衬绸布,内层为无纺布,中间是聚氨酯与聚乙烯组成的高分子复合材料,内部含有可阻挡辐射的有机与无机盐。

5.4 毒剂防护服

航母上还配有毒剂防护服,用于极危险的去污染作业及化学战。可防护化学毒剂、有毒的工业化学品、飞机燃料、石油及润滑剂等。该防护服由固定连体服、呼吸器、单人冷却系统及供气装置等组成,与之配套的还有帽兜与面罩。

5.5　航母消防服

对于航母来说,所有舰员都要精通消防作业,因为舰上一旦发生火灾,几秒钟内温度就可能超过 1 000 ℃ ,因此消防服是航母舰员必备品之一。航母消防服一般分为两种,常规消防服和近火消防服。常规消防服提供一般消防防护,近火消防服供消防员在近距离消防作业时用。

5.6　保暖救生服

据美国海军统计,舰员在航母上进行高空作业时,坠海事故时有发生,由于水的导热率比空气高 25 倍以上,人在 10 ℃ 左右的水中幸存的时间一般不会超过 1 h。因此,必须为航母舰员配备保暖救生衣,该救生衣可快速穿上,外层完全隔水,衣服与鞋靴一体,带水密兜帽,腕部密封,能保持落水者身体干爽,可在冷水中长时间保持体温。

6　结束语

综上所述可以看出,不论潜艇、补给舰、航母还是常规水面舰船,其上的居住环境、生活保障条件及舰员防护技术水平,都会直接或间接地影响着舰员的身心健康,并进而影响舰员的工作效率。美国海军在改善舰艇生活环境、提高舰员防护技术方面积累了十分丰富的经验,其在该领域的一些新思路、新技术值得我们学习和借鉴。

航母交付程序及服役仪式分析研究

孙长虹[1]　胡　苏[2]　邓丽珍[3]

(1.渤海船舶重工有限责任公司;2.大连船舶重工集团舾装有限公司;
3.4801工厂黄埔军械修理厂)

摘　要:本文介绍了美国海军航母交付程序和服役仪式的内容、流程,分析了这些仪式的意义和潜在影响。从一个侧面反映了美国海军的礼仪文化,印证了美国海军重视利用航母交接及服役仪式进行国防教育,扩大航母及其全球影响的战略思维。

关键词:航母;交付程序;服役仪式

1　美国海军舰艇通用服役仪式

美国海军舰艇通用仪式是建立在习惯和长期约定俗成基础之上的,其中大部分是通用的。美国海军认为,仪式的水准对于舰艇能否获得良好的声誉十分重要,同时通过举行仪式也能在一定程度上扩大美国和美国海军的影响。

美国海军舰艇通用服役仪式和程序如下(根据具体情况,可进行相应的调整):

(1)牧师为即将服役的舰艇祈祷;

(2)船厂领导致欢迎词,简单介绍到场的海军高级官员;

(3)海军高级官员介绍到场贵宾;

(4)海军高级官员宣读批准舰艇正式服役的命令;

(5)海军高级官员宣布舰艇服役;

(6)奏国歌,升国旗、服役信号旗;

(7)舰长正式就职并发表演说;

(8)开始舰艇首次值更;

(9)舰长介绍舰艇命名人;

(10)舰艇命名人发表演说;

(11)赠送仪式纪念品;

(12)牧师再次为舰艇祈祷。

2　美国航母交付程序

美国航母的交付仪式和服役仪式是分开进行的,交付仪式多为程序性的,而非庆祝仪式,但航母的服役仪式却是非常隆重的,伴随着庆祝仪式还有酒会、舞会等庆祝活动。美国海军认为服役仪式是赋予航母生命的重要仪式。

根据《美国海军新建或改装舰艇试验、接收、服役、试航和试航后检修》的相关规定,在接舰部队登舰后,航母交付之前,要先后完成船厂码头试验、船厂海试、验收海试和最终合同试验等多次试验。

美军新建航母(核动力)管理权在第一次船厂海试前 2~4 个月内转交给接舰部队。在这段时间里,军代表将把核动力相关物资的负责与监管权限移交给航母接舰舰长。此时,接舰舰长暨航母服役前工作组组,负责管理航母日常事务。在交付时这种状态通常不会发生变化。航母交付后,通常 30 天后就会转入"服役"状态,因此交付前必须进行严格的全面检查,美国海军文件中也对交付必须达到的条件、交付程序和交付后一段时期内的主要事项做了详细规定。

2.1 交付要求

航母建造完成后,由船厂负责组织进行海试,这一阶段海试的主要目的是为由军方负责的验收海试做好准备,验收海试的目的是验证航母是否满足规范要求,在这一阶段会暴露出各种问题和缺陷,经过承包商整改,海军舰艇检验局再次进行检验,确定是否达到交付条件,如果已达到交付条件,则启动交付程序。

根据美国海军对航母的检验规定,以下 9 大领域内若出现重大问题,将判定航母不具备交付条件,这 9 大领域为:飞机升降机、飞机升降机大门、航空供电保障系统、航空中级维修站、飞机弹射与回收装置、抢险救援装备、舰上车间、JP - 5 航空燃油系统和光学助降系统。

除上述所说的 9 大领域外,美国海军在接收承包商交付的航母时,允许某些缺陷的存在。但有严格的规定,经整改后仍没彻底解决,但又不影响交付的缺陷,必须通过检验等方法明确缺陷责任方,即海军或承包商。那些应由承包商负责的缺陷,只有当它们不影响合同条款中所写明的航母作战使用性能时,承包商才能交付航母。对于交付后留存的问题,明显是承包商责任的缺陷,要求承包商和该项目的合同管理官(ACO)就解决方案达成一致。如未能达成一致时,则由合同管理官决定解决方案。

2.2 交付函

交付函由军代局准备,接收人为海上系统司令部司令(中将军衔,在采办职责上与我国海装部长相似)和接舰代表,同时抄送接舰舰长、舾装单位、舰种司令、国防财务与会计局和财务信息处理中心。交付函应包括以下信息:

(1)航母接收代表。

(2)拟交付的时间和交付地点。

(3)报告书,说明航母建造符合合同条款,在交付函或其附件中对建造中的任何特殊情况予以说明。

(4)其他事项说明,诸如合同中保证条款中需注明军方的权利,出现不符合保证条款的问题时要据实注明。

(5)以下信息应包括在交付函的附件中:

①至交付时,由于承包商责任导致的未完成的工作或令人不满意的问题清单;

②至交付时,由于军方责任导致的未完成的工作或令人不满意的问题清单;

③至交付时,有关变化情况的报告;

④至交付时,海军舰艇检验局完成的工作项目清单;

⑤至交付时,海军舰艇检验局未完成的工作项目清单。

2.3 美国航母交付程序及人员职责

航母接收签署人应为海军海上系统司令部司令。通常,海军作战部长会派军代局的人为接收代表,代表司令行使权力。

美国海军通常在合同中要求交付仪式在海军船厂进行,但如果是核动力航母,可以在承包商船厂进行。常规动力航母离开建造船厂的前一天,军代局需将航母的航行路线告知海上系统司令部司令;在航母离开建造船厂后,军代局需立即通知海军作战部部长和海上系统司令部。并同步做好以下工作。

(1)由海军舰艇检验局确定航母是否具备交付资格

海军舰艇检验局对承包商申请交付的航母进行检验,确定达到交付条件后,向海军海上系统司令部司令

（接受代表）、军代局和其他相关海军机构提交建议接收报告。

（2）军代局通知合同双方交付接收

在海军舰艇检验局完成其相关工作并提交建议接收报告后，军代局向海上系统司令部发交付函，表示航母已准备好，可以接收。在得到海上系统司令部批准后，军代局通知承包商，可以进行航母交付。海上系统司令部向舰种司令部发出请求，进行服役前适居性检查，该项工作要在航母服役前完成。

（3）接收代表听取合同双方及接舰舰长的汇报

交付通常会举行交付签署仪式，在要交付的航母上进行，军代表、接舰舰长和承包商向接收代表（海上系统司令部司令）做汇报。

（4）接收代表签署接收单，合同双方保存交付单，接收单

军代局在接收航母和舰上物品后，保管交付单；接收代表签署航母接收单后，由承包商保管，接收单复印件由接舰舰长保管。如果需要，可达成谅解备忘录，当责任没有完全移交时还要记录各方的责任。

2.4　交付活动中军代局及其职责

当确定交付的航母可以接收、服役及加入舰队时，军代局需确保按照以上程序完成交付接收，另外，还需确保：

（1）要求海上系统司令部司令下达该舰的运转指令；

（2）在确定交付的航母可以接收后，军代局开始着手准备该舰服役或加入舰队的相关事宜；

（3）交付航母的接收、服役或加入舰队都需立即通知海军人事局、海军舰艇检验局和海上系统司令部相关部门；

（4）通知该舰舰长负责联系并接收海军基地司令拨付的工作经费；

（5）合同中对航母自行开动或被拖曳时的要求有详细规定，当航母自行开动时，规定了舰员数量和资质，对燃油过滤器、净化器的更新或润滑油的更换也做了规定，在恶劣天气下不得对航母进行任何作业，当航母被拖曳时，合同规定了拖曳人员、航母状况和拖曳要求。

3　美国海军航母服役仪式实例

3.1　服役筹备委员会及职责

为使航母服役仪式能够顺利、圆满地举行，通常要成立服役筹备委员会，委员会主席通常由接舰舰长担任。"斯坦尼斯"号航母的服役筹备委员会共有28位委员组成，除主席、副主席、财务官、联络官和顾问外，另有20个具体工作岗位，如安全、邀请、礼物、交通等，每位委员陪一名海军人员协助工作。

在航母服役仪式当天，筹备委员会早上准备早餐会，早餐会后接送贵宾至仪式地点，在会场准备茶点。服役仪式时赠予航母的礼物一般为航母模型、铜牛角、服役纪念画、黄铜望远镜、用于舰员娱乐的电子娱乐设备等，赠予与会人员的礼物一般为徽章、航母照片等。

3.2　"企业"号航母的服役仪式

1961年11月25日，"企业"号航母举行了隆重的服役仪式。在"企业"号航母的服役册（类似于晚会节目单）中，指明了"企业"号航母重要活动的时间节点、海军部部长和海军作战部部长的贺信、贵宾的照片及说明、仪式程序和全舰舰员姓名。

莅临"企业"号航母服役仪式的贵宾包括：海军部部长、海军作战部部长、"企业"号航母命名人、大西洋舰队司令部司令、海军作战部副部长、大西洋舰队海军航空司令部司令、第五海军区司令官、海军舰艇建造改装与维修总监和纽波特纽斯船厂总裁。具体仪式程序如下：

（1）"企业"号航母牧师做祈祷；

（2）纽波特纽斯船厂总裁致辞，将航母交给海军；

（3）第五海军区司令官作为代表，接收航母；

(4)第五海军区司令官宣布航母服役;

(5)奏美国国歌,升国旗、服役信号旗;

(6)舰长任职;

(7)全舰开始第一次值更(第一批值更的舰员进入值更战位);

(8)海军作战部部长致辞;

(9)海军部部长致辞;

(10)海军部部长发表演说;

(11)"企业"号舰长发表演说;

(12)"企业"号舰长介绍"企业"号命名人;

(13)海军预备役部队领导致辞。

3.3 "布什"号航母服役仪式

在美国航母服役仪式中,美国总统出席的情况较少,但是"布什"号是特殊的。

"布什"号航母2009年1月10日服役,以美国第41任总统老布什为名。当时老布什仍身体健康,参加了以其名字命名的航母服役仪式,当时在任的美国总统是老布什的儿子小布什,也出席了"布什"号航母服役仪式。为了在小布什任期内服役,美国海军特意打破惯例,将"布什"号服役日期提前至交付前。

2009年1月10日,诺福克海军基地,在"布什"号航母的二号飞机升降机上,举行了服役仪式。飞机升降机降至机库高度,便于岸上的人观礼。

到场的贵宾有:美国总统小布什、美国前总统老布什、国防部部长、参联会主席、海军部部长、海军作战部部长、美国海军舰队司令部司令、"布什"号命名人(老布什的女儿)、诺·格公司总裁等。仪式程序如下:

(1)"布什"号航母牧师做祈祷;

(2)舰长发表开幕致辞;

(3)弗吉尼亚州州长致辞;

(4)国防部部长致辞;

(5)诺·格公司总裁致辞;

(6)美国总统小布什致辞,宣布航母服役;

(7)奏美国国歌,升国旗、服役信号旗;

(8)海军部部长致辞;

(9)海军作战部部长致辞;

(10)美国第41任总统老布什致辞;

(11)全舰开始第一次值更;

(12)"布什"号航母命名人致辞;

(13)美国海军舰队司令部司令致辞。

美国航母交付仪式与服役仪式情况对比如表1所示。

表1　美国航母交付仪式与服役仪式情况对比

	交付仪式	服役仪式
仪式规模	较小,一般现场无公开报道	较大,隆重,现场有公开报道
地点	舰上	舰上
人员	承包商、接舰舰长、军代表、接收代表等	总统、国防部部长、海军部部长、海军作战部部长、舰种司令部司令、承包商、舰长等

	交付仪式	服役仪式
仪式前的工作	当日仪式前,由海军舰艇检验局确定航母是否具备交付资格,军代局通知合同双方交付接收	服役筹备委员会准备仪式相关事宜
仪式当日流程	程序简单,接收代表听取合同双方及接舰舰长的汇报,接收代表签署接受单,合同双方保存交付单、接受单。	程序复杂,一般有约13个程序,见"企业"号和"布什"号航母的服役仪式
意义	表明该舰已完成相应的建造、试验、整修,达到了交付的条件,意味着权利义务的转移。	表明该舰加入美国海军现役

4　结语

    各种船舶包括军用舰艇建成交付是个喜庆的日子,都要举行交工仪式,这不仅是一种仪式,更重要的是包含着建造与接收方对该产品的祝福与希冀,所以组织好交付仪式是舰船建造最后不可或缺的环节。美国航母交付仪式分析研究或许能给我们一些启示。

铝－铝－钢复合接头失效原因分析与解决方案研究

石 勇

（海装沈阳局驻大连地区第二军事代表室）

摘 要：本文主要对船舶建造领域铝－铝－钢复合接头开裂现象进行分析，查找开裂失效产生的原因，从改进复合接头材料、总体结构设计和工艺控制等方面，提出解决方案，可以为铝－铝－钢复合接头的设计与使用提供参考。

关键词：铝－铝－钢；复合接头；开裂；方案

在船舶建造领域，为减轻上层建筑重量，提高船舶稳性，目前大多数船舶采用铝合金上层建筑结构，主船体采用钢质结构，上层建筑与主船体之间采用铝－钢复合接头连接。与传统的铆接工艺相比，复合接头具有结构简单、质量轻等特点，目前已广泛应用，最为常用的复合接头材料为铝－铝－钢、铝－钛－钢等，由于铝－铝－钢复合接头材料造价较低，应用更为普遍。

随着复合接头应用范围和使用强度增大，其开裂的问题时有发生。本文主要对铝－铝－钢复合接头开裂原因进行分析，提出问题的解决方案，避免类似问题再次发生。

1 问题现象

某船使用的铝－铝－钢复合接头由三层材料组成，分别为基层、复层和中间层，基层为碳钢，复层为铝合金5083，中间层为纯铝1050A。复合接头宽度一般为 20 mm，基层厚度 15 mm，中间层厚度 3 mm，复层厚度 10 mm，采用爆炸焊接方法制成，主要用于上层建筑与主船体以及上层建筑内部钢质门、基座等与上层建筑结构间过渡连接。交付两年后，出现了部分铝－钢复合接头铝－铝－钢结合面开裂问题，开裂部位主要分为两类：一类是位于舱外和桅杆顶部的雷达基座，开裂造成整个基座与底座分离，使雷达产生倾斜或跌落；另一类集中在结构自由端、L形转角和电梯围井顶盖等 4 类典型部位，这类开裂多发生在结构的端部，开裂初期的裂纹尺寸一般为 5~10 mm，后期会逐步发生扩展，有些开裂甚至达到了 1 m 以上，如上层建筑艉端部。通过对同型船调研，发现也存在类似的现象。

2 原因分析

针对铝－钢复合接头开裂问题的现象，除雷达基座部位发生的开裂外，其他部位不尽相同，没有一定的规律。下面，从可能涉及的接头材料性能、结构设计、工艺控制等方面出发，逐个开展分析。

2.1 材料原因

铝－钢复合过渡接头采用爆炸成型工艺，产品中不可避免存在复合界面未包裹金属化合物和残余应力。经对铝－钢结合面金相检测，发现复合界面未包裹金属化合物比例在 23.4%~54.2% 范围内大幅波动，使得铝－钢复合过渡接头不同批次、同一批次不同位置的性能存在显著波动，是铝－钢复合过渡接头开裂和扩展的材料学因素。鉴于以上材料学因素,在工作应力的基础上叠加较高残余应力,甚至应力集中的情况下,将促进铝钢复合过渡接头开裂。

2.2 结构设计原因

总体设计考虑了使用工况下的过渡接头处最大应力值,但对这种非均质材料、残余应力及其影响预估不足。使用过程中,一些偶发的载荷会瞬时超出设计要求,如大风浪航行时波浪载荷、摇摆及风力载荷,造成局部应力超出许用要求导致开裂,在使用过程中裂纹极易进一步扩展,造成大面积开裂。由于环境温度变化,材料的热膨胀系数不同,内部产生热应力,当热应力与结构应力叠加超过材料许用应力值时,也会产生开裂现象。

2.3 工艺执行不严,可能导致接头的抗裂性能降低

一是复合接头安装过程中由于工艺执行不严,造成结合面破坏现象,如在切割或焊接过程中,结合面部位受热温度超过 300 ℃,或者结合面受外力作用损伤,个别位置铝－钢复合过渡接头焊接点超过复合界面或者在过渡接头附近近距离火工矫正等现象,都会造成局部开裂。二是装配应力过大,复合接头装配间隙过大或者不均匀,结构焊接后,会在复合接头局部产生装配应力。

2.4 材料疲劳原因

疲劳破坏是指在远低于材料强度极限甚至屈服极限的交变应力作用下,材料发生破坏的现象。复合接头的疲劳破坏主要有初始裂纹的扩展和局部结合面的开裂,目前复合接头开裂大都发生在舰船使用期间,疲劳破坏现象值得重视。目前,相关标准中缺少对复合接头疲劳性能的要求。

3 解决方案

复合接头开裂问题,由总体设计部门牵头,制定了解决方案,主要措施包括:提高结构设计安全余量,优化结构设计,进一步完善施工工艺和质量控制等。

3.1 提高结构设计安全余量

目前,常用的铝－铝－钢复合接头的拉伸强度为 100 MPa,剪切强度为 70 MPa,提高结构设计安全余量的方法主要有:加大复合接头厚度或宽度尺寸,增加结合面积;使用强度更大的复合接头材料。针对铝－铝－钢复合接头爆炸焊接过程中,易产生金属化物影响材料性能的问题,可采用铝－钛－钢复合接头,各种复合接头性能如表 1 所示。

表 1　材料及过渡接头性能对比表

材料	拉伸强度/MPa	剪切强度/MPa	弯曲性能
28 mm 厚铝－铝－钢接头	100	70	90°($R = 120$ mm)
19 mm 厚铝－铝－钢接头	80	60	90°($R = 120$ mm)
铝－钛钢接头	137	80	90°($R = 6D$)

3.2 优化结构设计

优化复合接头的布置,如在同一上层建筑分段内,将部分舱壁采用钢质结构,这部分舱壁与主船体焊接,顶部和侧面与其他铝质结构采用复合接头连接,这样交错布置接头位置,避免接头布置在同一截面内产生应力集中,可提高结构安全性;也可采用立式与卧式接头(图 1)相结合的方式,如上层建筑外壁与主船体采用卧式连接,内部舱壁与主船体采用立式连接,提高综合承载能力;针对部分基座部位开裂严重问题,通过重新进行基座结构设计,将上层建筑结构中部分雷达基座由钢质材料更换为铝质材料,避免采用复合接头连接。

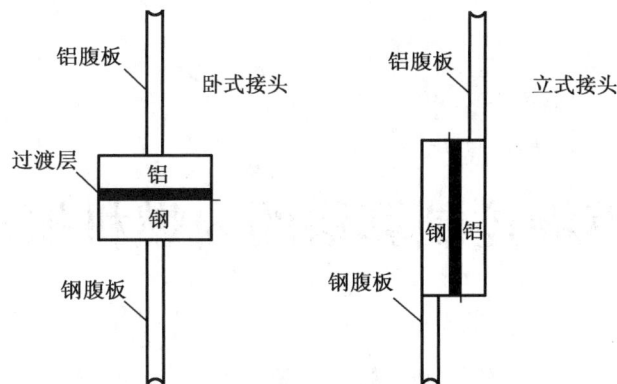

图1　铝–钢过渡接头结构形式

3.3　采用止裂和加强措施,防止裂纹扩展

在复合接头与复合接头对接或角接部位留出一定间隙,释放热胀冷缩等引起的结构内应力,应力释放孔间隙部位用密封胶堵住,主要起到防腐作用;对于较长的复合接头,间隔一定距离应设置止裂孔;对于结构承载风险较大部位如重要设备基座,应采用螺栓连接等加强方式,提高结构可靠性。

3.4　进一步改善工艺控制和质量检验

在上船安装时,制订详细的工艺规程,严格控制切割和焊接时对结合面的损伤,控制焊接时结合面受热一般不应超过300 ℃。合理设置装配间隙,施工前应开展工艺认可,对复合层性能全面检查,确认无问题后方可开展施工。在复合接头上船安装前,应抽样检验复合接头力学性能和弯曲性能,对复合接头材料层间结合率进行100%超声波复查;安装后,应对复合接头结合面进行表面着色探伤,下水前再检查一遍,发现有开裂的情况及时更换。

3.5　深入研究疲劳破坏机理

对铝–铝–钢复合接头的疲劳性能应开展深入研究,增加拉伸和剪切载荷下疲劳性能的试验检验,提出相应的指标要求,开展复合接头使用寿命研究,认清复合接头疲劳特性,为结构设计提供理论支撑。

4　铝–钢连接技术未来发展

铝–钢复合接头结构主要应用于小型船舶以及非承载结构中,技术较为成熟,而对于在较大应力结构中使用应慎重,必须寻找更加可靠的连接结构。未来钢–铝激光焊接技术将成为主流,焊接时金属间化合物控制、提高接头可靠性等关键技术将有望得到突破。但新材料的应用,必须建立在对材料的完全了解基础之上,应对船舶使用环境适应性进行充分验证,这样才能充分发挥材料优点,避免类似问题的发生。

参考文献

[1]　张伟,王东涛,陈斌,等.某型船用铝合金–纯铝–钢复合过渡接头界面开裂微观分析[J].材料开发与应用,2017(4):89–94.

[2]　李敬勇,赵路遇.船舶结构用铝–钛–钢复合过渡接头疲劳性能研究[J].船舶工程,1997(6):35–37.

[3]　毛秋水,李敬勇.焊接热循环对铝–铝–钢复合过渡接头性能的影响[J].船舶工程,2010(3):54–57.

[4]　王涛,周惦武.钢–铝激光焊接的关键技术与未来趋势展望[J].材料导报,2011(23):106–109.

基于自适应模糊控制算法的内燃机振动控制研究

代 亮

（海装沈阳局驻大连地区第一军事代表室）

摘 要：本文将模糊控制算法应用于内燃机振动控制中，并采用自动调整因子优化模糊控制算法，对减振系统进行研究设计和仿真试验，使减振系统的特性可以通过优化模糊控制策略而获得更好的效果。

关键词：模糊控制；内燃机；振动

1 引言

内燃机作为机械设备的主要动力源，在众多工程领域中占有突出的地位。伴随着对内燃机要求的不断提高，带来的振动问题也愈加严重，这就对其振动的控制技术提出了更高的要求。然而内燃机的工况复杂多变，精确地建立其振动过程的数学模型十分困难，对于这类对象或过程就很难进行自动控制。

近年来，对智能化机械振动控制技术的研究吸引了大量国内外学者，其一就设计模糊控制方法。采用模糊 PID 对转子系统的非线性振动控制，具有无须精确建模、非线性控制规则及过程参数改变对系统影响小等优点，具有非常好的振动控制效果。另外，还有一种抗干扰性能更好自适应模糊 PID 控制器，它用模糊逻辑模拟系统摩擦，实时在线修改控制器变量，从而获得更精确的模糊控制算法。

2 系统动力学分析

采用模糊控制方法，将阻尼器安装在上下两层质量之间，去除原有的动力作动器装置，柴油机和机座各自产生的激振力都会通过钢架传递给对方，使柴油机产生振动。将速度传感器安装于柴油机来测取其振动速度，阻尼器控制电流的输出量由事先设定的控制策略计算得出，可以较为精确的改变阻尼器的刚度特性和阻尼特性，此过程是一个检测、决策、控制不断反复的过程。

3 模糊控制模型建立

内燃机的振动控制具有激励频率的高低与刚度、阻尼相反的特点，即高频低刚度低阻尼、低频高刚度高阻尼，以此可以保证内燃机振动控制具有良好的效果。然而，在隔振系统所受激励成分非常复杂的现实情况下，往往无法准确及时测量激励频率。从宏观角度考虑，磁流变液阻尼器的结构参数的变化是通过感知内燃机振动的速度的变化，达到控制内燃机振动的目的。并基于此，引入模糊理论，设计并搭建隔振系统仿真模型。

3.1 阻尼器模型

影响摩擦型阻尼器的控制力主要是速度和电流，执行机构阻尼器的数学模型为摩擦型，其动力模型如下：

$$f_\mathrm{m} = f_\mathrm{c} + f_\mathrm{k} = \frac{F_\mathrm{PP}}{1 + e^{-bx} - C_0} + kxx \tag{1}$$

式中　f_m——阻尼器产生的阻尼力；

　　　f_c——库仑力；

　　　f_k——黏滞力；

　　　C_0——常数；

　　　F_PP——不同电流下的峰值；

　　　k——阻尼器的黏滞系数；

　　　b——克服变液应变特性。

3.2　模糊控制器模型

作为整个系统最关键的部分,模糊控制器的设计规则、计算过程和决策等决定了整个模糊控制系统的性能。介于模糊控制器控制规则的主观性,故将输入变量设定为误差变化,则输出变量即为控制量的变化,这种二维模糊控制器已较为成熟,并运用于内燃机振动控制中,所构建的双输入单输出模糊控制系统基本结构如图 1 所示。

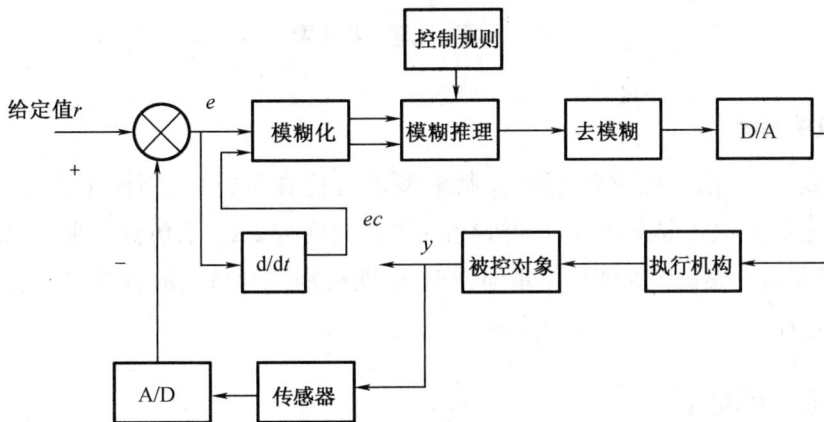

图1　模糊控制结构图

e—输入的误差；e、ec—量化因子。

（1）模糊控制规则

选取输入速度误差和速度误差变化率的模糊集合论域。首先,要确定控制器的输入语言变量,取 7 个模糊子集作为模糊语言变量。其次,要确定论域中各个模糊子集的隶属函数,控制系统的性能好坏与隶书函数曲线的形状变化相关联,曲线形状尖则模糊子集分辨率高,控制更为灵敏,反之,曲线形状平缓则系统更为稳定。如内燃机的垂直加速度和变化率都较大时,系统应尽量保持稳定,反之系统应更加灵敏,这种控制特性可表现成为钟形分布曲线。输入输出的语言变量隶属度函数都用钟形隶属度函数,可以说明模糊控制集合的特性为高分辨率,误差控制非常灵敏。

（2）模糊判断

上述推断过程推理使得控制输出为一个模糊子集(一种不同取值组合),为实现具有一定的控制量控制对象,必须使其模糊化。根据普通加权平均公式,采用系数加权平均法将模糊子集转化为精确的输出 u,如果 u 不属于一个整数,它被分类为最接近它的整数,按下式计算控制量:

$$u = \frac{\sum kx}{\sum k} \tag{2}$$

u 根据最大—最小法计算对应于每个控制规则输出的隶属度,然后将论域中输入与输出量的对应关系制成模糊控制查询表。

3.3 模糊控制模型

应用以上模糊控制器和控制规则,基于前述的内燃机振动系统的数学模型和相应的模糊控制仿真程序,经封装建立的整体仿真模型,如图 2 所示。

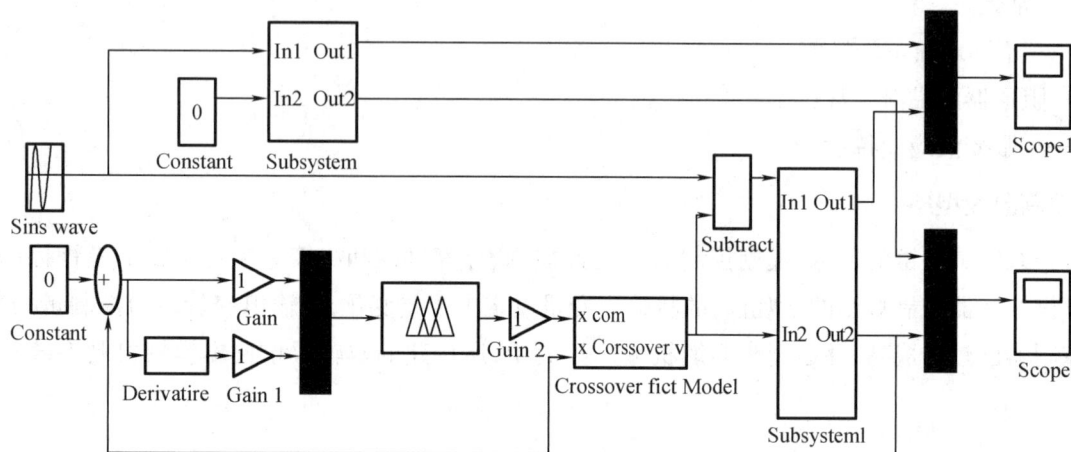

图 2 模糊控制仿真模型

3.4 模糊控制仿真试验分析

为验证算法的有效性,对以上建立的模糊控制模型进行仿真研究,分别模拟正弦输入激励信号,采用 ode45 变步长算法,设定最大积分步长为 0.01,并设置仿真终止时间为 2 s。从仿真结果可以看出,当激励源为正弦信号时,添加模糊控制后内燃机明显降低了垂向振动,说明模糊控制算法的有效性,且算法简单,易于实现,能很好地控制系统稳定性。

4 自适应模糊控制模型设计

在系统运行期间使用固定参数的控制器使得在运行和任何干扰条件下的稳态和动态性能无法保证。通过模拟人体控制器的设置过程可以构建一个具有自适应元件的模糊控制器,使其更好地适应环境变化。通过自动修改控制过程中的控制器参数,优化控制系统特性,从而实现良好的控制效果。但在相对复杂的控制过程中,如量化因子和比例因子相对固定,控制效果也将难以达到预期,不得不改变在控制处理中的量化因子和比例因子来调整在控制过程中的各个步骤的控制特性,以取得良好的控制效果。

4.1 自适应模糊控制器模型

自适应模糊控制器是在基本的模糊控制器基础上增加三个功能模块。它主要是通过调整系统偏差、偏差变化率和控制量的比例系数,以改变系统增益参数的方式,构成自调整因子模糊控制器。

控制系统工作时,先控制各比例因子的初值,对于输出性能进行测量,并比较先前给出的性能指标,得出最终的校正值。

4.2 自适应模糊控制器参数调整

在实际系统中,通常系统的精确度和量化因子及比例因子有关。当量化因子大时,其精度就高,然而大偏差范围分辨率和系统的调节时间是随量化因子变大而提高的,这不利于动态响应。稳态误差随比例因子变大而降低,这有利于提高调节精度和响应速度,但同时也会导致系统超调。反之,为减少超调而减少比例因子,稳定度提高了,但会增加调节时间。因此,为了获得更好的系统动态及静态特性,模糊控制器实时调整比例因子和量化因子,增强系统的自适应性来满足性能要求。按照各因素对系统输出性能的影响,自调整因子有如下概念：

(1)当偏差较大时,为了消除误差和加快系统过渡过程,取小的量化因子降低对两个输入量的灵敏度,同时取大的比例因子来增大控制量；

(2)当偏差和偏差变化率处于中间值时,为获得较平缓的控制特性,保证系统的稳定性,应取较小量化因子,使大偏差范围的分辨率降低,同时取较大的比例因子,增强系统的动态性能,提高快速性；

(3)当偏差和变化率小时,则取较小的比例因子同时取较大的量化因子,消除超调和振荡的可能,缩小系统进入稳定精度范围的时间,获得良好的稳态性能；

(4)通过调整因子实现各语言变量论域等级粗细的调节,使控制系统拥有良好的动态特性及稳态精度。

4.3　自适应模糊控制模型

用函数扩展来实现自调整因子控制算法仿真程序设计,自调整因子控制算法采用 S – Function 函数描述,而后运用库中的模块将函数加入模型中。设计程序时,使模糊控制器参数随不同工况而改变,实时调整性能测试参数。

4.4　自适应模糊控制仿真试验

通过对以上建立的自适应模糊控制模型进行仿真试验研究,来验证引入调整因子后的控制系统的性能,分别模拟正弦输入激励信号、仿真步长及时间设置同模糊控制。

从以上仿真试验可看出:与控制前仿真结果相比,应用模糊控制算法的控制效果有明显改善,很好地控制了垂直振动加速度,同时通过模糊控制器的在线修改参数,更好地提高了控制效果,且具有较好的适应性,从而说明,自适应模糊控制在振动控制系统中是有积极效果的。

5　结束语

(1)从仿真实验可以看出所建控制策略对振动控制具有良好的效果,证明控制算法用于内燃机振动控制是行之有效的。

(2)通过引入自调整因子,实现对量化因子和比例因子的实时控制,有效提高了内燃机对外界条件的适应能力。通过仿真试验也证明引入自调整因子法对控制效果更佳。

(3)避免原有需建立精确数学模型的复杂运算,模糊控制更有利于简化控制系统的设计流程,可有效指导后续精确振动控制设计。

军船入级策略及其带来的积极影响

孙长虹[1]   胡   苏[2]

（1. 渤海船舶重工有限责任公司；2. 大连船舶重工集团舾装有限公司）

摘　要：本文通过对军船入级的起源、美国军船入级历程和经验的研究，可以更好地了解军船入级的目的、程序和方法。本文首先对美国军船入级组织机构、运作方式及管理模式进行了分析，在此基础上，对美国《海军高速舰艇指南》和《海军舰船规范》两个军船入级标准的架构及应用情况进行了研究。剖析了军船入级在小型高速巡逻艇、鱼雷回收艇及新一代大型水面舰船DDG1000入级过程中的实际应用效果。指出了美国船级社及美国海军技术委员会在军船入级过程中所发挥的核心作用。通过研究认为，军船入级是一项战略性决策，将在舰船建造管理及全寿命保障中收到事半功倍的良好效果。

关键词：军船入级；战略策略

1　军船入级的背景及战略意义

英美等海军强国在军船入级领域起步较早，并积累了很多成功的经验。英国在历史上是一个海军强国，在舰船发展创新方面做出过许多重要贡献，但在第二次世界大战后，由于国内经济萎缩，英国大幅减少舰船建造数量，开始注重新概念舰船开发和舰船质量及效率建设，并想方设法降低舰船建造保障费用。

20世纪70年代，英国海军舰船率先在英国劳氏船级社（LR）入级，这一动向很快得到了美国海军的高度关注。从那时起，许多国家纷纷效仿英国，并持续推动军船入级进程。此后，军船入级活动不仅在设计、建造阶段中得到应用，还推广到了军船全寿命周期内的支持性服务和维修保障活动中。现已涵盖到大型水面舰船、各类新概念舰船、潜艇和水下航行器在内的绝大部分海军舰船。

进入21世纪，美军将转型与创新结为一体。近年来，美国国防部从创新概念的发现、创新方案的遴选、创新项目的监督等国防科技创新入手，不断扩大私营部门的参与力度，以求实现更高性能、更低成本和更快进度。

众所周知，利用军地结合推动军事科技发展，是当今世界多数国家的普遍做法，也是世界军事工业的发展趋势。随着冷战结束，美国舰船建造与生产需求急剧减少，海军技术部门面临人员和经费缩减的困境，很难继续发展和维持覆盖范围广泛的整套军用标准。而另一方面，军用标准过多使用会增加研制及维护保障难度，降低工作效率，最终将造成军用舰船全寿期费用居高不下的被动局面。与此同时，随着民用造船技术及国际航运业的飞速发展，民用船舶的建造水平及维护保障能力取得了突飞猛进的发展。

船级社在服务的规范性、工作效率、经济性、覆盖面、综合资源、经验等许多方面都优于军船。使军用舰船依赖遍布全球的船级社来提供技术服务和使用保障成为可能。这样海军就能把有限的资源和精力投入到更重要的领域，如武器研发和试验上。而把武器的载体（舰船平台）的研制、保障及安全问题交给更有经验的船级社来承担。实践证明，这是一种非常明智的、双赢的战略选择，这也就是所谓的军船入级。

2　美国军船入级的发展历程

20 世纪 80 年代美国海军就开始了与美国船级社(ABS)的技术合作,ABS 当时为美国海军编制了《军用钢制船船体技术规范》。最初该规范主要应用于非战斗舰艇,如 240 ft(1 ft = 0.304 8 m)长的救生打捞船。此后,为了更好地与美国政府及海军合作,ABS 设立了专门机构——政府服务办公室,主要为美国海洋管理局、陆军工程部、海岸警卫队、军事海运司令部、海军系统司令部、海关等政府机构提供各类技术指导和服务。

1985 年,美国海军预置舰"波波"号顺利交付,标志着美国海军与 ABS 合作初见成效。该舰是同期设计与建造的 13 艘预置舰之一,主要用于支持美国军队在全球范围内的快速部署。"波波"级预置舰的前 5 艘是新建的,另外 8 艘则是通过对现有民用船舶改装实现的。在该项目的筹划与实施过程中,ABS 同新奥尔良 Avondale 船厂和 NASSCO 船厂一起,发挥了至关重要的作用。在 ABS 对第一艘美国民用小水线面双体船 NAVATEK I 进行认证之后,1998 年 ABS 又为美国海军海上系统司令部在小型水面调查船 T - AGO 的设计上提供了很好的技术支持。

冷战结束后,虽然美国缩减了在世界范围内的海军部署,但却加强了在亚太地区的军事存在,所以美国仍需维持现有设施的正常运转。美国海军与 ABS 就如何将商业标准应用于海军舰船,如何制定海军舰船特殊要求等方面进行了多年探索与合作。

20 世纪 90 年代中期,美国军用标准与规范(美军标)改革实践表明,一般情况下,商业规范完全能够满足海军需求,而对于不能满足的部分,再增加一些补充要求即可。2000 年美国海军与 ABS 的合作关系得到了进一步拓展,并确定了一系列改革方案,其中包括对指定船型采用相应的商业标准,并由 ABS 提供入级服务。这进一步规范了军事海运司令部舰队中 100 多艘舰船的检验与入级规程。由此,才算在真正意义上开启了美国海军的军船入级时代。

21 世纪初,美国海军与 ABS 结合民用快艇的相关标准规范,推出了《海军高速舰艇建造与入级指南》,也就是后来的《海军高速舰艇指南》。该规范主要适用于非战斗水面快艇,如近海高速巡逻艇、鱼雷回收艇等。2004 年,美国海军与 ABS 共同推出了《海军舰船规范》(NVR),随即得到了同年成立的"海军技术委员会"(NTC)的认可与批准。该规范主要涉及船体、机械与电子系统,还包含任务接口方面的内容。该规范一经发布便应用到了美国海军濒海战斗舰(LCS)的设计与建造中,并在 LCS"自由级"首舰的入级过程中发挥了至关重要的作用。

近年来,"美国海军技术委员会"每年都会召集各行业代表,对《海军舰船规范》进行更新和升级,并致力于非核动力水面舰艇的入级及推广工作。

此后,美国海军又将其最新型驱逐舰 DDG1000 加入 ABS 的相关工作。并根据美国海军确定的振动与冲击、材料等重点技术领域的要求对 NVR 进行了补充完善。另外,美国海军与 ABS 正在就如何将风险检验评估程序应用于美国海军全部非现役非核水面舰船展开测试与评估。

3　美国军船入级规范及相关机构设置

3.1　美国军船入级规范

目前,美国海军军船入级规范主要包括《海军高速舰艇指南》和《海军舰船规范》两个标准。这两个标准针对的对象和适用范围有所区别,下面分别加以介绍。

(1)《海军高速舰艇指南》

《海军高速舰艇指南》由代表美国海军高速舰艇的技术权威机构——美国海军水面作战中心作战舰船分部与 ABS 共同合作开发,适用于在内河、近海以及其他更危险区域执行多种任务的高速舰艇。

《海军高速舰艇指南》反映了 ABS 目前普遍采用的规范编排方式。该指南由总则、材料与焊接要求、船体结构、机械与设备、检验等六个部分构成。指南说明了海军舰艇与商业艇最明显的区别是海军舰艇的设计与建造要满足其在危险海域执行任务的要求。在设计和建造前要明确敌人武器的类型、对舰艇的威胁程度、应对方案、已舰遭受攻击后的生命力等情况。此外,由于受到自然环境、事故、火灾等因素的影响,在非战争状态下也可能会遇到危险。因此,《海军高速舰艇指南》在入级中将火灾、腐蚀、进水与破舱稳性、核生化防护、自身武器操纵等内在生命力要求与战斗状态敌军威胁要求区分开来,并将前者作为强制要求。

（2）《海军舰船规范》

2002 年,美国海军海上系统司令部与 ABS 就共同开发海军舰船建造与入级规范签署了一项里程碑式的正式协议。自从该协议签署以来,美国海军与 ABS 一直进行着密切、富有成效的合作,双方共同致力于融合海军舰船要求与民用标准,最终形成了经过剪裁的军用规范。但商业标准向军用标准的转化需要对每项标准进行全面的分析对比,以确定是否有必要规定特殊要求。

通常,对于世界各国不同船厂建造的拟加入 ABS 船级的船舶,ABS 会对相应的造船标准展开一致性评估。同样,为了确定最终的补充要求,在海军舰船规范的制定过程中需要通过需求分析对比,对现有商业标准与军用标准进行详细评估。另外,这个过程还需要对船上各个区域、各个组织机构所采用的新方法、新要求的背景、原因以及最终的决策效果逐一进行评估。

最初,在海军需求的牵引下,ABS 将部分军用标准规范转化为 ABS 材料与机械要求,主要包括 90% 的海军柴油机与燃气轮机技术要求,使之成为海军舰船规范的重要组成部分之一。

此后,ABS 与美国海军海上系统司令部进一步合作,开展了海军船体结构、电气系统、辅助材料和推进系统补充要求的制订工作。这些补充要求为承担新型舰船研制的设计方提供了清晰的海军标准。对于涉及其他领域的海军舰船规范,ABS 也制定了初步的草案,并按时间表的要求定期交付海军审查。

与此同时,ABS 进行了一项何时、如何向美国海军提供所需技术支持的研究,其重点聚焦于 ABS 的验船师如何成为海军造船监理中的外协人员,如何承担新船建造与舰船改装过程中特定部位的认证工作。

随着补充要求与规范的颁布,海军与 ABS 对现有标准进行了初步梳理与评估,并制定了第一项规范性草案。该草案预留了特定区域供工业部门人员直接审阅与评注。而后,海军与 ABS 再对工业部门的评价进行审阅与判断,以确定规范的最终版本内容。

通过持续多年的探索与尝试,并结合之前的合作成果及经验,最终在 2004 年,美国海军与 ABS 联合颁布了《海军舰船规范》,这为美国海军作战平台入级做好了铺垫与技术准备。

3.2 美国军船入级相关机构设置

美国军船入级两个最顶层的机构分别是"海军技术委员会（NTC）"和 ABS。就职能而言,"海军技术委员会（NTC）"和 ABS 基本相似,他们都共同关注海军舰船规范的入级与维护工作。NTC 由海军水面舰船设计、建造、维修等领域内的 30 名专家组成,并由美国海军总工程师和美国海岸警卫队总工程师共同领导。

NTC 中的海军代表包括美国海上系统司令部技术主任、舰队行动指挥部负责人和军事补给司令部负责人;而海岸警卫队的代表主要包括工程与后勤中心的资深工作人员;其余成员则来自有关军船建造的船厂、设计方及研究院所等单位。

自 NTC 成立以来,每年都定期举办海军舰船规范更新与升级研讨会。会议期间针对美国国防标准化改革的重点、方向及当前海军舰船技术的发展趋势,与会代表就如何充实并完善《海军舰船规范》进行充分的讨论并发表各方意见。

实践证明,NTC 在海军舰船规范制定方面确实发挥着重要的作用,它一方面负责汇总协调军方、船厂、设备制造商等相关方的意见与要求,为规范的整合创造了有利的条件;另一方面注重结合当今民用与军用技术的融合发展,准确把握军地结合技术的发展趋势,并将新技术、新材料、新工艺及时融入海军舰船规范中去,可有效避免规范制定过程中的重复劳动和不协调现象。

可以说,美国军船入级最成功的关键因素之一就是专门成立了海军技术委员会,该委员会对入级规范进行着有效的管理与维护,并不断定义与采纳新的规范要求,保持了规范的先进性和可用性。

4 美国军船入级的经验与思考

ABS与美国海军共同推动了军船入级这一战略性决策,并在多型军船入级过程中持续整合军船入级方法和规范,积累了非常宝贵的经验。归纳起来主要经验有如下几个方面。

(1)必须对各方认可的标准进行定期评估,以确保标准中规定的各临界值在客观上达到了极限;另外必须研究一套方法使得相关综合性规范的裁剪在规定的风险评估限制条件中进行。

(2)应清晰明确地记录并了解各相关方的职责,说明性文件或合约必须清晰写明授予认证代理的权利,并确定标准含义的解释方案及争端处理机制。为此,美国海军与ABS同意共同负责解释规范在应用过程中遇到的问题。

(3)在解决军船入级过程中产生的问题时,可能一开始就会遇到诸多方面的阻力和困难,但是应该充分认识到成功交付一艘满足甚至超过预期特定要求的军用舰船是各方共同努力的目标。因此,及时的沟通与协商是获得成功的关键因素。

(4)尽管通过各方努力,尽可能地掌握所有领域的最新技术,但仍然需要制定用于识别与处理众多可能结果的记录性风险分析方案。

(5)在形成初步审批方案前,必须制定清晰的规范。必须给设计工作留有充足的时间和资源,确保设计成熟度。审阅与批准提交的设计方案应该在军船开始建造之前完成,尽量避免在开工建造后再去修改设计方案。

(6)随着现代舰船功能系统结构日趋复杂,系统与设备数量也大幅增长。因此,在重要机械与机械系统的制造场所,船级社对这些关键部件的认证是入级过程中固有的重要一环。具体来说,对于主推进系统组件、轴系、配电板这样的设备与系统,供应商必须严格按照审批方案进行制造,并由船级社根据指定的规范进行认证。而造船厂必须将采购文件指定的要求与供应商是否具备制造条件紧密地结合起来。此外,供应商在交付设备的同时应当附有相应船级社的认证文件。

(7)在军船入级过程中,要强化数字化造船技术与建造质量评估体系的推广与应用。通过数字化技术在造船行业的广泛应用,达到缩短建造周期、提高产品质量、降低生产成本,从而全面提升企业核心竞争力的目的。另一方面,通过加强建造质量评估,可促进横向比较与有力竞争。

5 结束语

在20世纪70年代,美国海军一得到英国海军舰船入级的信息后,就高度重视,并把它看成是一项战略性决策,及时开始了军船入级的跟踪与相关研究工作。先后编制并颁布了《海军高速舰艇指南》《海军舰船规范》等军船入级标准。与此同时逐步开展了小型高速巡逻艇、鱼雷回收艇及新一代大型水面舰船DDG1000的入级工作。

随着美国军船入级脚步的日益加快,目前其在军船入级方面所积累的技术和经验已远远超过英国。事实表明,美国海军在军船入级的实践中确实收到了事半功倍的良好效果。在保证舰船作战性能的前提下,军船入级不但降低了舰船设计、建造以及全寿期保障费用,还有效支撑了美国国防部的标准化改革工作,有力地促进了军民标准与技术的融合与提高。

创新是舰艇技术和装备发展的灵魂和不竭动力。目前我海军正处于高速发展时期,急需在造船管理模式和保障方法上大胆创新。另一方面,海军护航、护渔、反海盗、海外撤侨、演习、出访等任务越来越频繁。非常需要遍布全球、规范、高效的入级服务。

在这种大的背景下,我们必须加大创新力度,及早确定军船入级的目标和方向,明确责任分工,积极主动地学习并借鉴国外军船入级的先进经验与成果。只有这样才能推动军船入级工作高效、有序地开展,逐步提升我国舰船装备整体制造水平和保障水平,为我国舰船制造能力及保障能力的提高和长远发展提供有力的支撑。

参考文献

[1] 康美泽,苗海.国外大型舰船研制过程中的投资策略[C]//梁永岑.2014 中国大连国际海事论坛论文集.
大连:大连海事大学出版社,2014:119 – 120.

[2] 尤子平.从美国海军能力转型看舰船新装备发展[J].舰船科学技术,2007(3):21 – 24.

[3] 徐忆.美国军民融合式军品科研生产的启示[J].船舶标准化与质量,2015(3):20 – 23.

[4] 熊治国、胡玉龙.美国舰船概念方案设计方法发展综述[J].中国舰船研究,2015(4):7 – 15.

[5] 邸立强,杨剑征,赵川.国外数字化造船技术发展趋势研究[J].舰船科学技术,2015(7):1 – 4.

[6] 杨屹,程虹.舰船建造质量评估体系探讨[J].舰船科学技术,2015(2):8 – 13.

[7] 马运义,刘传云.未来舰艇技术创新发展的趋向[J].舰船科学技术,2007(6):17 – 22.

质量管理体系标准及其在舰船监修工作中的应用

房燕飞[1]　阎齐方[1]　邓丽珍[2]

（1.91315 部队;2.4801 工厂黄埔军械修理厂）

摘　要:本文探讨了现代质量管理体系对提高舰船监修工作质量和效率的必要性,研究了在舰船监修工作中运用现代质量管理体系的思路和方法。指出了舰船监修领域引入质量管理体系时应注意的具体问题和事项。

关键词:舰船;监修;质量体系

1　舰船监修领域引入质量管理体系的必要性

ISO9001 国际质量管理体系在我国装备制造业已得到广泛应用,为规范质量管理、提高企业绩效和顾客满意度做出了有目共睹的贡献。相对说来,质量管理体系在装备维修领域应用较晚,与装备制造领域的企业相比还存在一定的差距。

通过对质量管理体系与舰船监修工作特点及二者之间关系的分析,可以找到质量管理体系在监修领域应用的切入点,使监修工作与质量管理体系实现高度融合,更好地服务于现代舰船监修工作的实际需求,从根本上提高舰船监修工作的质量和效率。

2　质量管理体系在舰船监修领域的建立与运行

要做好质量管理体系在舰船监修领域的应用工作,必须结合舰船监修工作的特点,深入消化质量管理体系内涵,按 GJB9001B 的要求建立文件化的质量体系和相关制度,使监修工作更加规范高效。

2.1　文件控制

文件控制是整个质量管理体系建立和运行的依据,要确保文件中信息的准确性,真正起到沟通意图、消除误解、统一行动的作用。根据监修工作的特点和需要,应以文件形式编制监修质量方针、质量目标和必要的程序文件等,同时建立文件评审、更新制度,确保文件的更改和现行修订状态得到有效识别和控制,保证实际工作中获得适用的文件。

2.2　记录控制

客观、完整地记录是质量管理体系有效运行的保证。厂修舰船监修过程,实际上是对承修单位修理过程检查、记录、分析、判断、下结论的一个过程。记录的正确性、全面性,有利于监督承修单位质量工作的落实,有利于对厂修舰船质量控制的追溯和评价。做好记录控制工作,要明确记录的项目、内容,要规范记录形式和要求,要有评定记录准确性、合理性的手段和方法。

2.3　监修质量工作策划

质量策划是质量管理体系的重要组成部分,完成质量目标的制定、规定必要的运行过程和相关资源,为实现维修质量目标服务。监修质量工作策划主要包括:长远目标策划,制定长期质量工作目标、方针;年度监修工作策划,包括工作目标、任务分工、监修总体工作难点、重点的分析、相应措施制定等;单艘舰船监修策划,重点做好单舰装备状态分析和维修风险分析,重点难点工程策划,质量控制点设置,检查、验收流程编写等。

2.4 质量过程管控

"产品是过程的结果",没有过程就没有产品,就没有质量保证。要想确保修理质量可靠,应从原材料采购、修理活动、验收等环节开始,加强过程质量管控。通过对修理质量过程中的节点、活动、流程、控制方法、培训需求、设备、工艺、材料及其他影响要素的策划,实现最终的质量目标。

2.5 注重开展监修工作内部审核

内部审核是检查质量管理体系运行是否符合规定要求的有效手段,通过审核能及时发现问题并采取纠正措施,以便持续改进质量管理体系的有效性。这种方式是对内部工作、过程及质量管理体系质量不断进行自我"诊断"。建立监修工作内部审核是对自身的检查、纠正和完善。应重点对照职责分工查找存在的差距,查找对厂修舰船质量监督、把关、验收等方面存在的问题,以及承担新型舰船监修工作中存在的不足,并及时制定改进措施,实现质量目标。

还应重点关注风险管理、信息管理、不合格品控制、纠正措施、预防措施等环节。监修领域质量管理体系的建立是一项长期、逐步完善的过程,不能急于求成。

3 在舰船监修业建立专业化的分工体系

过程方法是质量管理体系八项原则之一,将活动和相关的资源作为过程进行管理,可以更高效地得到期望的结果,其优点是对系统中单个过程之间的联系以及过程的组合和相互作用进行优化,可以发挥 $1+1>2$ 综合效益。舰船厂修就是以过程为基础,按照职责分工,经过监视、测量和分析等完成产品实现,最终把符合相关标准、要求的舰船交付部队使用。根据对过程方法实施要点的分析,为了有效完成对厂修舰质量监督和把关,应系统地识别和控制与舰船修理有关的过程。鉴于此,应改变目前单人负责式的监修模式,借鉴海军建造系统军代表监造模式实行专业分工制,根据目前海军主要承修厂修理专业情况,可分为轮机、电工、船体管系、航海、观通、武备等专业,逐渐实现对厂修舰船主要修理过程进行有效监督和控制。通过专业化分工,强化军代表专业技能和监修水平,加强对厂修舰船过程控制,最终提高厂修舰船修理质量。

4 监修工作引进质量管理体系时应重点把握的几个问题

一是完善体系,加强监修人力资源建设。目前,我们还没有建立一套较为完善的监修培训体系,监修人员主要来自舰船一线部队,他们在装备管理和实操方面经验较多,但与修理有关的知识、技能掌握不足;少部分来自军校应届毕业生或舰船保障部门。对舰船维修标准、工艺掌握的还不够全面、准确、深入,分析判断难点故障、提出维修方案的能力还不够强。针对上述情况,需要设立并优化军代表培训项目和内容,建立并完善军代表考核上岗及淘汰机制,加大军代表日常培训和新装备培训投力度。通过培训,尽早建成紧跟装备发展前沿、老中青结构合理、胜任海军各种舰型修理的监修人才队伍。

二是要科学构建,加强管理和培训。为了确保业务工作和日常工作同步有序开展,应稳定监修人员队伍,提高监修队伍专业化水平。注重对监修人员的教育管理和业务培训。同时,为了适应监修队伍专业化分工的需要,防止人才流失,建议适当增加高、中级工程师编制。

三是注重学习借鉴,实现监修工作与相关厂、所有效接轨。质量管理体系在不同领域的应用,实质上就是结合工作实际,对体系吸收、消化、转化的过程。监修工作引入质量管理体系,首先要结合监修工作实际学习消化质量管理体系内涵,深刻领会质量管理体系的基本原则、要求、职责以及资源管理、产品实现、测量、分析和改进等内容的精髓;其次要博采众长,广泛借鉴军内外质量管理体系应用较为成功的案例。对那些与监修工作联系紧密、接触广泛的修理单位、科研院所、设备厂家好的经验要注意了解和学习,少走弯路,提高监修质量体系的有效性、针对性，真正与外围的监修工作环境有效接轨。

四是加强组织，做好顶层策划。监修工作引入质量管理体系是一项系统性工程，可能对原有的监修方式产生一定的影响。原有监修职责分工有可能重新定位，一些依据文件可能需要重新修订。同时，还要做大量的调研、论证等基础性工作，为做好该项工作，需要组织人力结合本单位实际编制质量体系文件，并要避免文件与实际不符的"两张皮"现象。这些工作的开展需要顶层策划和组织指导。要尽早梳理出影响舰船维修质量的各种因素，找准监修工作与质量管理体系的切入点，尽早建立起与装备维修保障体系相适应监修体系。使质量管理体系起到应有的作用。

另一方面，新版质量体系已于2016年12月颁布，新版质量体系与2008版质量体系相比在内容和结构上都发生了很大变化，必须尽快学习理解，并逐渐完成新、旧版质量体系的换版工作，使监修质量管理跟上时代的步伐。

三文鱼养殖铝合金工作船建造

尚尔达　张树海　岳锟勇　姜英凯

（大连旅顺滨海船舶修造有限公司）

摘　要：铝合金船舶已然成为游艇、小型工作船制造的趋势。铝合金船舶是继钢质船舶与玻璃钢船舶后第三种材质的船舶，已在市场上得到广泛运用且可以被大力发展。虽然当前还不能完全取代钢船与玻璃钢船，但铝合金船舶无论是在材料寿命，还是节能环保方面都具有十分强劲的发展潜力。但对于铝合金船舶建造工序控制和铝材的成型加工核心技术掌控没有一套成熟方案，没有形成一套完整、有效的标准。大连旅顺滨海船舶修造有限公司（以下简称滨海公司）建的挪威 MOEN MARIN AS 船型产品，设计船体形状独特，主体及上建外观要求高，均为不规则形状或有不同角度的折角，因此确保铝材成型加工的质量对于保证本船各项指标的实现有着十分重要的意义。通过近 30 年的分析掌控，滨海公司已经形成一套铝材冷加工时的最佳方案和工艺参数，确保铝材冷加工成型质量满足船体结构设计和外观美学设计的要求，最终能够保证所承接建造各类船型的完美交付。

关键词：铝合金船舶；铝材成型；冷加工

1　PM1510 2900 铝合金工作船建造背景

　　PM1510 2900 标准船型是 2014 年 7 月份由挪威 MOEN MARIN AS 公司提出概念设计方案，挪威 MOEN MARIN AS 在通过在国内综合评比后，发包给旅顺滨海公司建造的铝制双体工作船。截至 2020 年 9 月已经完工交付 24 艘，首次订单 5 艘，该船用于挪威水域三文鱼养殖渔业相关服务，船舶在挪威水域航行，船舶建造标准执行北欧建造标准 Nordic Boat Standard – Work boats less than 15 m（1990）。

2　滨海铝合金产品建造现状

　　全铝合金焊接船的建造在国际上已大量应用于游艇及高速战斗舰艇上。滨海公司前身哈尔滨船厂，是国内最早承制国家军用 983 项目的定点生产单位。经过近 30 年的发展，已经取得国内生产铝合金船舶的辉煌业绩，先后承接产品如法国 25 尺游艇、丹东大平渔业围网拖船、公务艇上建、消防船上建、国内多家私人游艇等，尺度为 6 ~ 18 m，有一套完整、有效的施工工艺，以及建造设施设备和专业施工人员。完善的铝合金建造体系标准是滨海公司承接国内外项目的巨大优势所在。

3　PM1510 2900 标准铝合金工作船作业优势

　　15 m 铝合金工作船被用于全球各海区三文鱼养殖基地和海洋牧场。该船双体结构，水线面面积小，兴波阻力小，受波浪扰动小，具有优良的耐波性，在波浪中具有良好的平台稳定性，能平稳执行海上作业，晕船率低，波浪中失速小。而对于空间上的把控,此艇同样游刃有余、超凡脱俗。甲板面积宽敞,艇内空间大,并且最大化利用存储空间,利于总体布局。硬朗敦实的外表又为其平添个性化色彩。此船目前已被频繁用于远海及恶劣海域的渔业及其他综合性的高强度作业,实现收放牧场沉箱和提供饵料补给的功能。

4 PM1510 2900 标准铝合金工作船舶概况

本船(图1)为铝质横骨架式全焊接结构,具有战斧式船首、方艉,主甲板连续,左舷起居甲板局部凸出,右舷艉艉布置帕尔菲格公司 PK 65002(M)G 起吊能力:约 62 t,工作范围:5～20 m。

柴油机推进,机舱位于艉后部,双机、双导管可调桨、单舵机、双舵叶,艏艉各设侧推一台,具有联合操纵杆(JOYSTICK)系统。

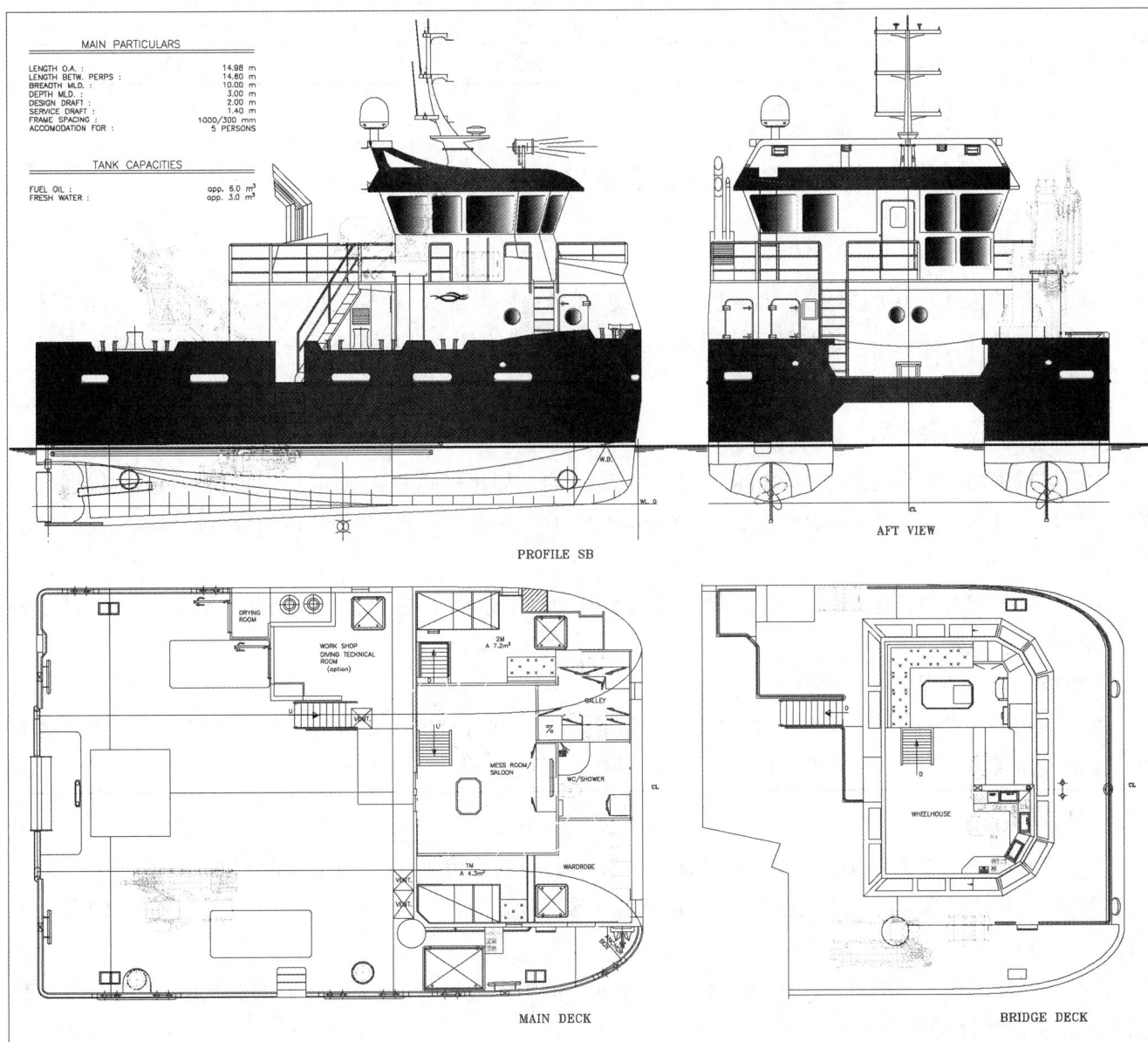

图1 15 m 铝合金工作船

5 PM1510 2900 标准铝合金工作船材料要求

船体和上建为防腐铝材,根据 NS6.38 对船体要求进行建造,船舶建造相关精度和尺寸按照 NBSY90,特殊应力裸露区域需进行足够的加强,所有到货材料需带有材料证书。本船板材选用板材:Grade 5083 – H116 型材：Grade 6082 – T6。5083 – H116 材料特性：相对密度小，为钢材的 1/3，耐腐蚀性强，铝镁合金可焊性好，耐低温，无低温脆性，其机械性能不随温度的下降而降低，反而有所增高，这是该材料独特的性能。5083 – H116 的成分和机械性能如表1、表2所示。

表 1　5083 – H116 成分（质量分数）　　　　　　　　　（单位：%）

牌号	Si	Fe	Cu	Mn	Mg	Cr	Zn	Ti	其他元素	各计	Al
5083 – H116	最大 0.4	最大 0.4	最大 0.1	0.4 ~ 1	4 ~ 4.9	0.05 ~ 0.25	最大 0.25	最大 0.15	0.05	0.15	余量

表 2　5083 – H116 机械性能

牌号	机械性能		
	抗拉强度 σ_b/MPa	条件屈服强度 $\sigma 0.2$/MPa	伸长率 δ_{10}/%
5083 – H116	≥305	≥215	≥10

6　PM1510 2900 标准铝合金工作船建造工艺流程

6.1　建造程序

本船主船体采用甲板胎架整体反身建造的方案，建造程序大致为：胎架上铺甲板→甲板纵骨→10#横舱壁→肋骨框→纵壁→主机座→连接桥强横梁→K 行板片体龙骨组件→纵骨及外板→连接桥板→主船体翻身转正→大合拢。

6.2　焊接方法、设备及材料

本船焊接采用的方法包括半自动熔化极脉冲氩弧焊、自动熔化极脉冲氩弧焊、钨极氩弧焊。其中钨极氩弧焊用于构件长度不大于 200 mm 焊接极小于 100 mm 的不合格焊缝的返修，其他部位的焊接采用熔化极脉冲氩弧焊。

本船焊接采用的设备包括：钨极氩弧焊机、熔化极脉冲氩弧焊机、柔性轨道、电动铣刀、不锈钢丝刷、自动焊小车、电动砂轮、风铲。

本船焊接采用的焊接材料包括：

焊丝：ER5183，直径 1.2 mm，用于熔化极脉冲氩弧焊。R5183，直径 3.2 mm、2.4 mm，用于手工钨极氩弧焊。保护气体：氩气（Ar），纯度≥99.99%。

6.3　焊前准备

焊前检查设备是否正常，应保证设备参数稳定、调节灵活、安全可靠、仪表准确、焊炬气流正常。

铝板对接接头的装配间隙不大于 2 mm。铝板对接接头的错边量，重要结构不大于 0.1t，一般结构不大于 0.15t（t 为构件中较小的板厚）。

焊接前采用不锈钢丝刷将待焊区两侧不小于 30 mm 范围内进行清理，去除表面的氧化膜，采用丙酮对其进行清理，去除表面的油污。

清理好的工件坡口应在 6 h 内焊接完毕，如不能在规定的时间内焊接完毕，下次焊接前应重新进行清理。

当环境温度低于 5 ℃、湿度大于 85% 时，焊前应采用氧—乙炔焰将待焊区两侧不小于 30 mm 范围内预热，预热温度为 60 ℃左右。

6.4　焊接要求

定位焊的焊脚高度与正式焊缝的焊脚高度相同。

定位焊的焊接电流应比正式焊接电流大 10%。

定位焊所用焊材应与正式焊接时所用焊材相同,焊缝质量与正式焊缝质量相同。

定位焊后应重新复验装配间隙、错边量及焊缝质量,符合要求后方可焊接。

焊接过程中,如发现定位焊点开裂,造成板边错位或间隙变化时应停止焊接,经修复合格后方可继续焊接。

自动焊对接缝焊接前采用风铲或铣刀将定位焊缝的上表面去除一部分,用不锈钢丝刷及丙酮将其清理干净后方可进行打底焊。

多层焊时,每层焊道的厚度不得大于 5 mm,以便氢气泡的逸出。

自动焊多层焊时,焊完一层后,应用风铲或铣刀将焊缝的上表面去除一部分,并用不锈钢丝刷及丙酮清理干净后方可焊接下一层,且各层焊道的焊接接头应相互错开不小于 25 mm。

反面焊缝清根前应确定焊缝的中心线,用铣刀或风铲清根,并用不锈钢丝刷及丙酮清理干净后方可进行封底焊。

焊接中断、再次引弧前,接头处必须用风铲或铣刀、砂轮及不锈钢丝刷等清理干净,并确认无缺陷后方可焊接,以避免弧坑裂纹的产生。

除封闭焊缝外,对接焊缝焊前应在接缝的端部安装引弧板和熄弧板,材质应于被焊材料相同,规格不小于 50 mm×50 mm。

6.5　建造程序

6.5.1　铺甲板

按放样绘制出的甲板接板草图将主甲板从适当位置分为首尾两部分采用自动焊接板,焊接结束后对局部变形进行矫正。先安装尾部区域甲板分段,找正用码板固定,然后安装首部区域甲板,钉焊固定。

甲板分段根据板材长度尺寸从适当位置分为前后两部分。分别在通用接板平台上拼接纵向焊缝,接板时焊缝两侧采用压板器将板压住,防止板产生挠曲变形。待拼接完毕后,对局部变形处进行曲矫正,然后在甲板胎架上进行安装,只焊接内侧焊缝,外侧焊缝待主船体翻身反面清根后进行封底焊。

6.5.2　结构画线

在制作好的主甲板上进行结构画线,分别画出主甲板纵骨位置线,并标明纵骨的名称以及规格,起止位置和理论线方向。

画线精度:中心线偏差,≤1.0 mm;安装位置线偏差,≤1.0 mm;线条粗细,≤0.5 mm。

6.5.3　结构安装

(1)按甲板纵骨理论线位置两舷对称安装甲板纵骨及甲板中纵桁,按从艉到艏的顺序依次安装并钉焊固定。

(2)按甲板横向构件位置线,安装连接桥甲板横梁,按照从舯向艏艉两侧的顺序进行安装,然后安装甲板强横梁,也按照从舯向艏艉两侧的顺序进行安装,并钉焊固定。

(3)按横壁位置线,依次安装11#舱壁,8#舱壁,艏舱壁,调正固定,并用斜拉筋支撑牢固。横壁定位后,焊接甲板横梁与甲板纵骨的角焊缝,然后焊接横梁及纵骨与甲板的角焊缝。

(4)肋骨框架安装,舷外板平直分段安装定位后,安装艏区域肋骨框,以甲板横梁和内舷外板为基准依次安装肋骨框,然后安装连接肘板,使其固定。

(5)纵骨安装,焊接肋骨框架安装固定后安装艏部区域内舷及底部纵骨,按照从下往上的顺序进行安装,并钉焊固定。然后焊接艏部区域纵骨与肋骨的角焊缝。

(6)外板安装,待艉部区域的底部平面分段安装定位后,安装艏部区域外板,按照从艉向艏的顺序先安装舷部外板,然后研装底部外板。

(7)外板焊接,待艏部外板安装定位后,左右片体对称进行焊接。外板焊接结束后安装连接桥封板并焊接,所有焊接工作结束后对局部变形进行矫正,然后割除码板,交验下胎。

7 PM1510 2900 标准铝合金工作船板材冷弯加工核心控制

折弯冷压加工,因船首、船尾部位曲率变化较大,上建为折角角度较多,为此特加工专业加工胎具,在进行折边加工时,用钢板折边加工用的胎具进行铝板 90°弯曲时将产生裂纹,进行 90°折边加工时 R/t 应大于 3(R 为上胎半径,t 为折边板厚)。折角前应将试样折角部位边缘进行倒圆处理,如不处理则在折边时极易造成应力集中而导致出现裂纹,一般倒圆长度应大于 4 倍弯曲半径,倒圆半径取 2 mm,并用细锉修光,薄胶皮或硬纸板进行上、下表面防护处理。5083 – H116 铝合金板折边加工回弹角曲线,如图 2 所示。

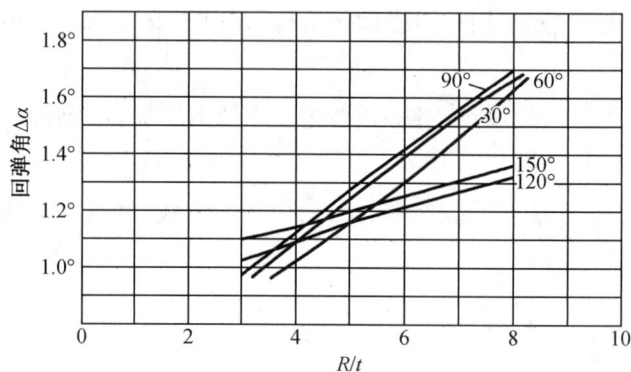

图 2　5083 – H116 铝合金板折边加工回弹角曲线

8 建造后实船性能效果

本船全部达到合同规定的技术指标,船舶性能指标与实测值如表 3 所示。

表 3　船舶性能指标与实测值

项目	合同要求	实测值	结论
设计航速/kn	11	12.5	优于
拖带速度/kn	6	6.5	优于
船体振动	ISO6954—1984	低于标准值	优于
舱室噪音/dB	IMOA.468(XII)1981	64	优于

9 结论

经过六年来的跟踪了解,实船各类机械设备、电气设备运行正常,在这六年来交付的 24 艘工作船总体性能优良,用户反映良好。可以说滨海公司建造的铝合金工作船不管在挪威,还是在加拿大、冰岛、芬兰等三文鱼海洋牧场养殖区都属于较先进的工作船,本船已经达到国际先进水平。